出雲の神楽をささえる

林木屋

林木屋の出雲神楽面

神楽というと近頃は、石見神楽が有名なようですが、かつてはこの出雲地方でもなかなか盛んでした。殆どの町や村でお祭りの時など神楽が催され、夕刻より翌日の明け方まで囃子の音が聞こえていました。

現在出雲市内の神楽組は、見々久、中野、神西、宇那手、石畑、仏谷、山寄、乙立、所原、矢尾など十数団体あります。中野など自前で保有している組もありますが、その殆どが貸元から神楽面・衣装などを借りていました。その貸元として林木屋（出雲市大津町・勝部家）がありました。出雲神楽の演目は二十五番ほどありますが、全部を舞うに必要な面の数は三十五面ほどです。秋のお祭りの季節には、同じ日に数か所で舞われることもあり、それだけの数の面・衣裳を揃えておく必要があります。

林木屋の神楽面は、当主である勝部一郎（十代目）より五代前の豊市翁（天保二年〈一八三一〉～明治三十年〈一八九七〉、六十六歳）の作です。

翁は、生来神楽を好み、自らもよく舞い、終日鏡に向かって自らの顔を映し見て、面の構図を考えたと伝えられています。材料は軽いことから殆どが桐で作られており、塗料には胡粉が用いられ、また目や歯の部分には真鍮がはめられています。更に髪や髭には馬の毛が用いられています。そして、面の表面より顔にあたる内側により手をかけたといわれています。タオルとか手拭いで調整すれば、誰の顔にもぴったり合うよう、また長く舞っていても痛く感じないよう工夫されています。

故石塚尊俊氏（出雲市大津町・雲根神社宮司、民俗学者、平成二十六年四月帰幽、九十二歳）によると、「当家の面は一に翁の独創に発したもので、一定の系列の上に立つものではない。しかし、甚だしく写実的で、この種のものとしては上級の作に属し、彫刻面からすると近辺いずれの作にも勝るといっても差し支えない。」とのことです。

現在、林木屋の面・衣裳・小道具などすべて島根県立古代出雲歴史博物館（出雲市大社町）で保管されております。

出雲神楽面の写真集を発刊するにあたっては、井上幸雄氏　藤原宏夫氏　品川知彦氏にご協力を賜り、また古代出雲歴史博物館にご支援、ご助言を賜りました。

令和三年二月二日　米寿を迎えた日に

勝部一郎

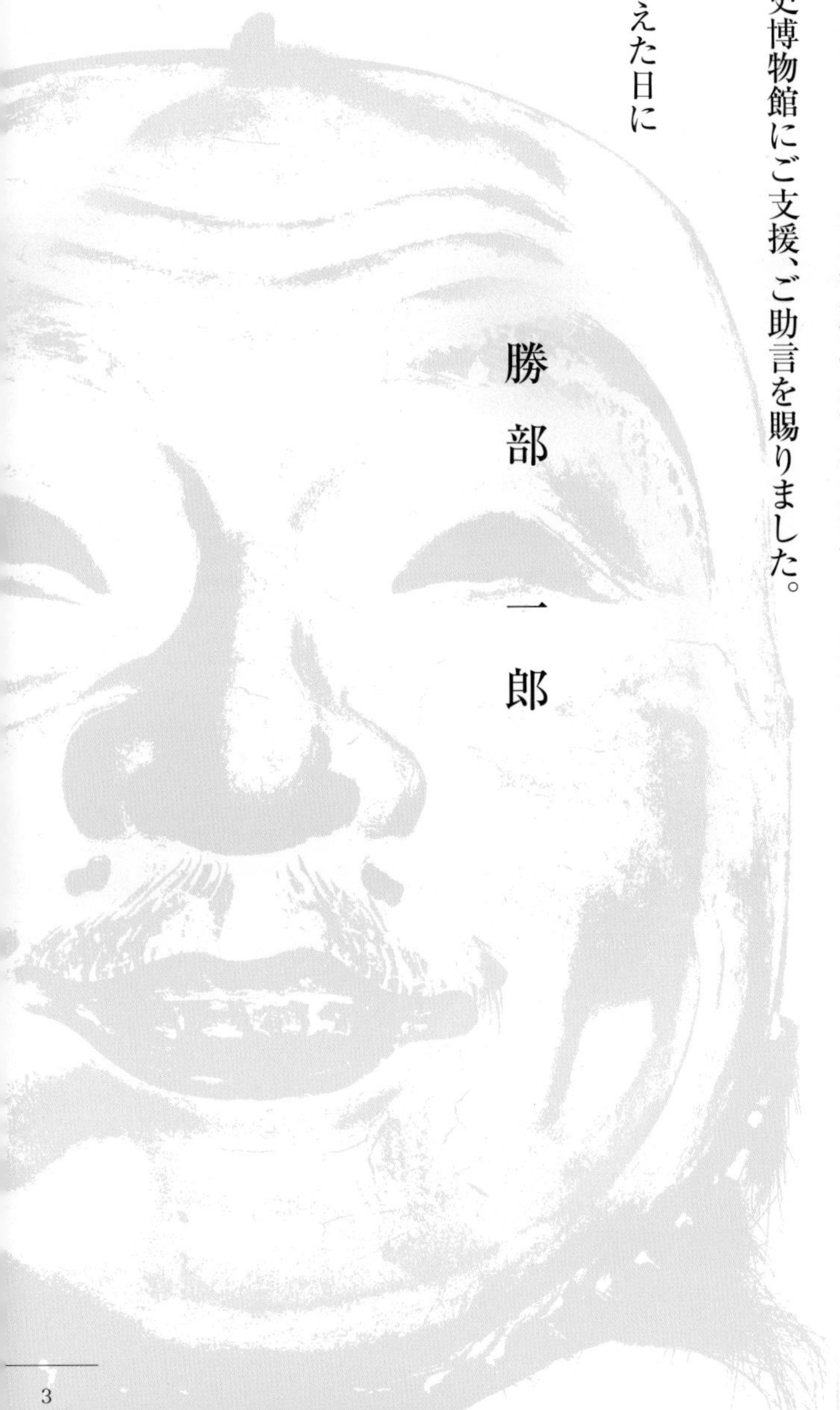

目次

ごあいさつ

一、神楽面（勝部一郎氏所蔵）……6

(1)命面……6

(2)姫面……24

(3)翁面……32

(4)媼面……40

(5)茶利面……41

(6)鬼面……44

(7)蛇頭……63

(8)その他……64

二、神楽面（見々久神楽保持者会蔵）……66

三、神楽面（神西神楽保持者会蔵・個人蔵）……69

四、神楽衣装……69

五、神楽面リスト……71

六、神楽衣装リスト……75

七、その他の神楽小道具……80

出雲市の神楽面・衣装について　藤原宏夫……81

出雲の神楽をささえる　品川知彦……91

「郷愁」笛や太鼓の響く里神楽の祭り　井上幸雄……115

凡例

・本書で紹介している林木屋神楽資料は、写真キャプション部分に＊印があるものを除き、島根県立古代出雲歴史博物館で保管している。

・掲載した写真は＊印のあるものを除き、島根県立古代出雲歴史博物館から提供を受けた。

・藤原宏夫「出雲市の神楽面・衣裳について」は、『山陰民俗学会七十周年記念論集　山陰の暮らし・信仰・芸能』（ハーベスト出版、令和元年）に掲載の論文を許可を得て転載した。

・品川知彦「出雲の神楽をささえる」は、島根県立古代出雲歴史博物館期間限定展示「出雲の神楽をささえる―林木屋神楽資料―」の展示解説を許可を得て転載した。

173　出雲市指定有形民俗文化財　山ノ神

一、神楽面

（勝部一郎氏所蔵）

❶ 命面

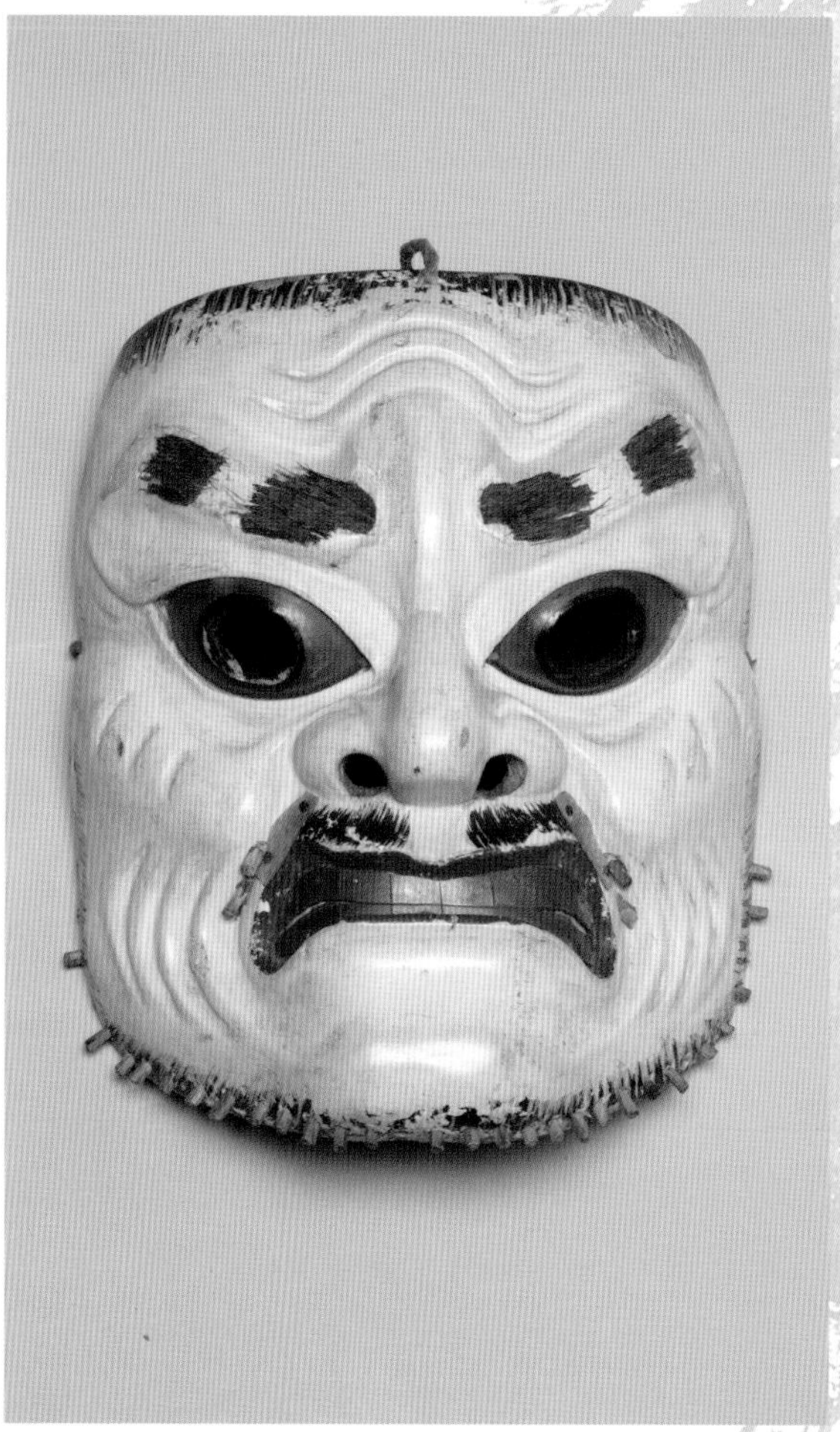

1　素戔嗚尊

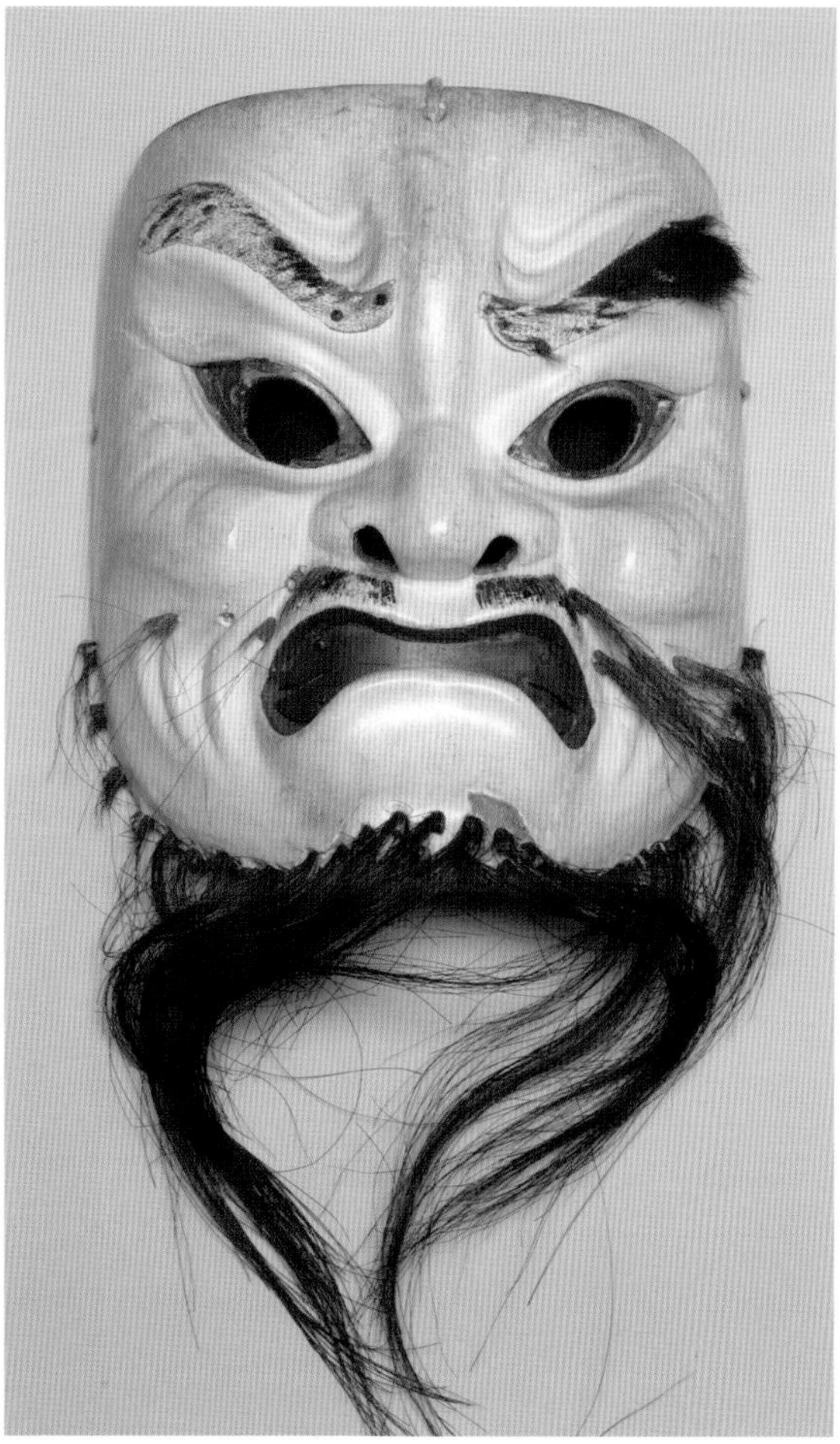

2　素盞(素戔嗚尊)

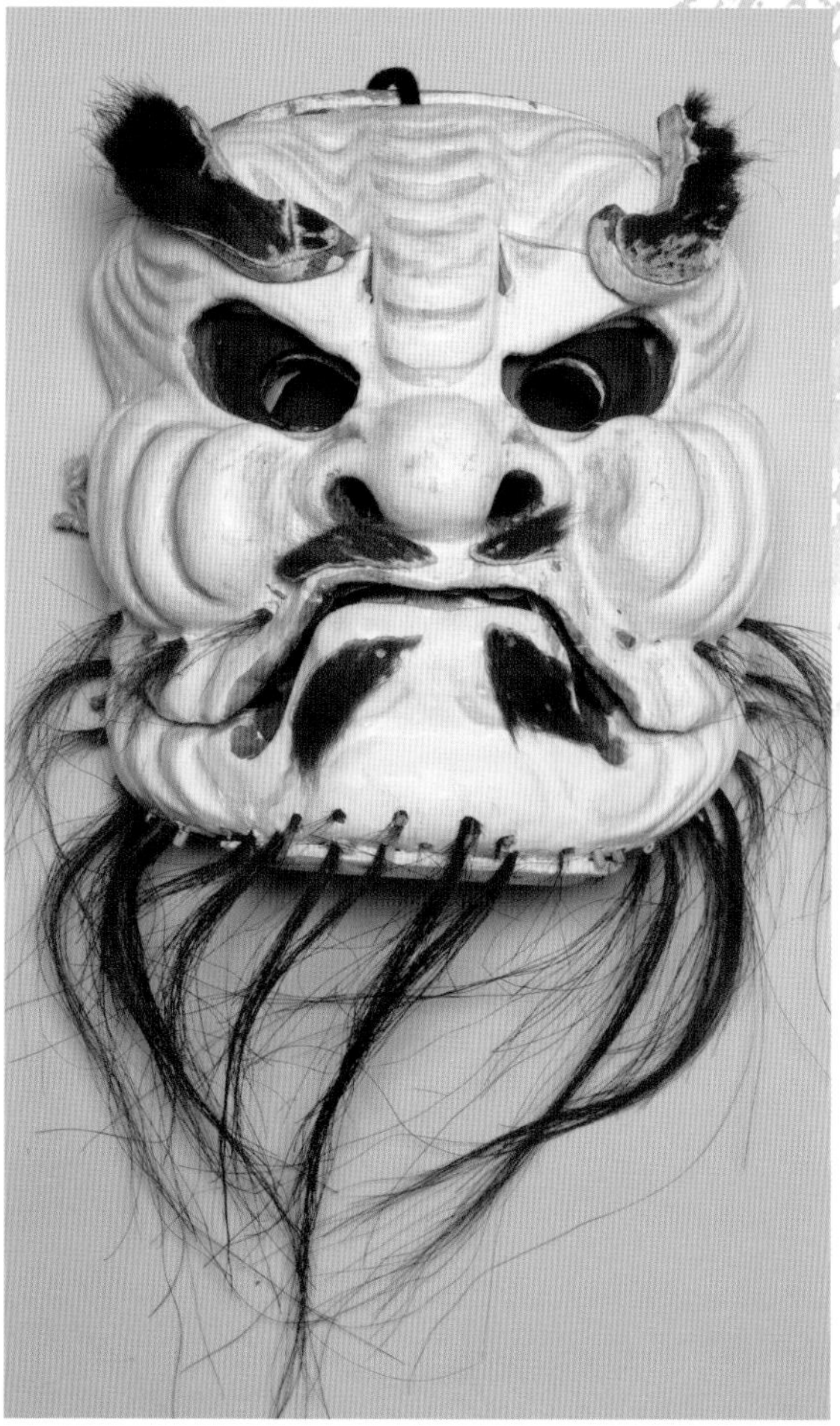

3　素戔嗚尊

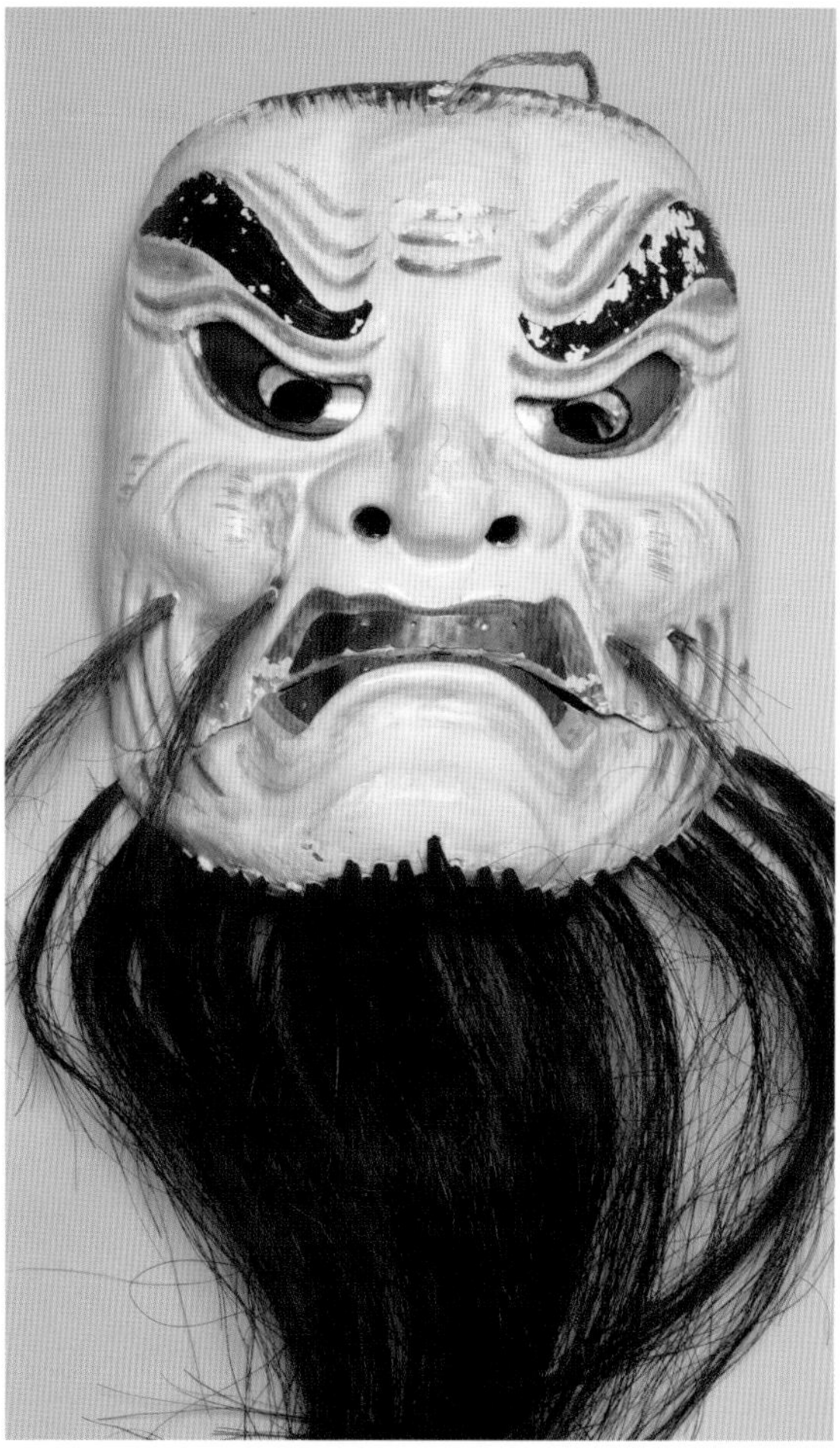

4　(素戔嗚尊)

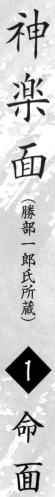

7　素戔嗚尊

6　素戔嗚尊

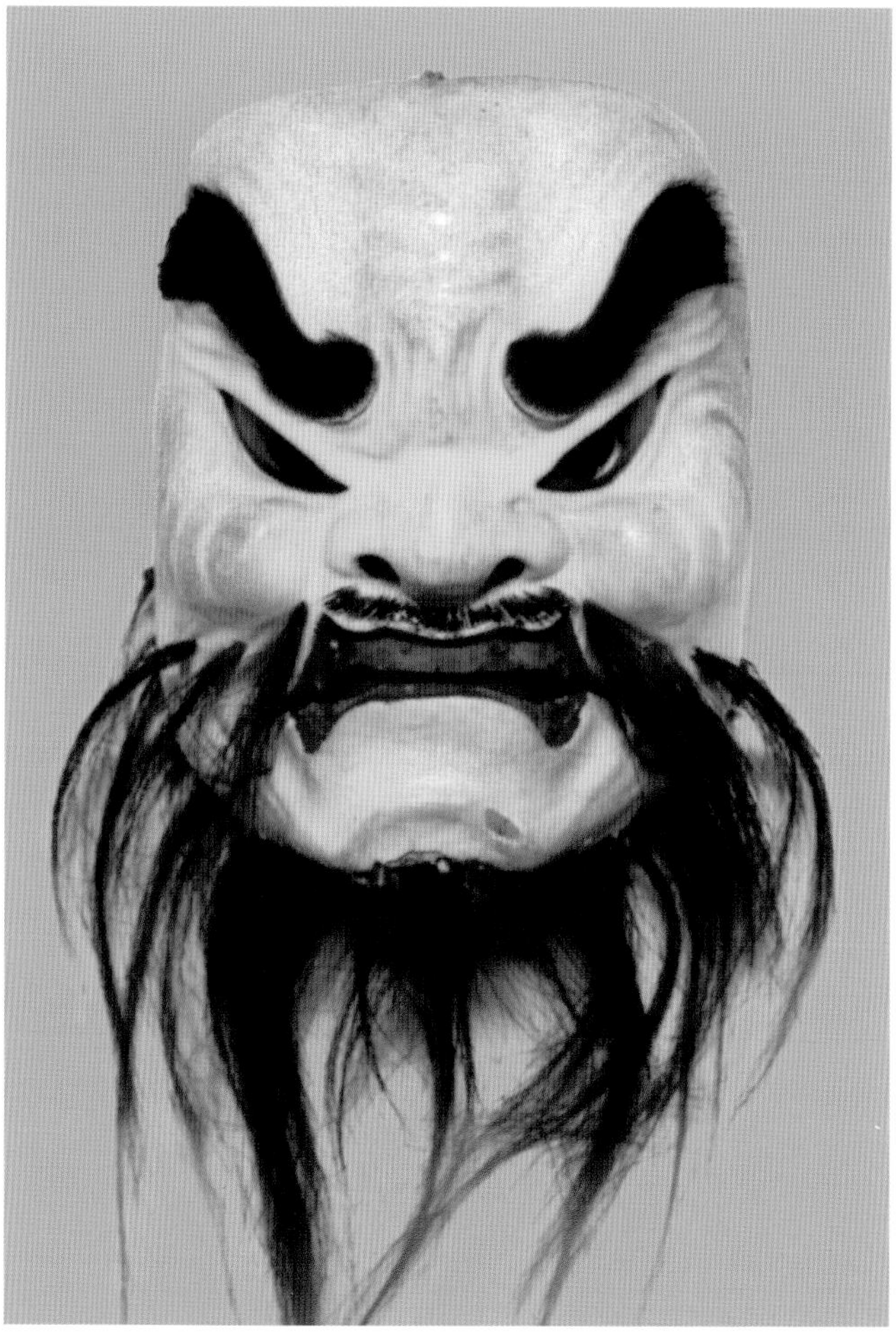
5　素尊(素戔嗚尊)*

9　大国主／大蔵大明神

8　素尊(素戔嗚尊)

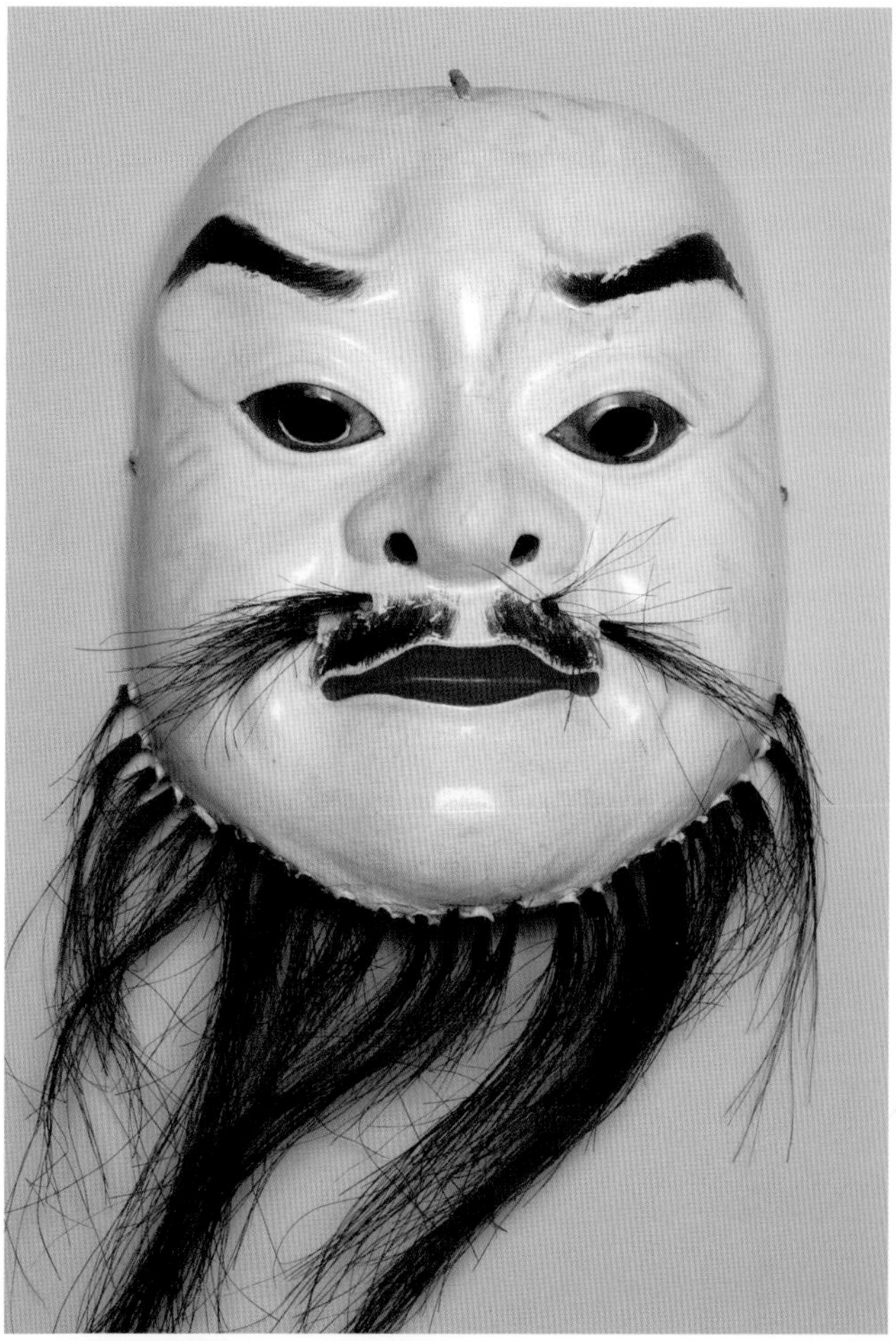

10　大社大国主

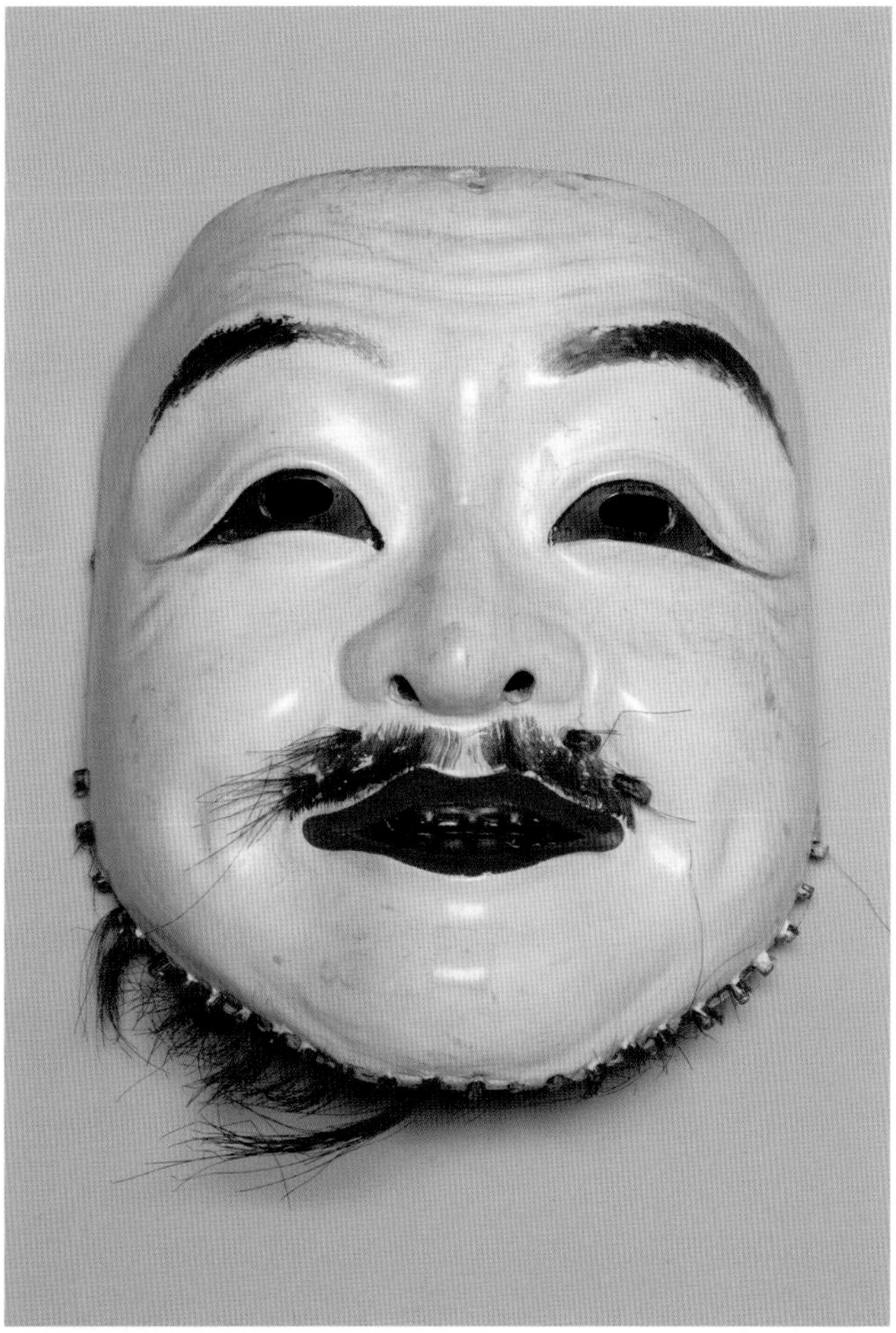

11　大国主

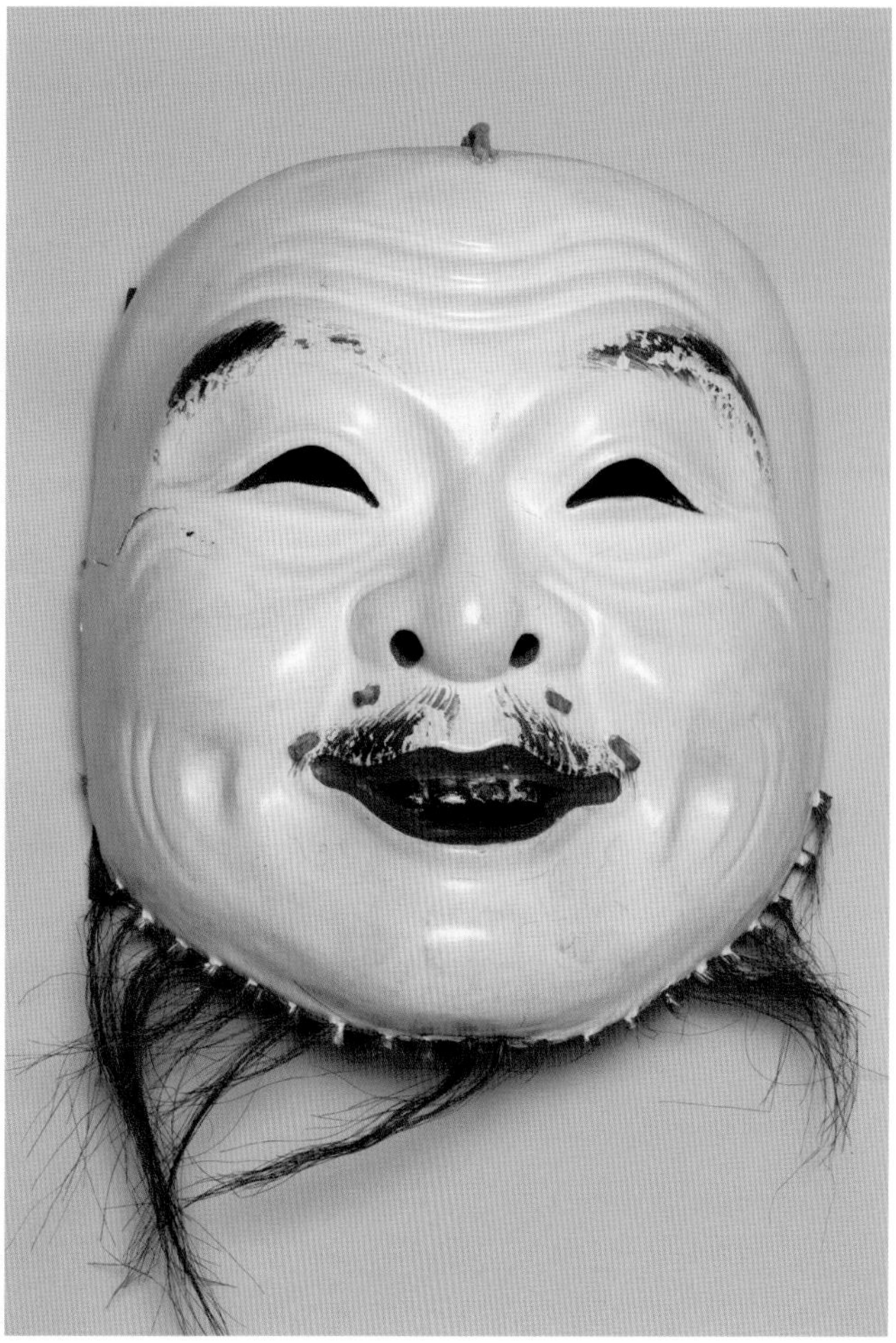

12　大国主

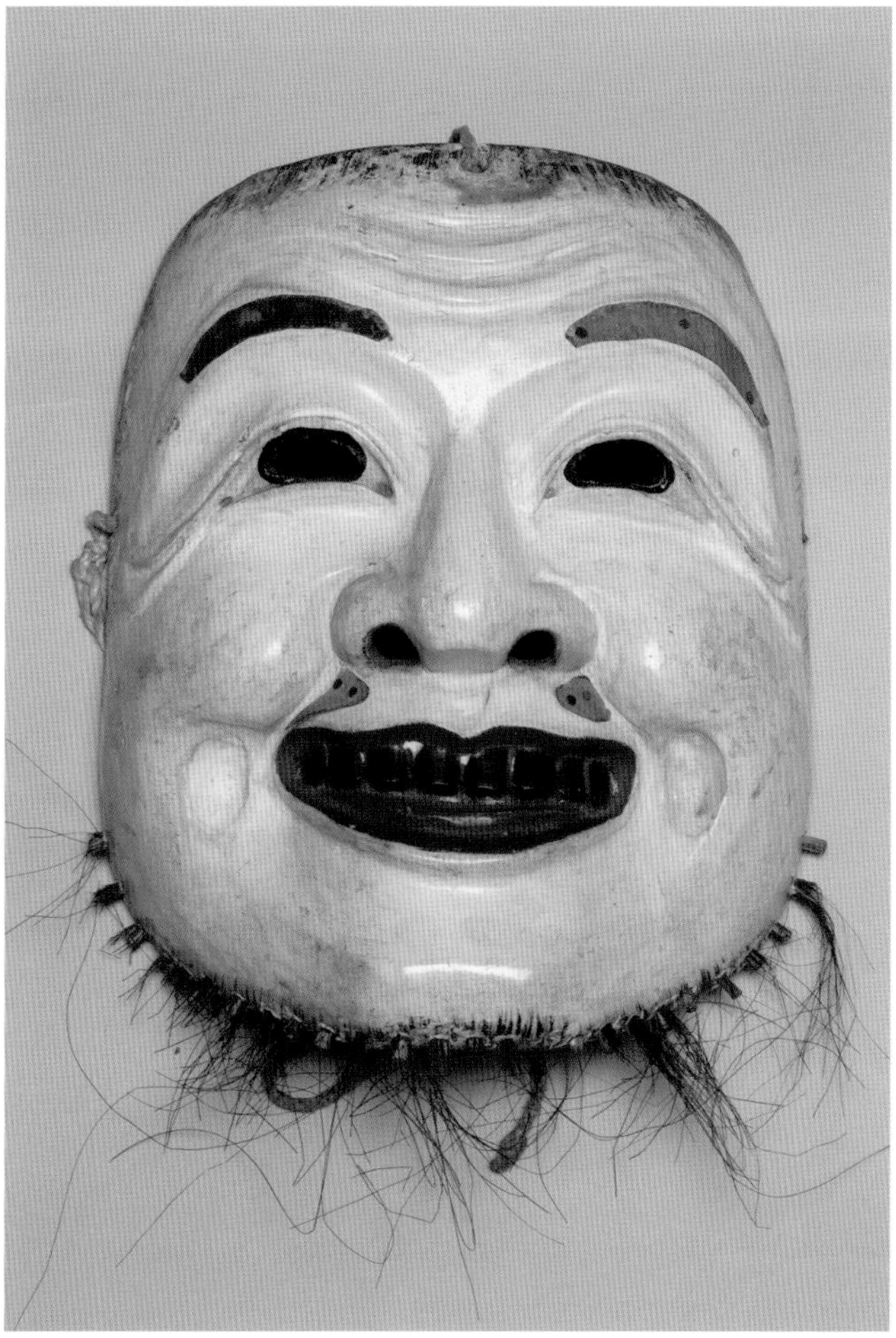

13　恵比酒

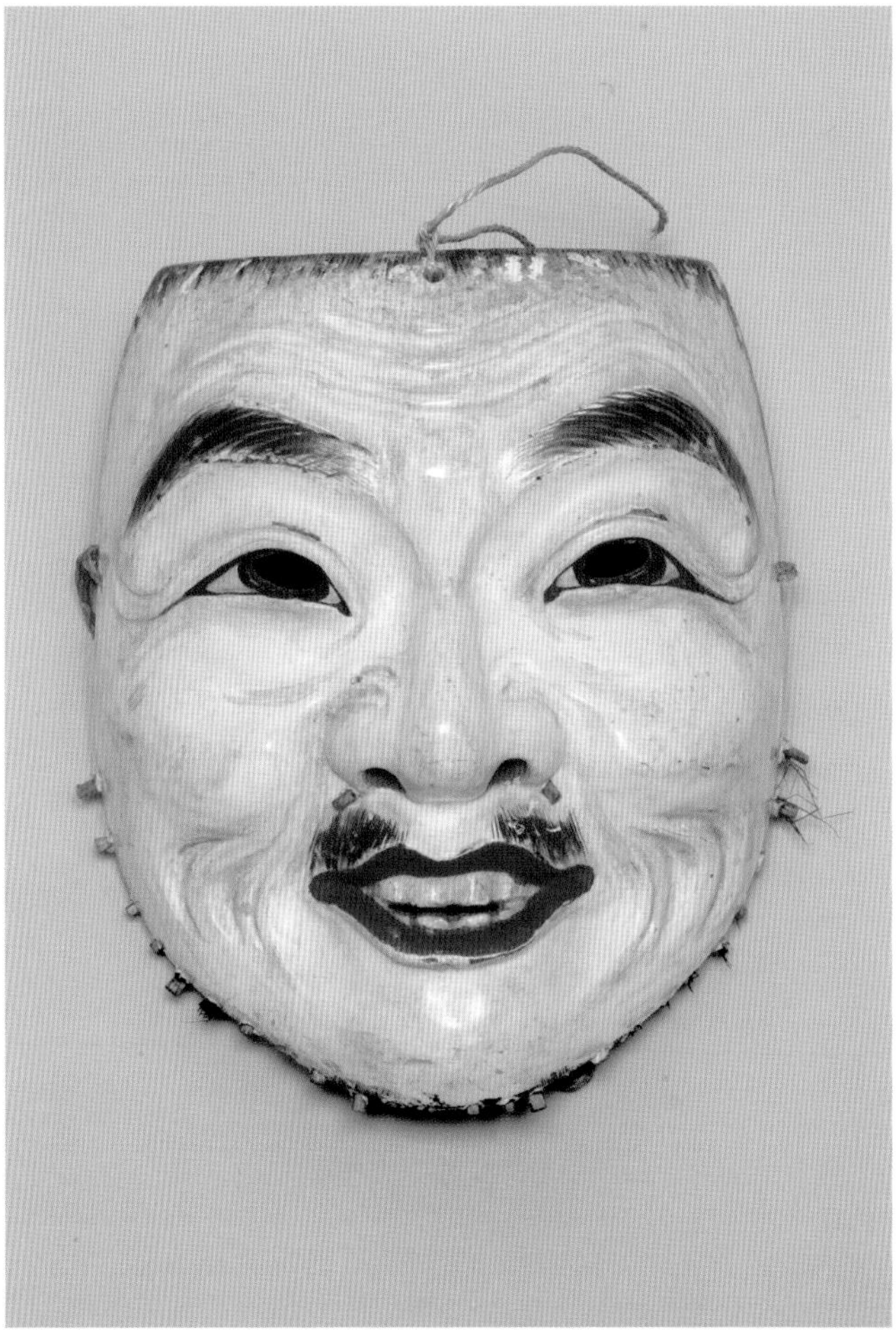

14　恵比酒

15　蛭児《ひるこ》尊

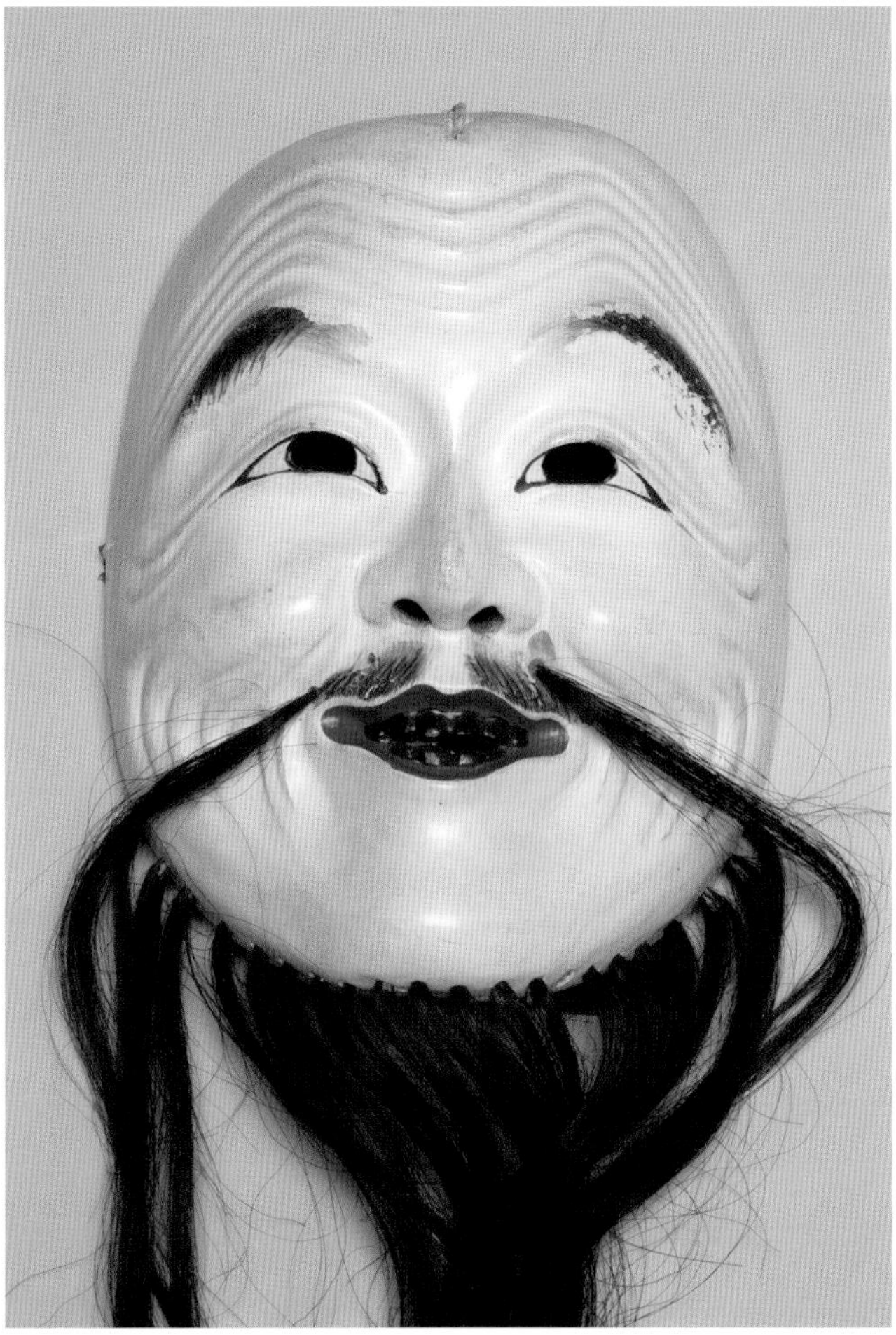

16　事代主尊

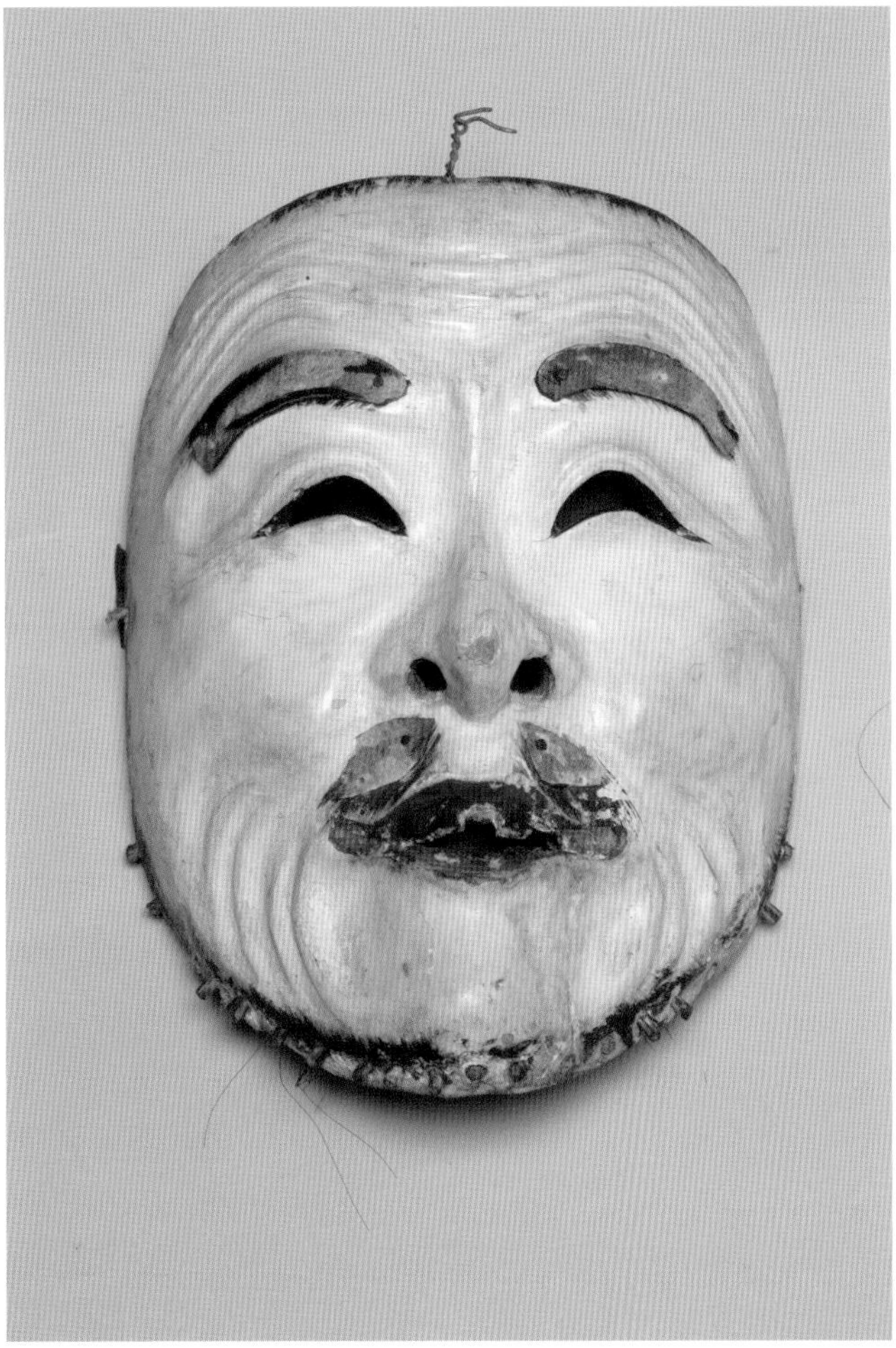

17　恵比酒

18　武甕槌《たけみかづち》尊

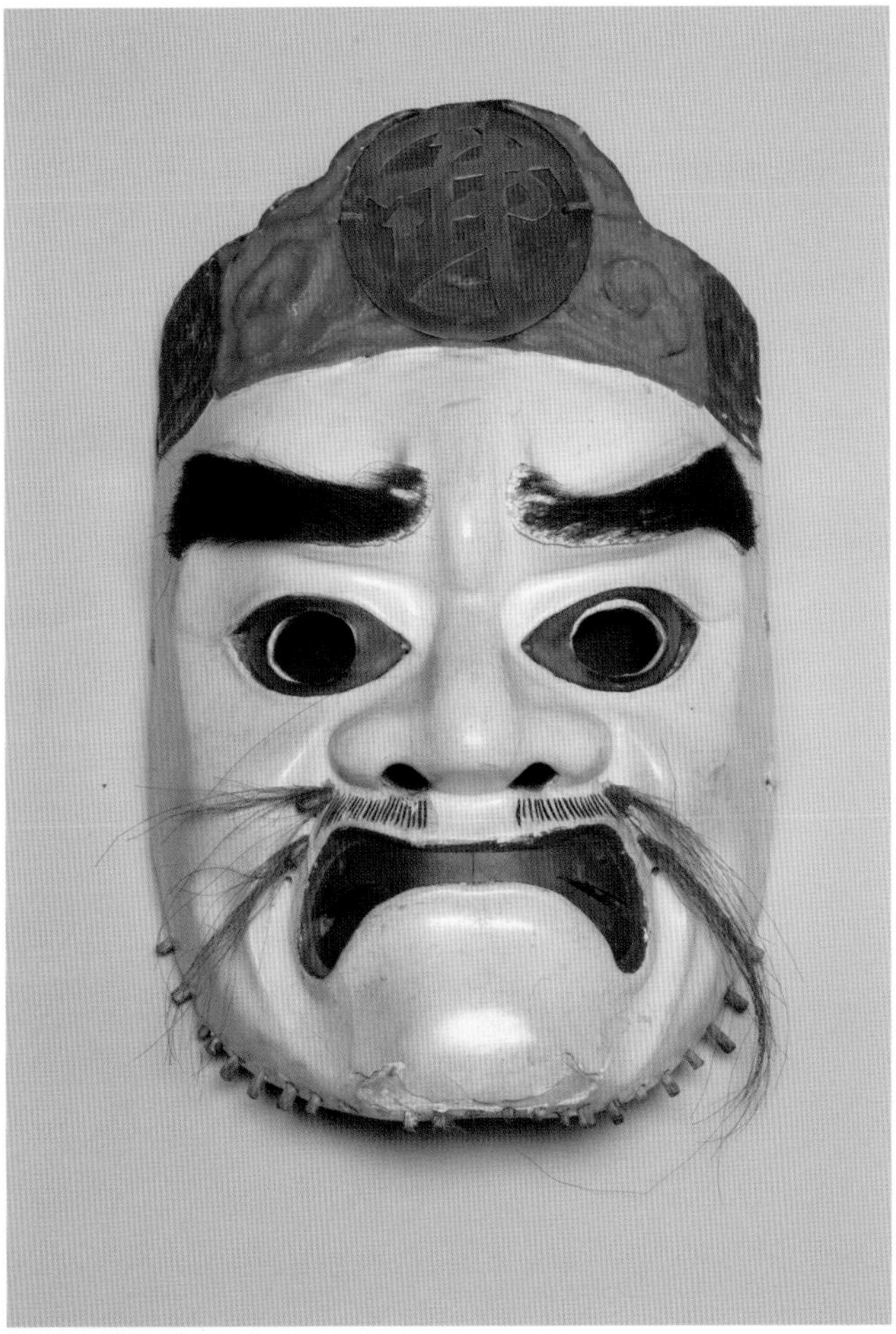

19　武甕槌尊

20　武甕槌之尊

28　経津主《ふつぬし》之尊

21　武甕槌尊

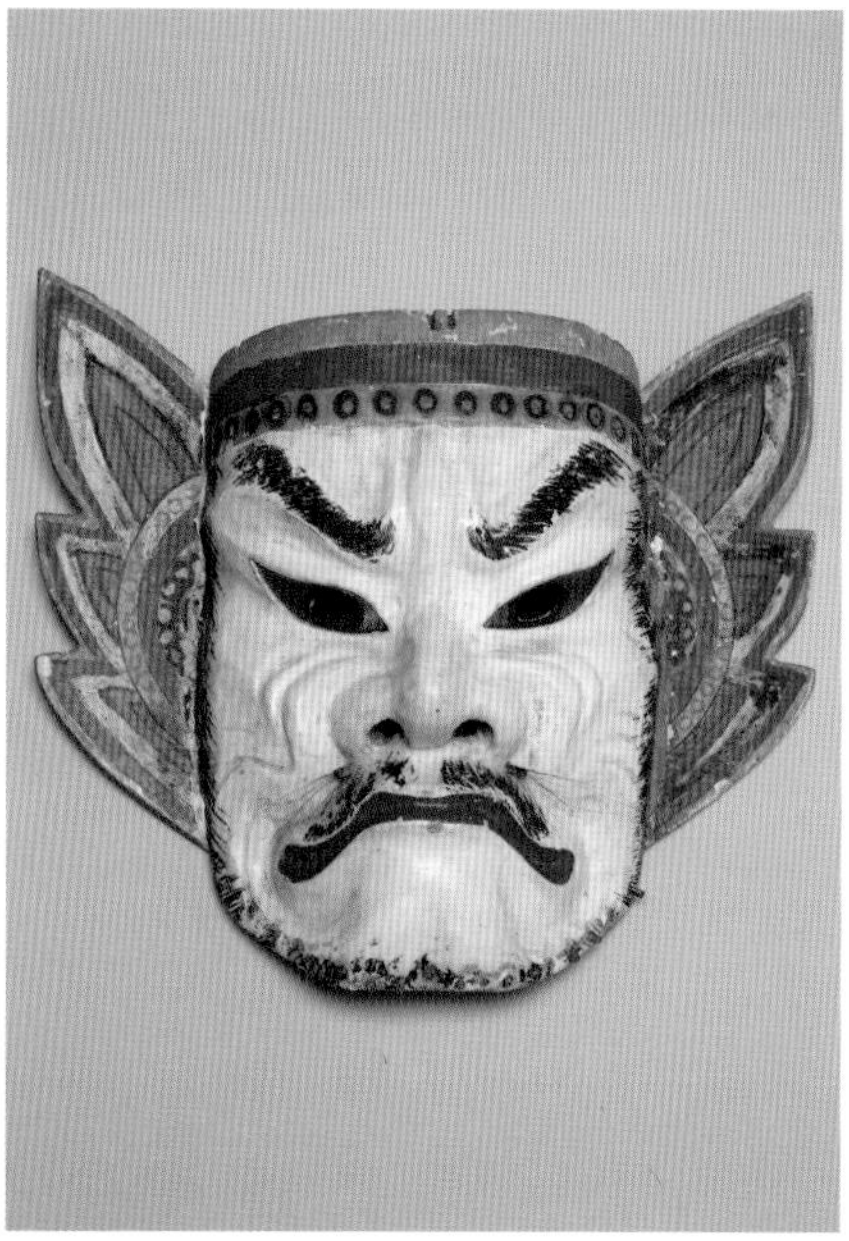

22　荒神武(武甕槌尊)

23　武甕槌命

24　武甕槌尊(製作途中？)

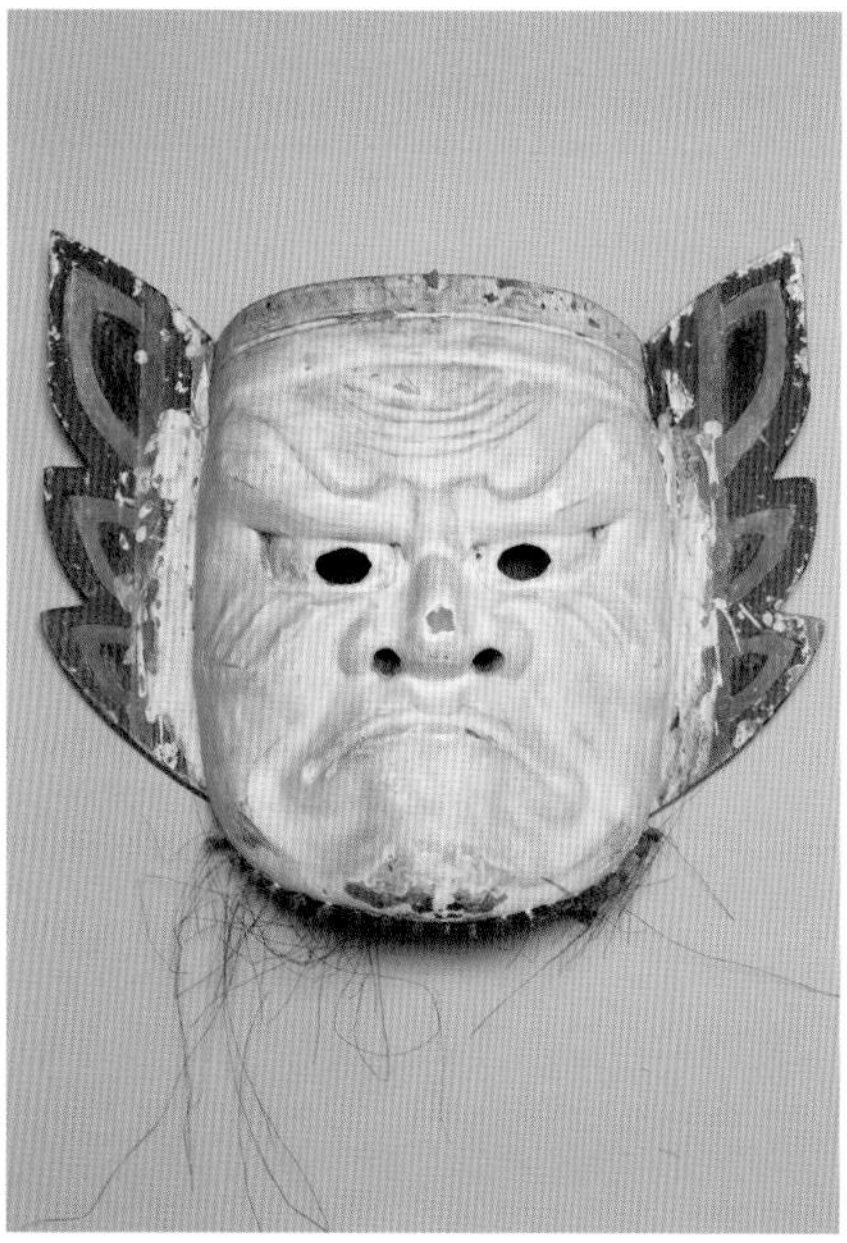

25　武(武甕槌尊)

26　経津主尊

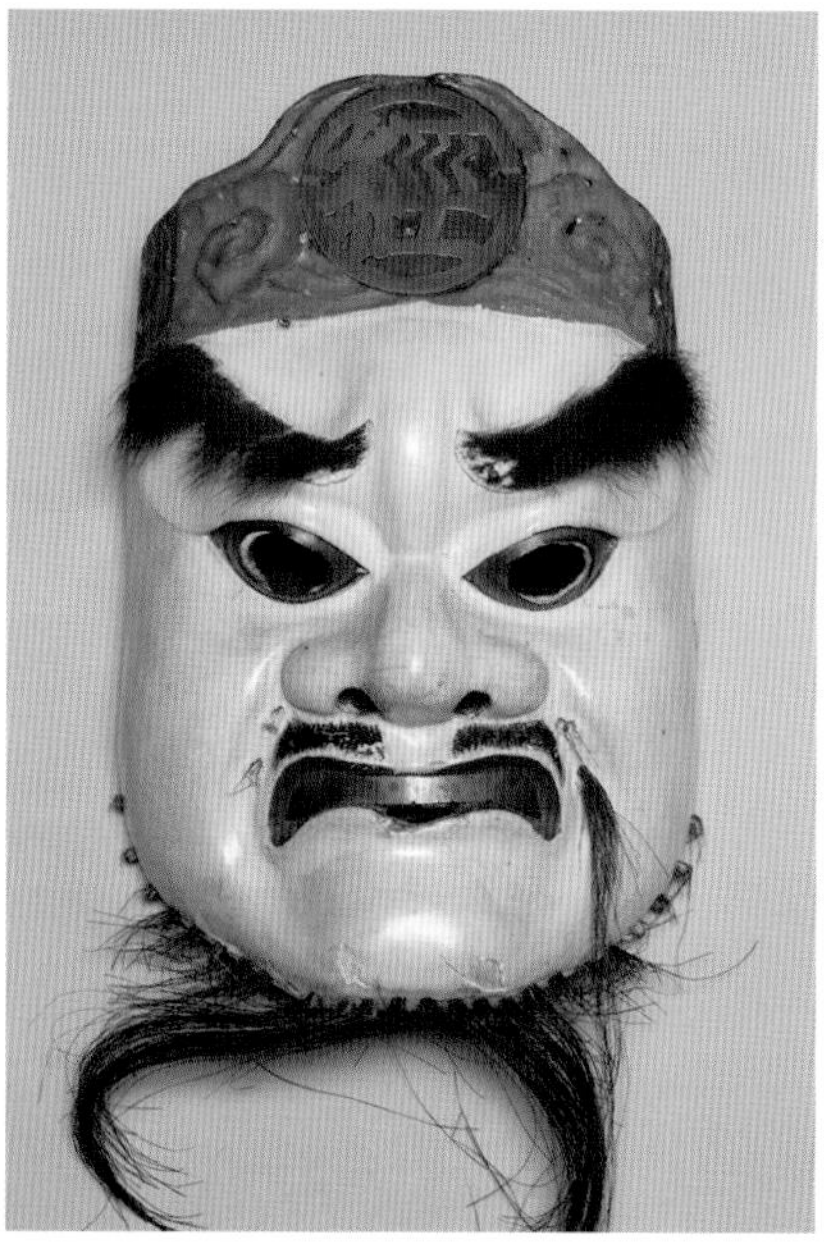

27　経津主尊

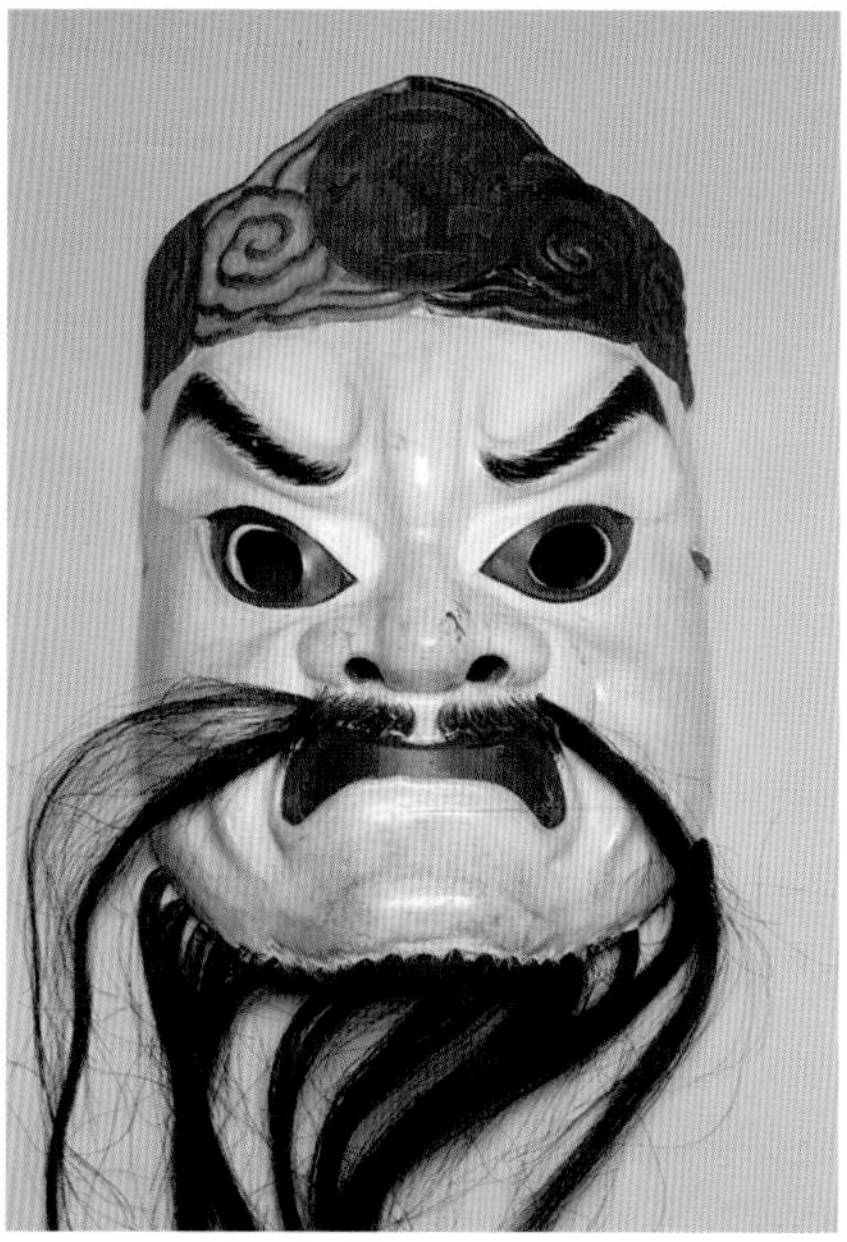

29　経津主尊

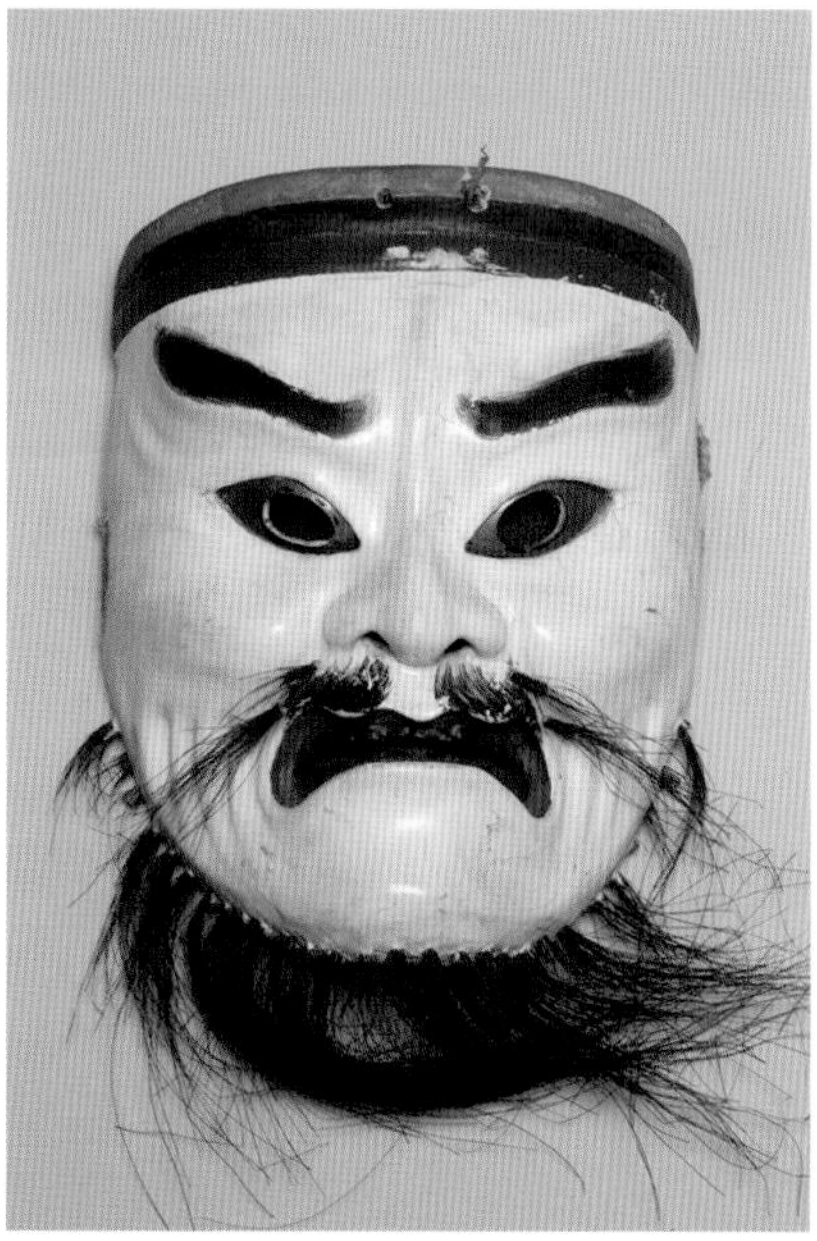

30　経津主命

31　経津主

32　経津主尊

33　経津主尊

34　経(経津主尊)

35　(武甕槌尊もしくは経津主尊)

36　(武甕槌尊もしくは経津主尊)

37　句々廼馳《くくのち》尊／木ノ神

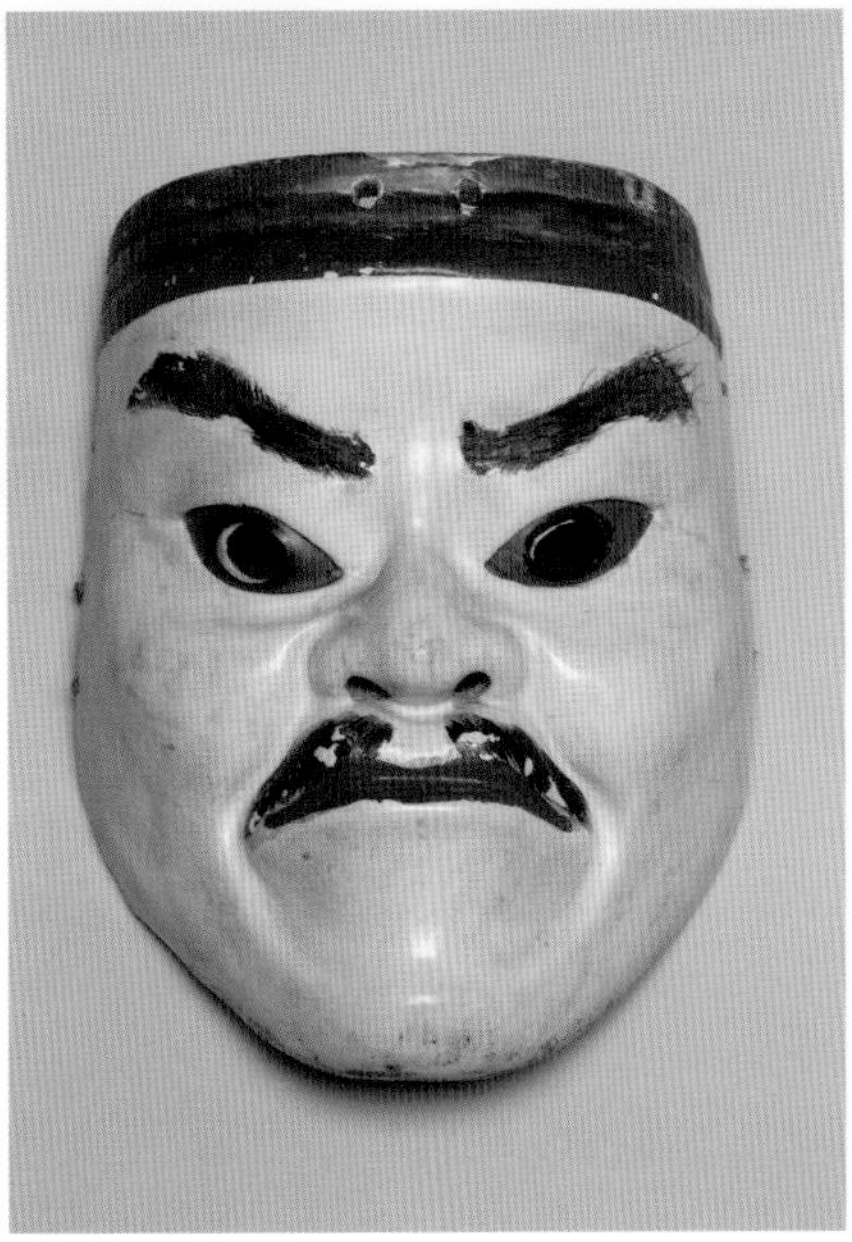
39　句々廼馳尊

40　句々廼馳尊／木

42　軻愚突智《かぐつち》尊／火ノ神

38　句々廼馳尊／木之神

49　水速女《みづはのめ》尊／水(ノ神)

55　金山彦尊／金之神

44　軻愚突智尊

43　軻遇突智／火ノ神

41　句々廼馳命／木之神

47　火ノ神

46　軻遇哭智命

45　軻愚突智尊／火

51　水羽女之尊

50　罔象女神《みつはのめ》／北

48　水速之尊／水ノ神

52　水速女尊

53　金山彦神／金ノ神

54　金山彦尊／金ノ神

56　金山彦尊

57　金山彦尊

58　金山彦尊／金(ノ神)

59　田邑丸是則将軍

60　田村丸将軍

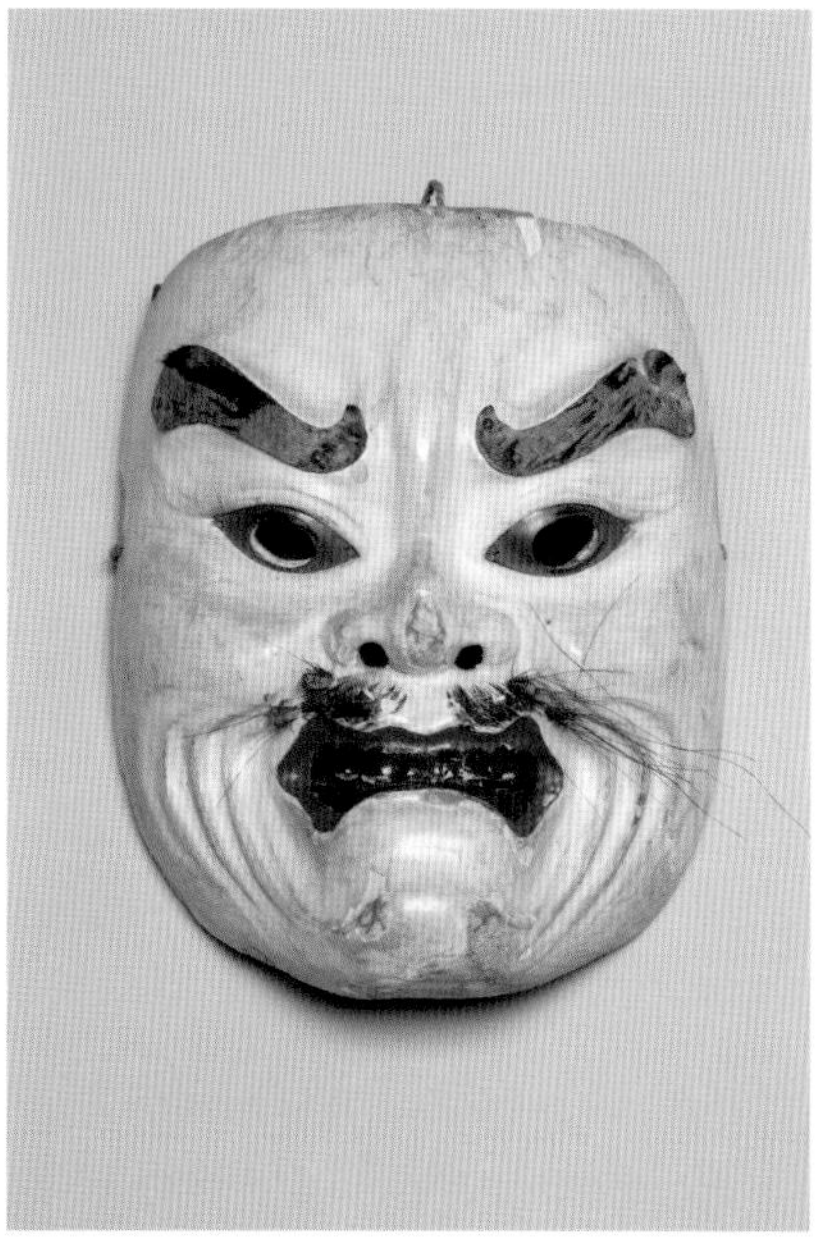
61　田邑将軍

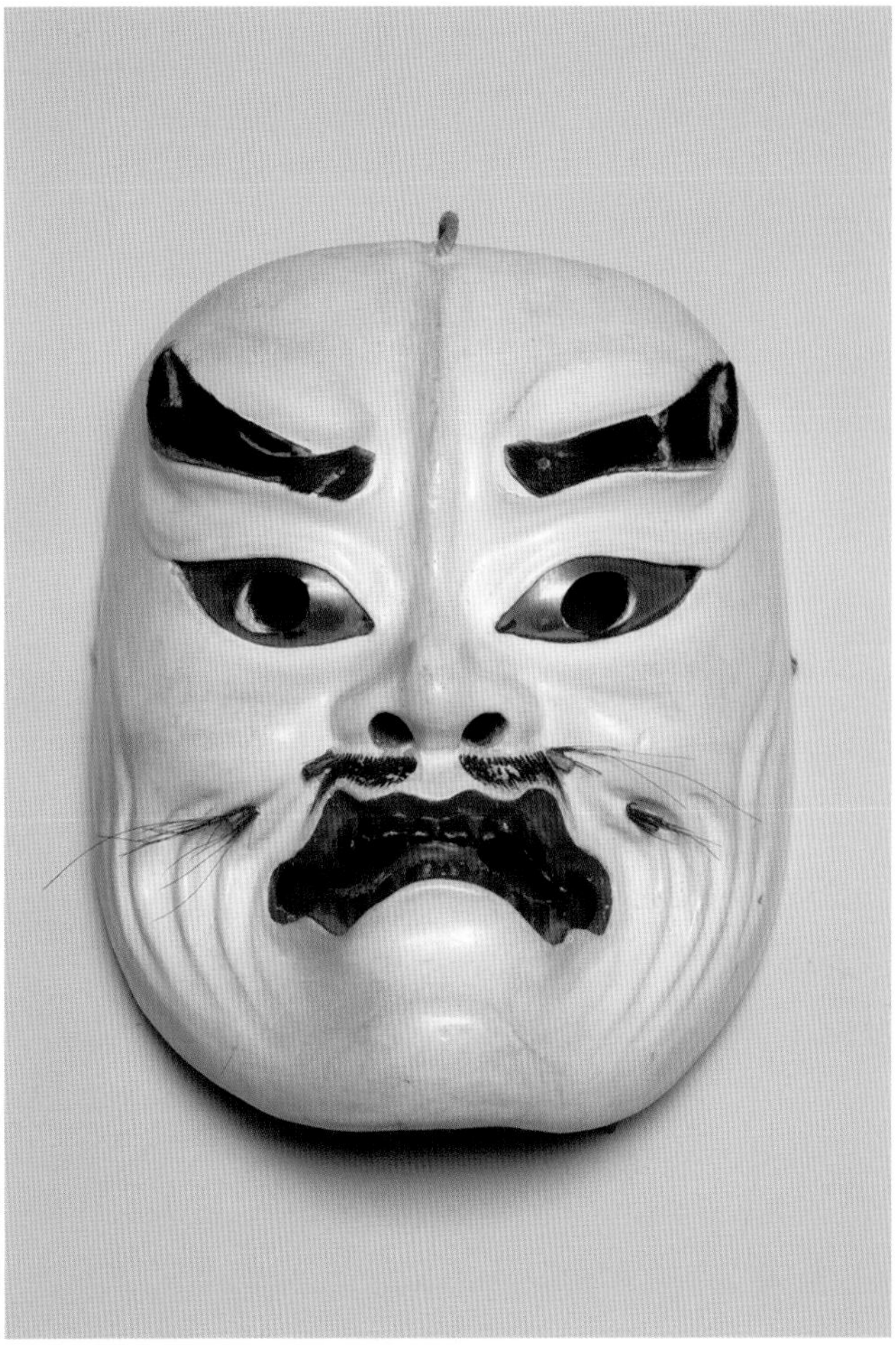

62　田邑将軍

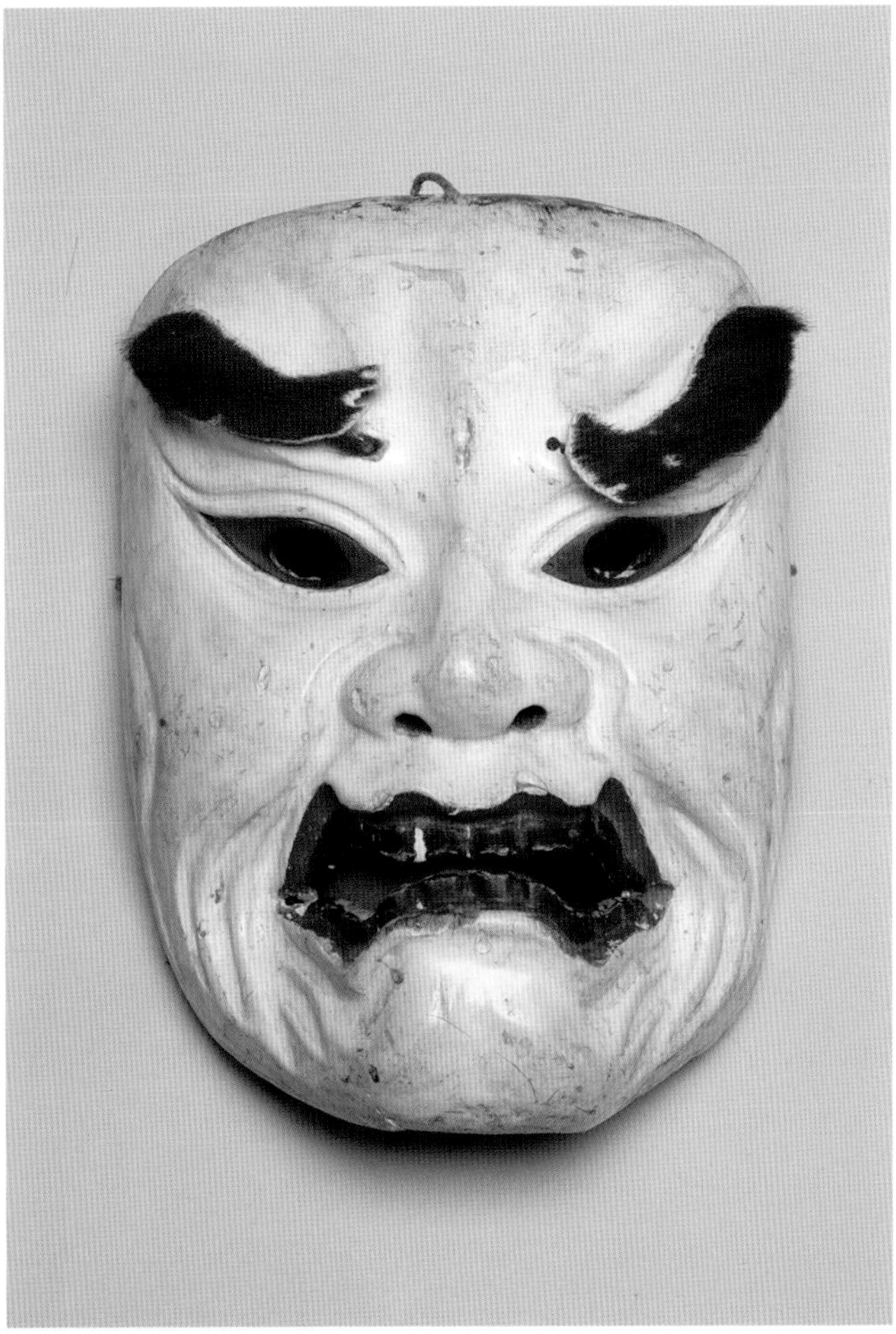

63　田邑(田村将軍)

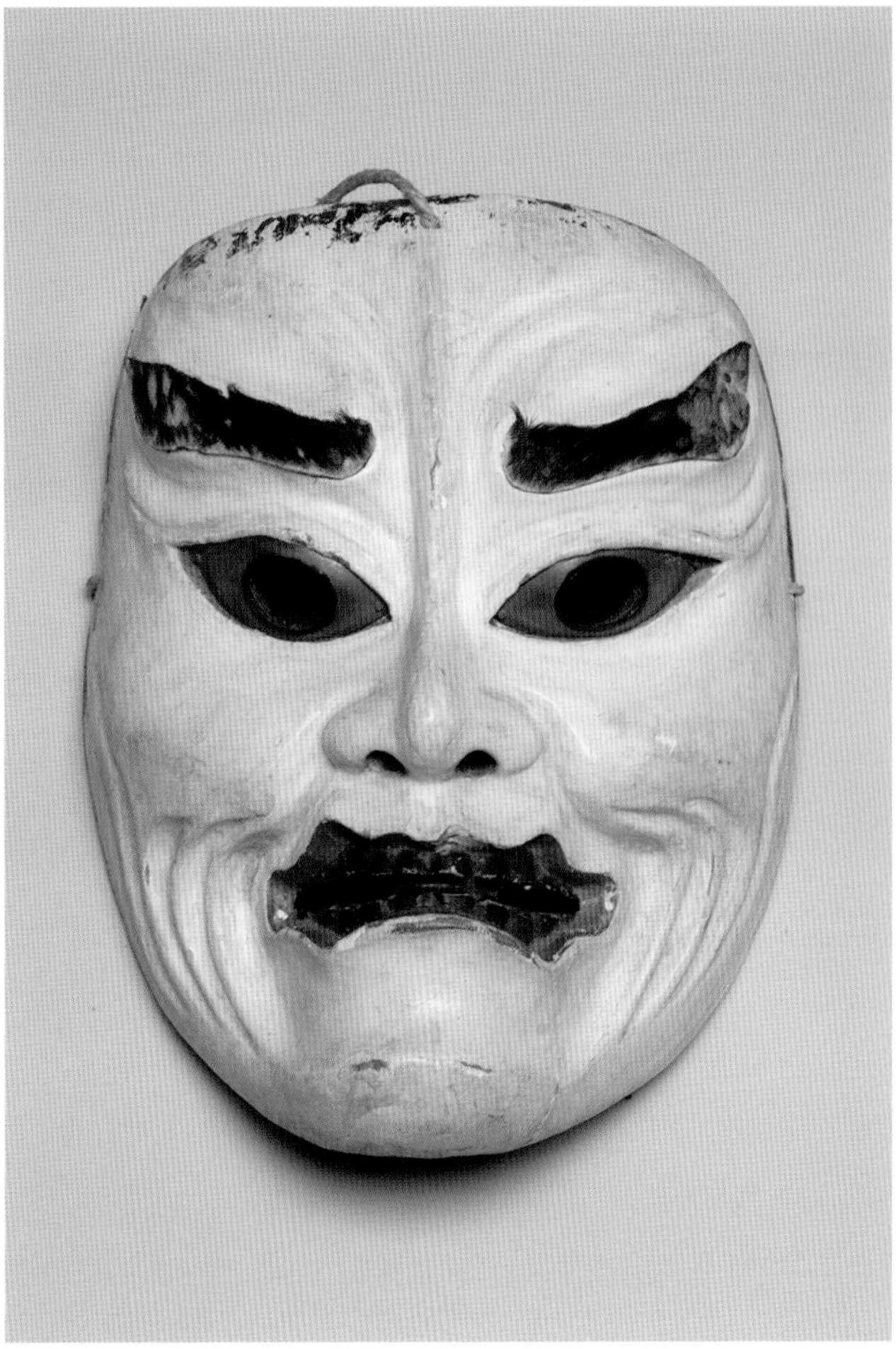

64　田邑丸将軍

65　田邑将軍

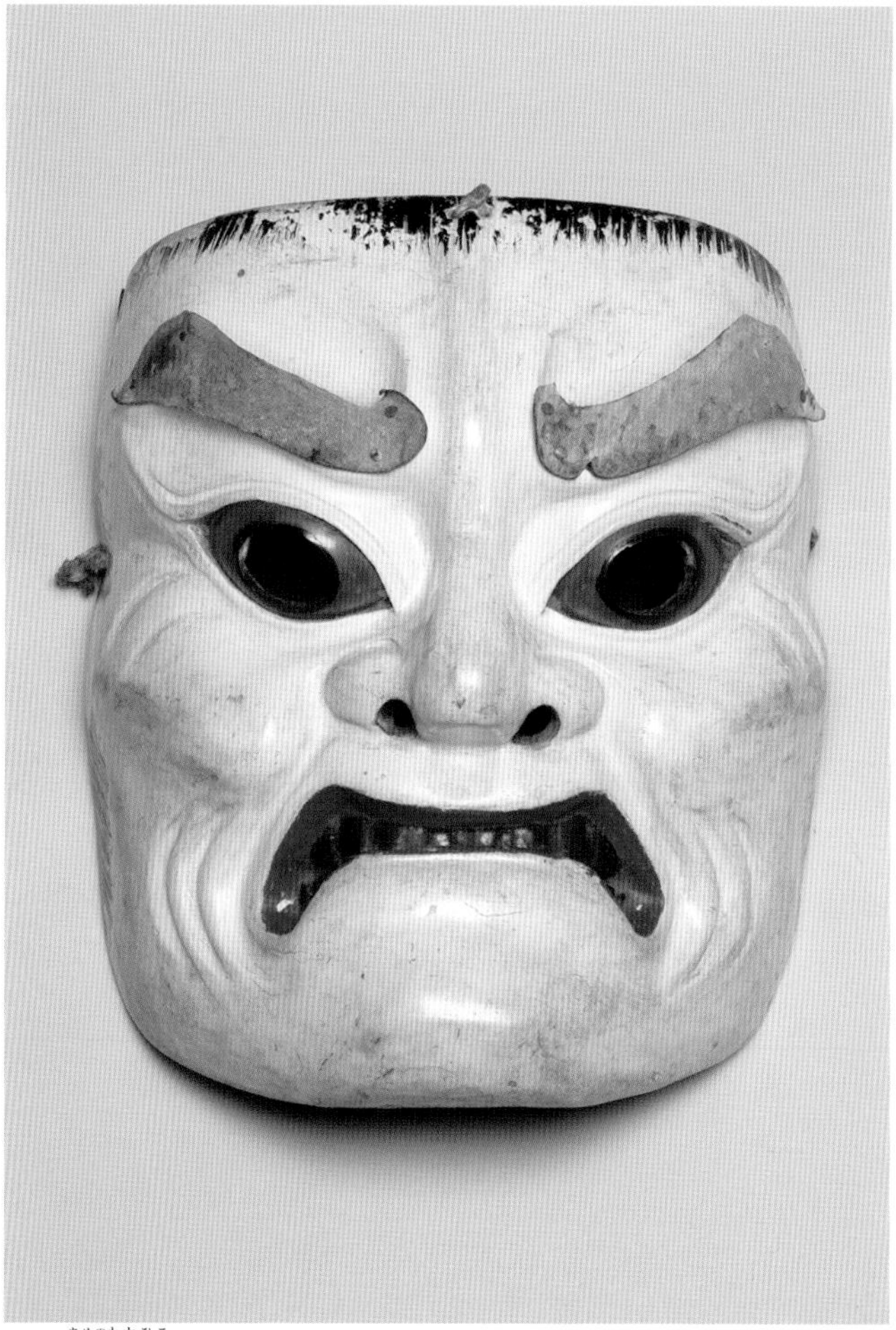

66　餔若彦《あめのわかひこ》

67　餔若彦

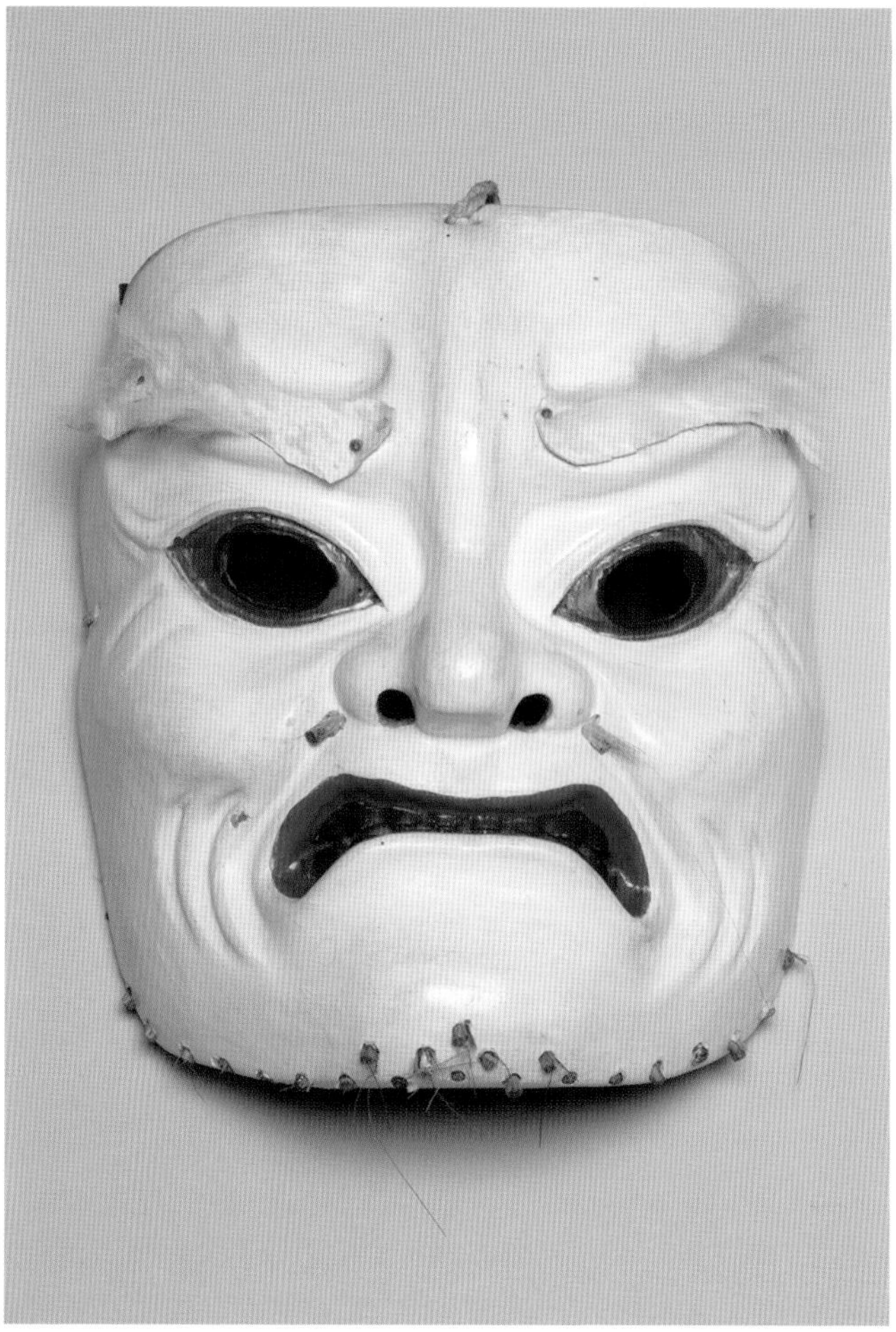

68　餔若彦

69　飴若彦

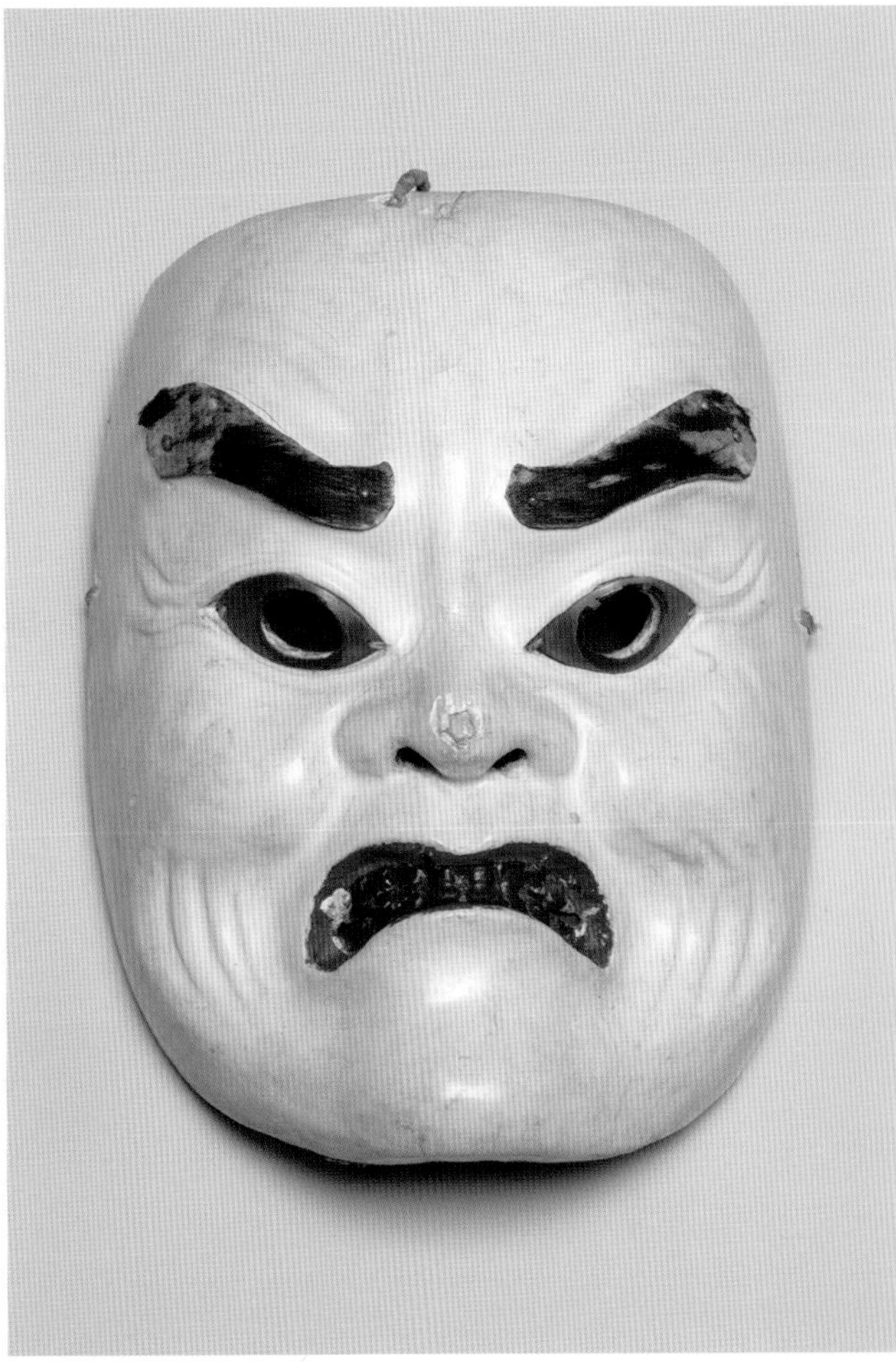

70　飴若彦尊

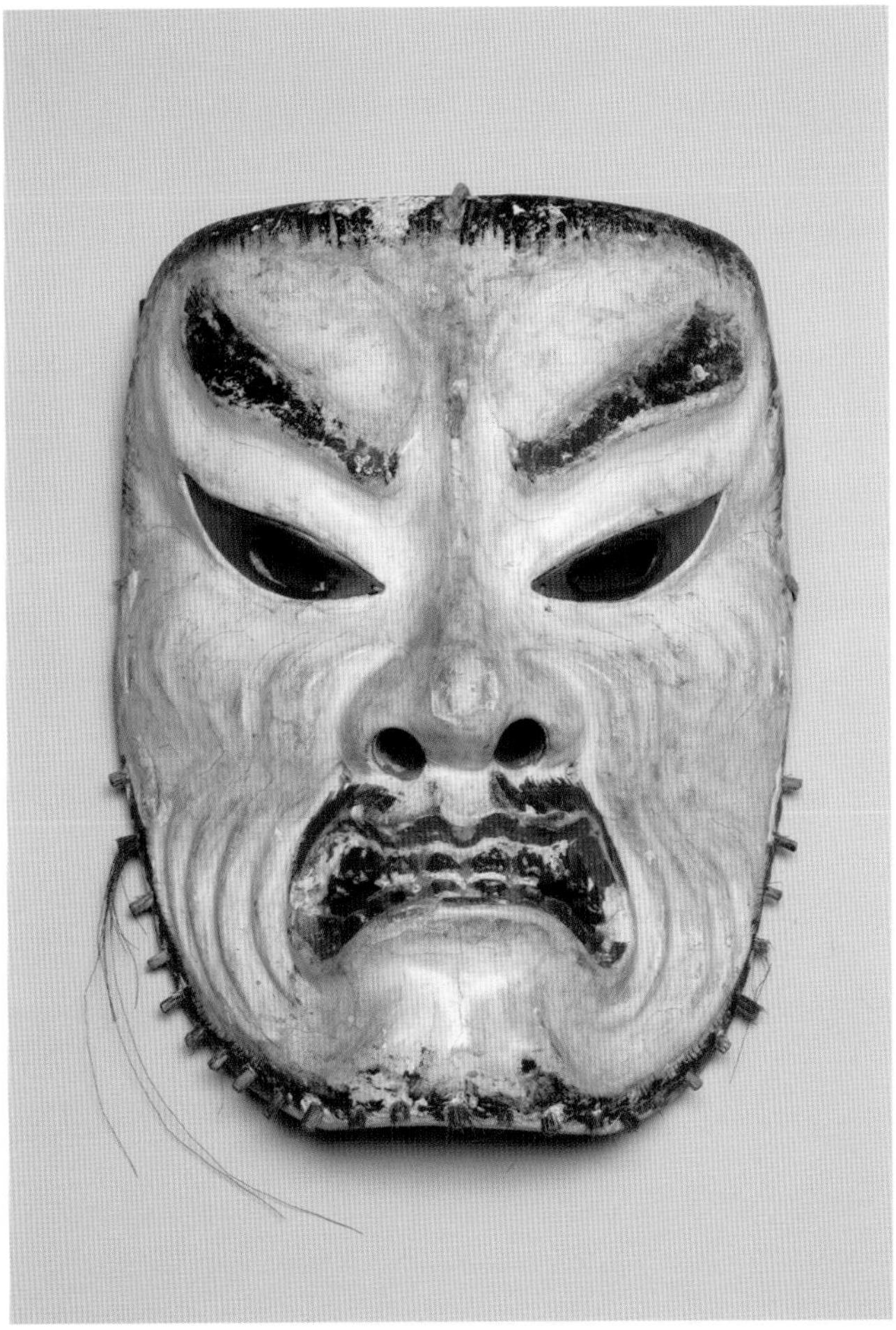

71　饍若彦

72　天若彦

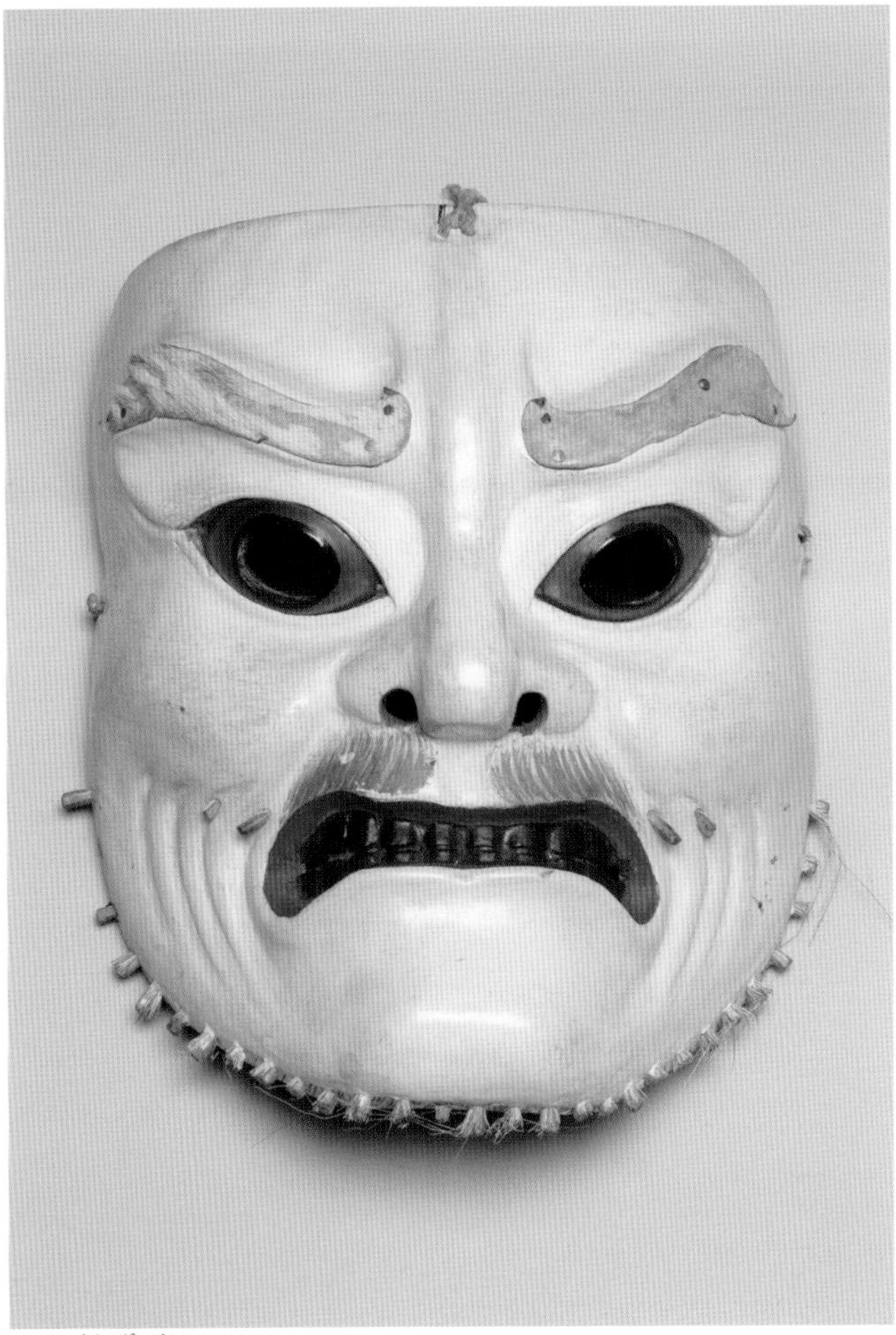

73　鰐《わに》賀《が》瀬《せ》尊

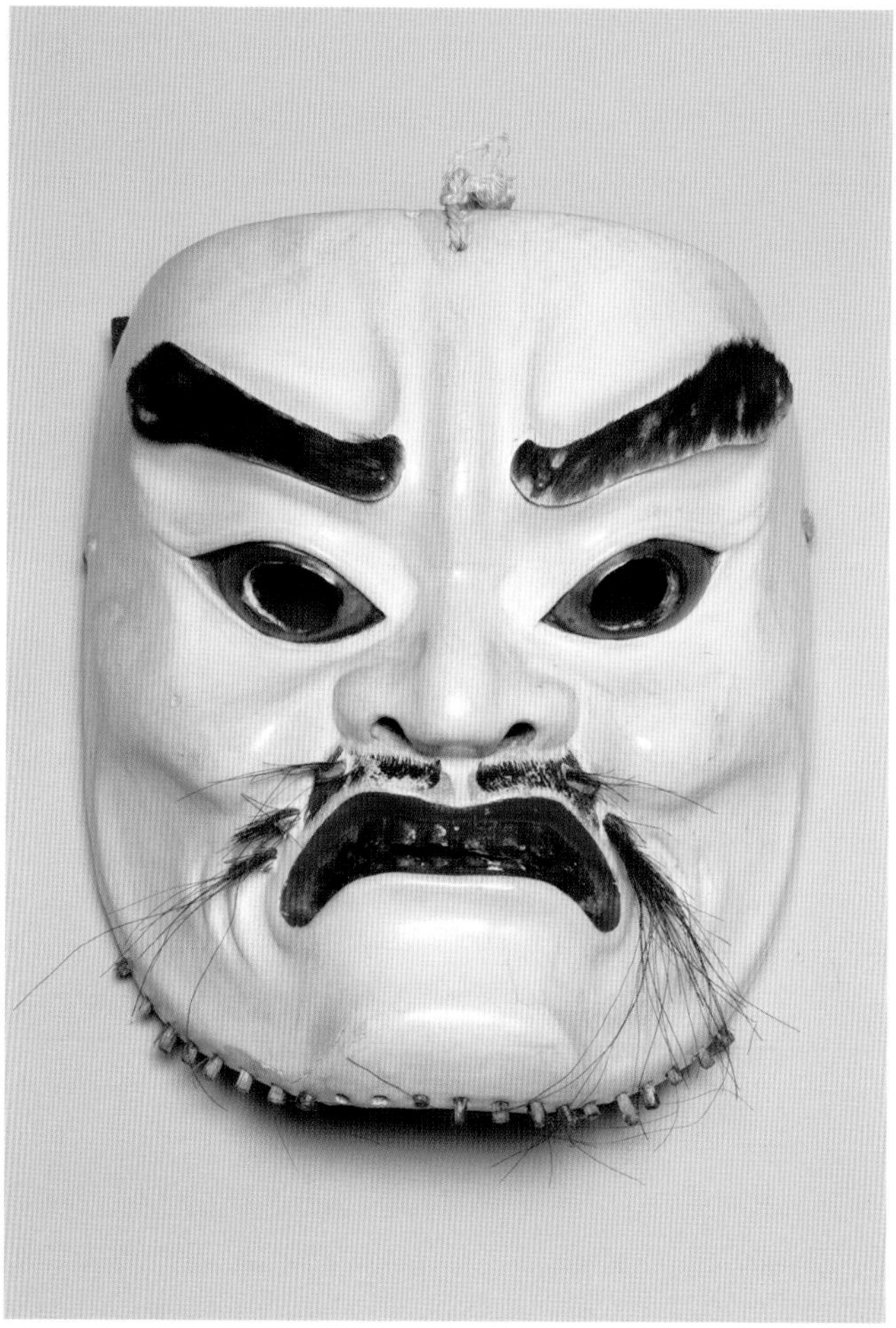

74　鰐賀瀬

75　鰐賀瀬尊

76　鰐賀瀬尊

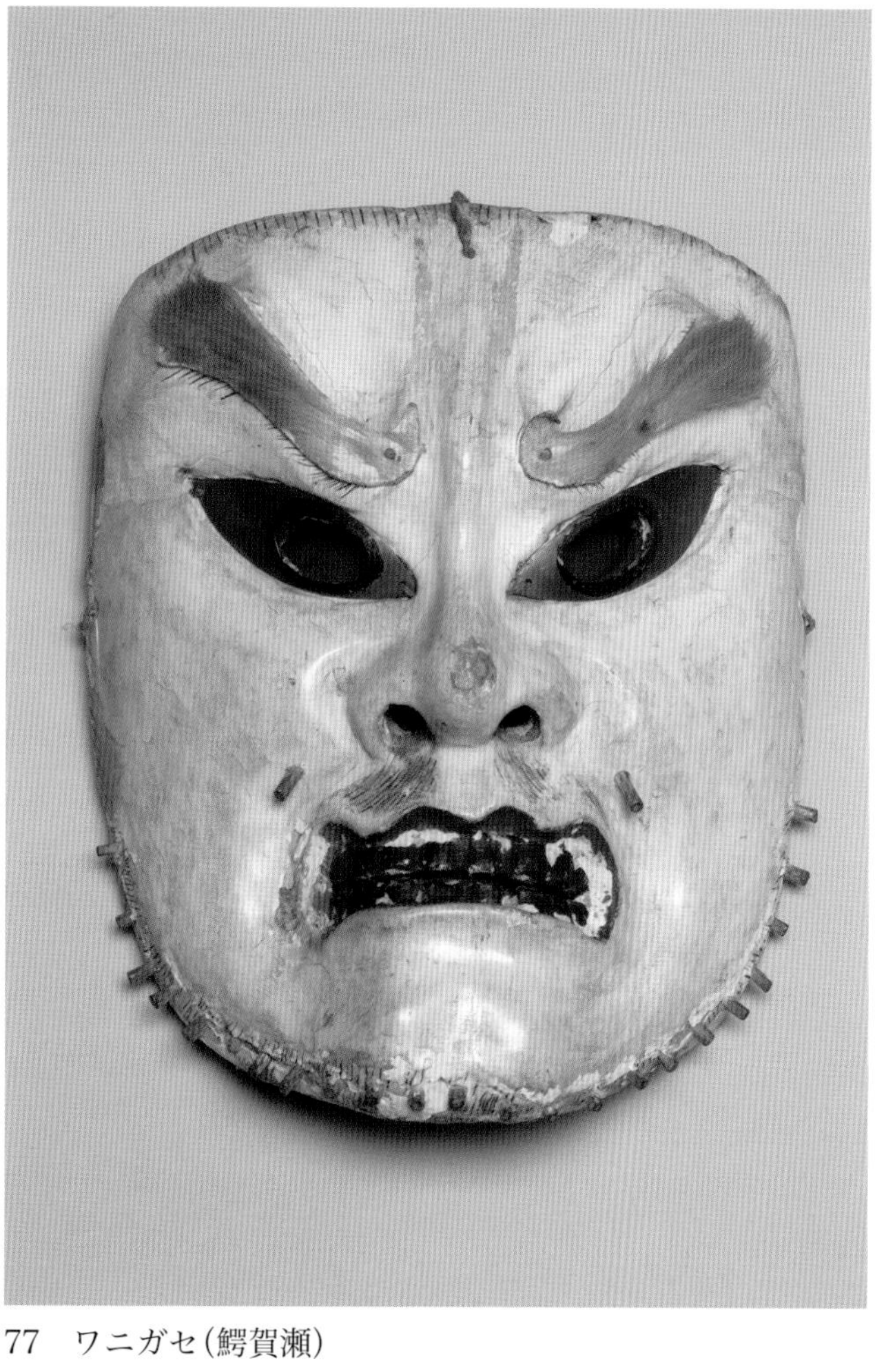

77　ワニガセ(鰐賀瀬)

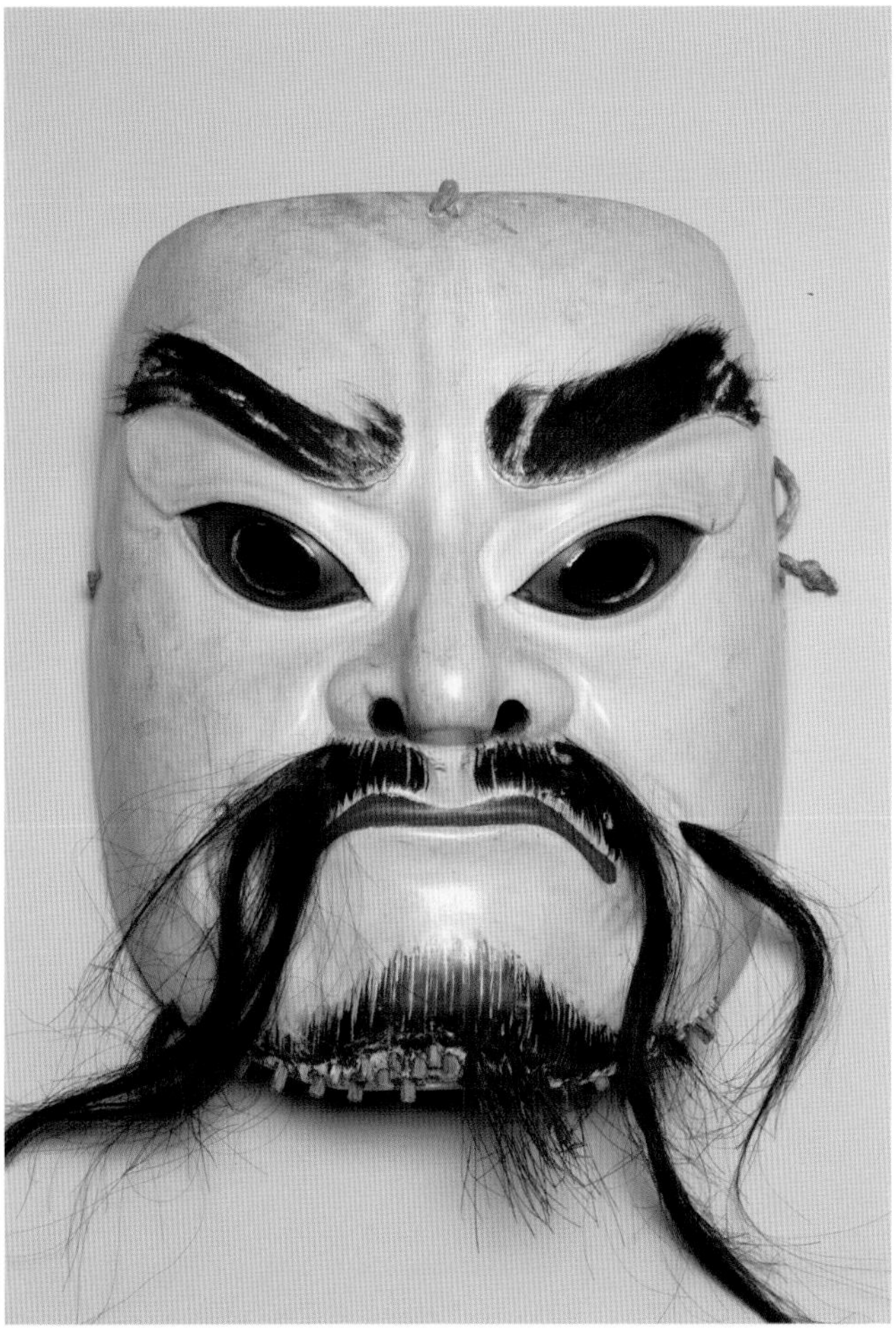

79　伊弉諾尊／弓八幡／天神

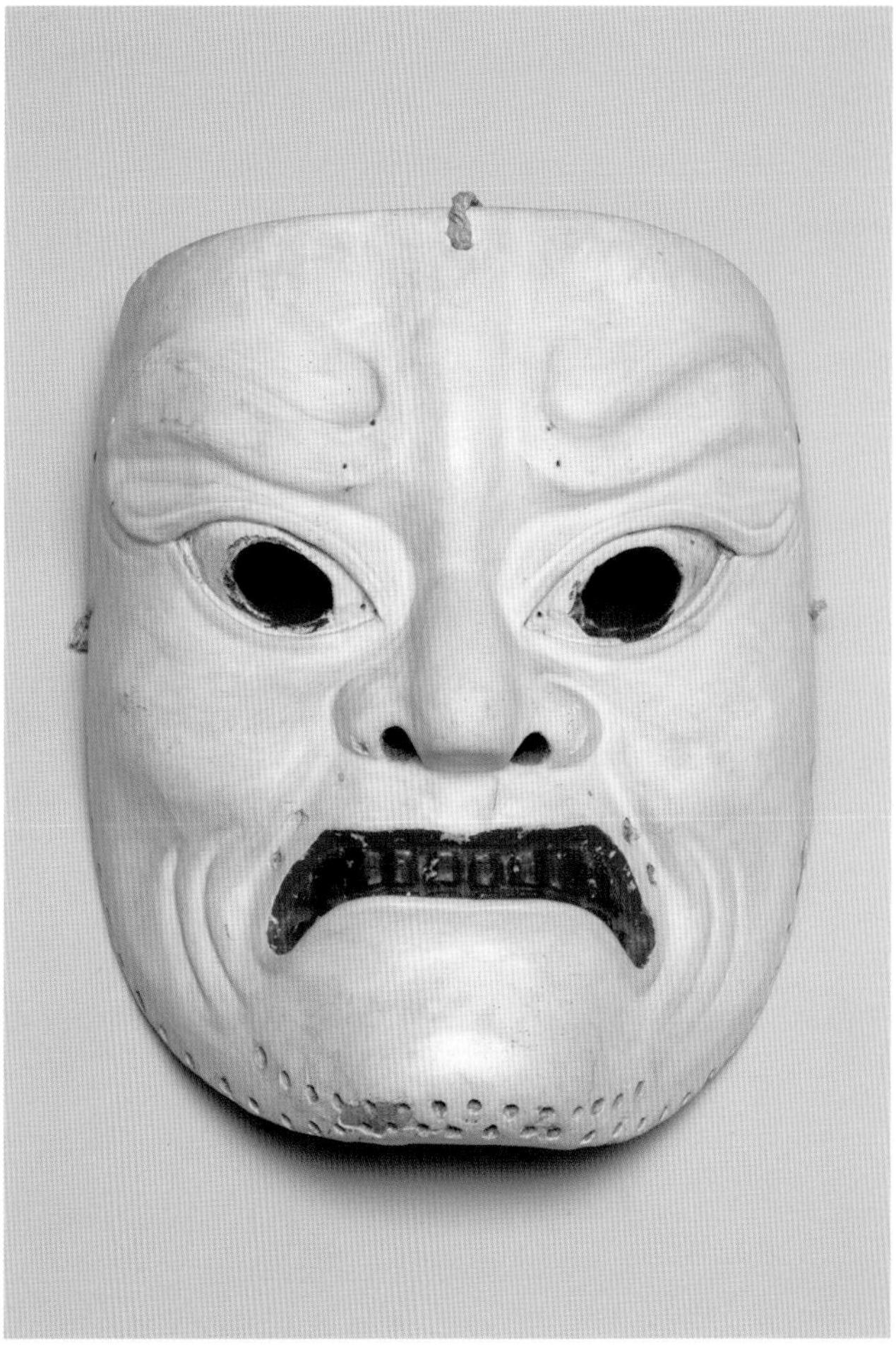

78　鰐賀瀬尊(製作途中？)

81　大歳大明神／大社

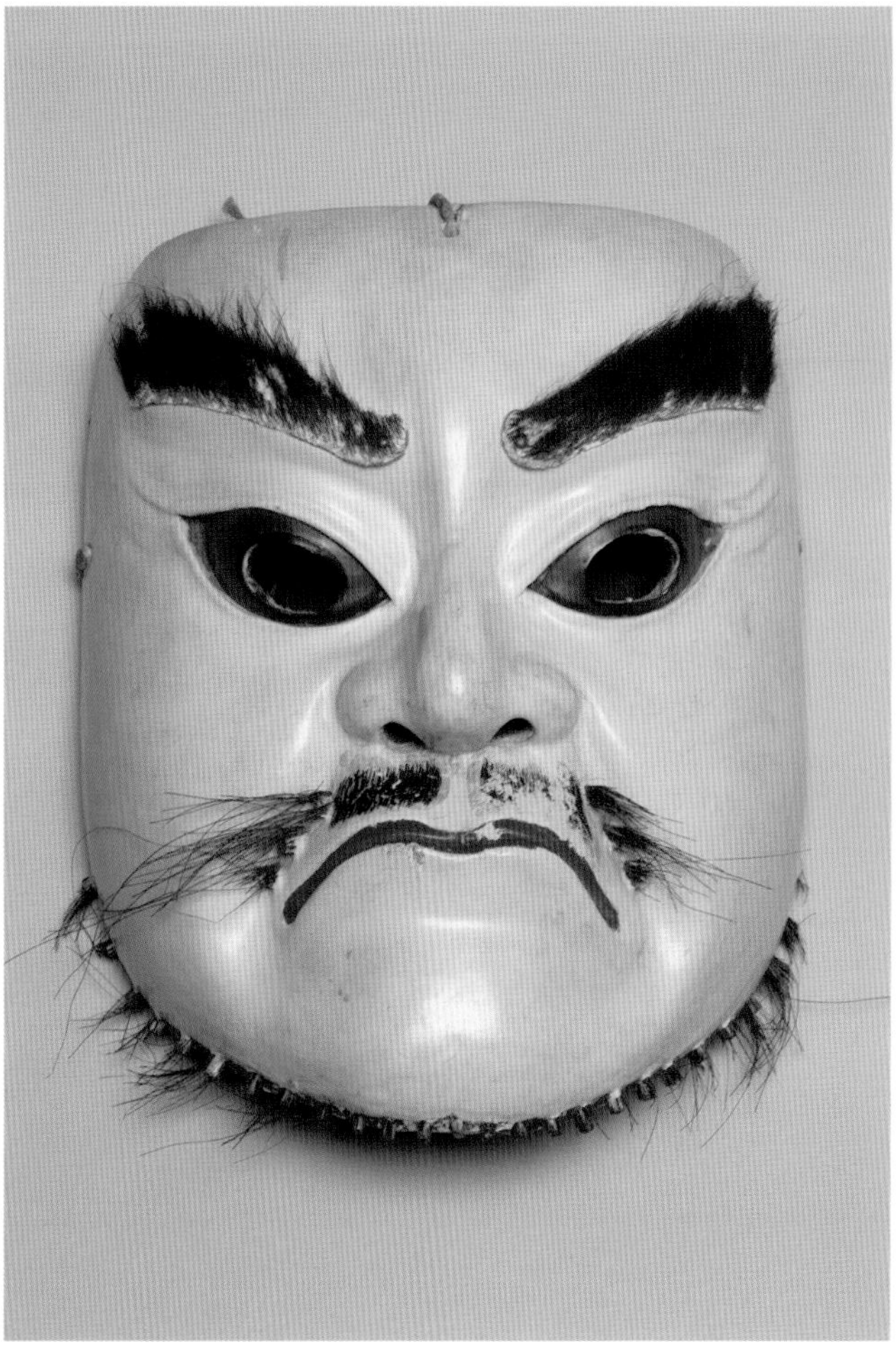

80　八幡／天神

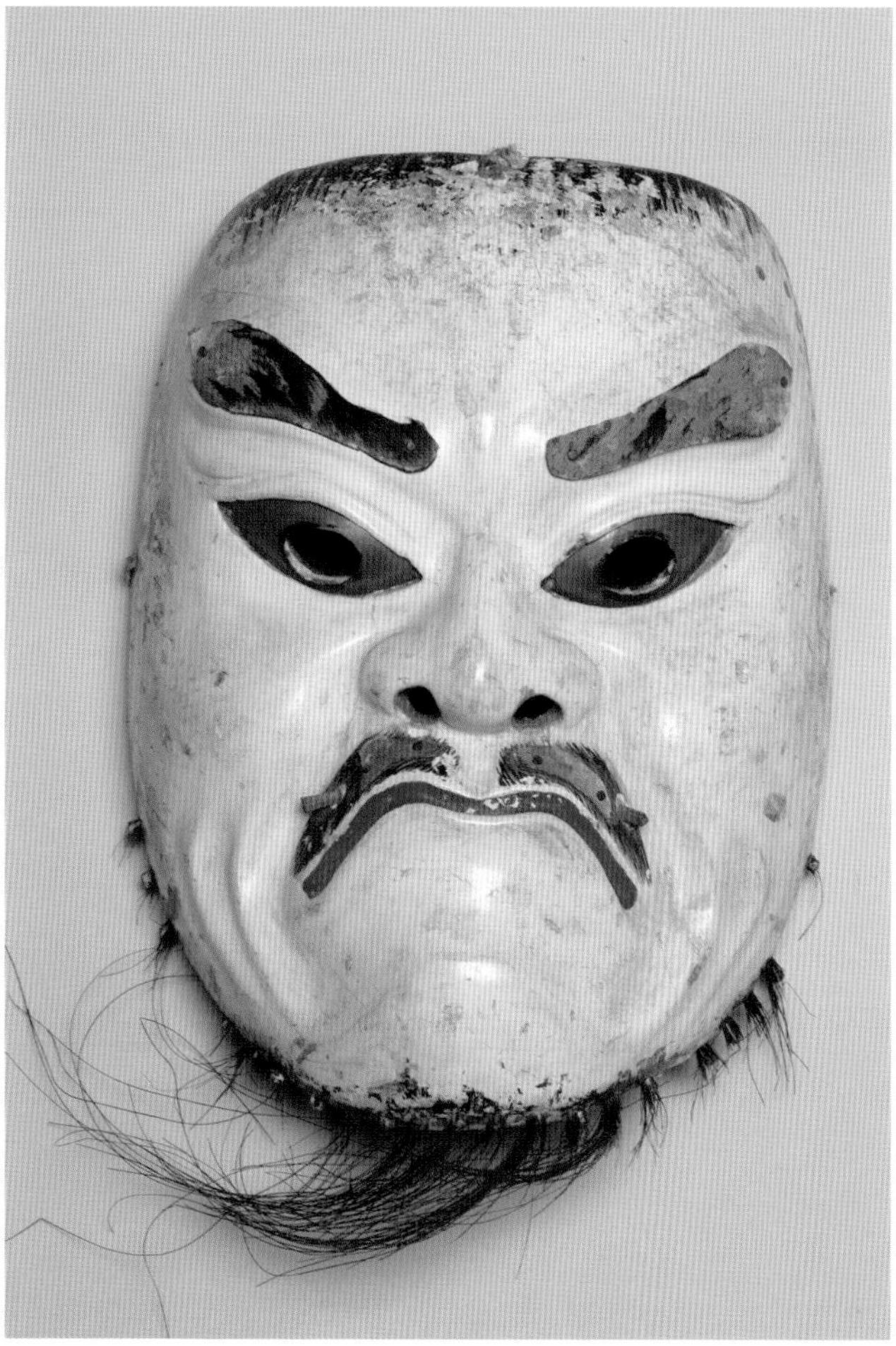

83　官公／八幡

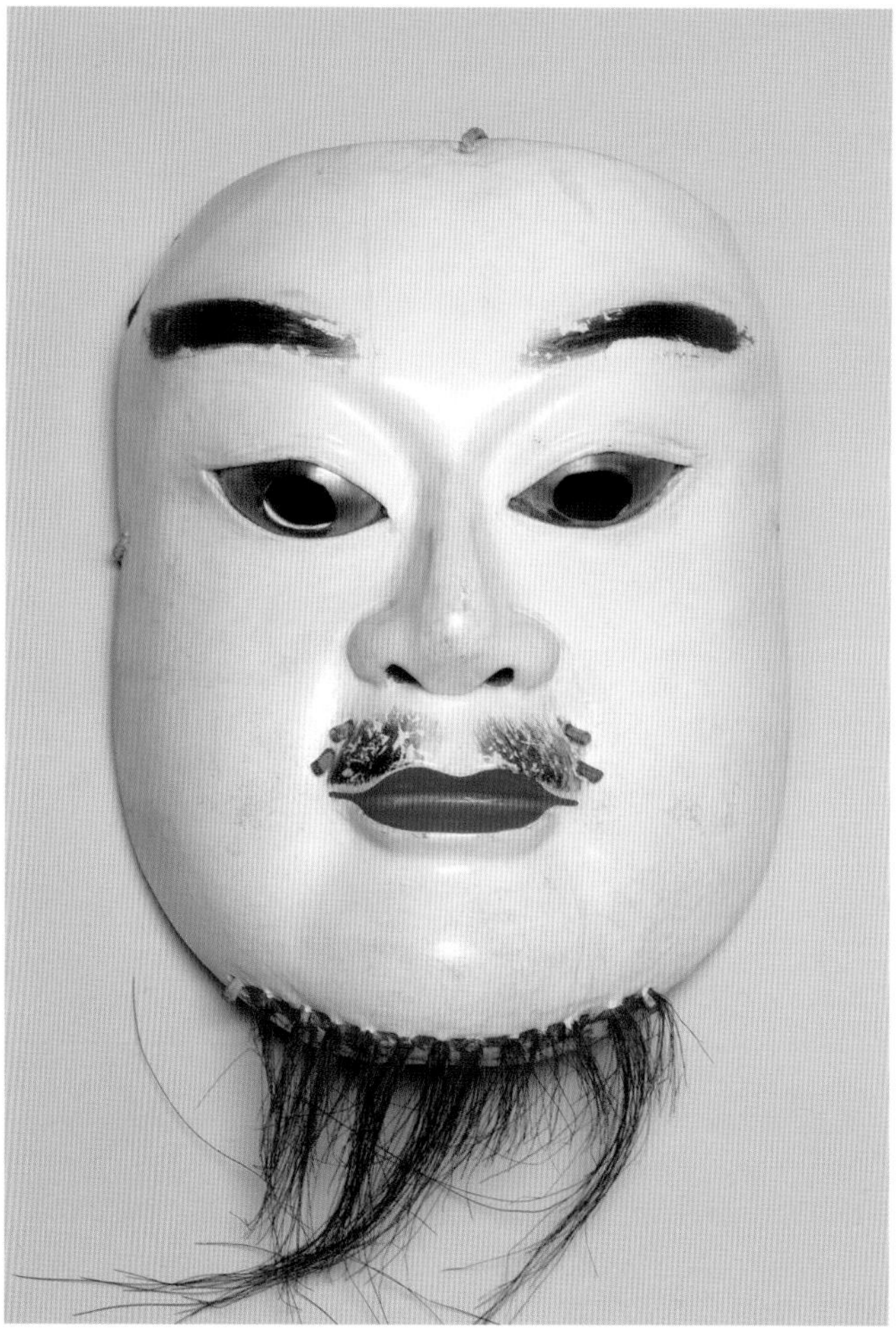

82　八幡／官公／大歳

85　弓八幡／木之神

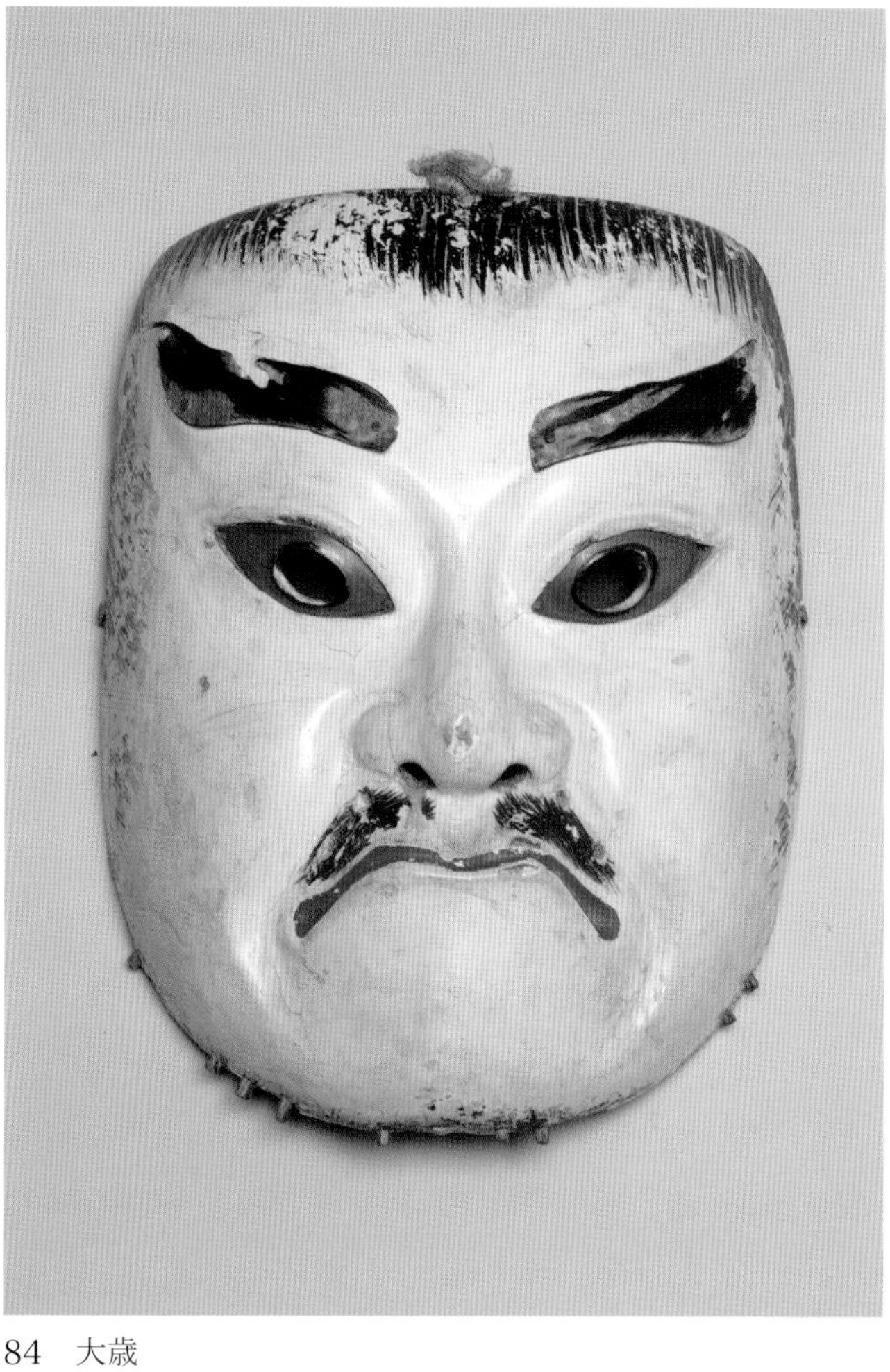

84　大歳

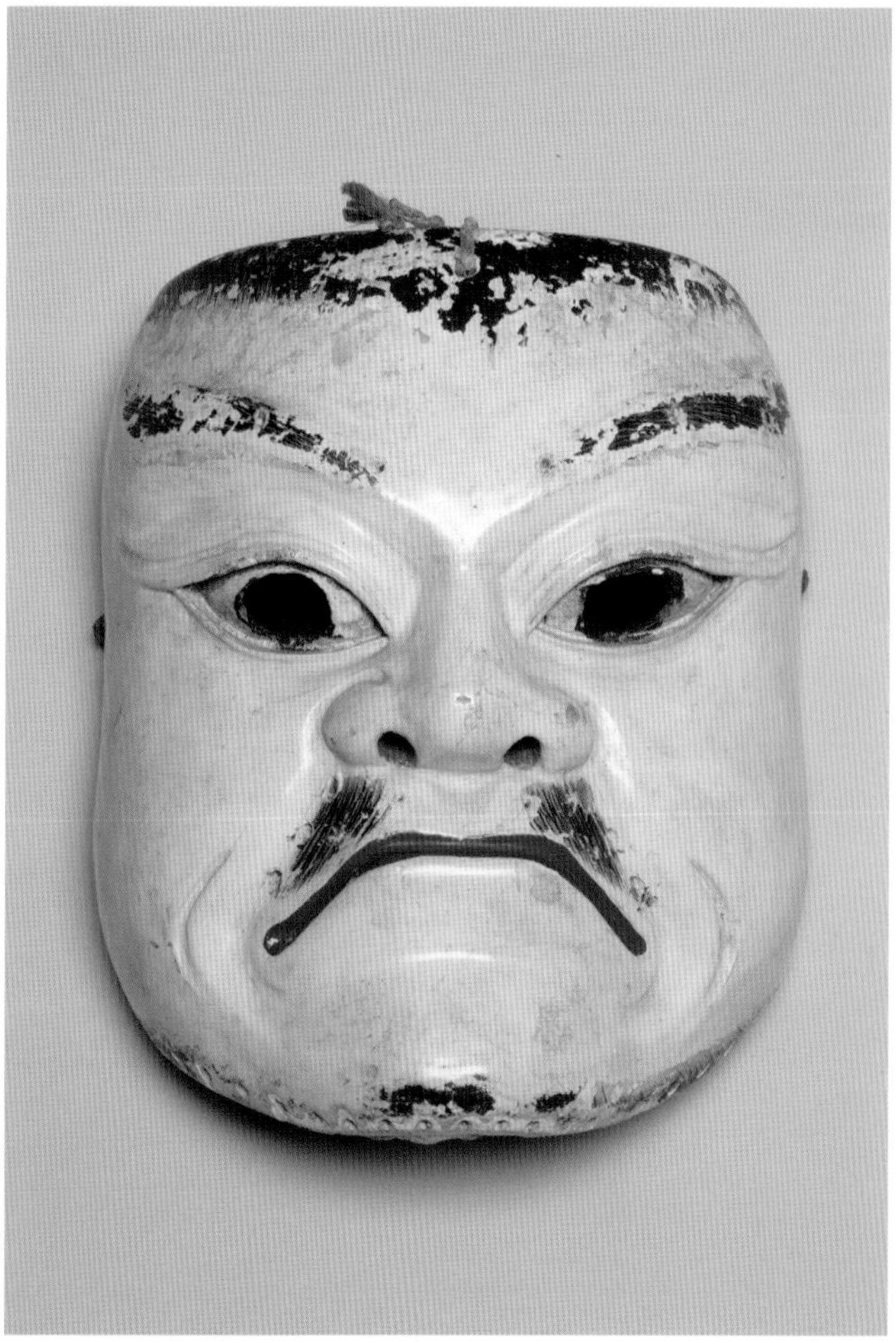

86　八幡／児屋根尊／天神

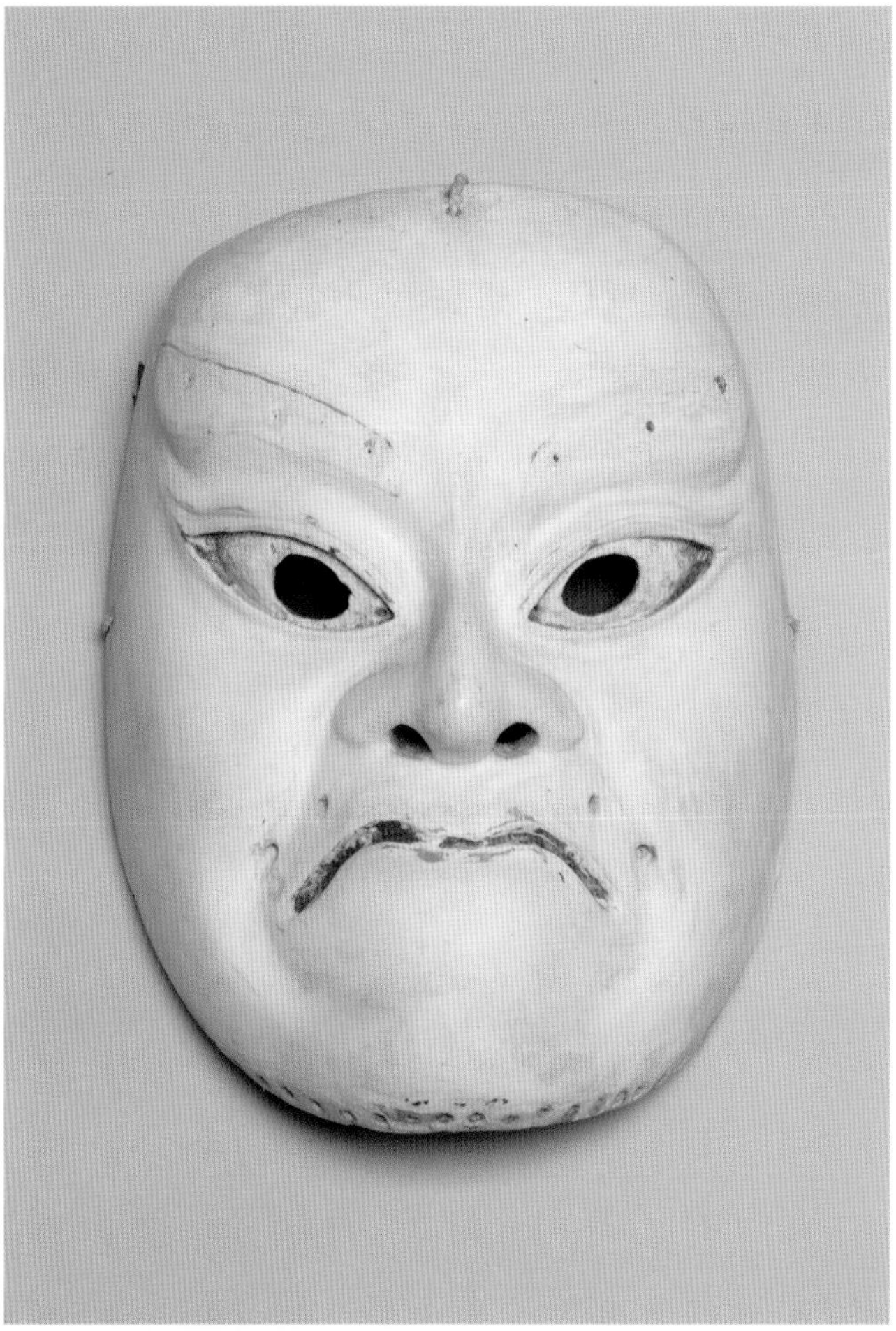

87　手力雄（製作途中？）

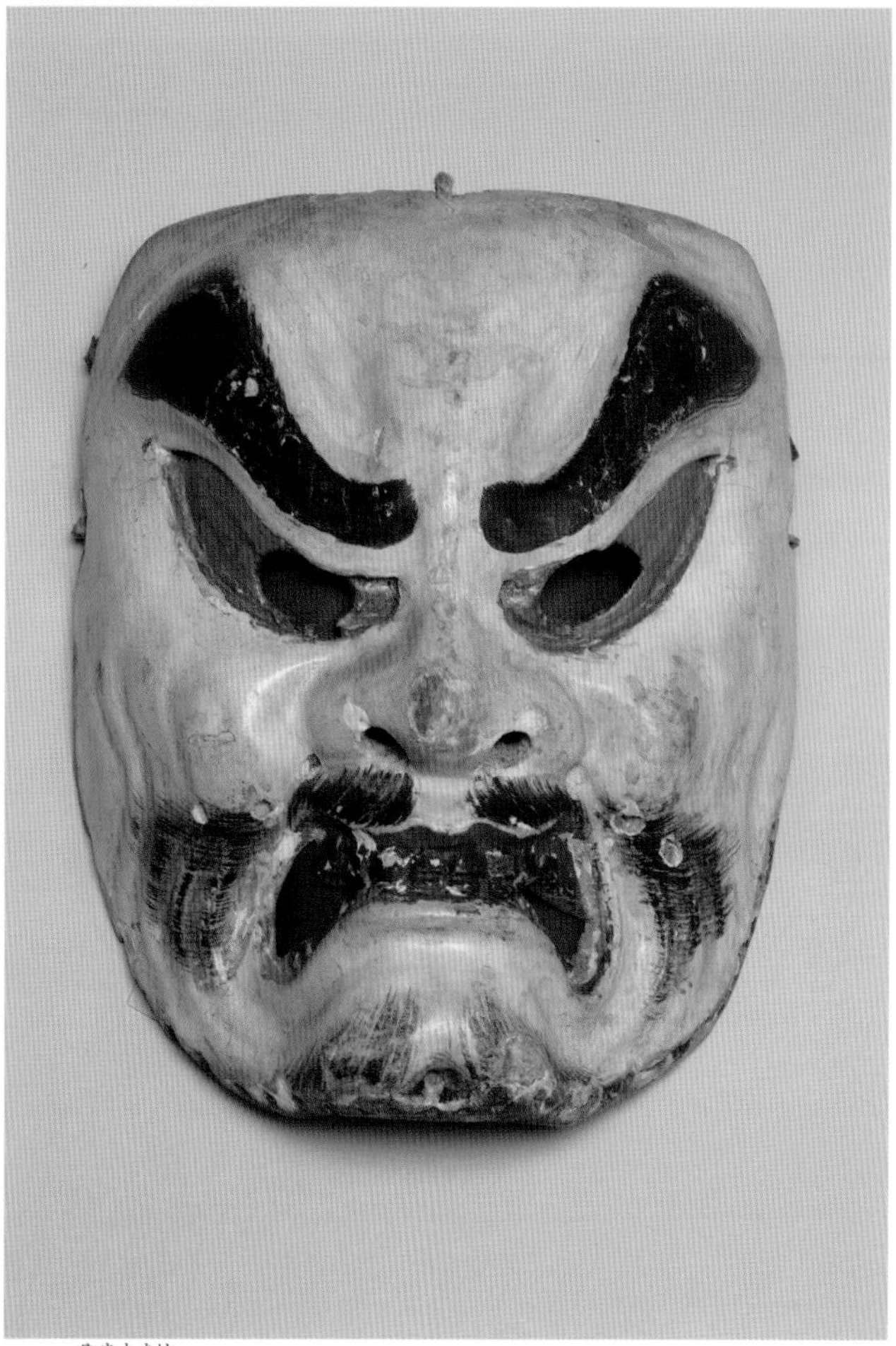

88　日本武《やまとたけ》

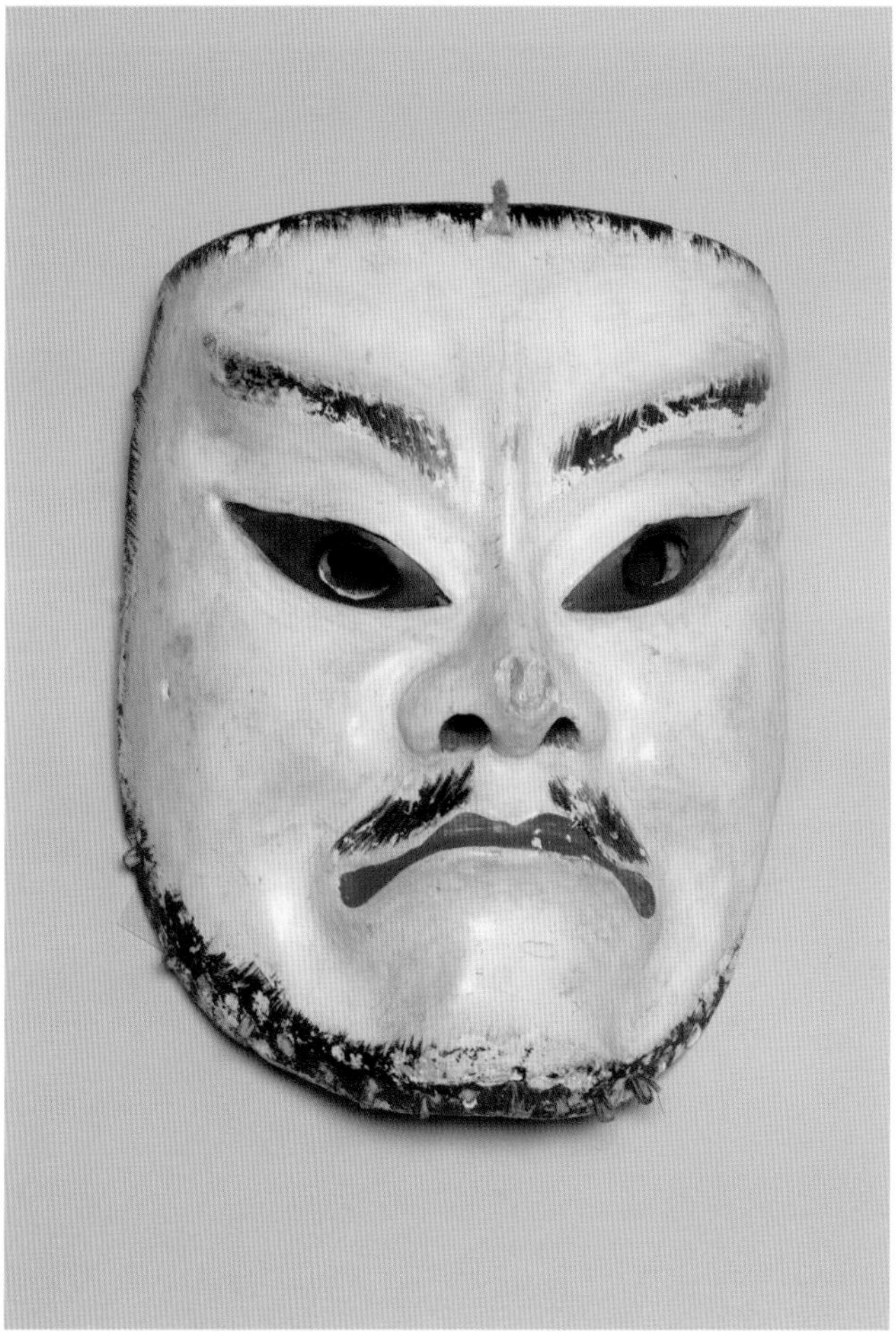

89　男

2 姫面

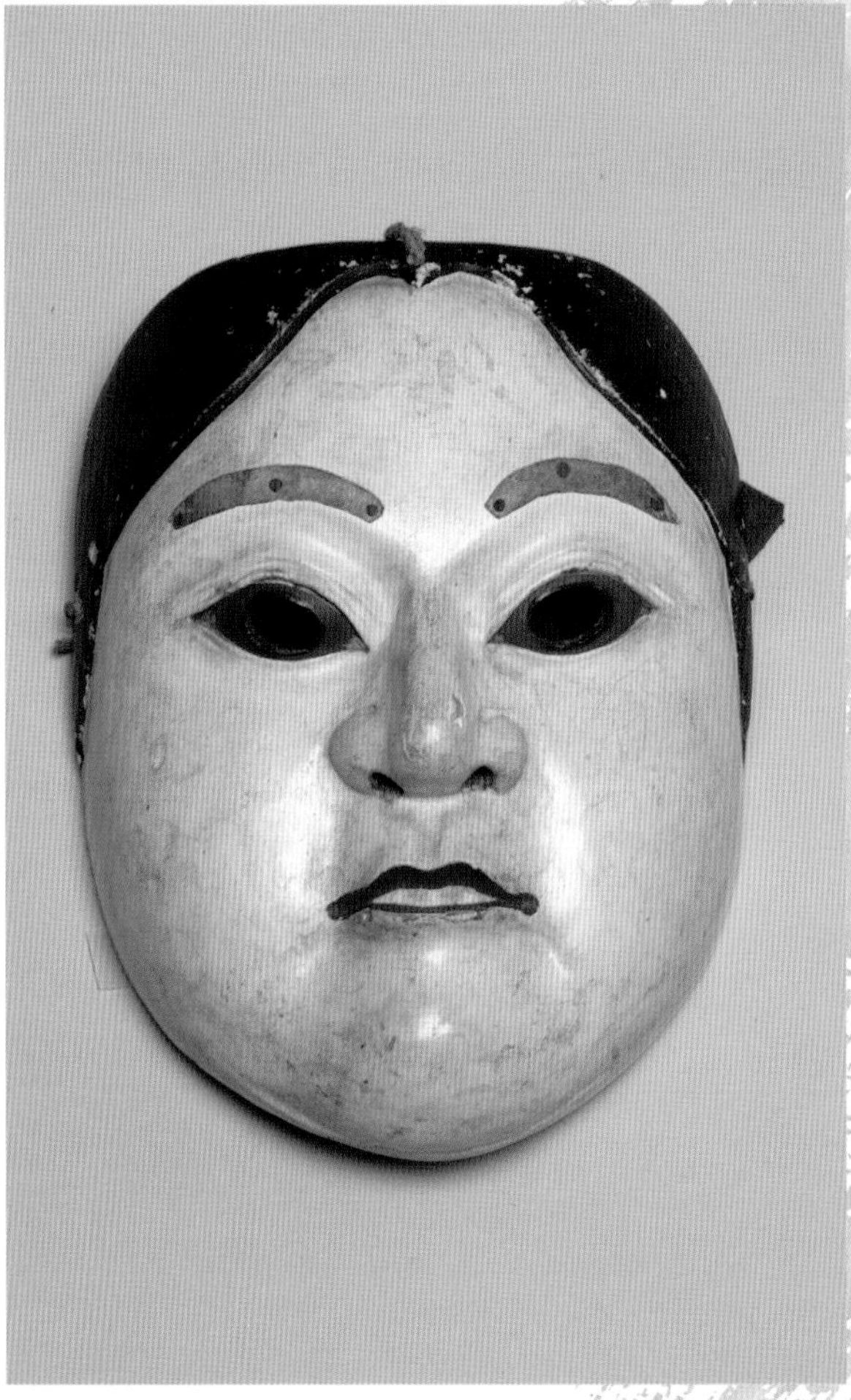

90　稲田姫

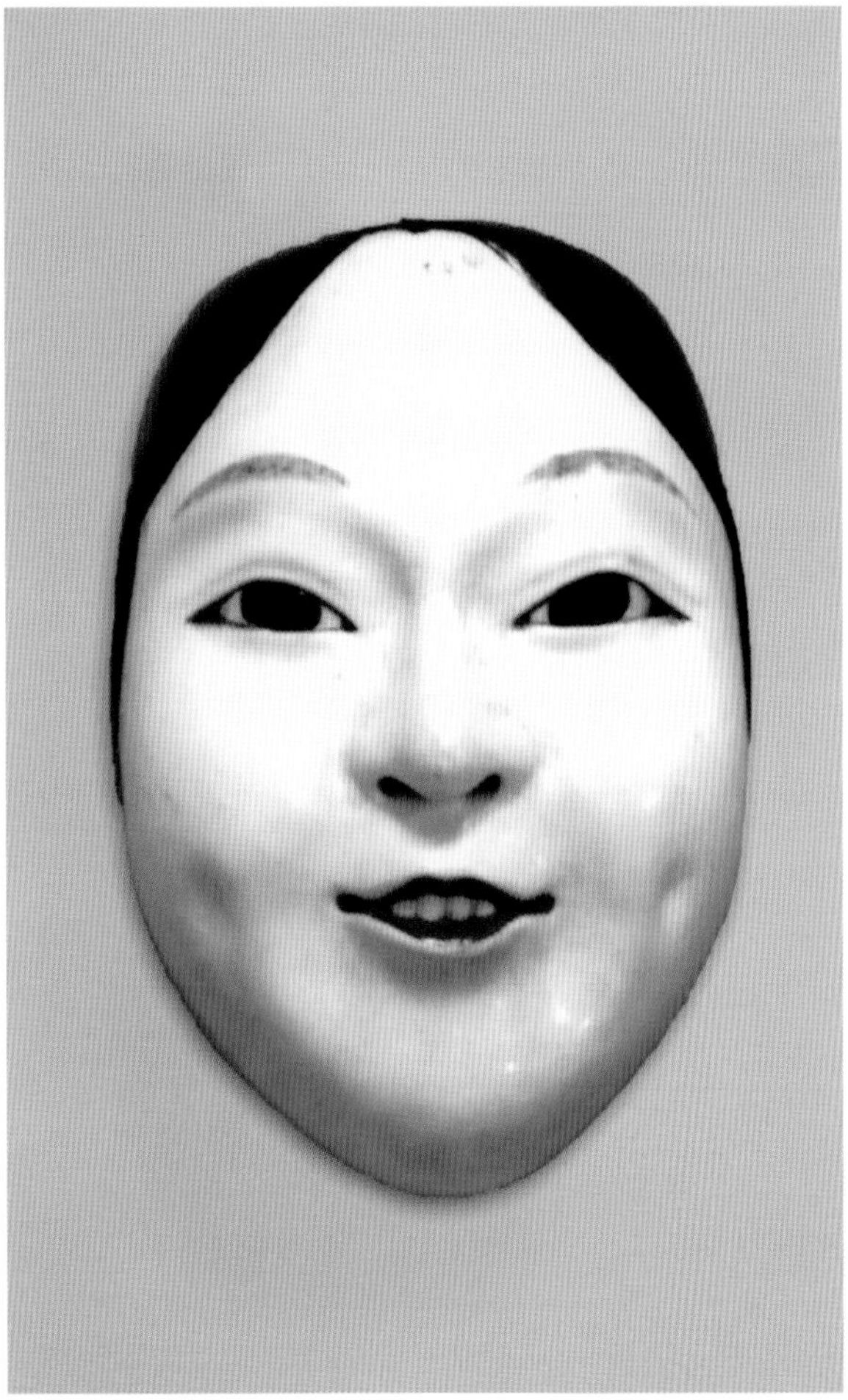

91　稲田姫*

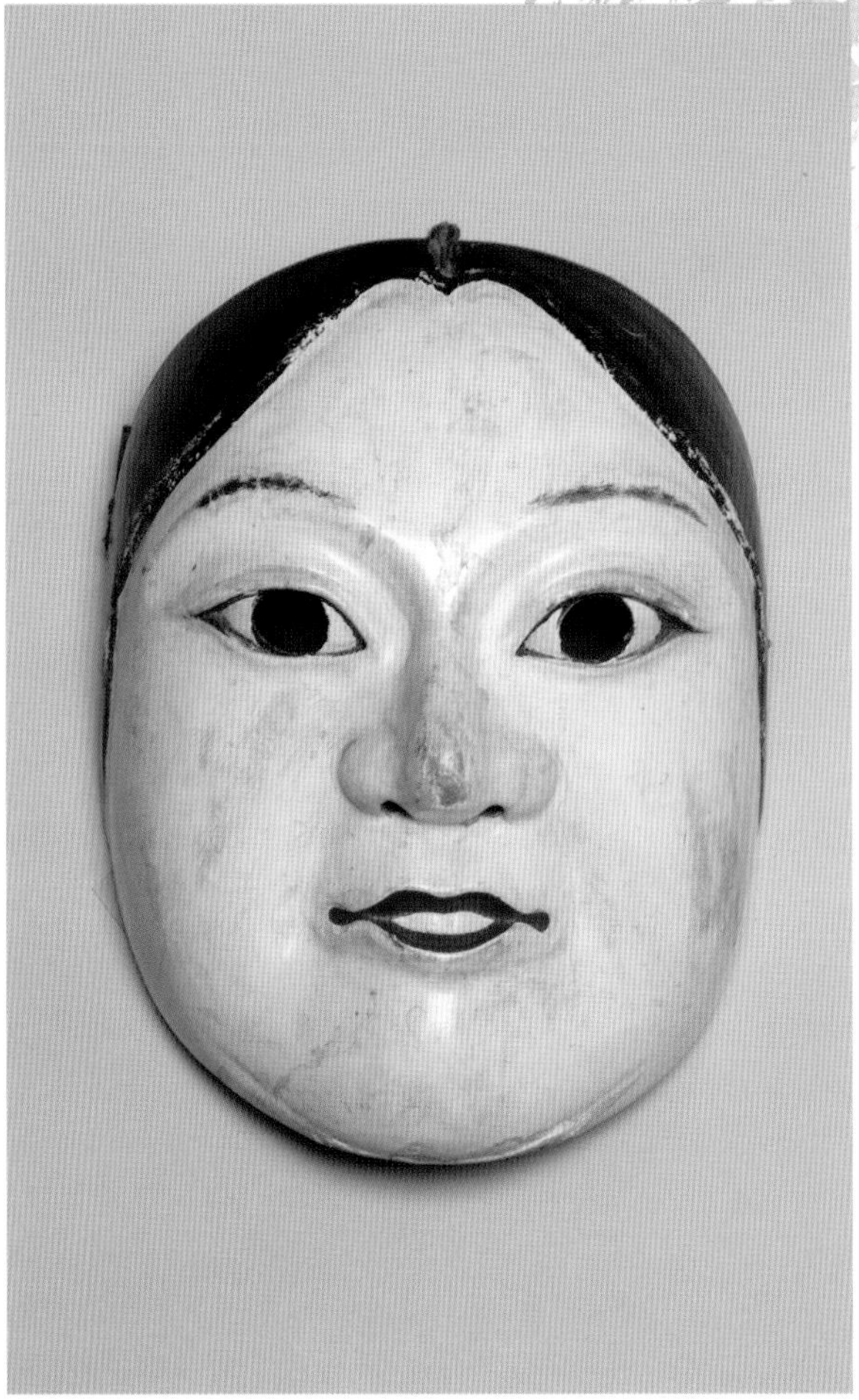

92　稲田姫

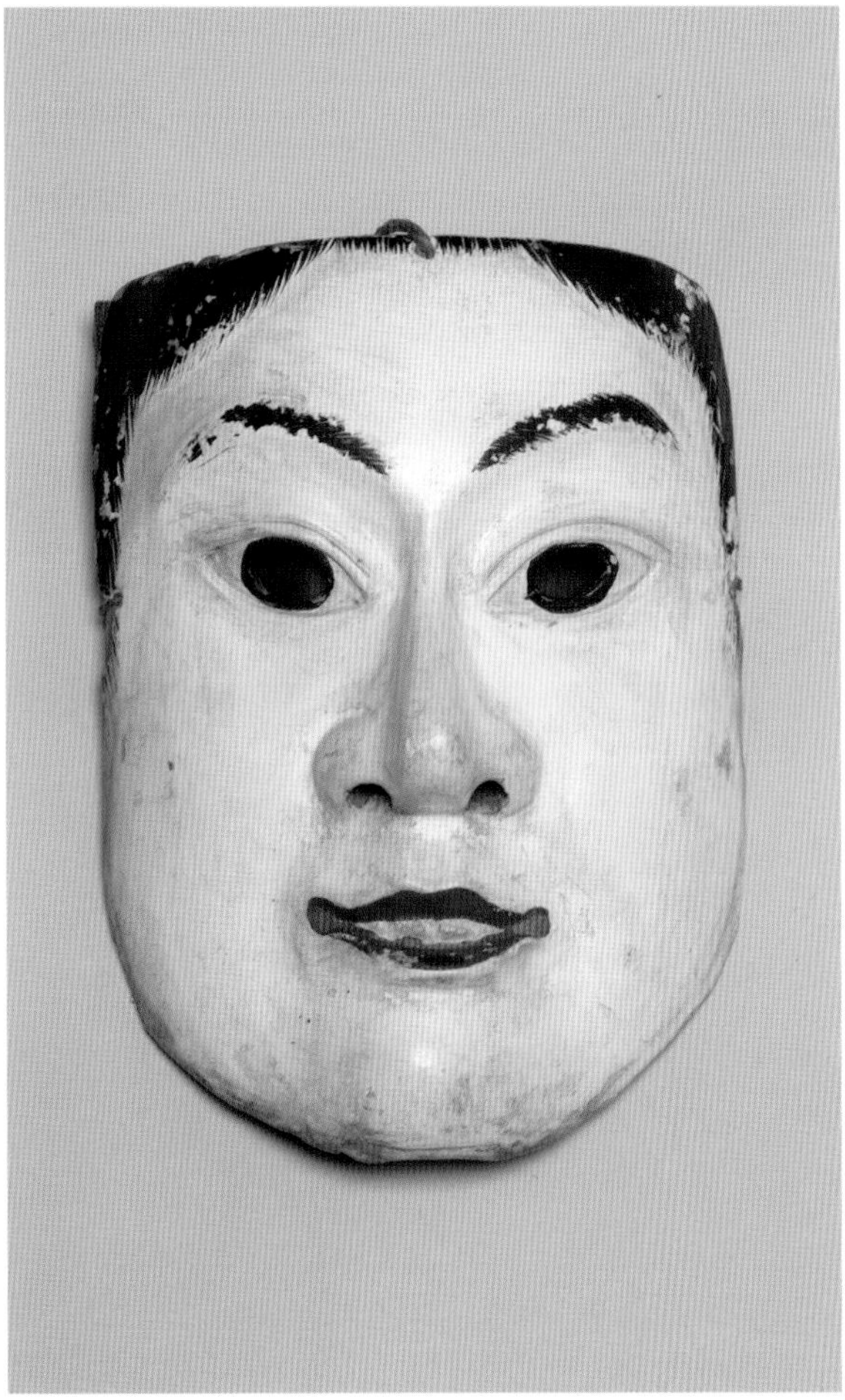

93　稲田姫

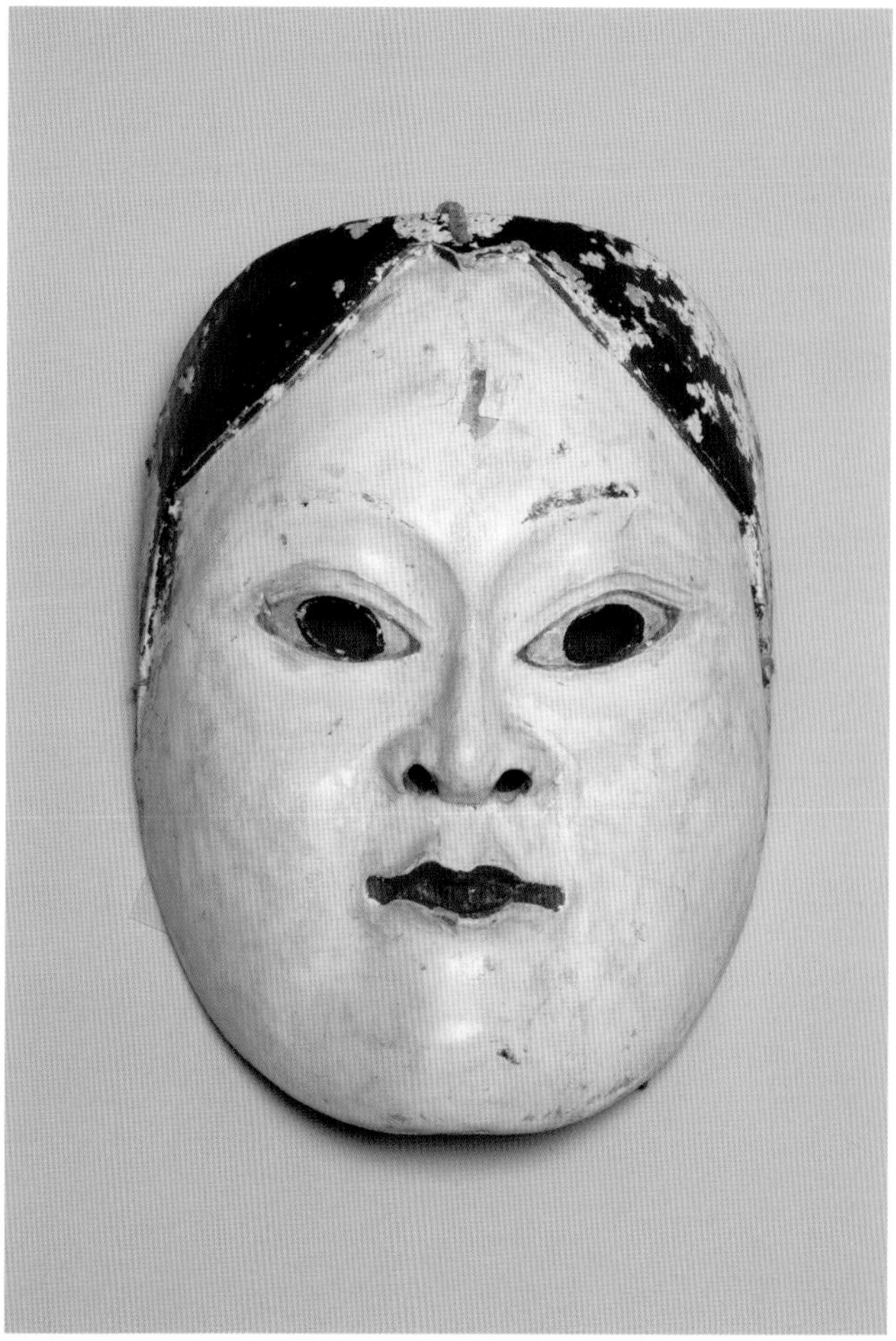

94　稲田姫

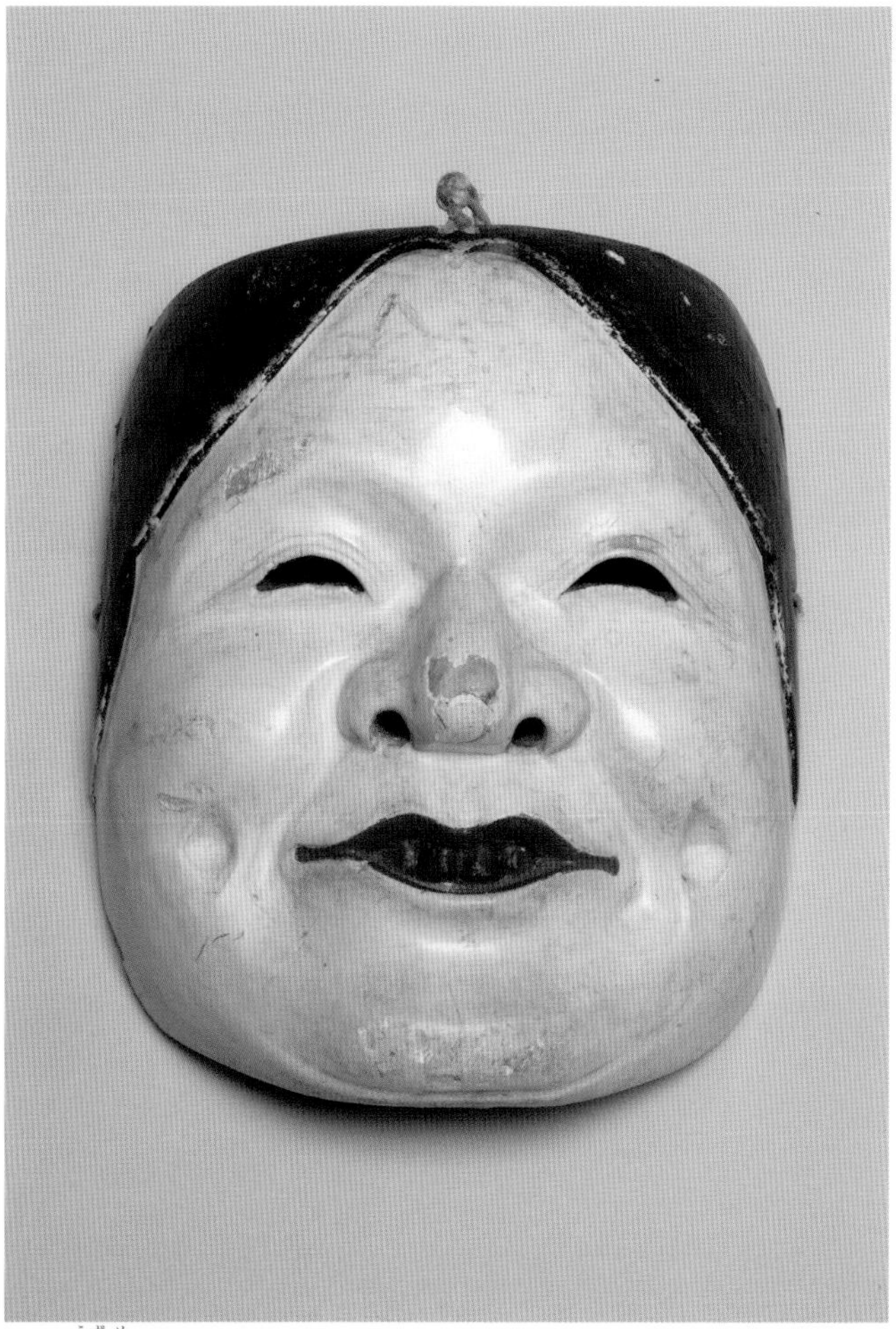

95　鈿《うず》女《め》尊

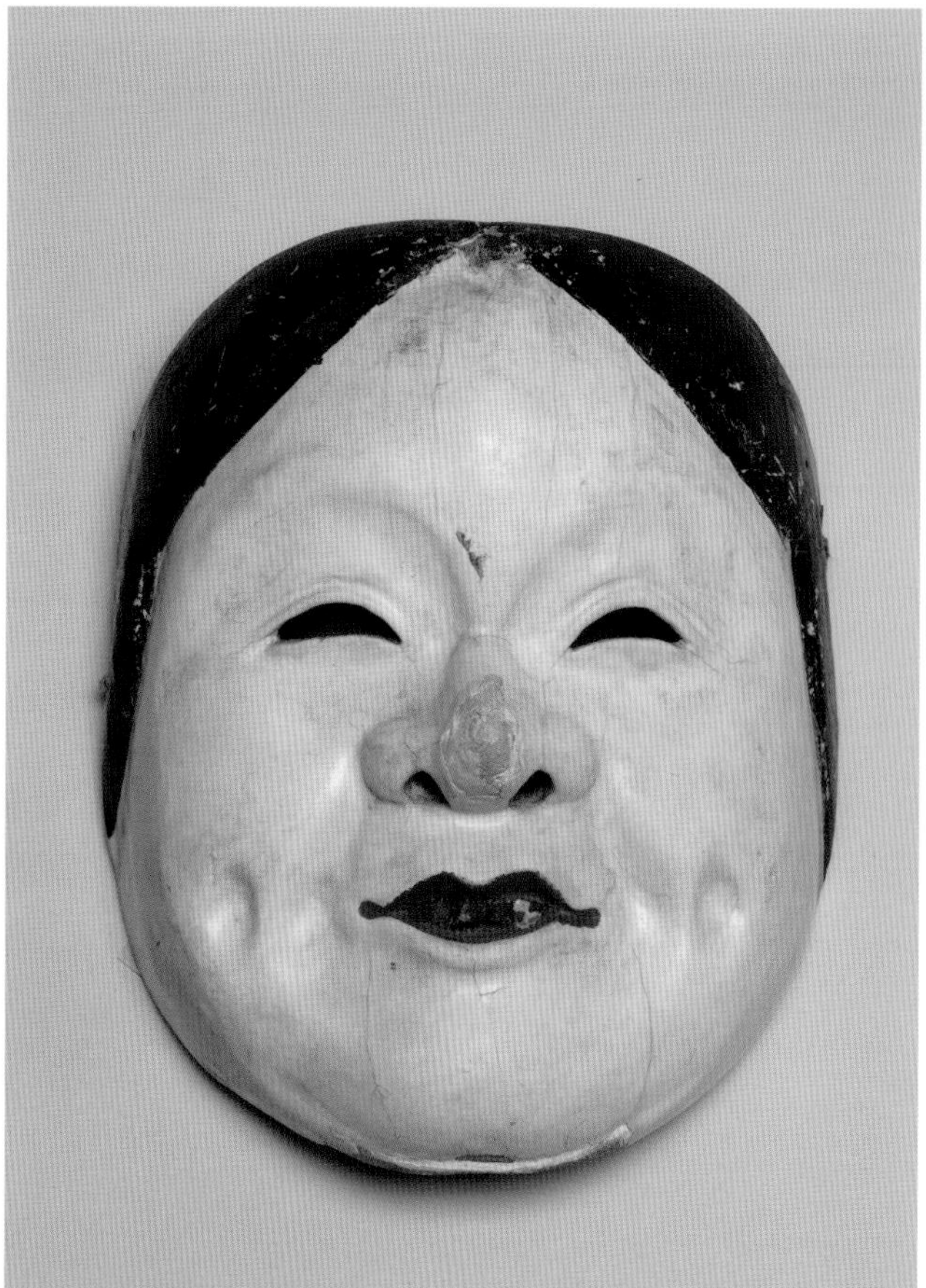

96　鈿女姫尊

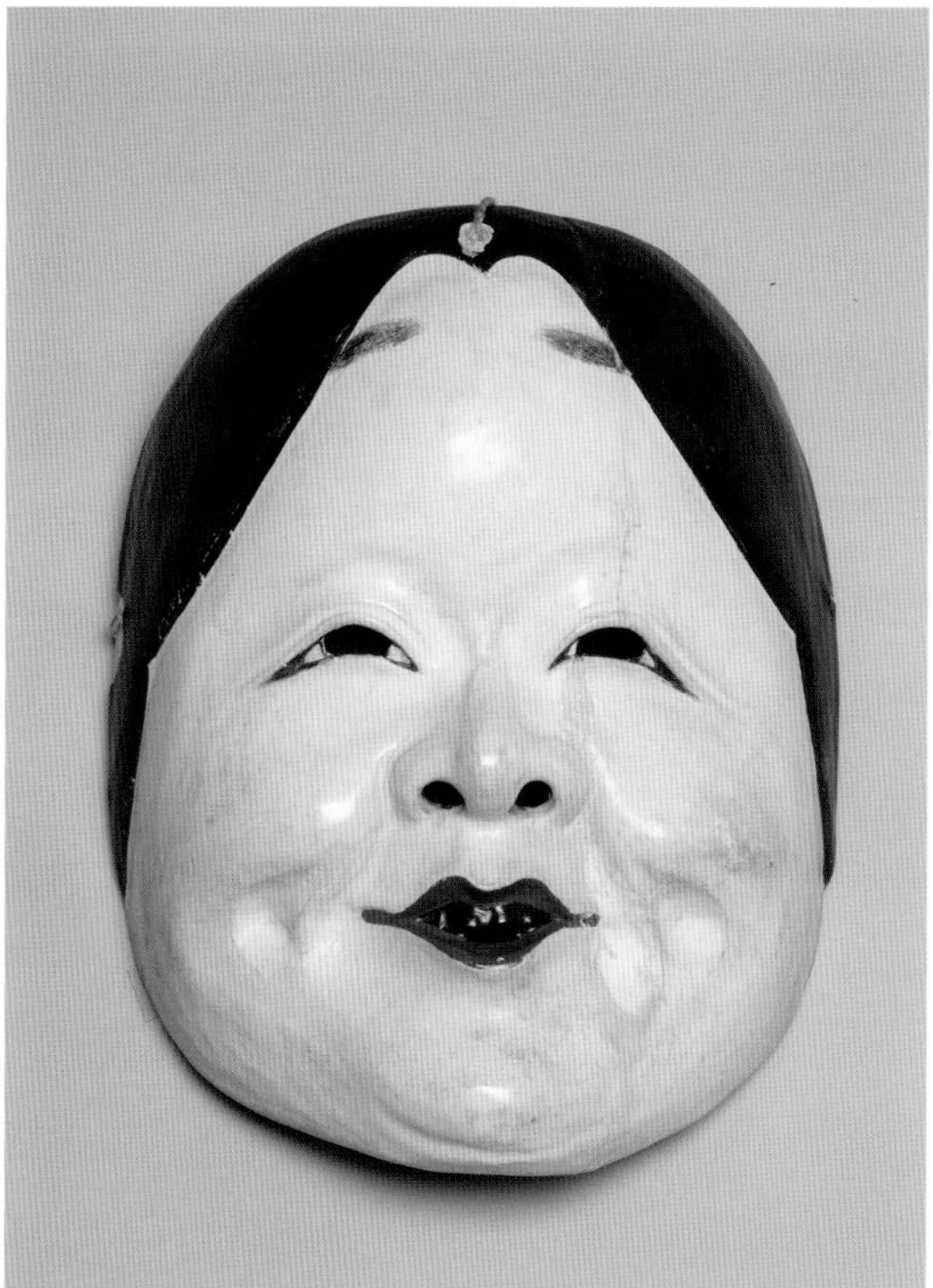

97　細(鈿)女尊

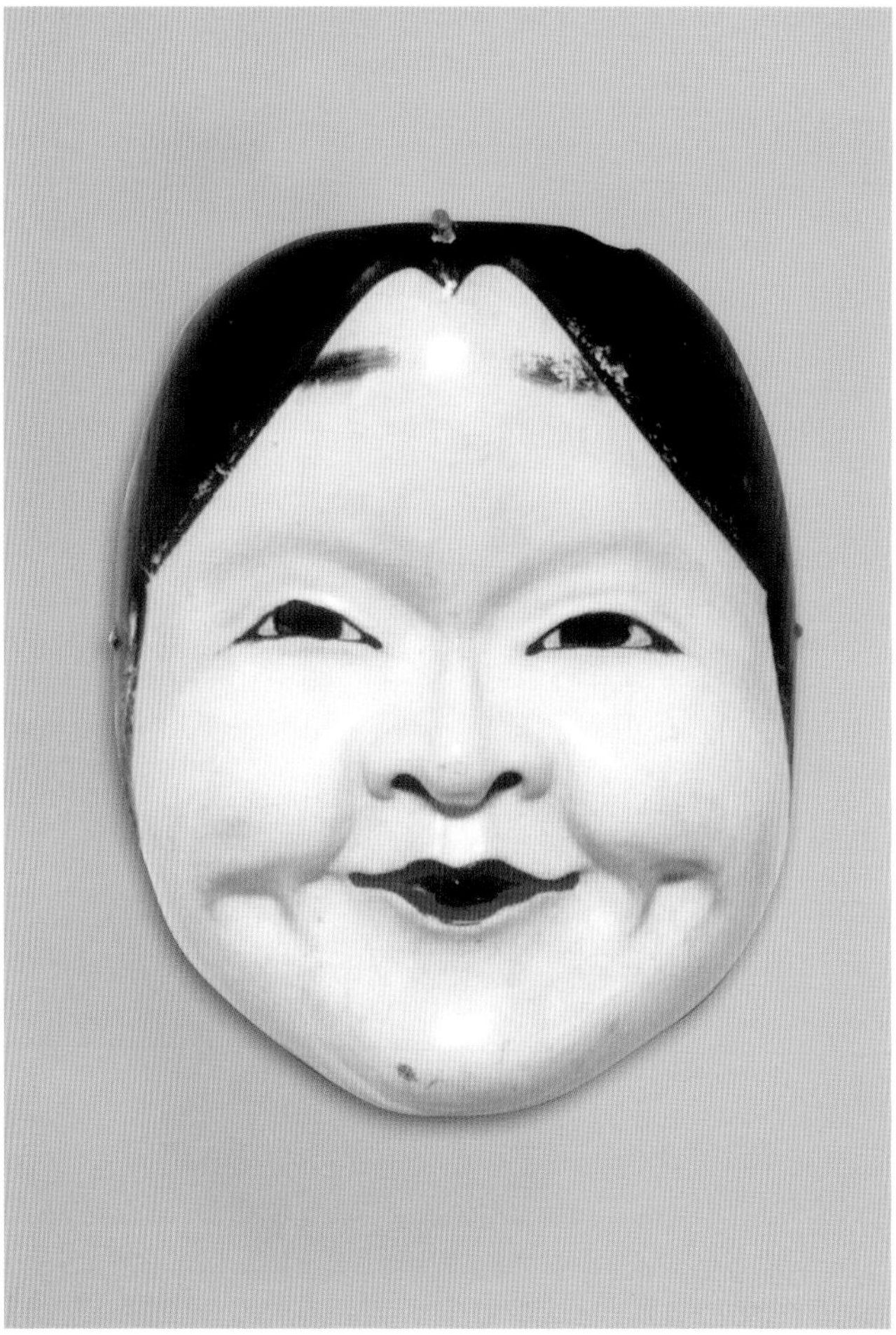

98　鈿女*

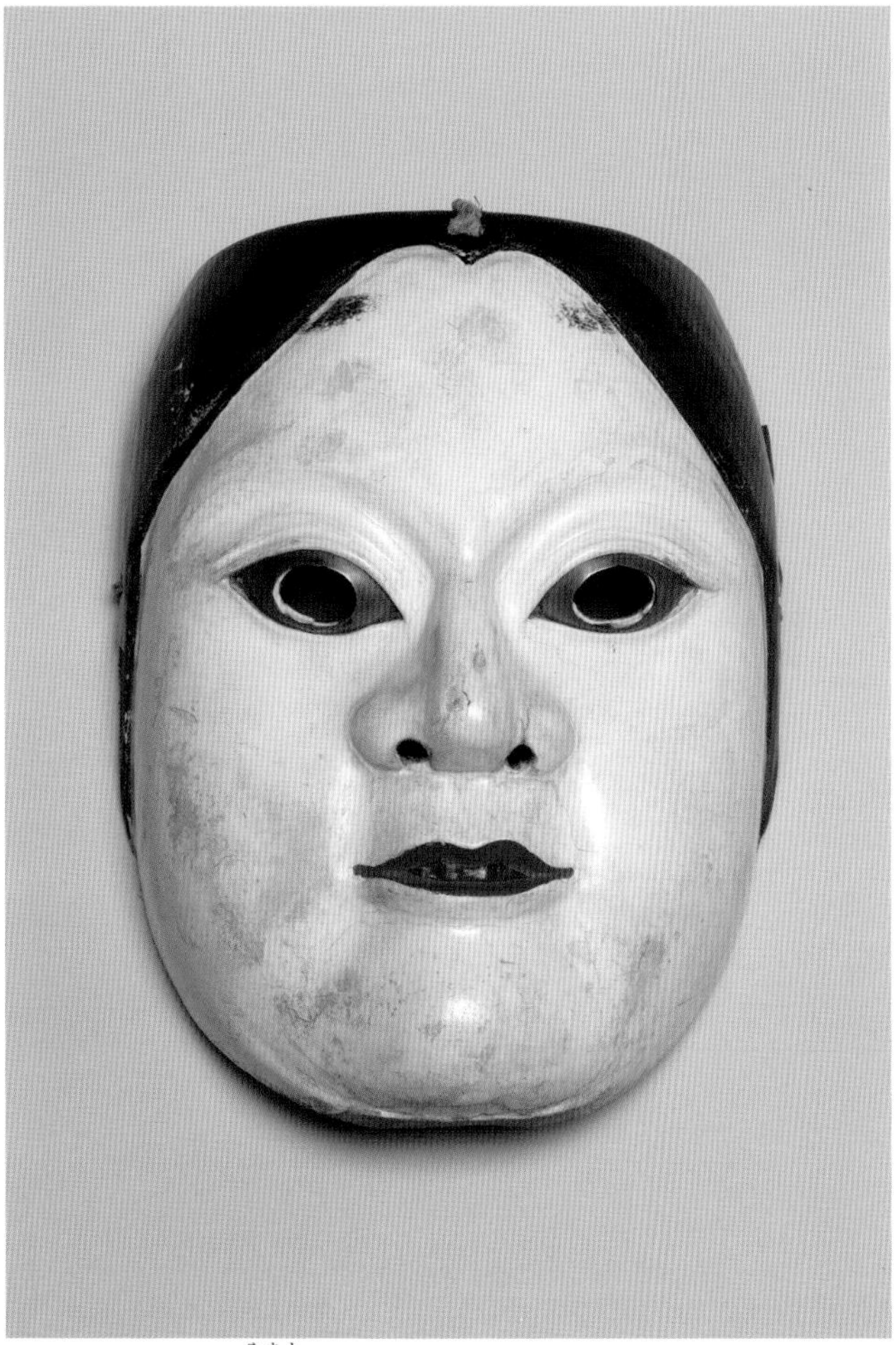

99　神功皇后／日本《やまと》姫

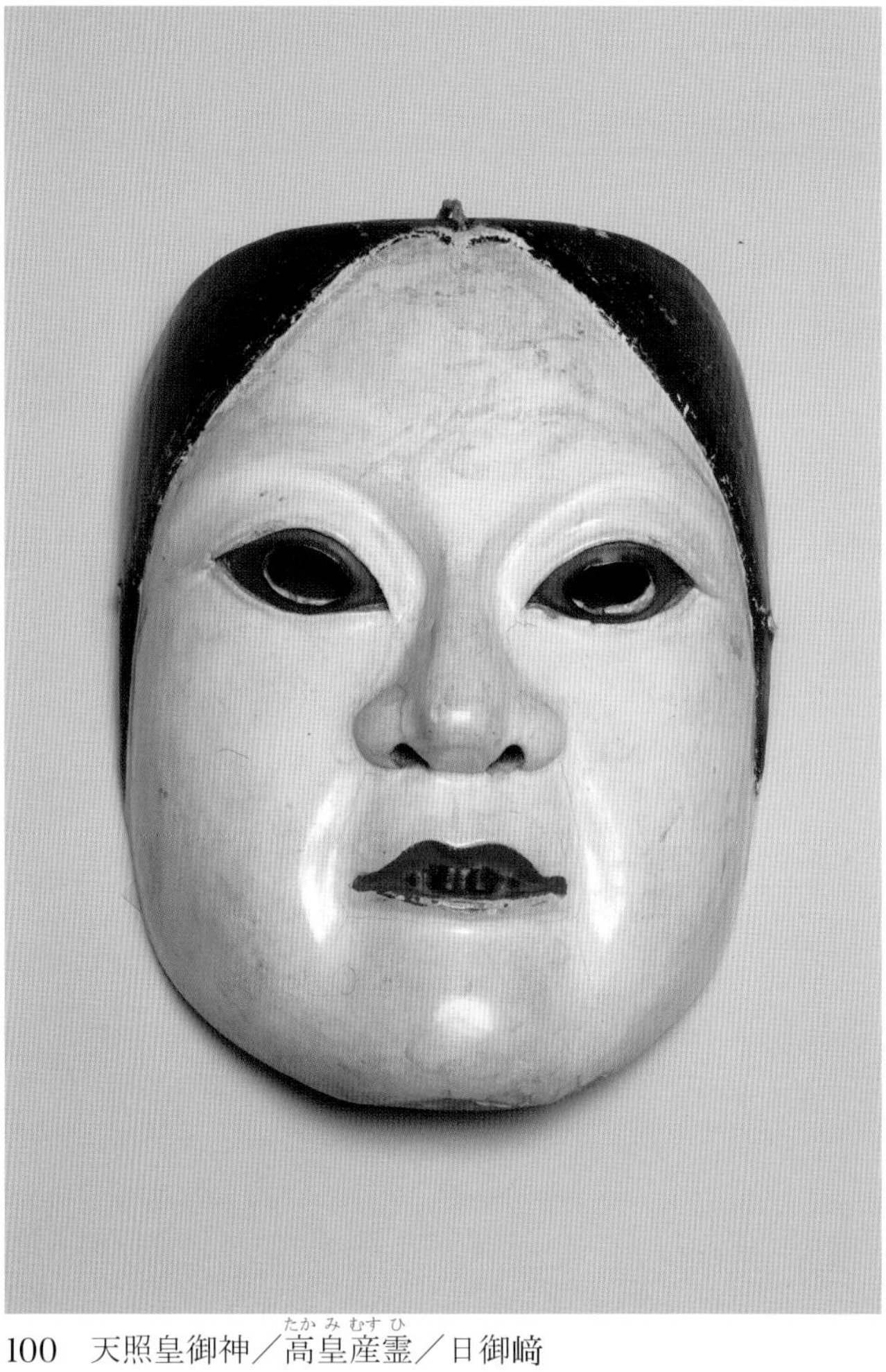

100　天照皇御神／高皇産霊《たかみむすひ》／日御崎

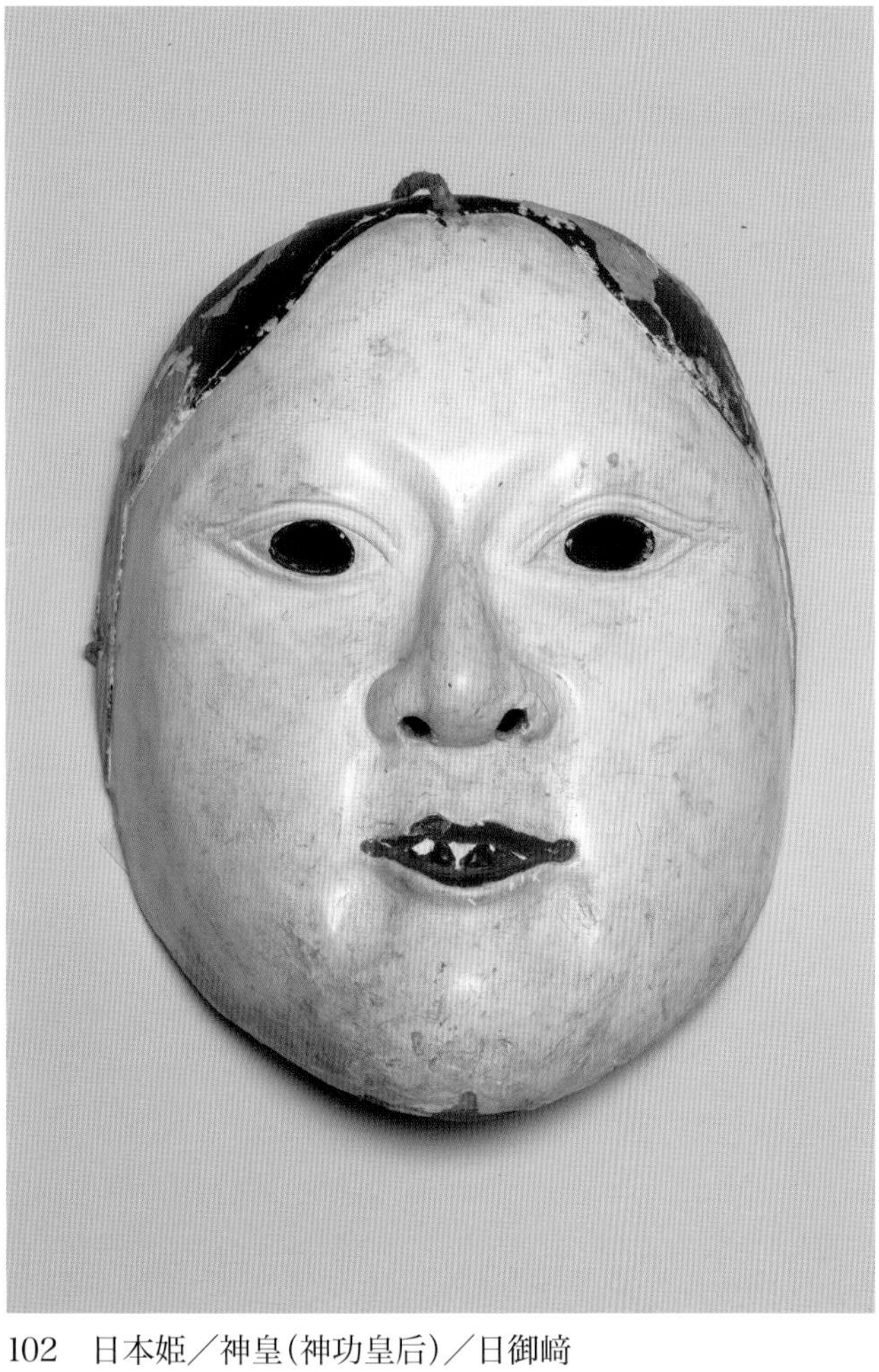

102　日本姫／神皇(神功皇后)／日御崎

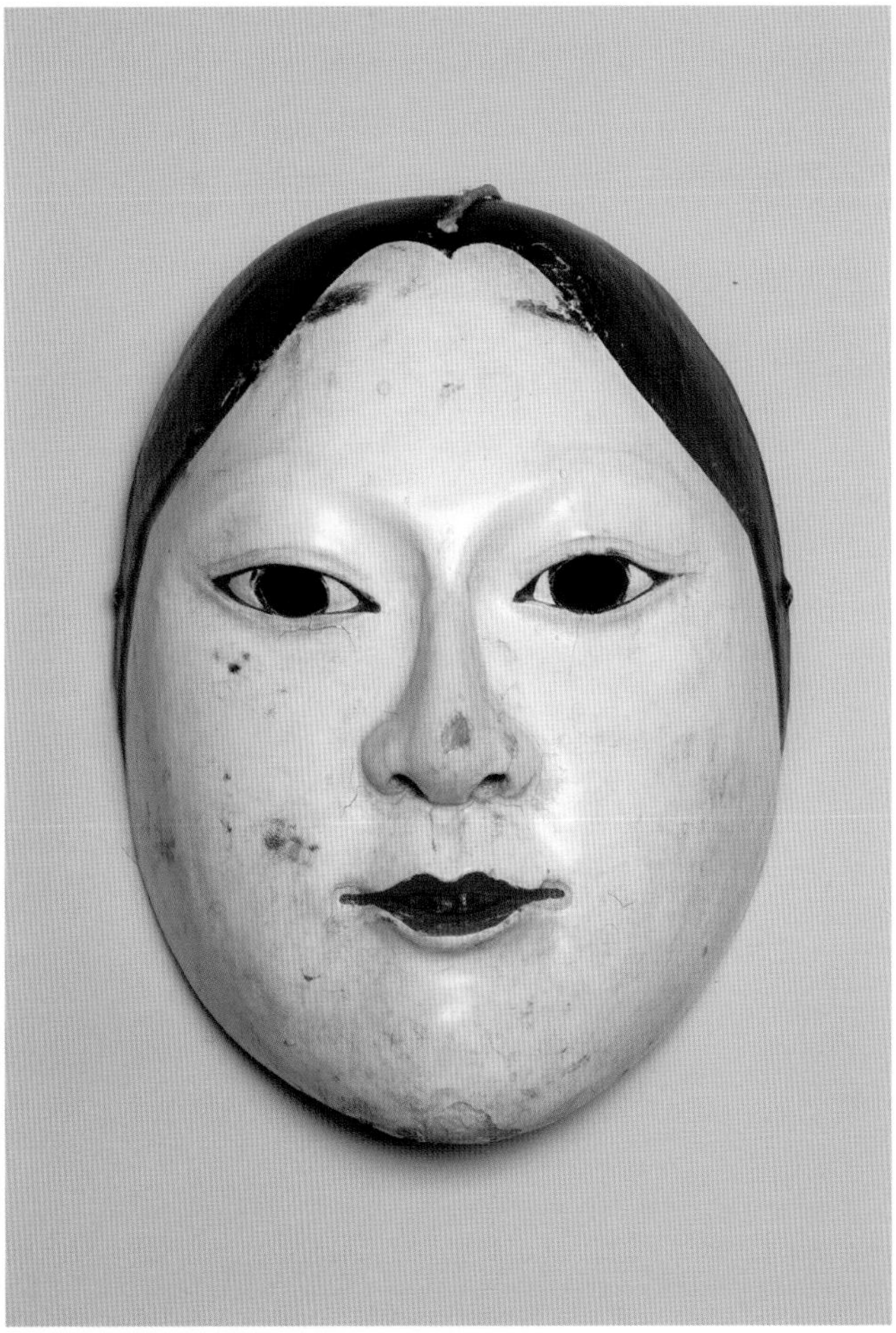

104　天照大神／日御崎／高皇産霊

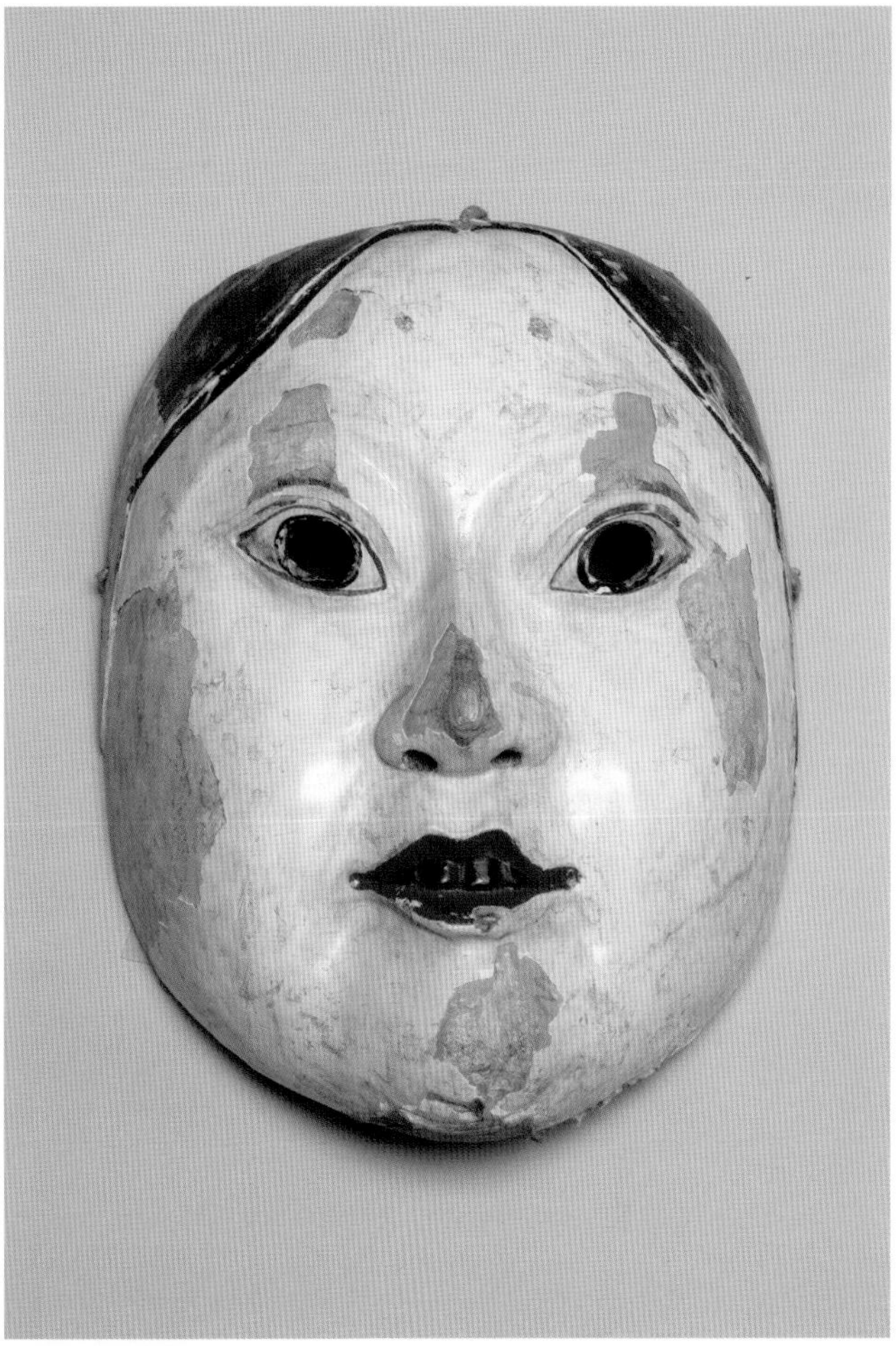

103　神功皇后

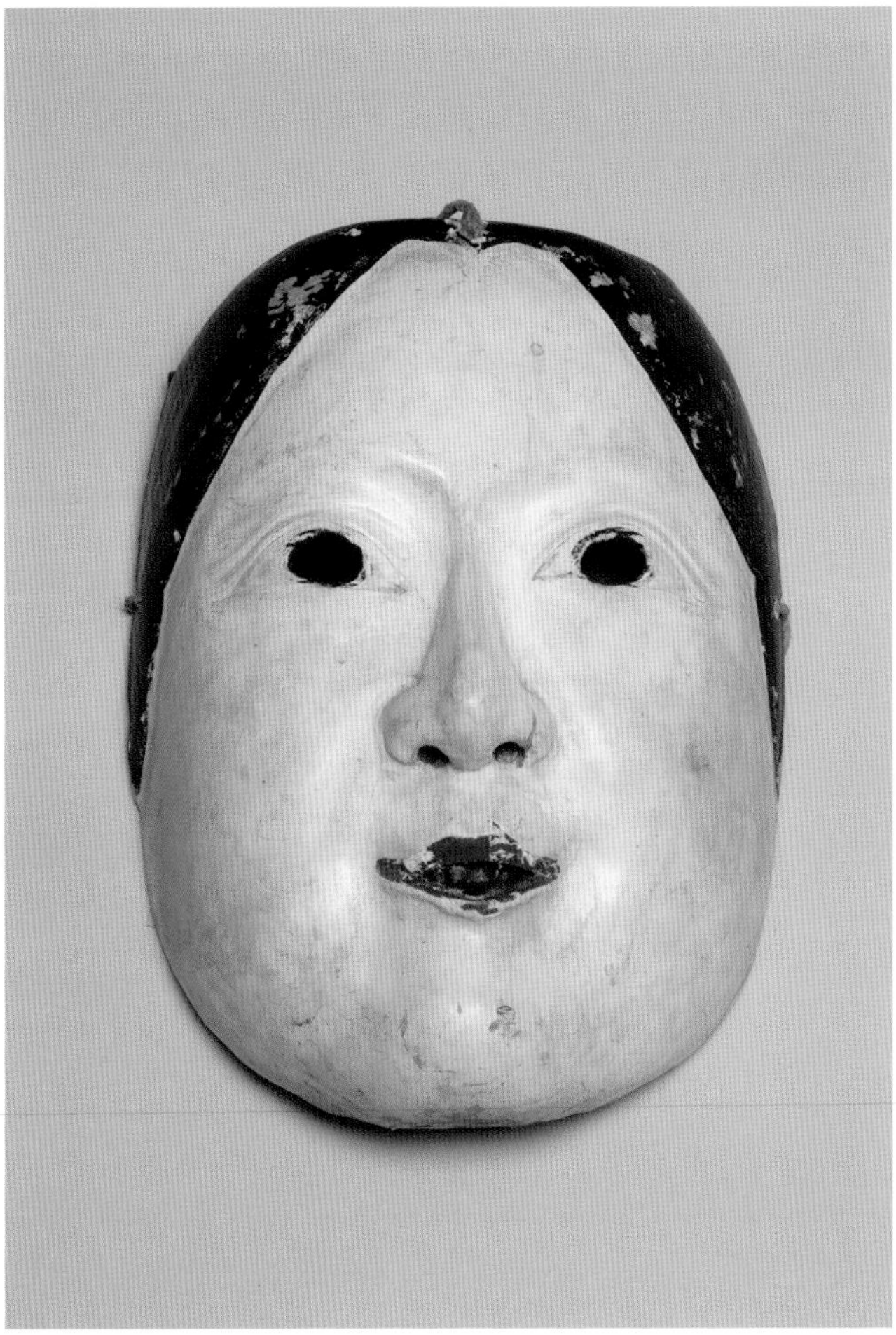

106　日御崎

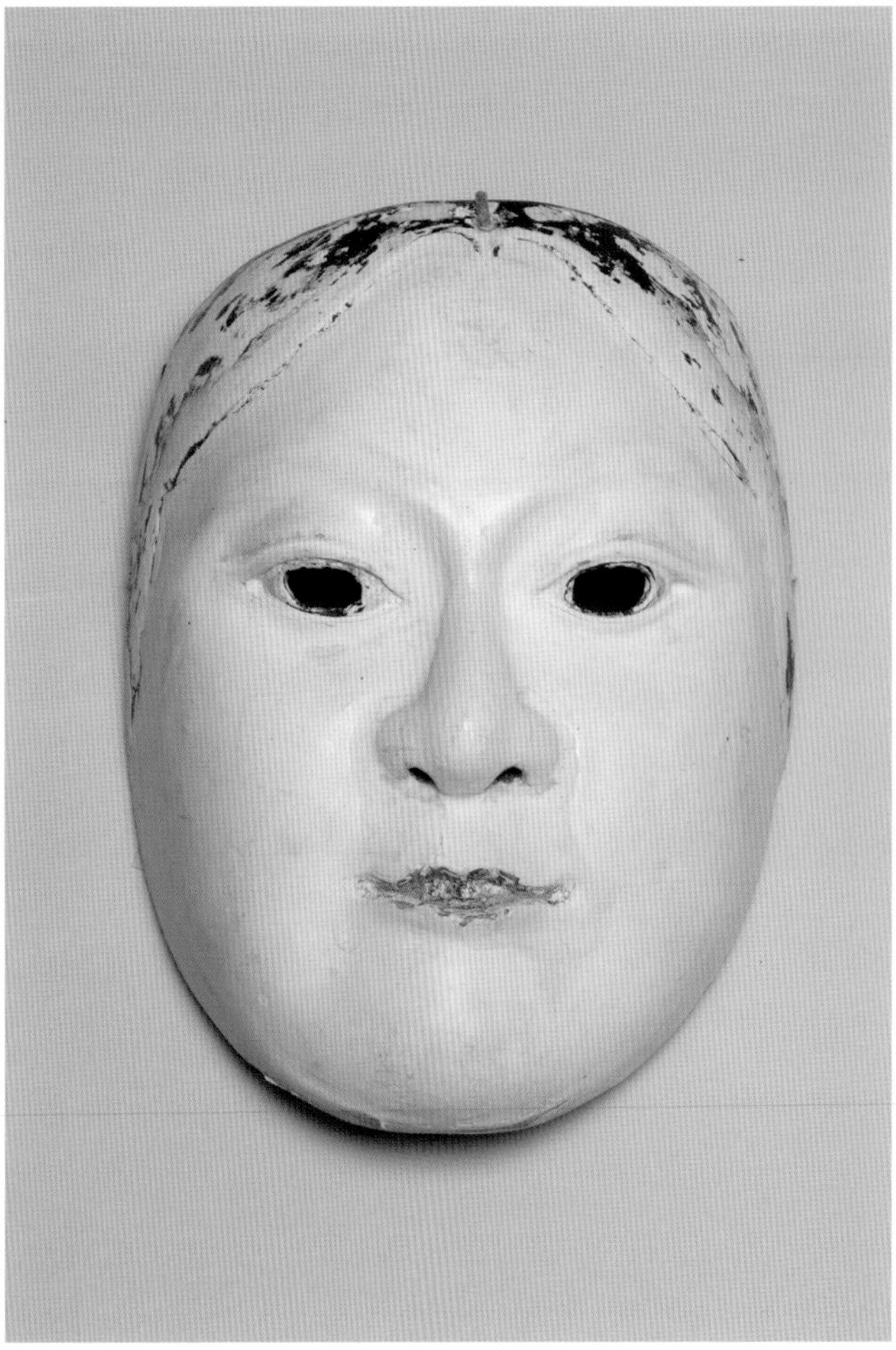

105　日御崎／高皇産（高皇産霊）

101　天照皇大御神／高皇産霊／日御崎

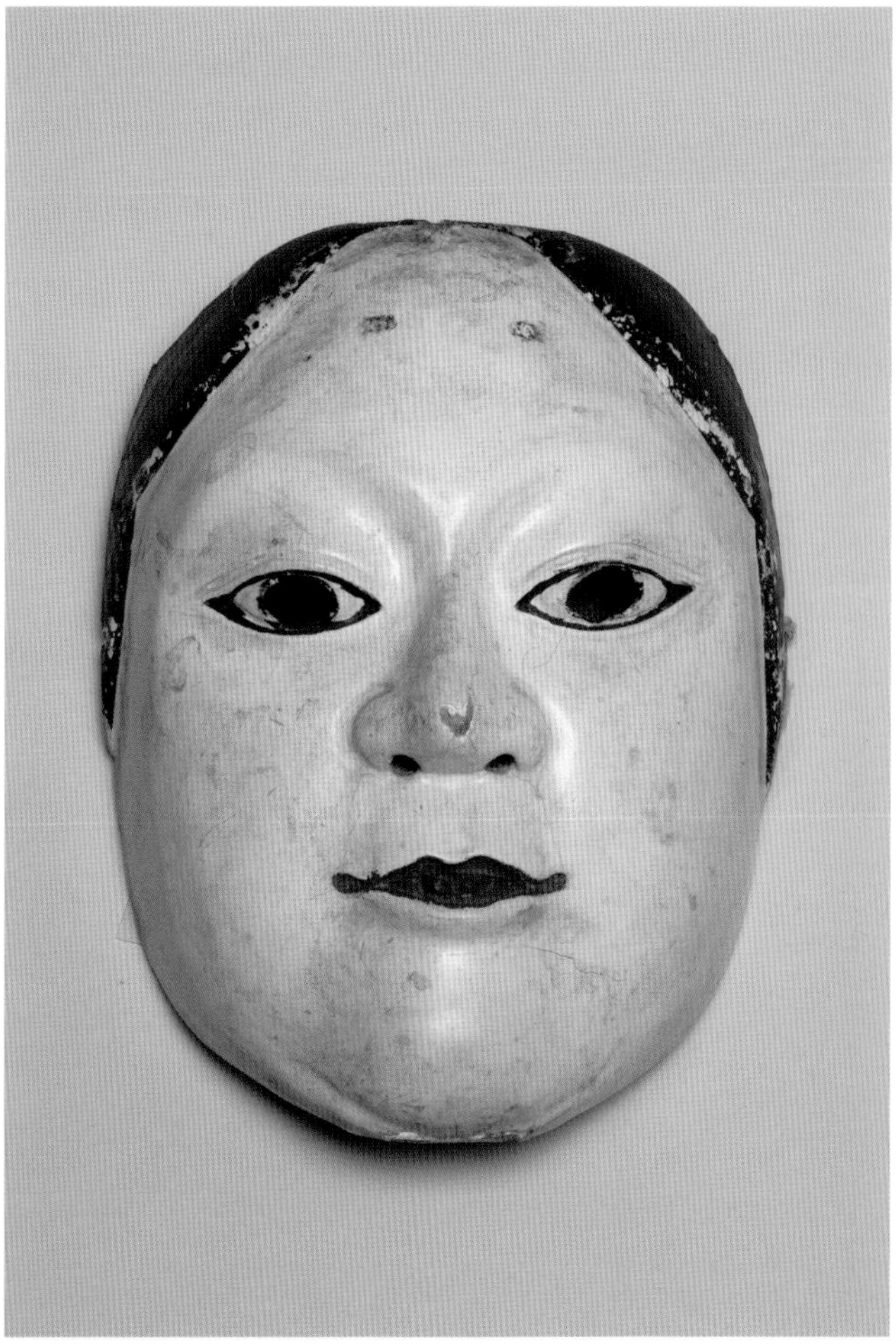

107　功皇后（神功皇后）

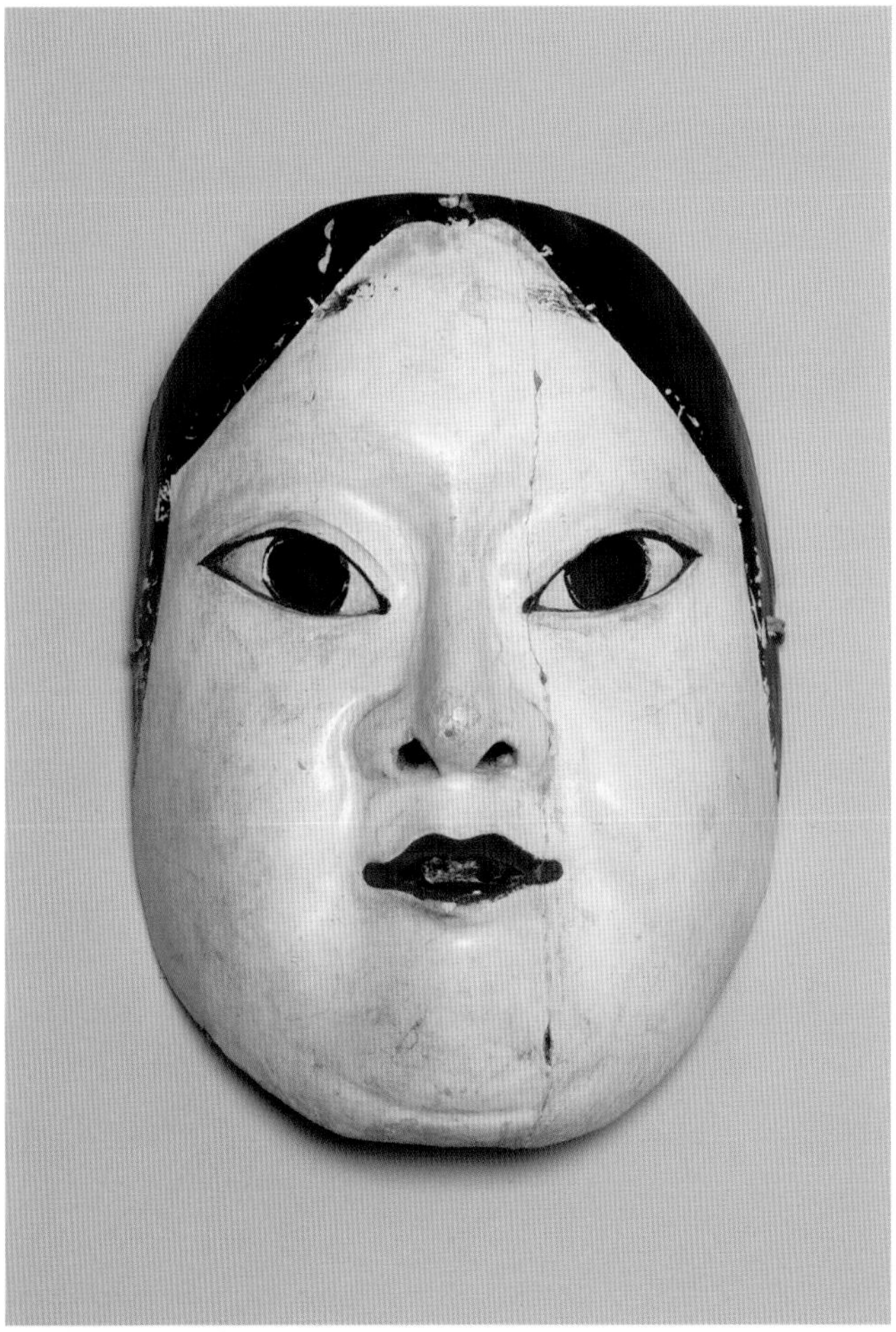

108　功皇后（神功皇后）

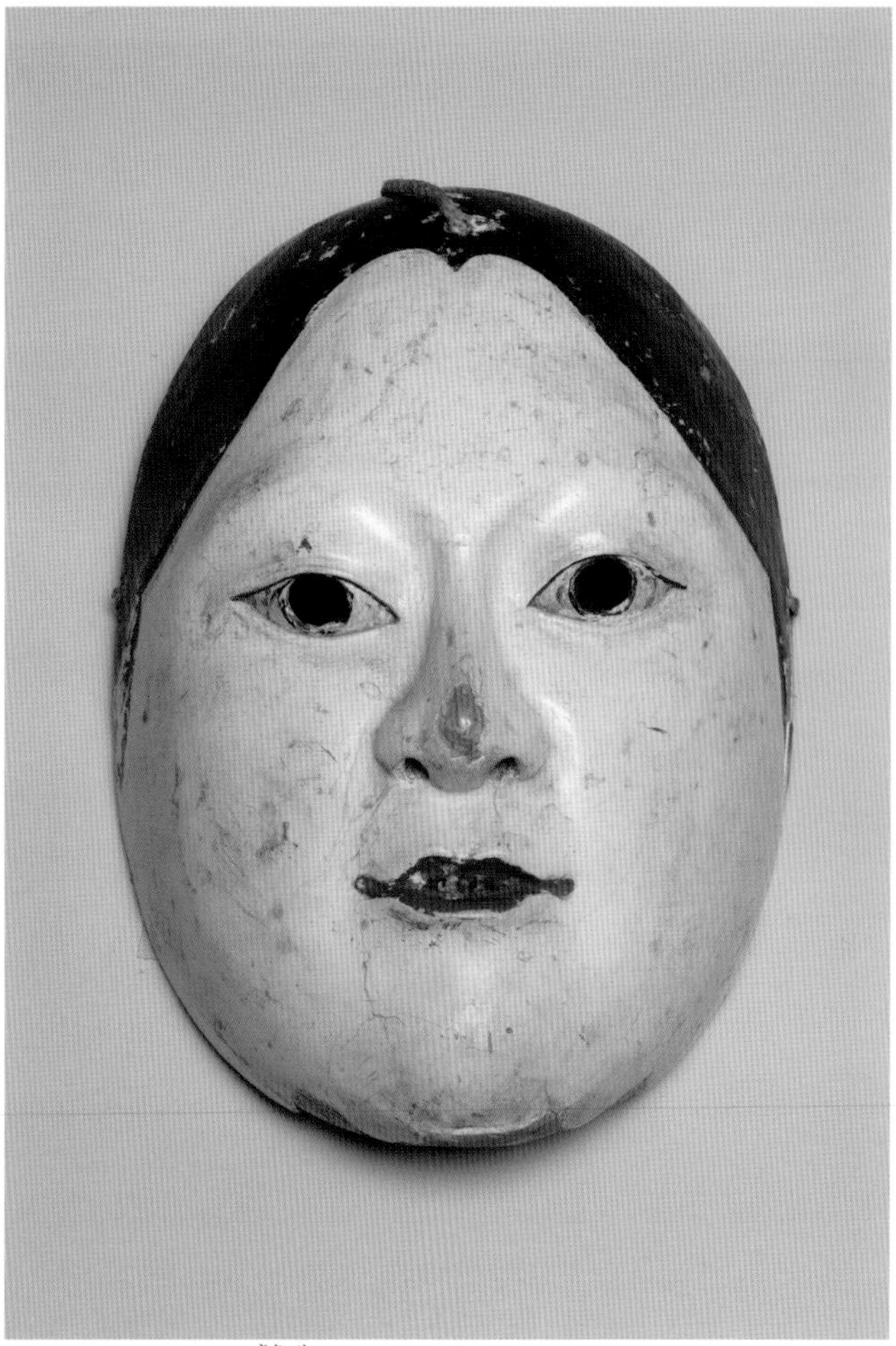

109　神功皇后／切目《きりめ》ノ前

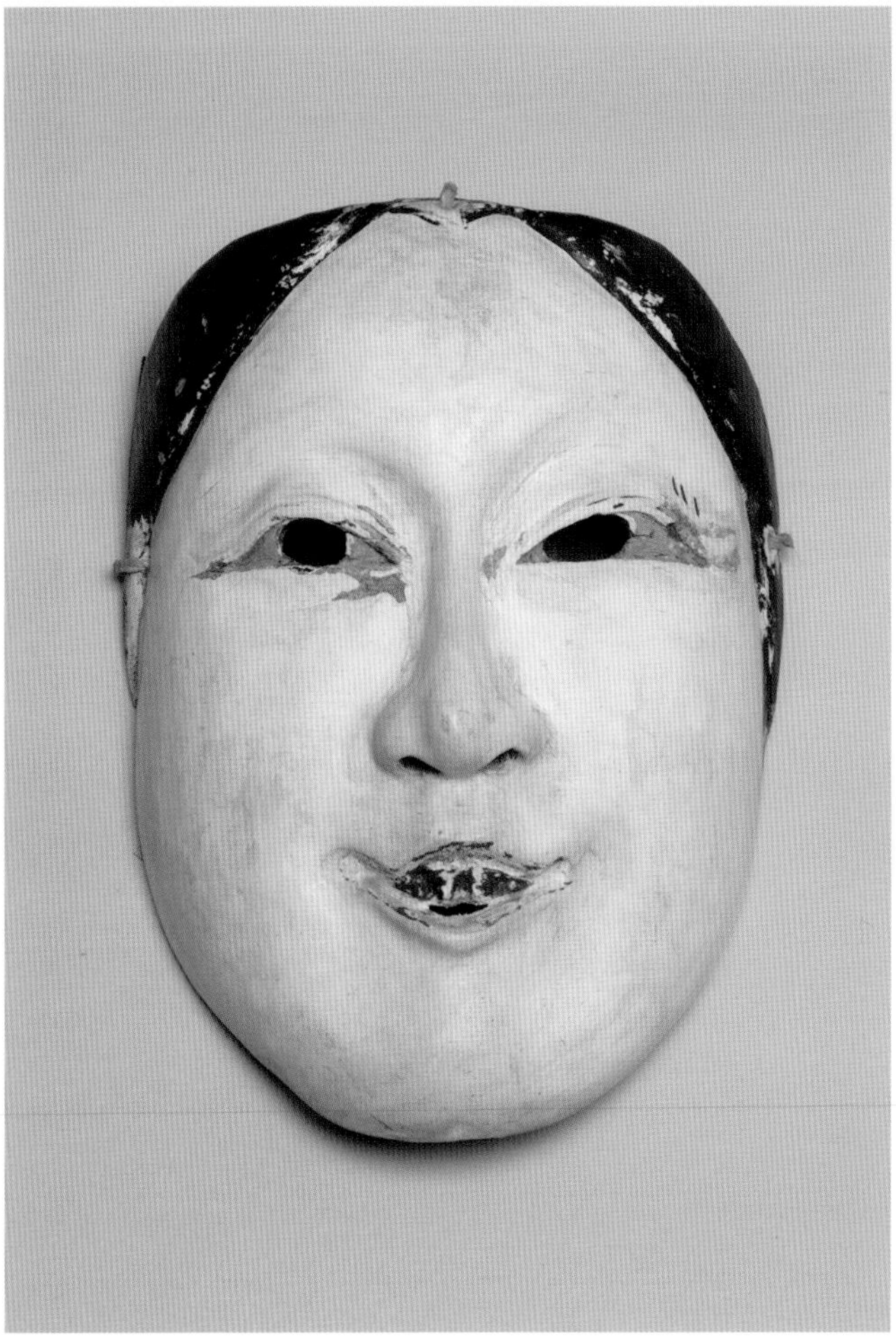

110　日御﨑

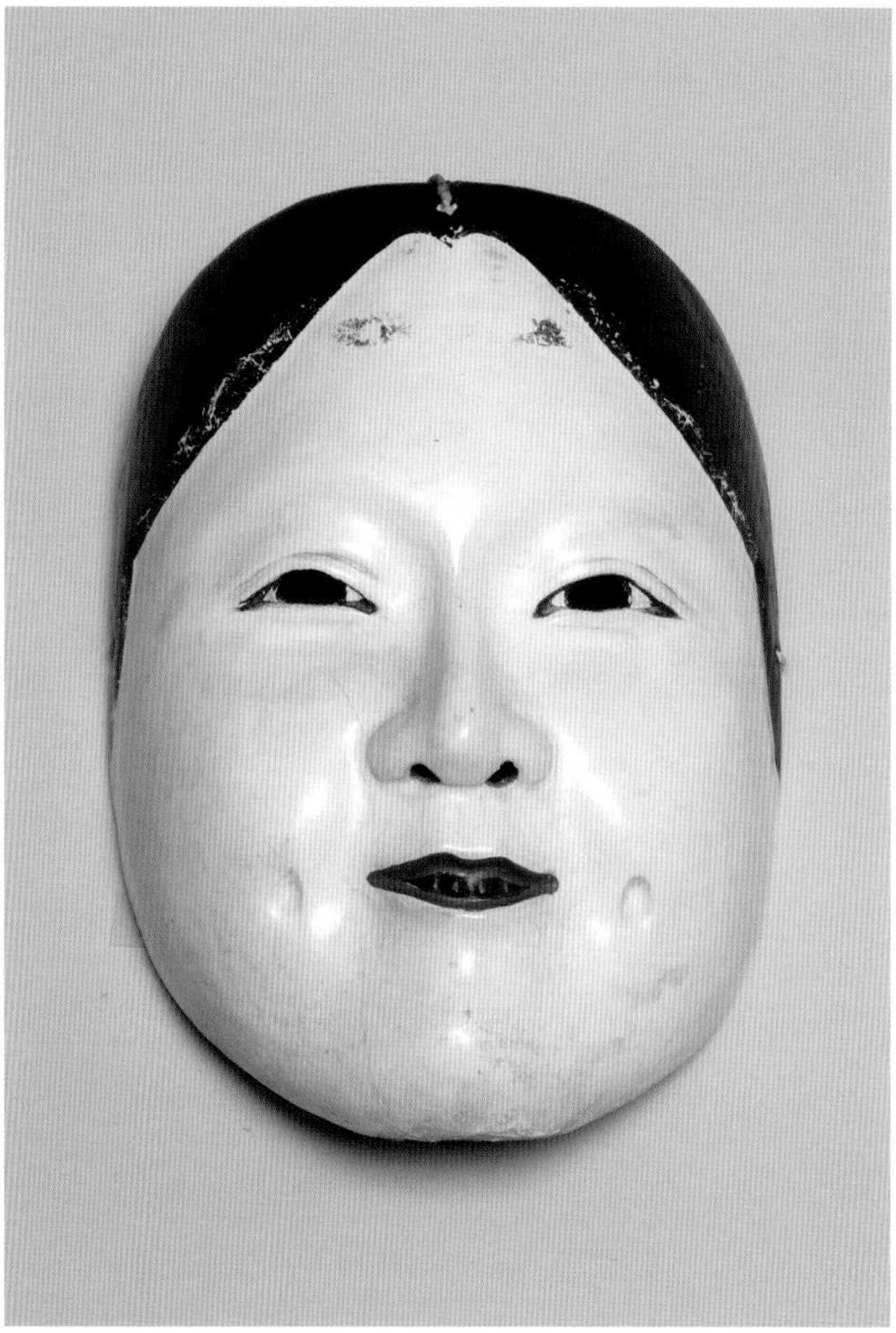

111　日御崎

112　神功皇后／切目前

113　埴山《はにやま》姫／岩長姫

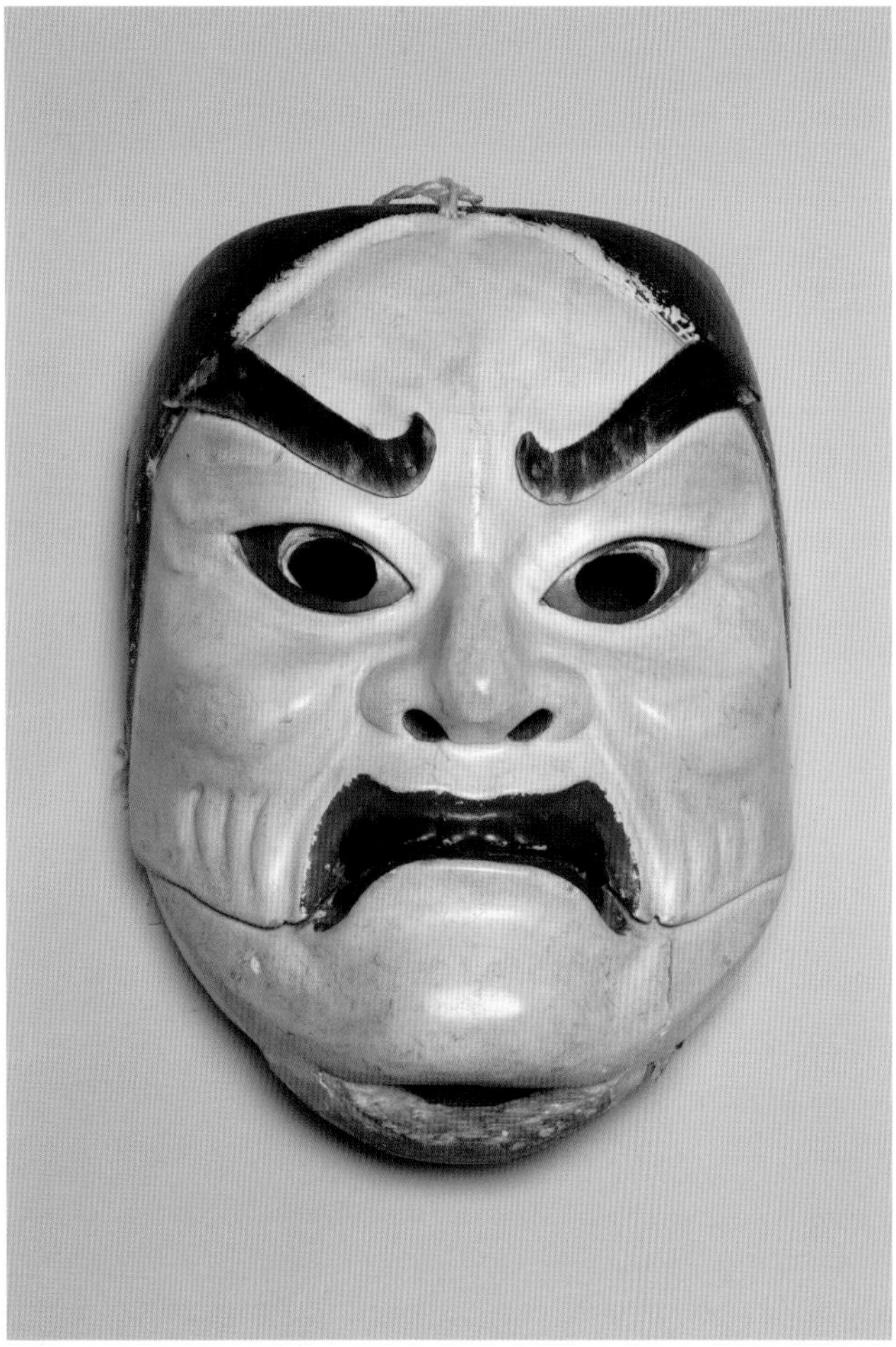

114　岩長姫／埴山姫尊／土ノ神

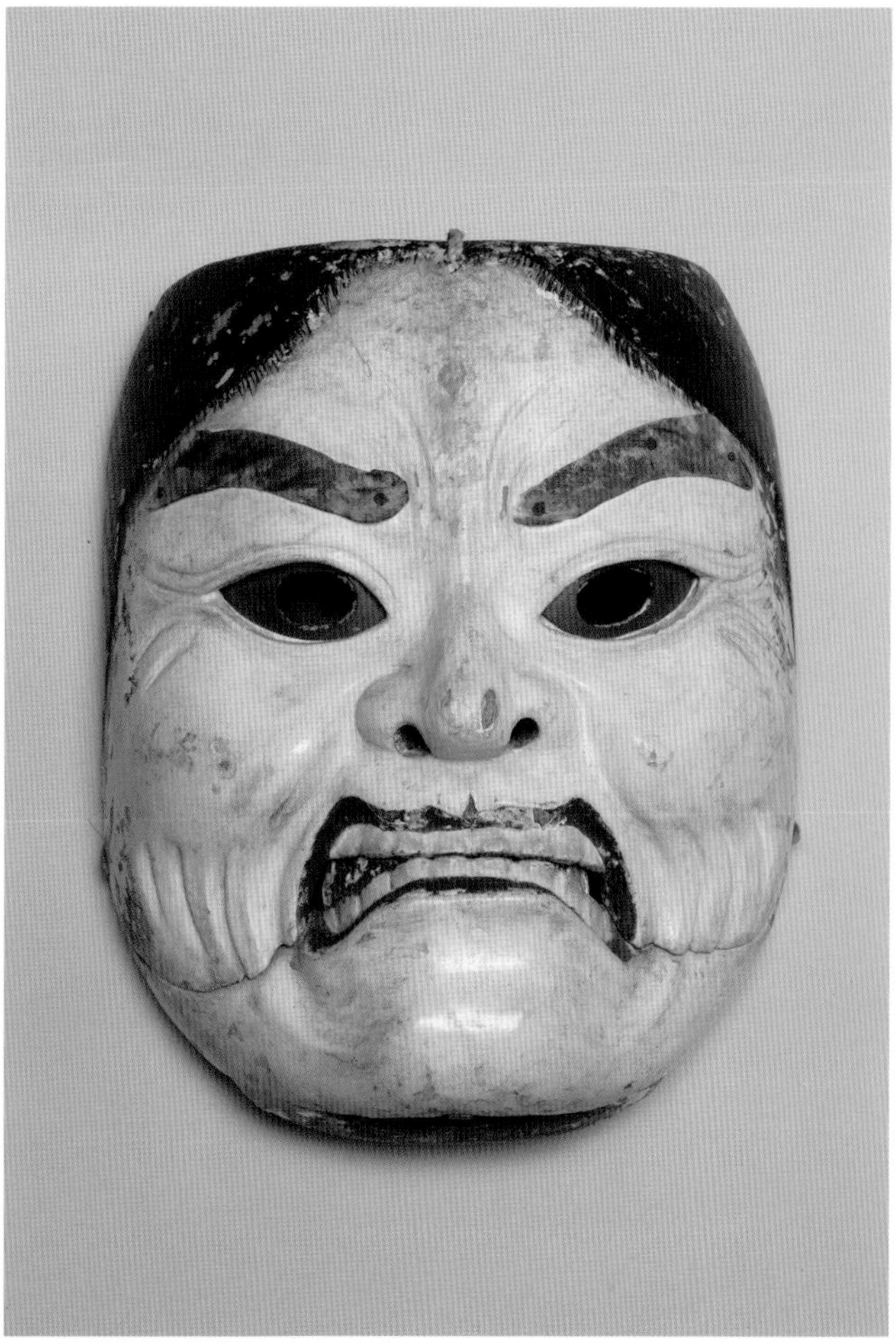

115　埴山姫／土ノ神

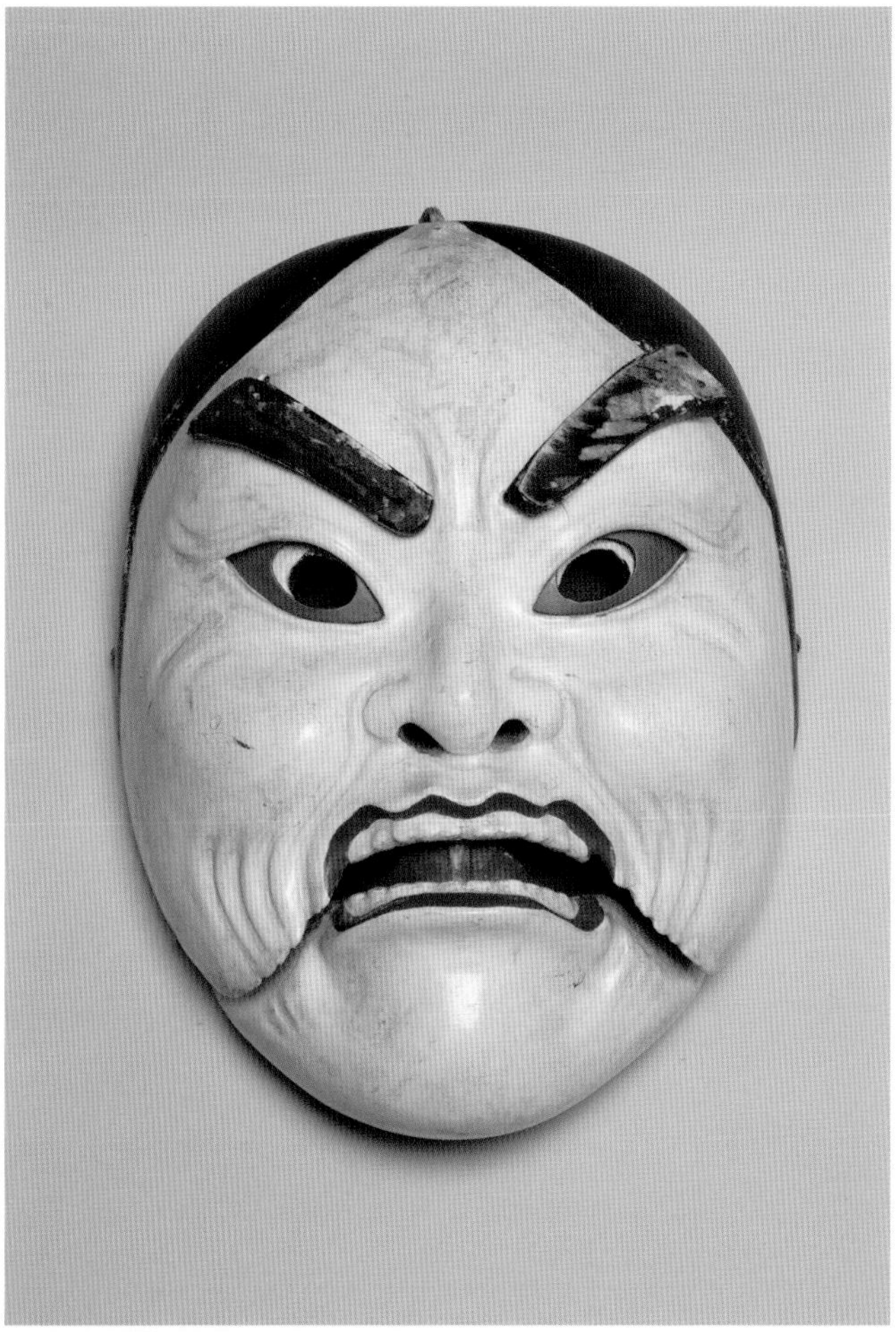

116　埴山姫命

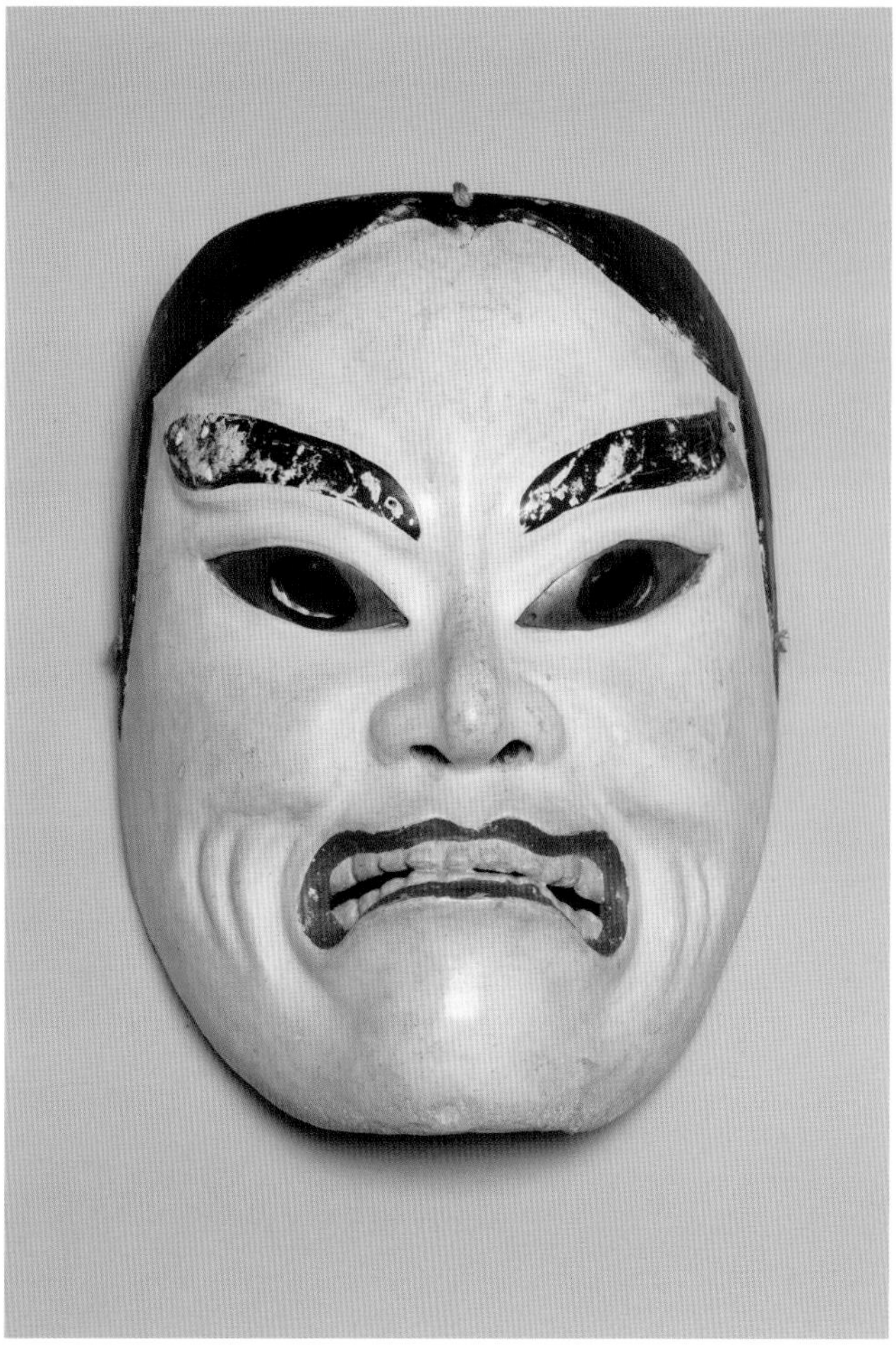

117　埴山姫

118　（埴山姫）

3 翁面

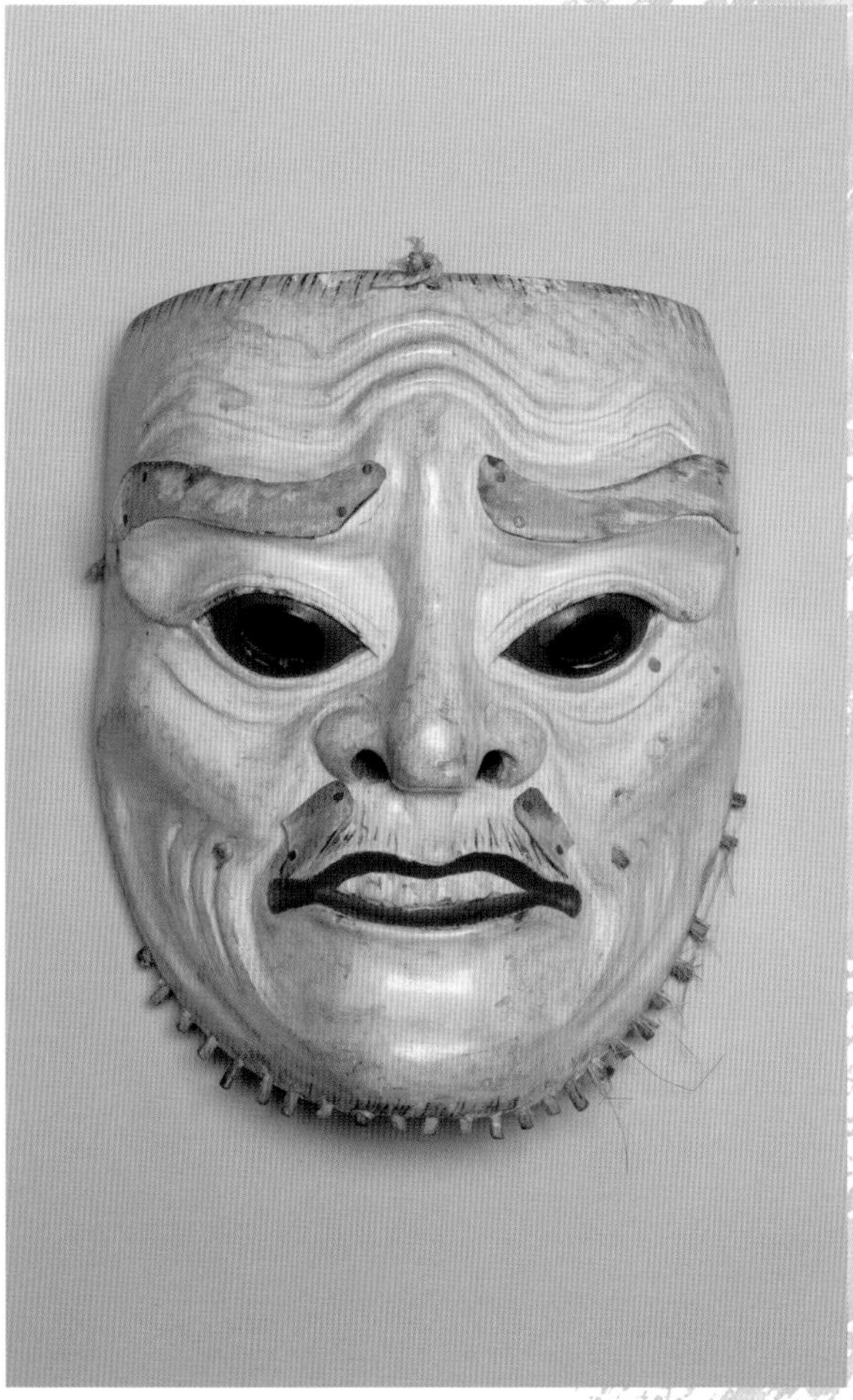
119　手名槌

120　手名槌

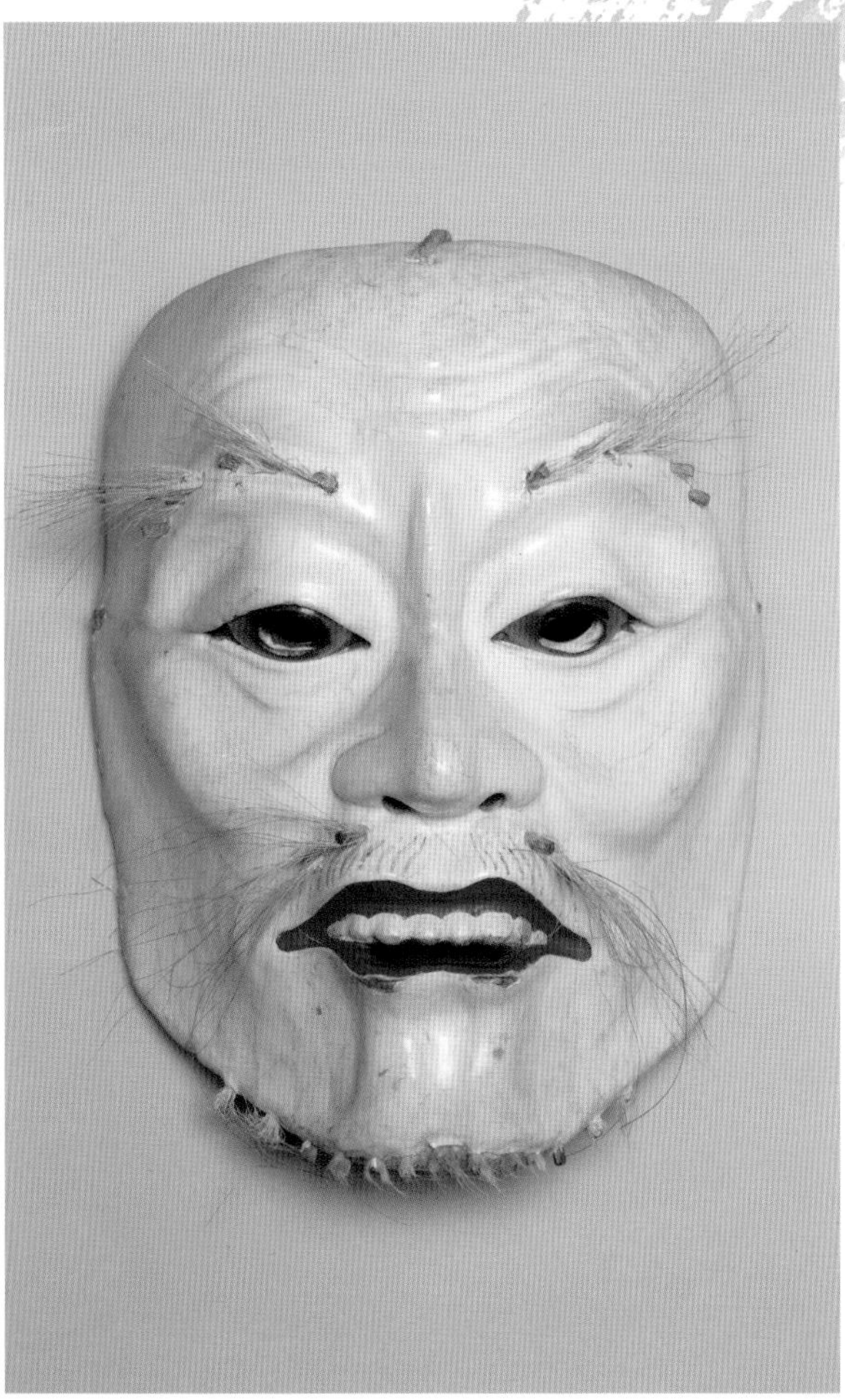
121　手名槌

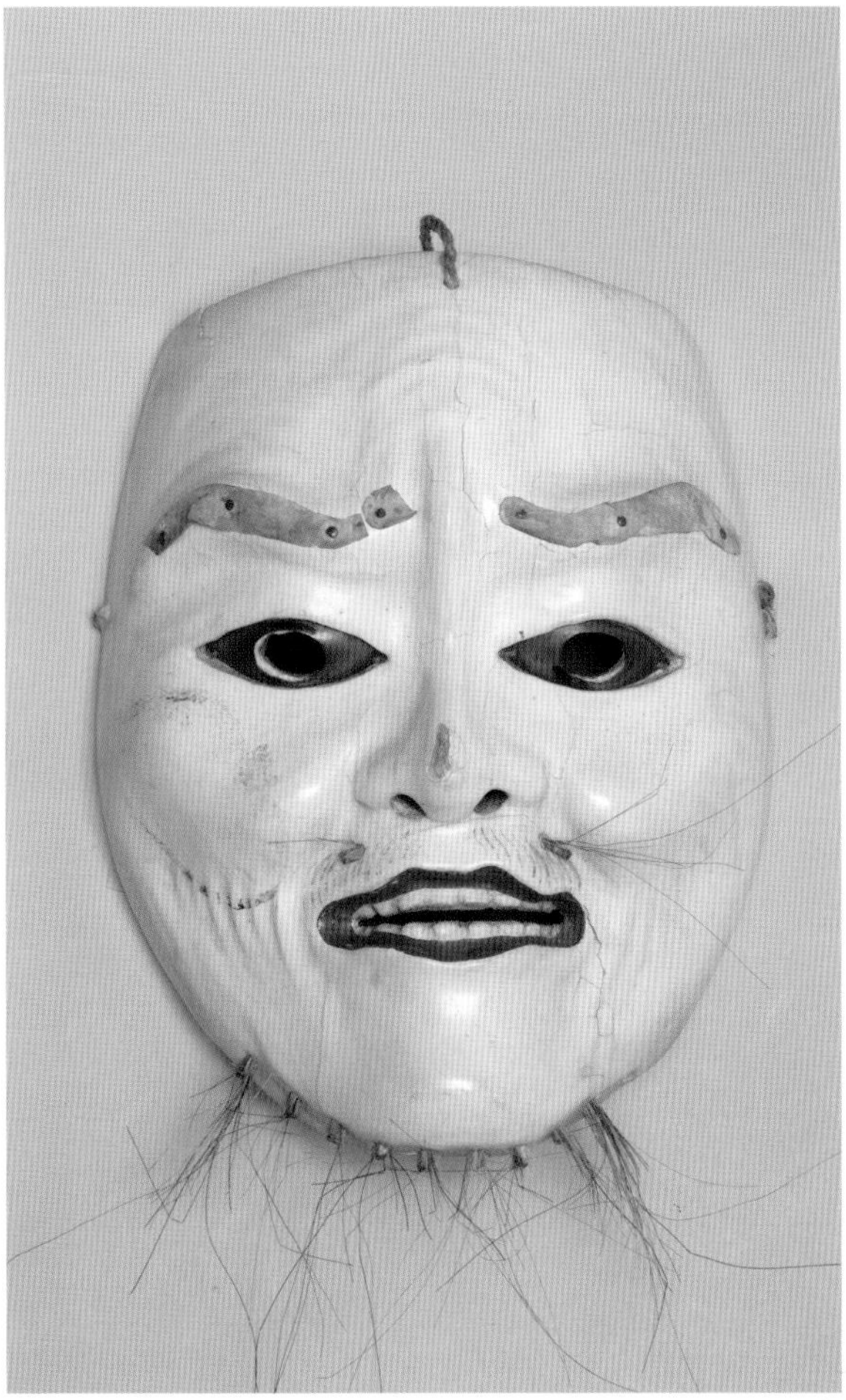
122　(足名槌?)

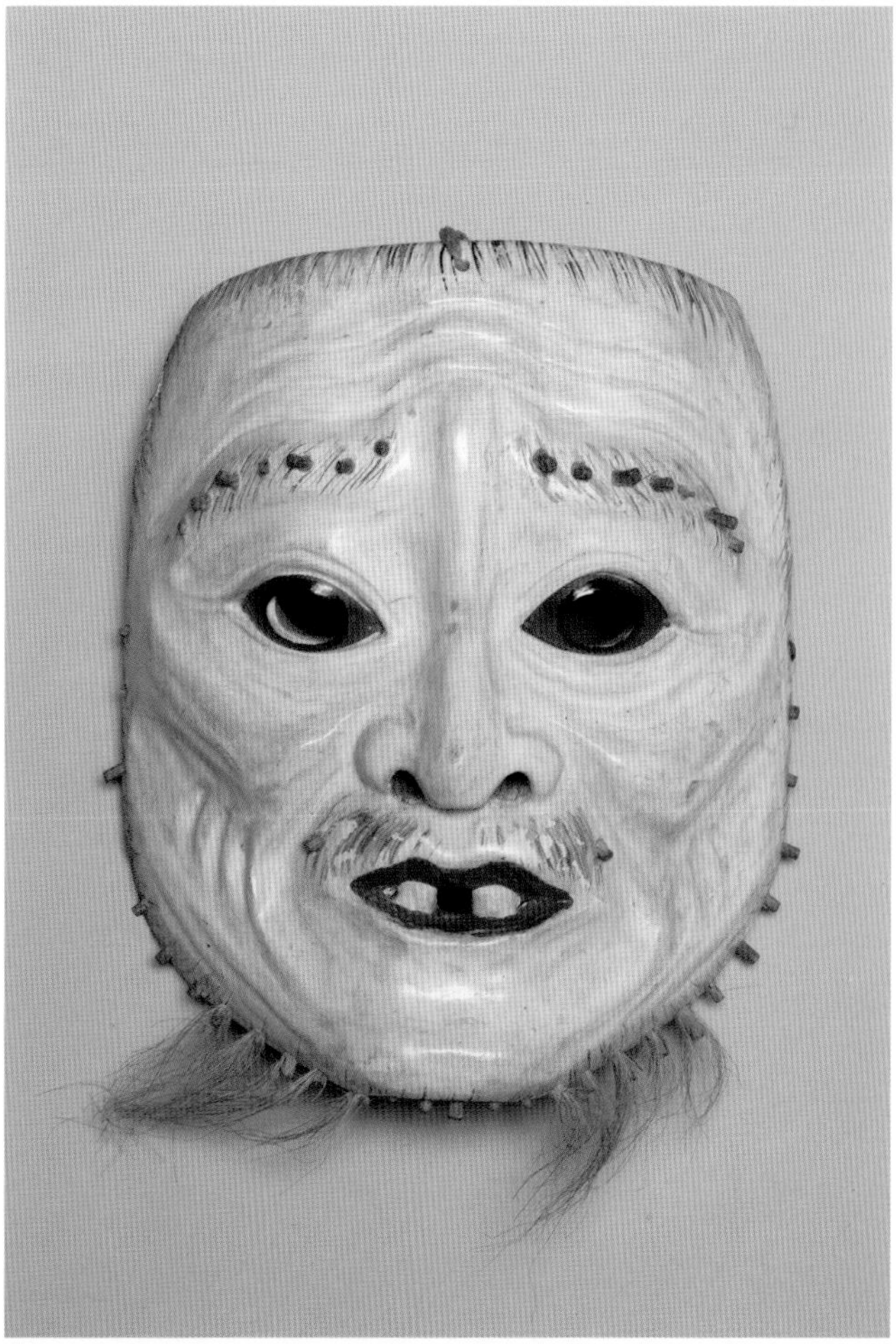

123　足名槌

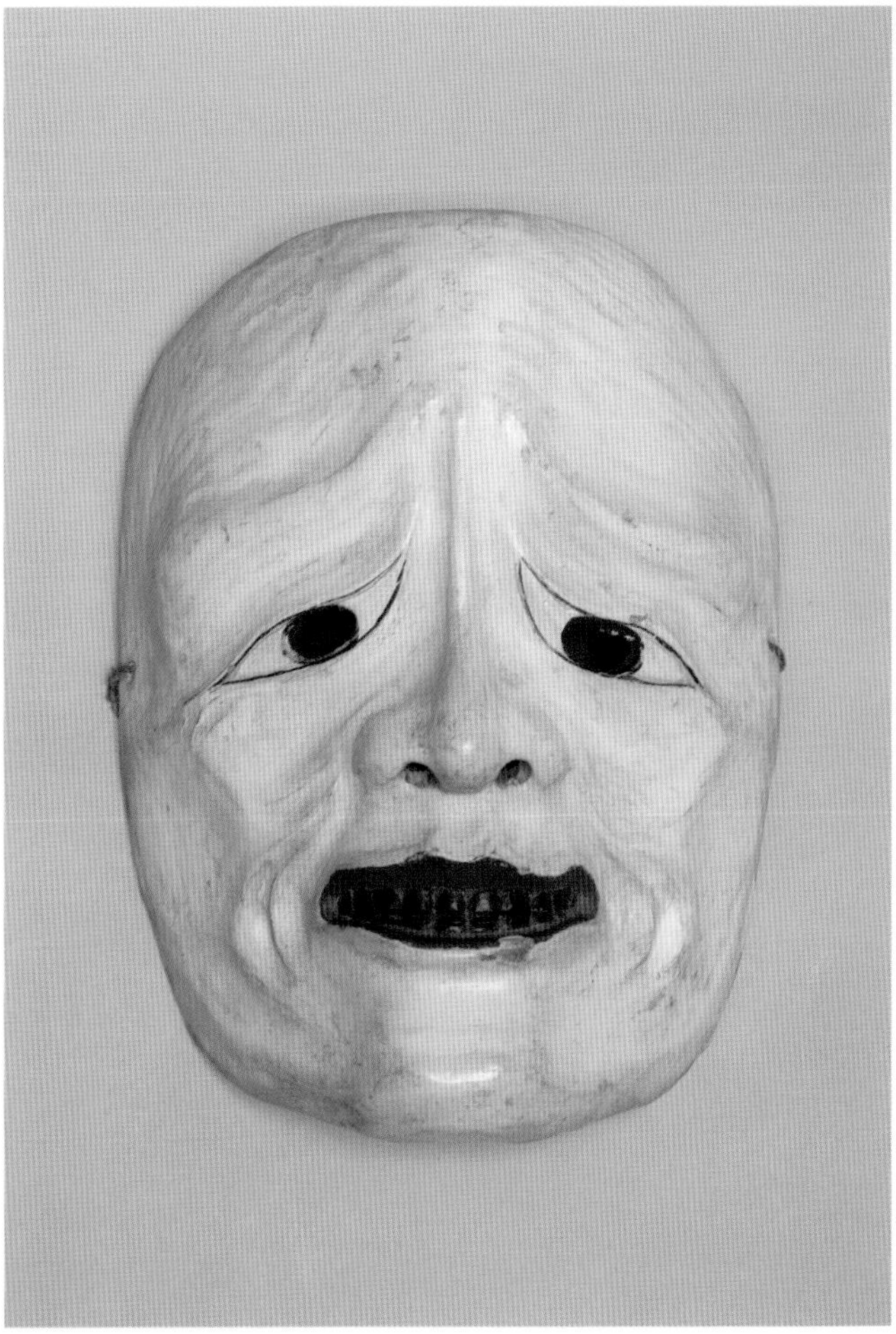

124　手名槌

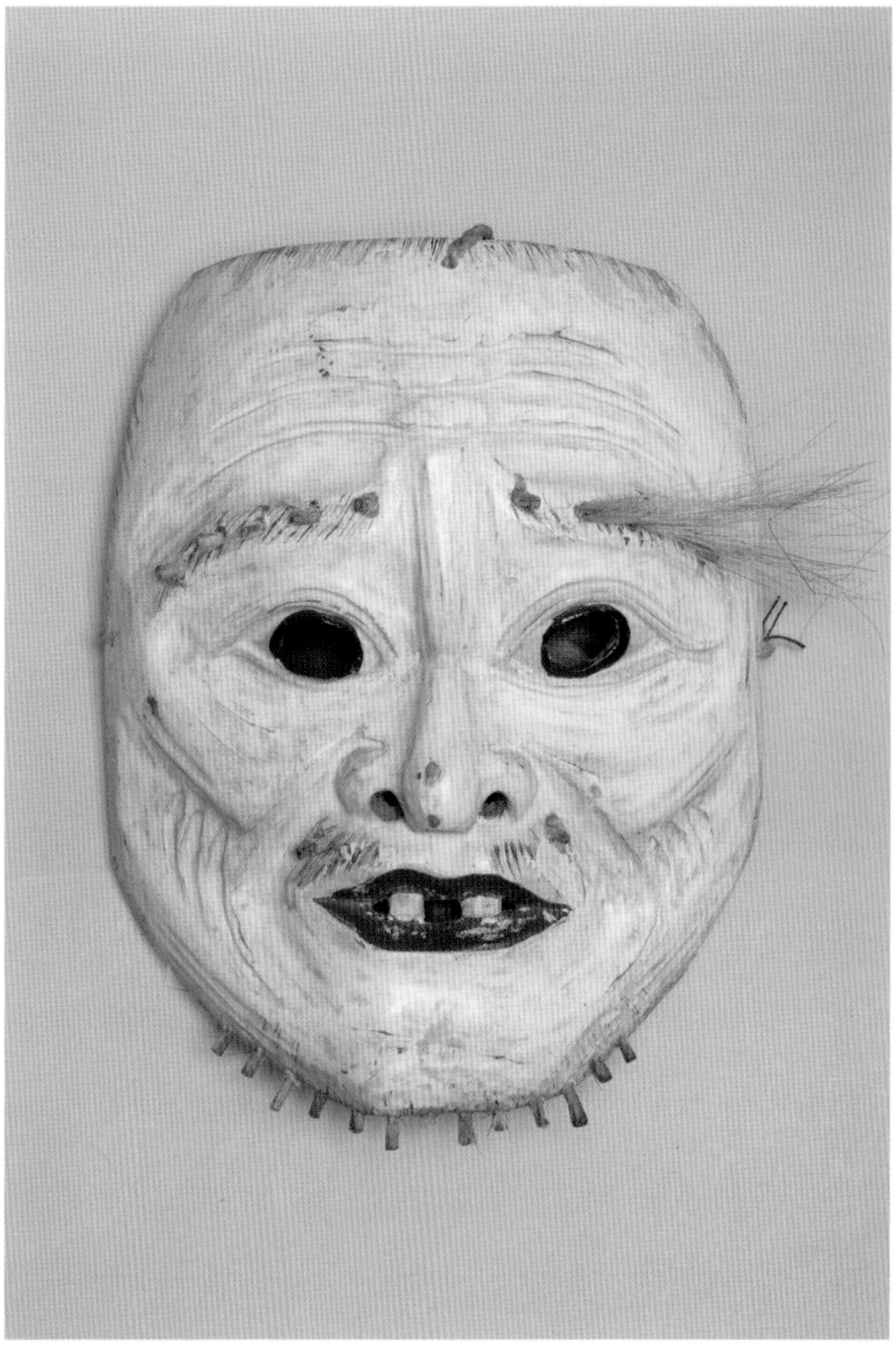

125　足名槌

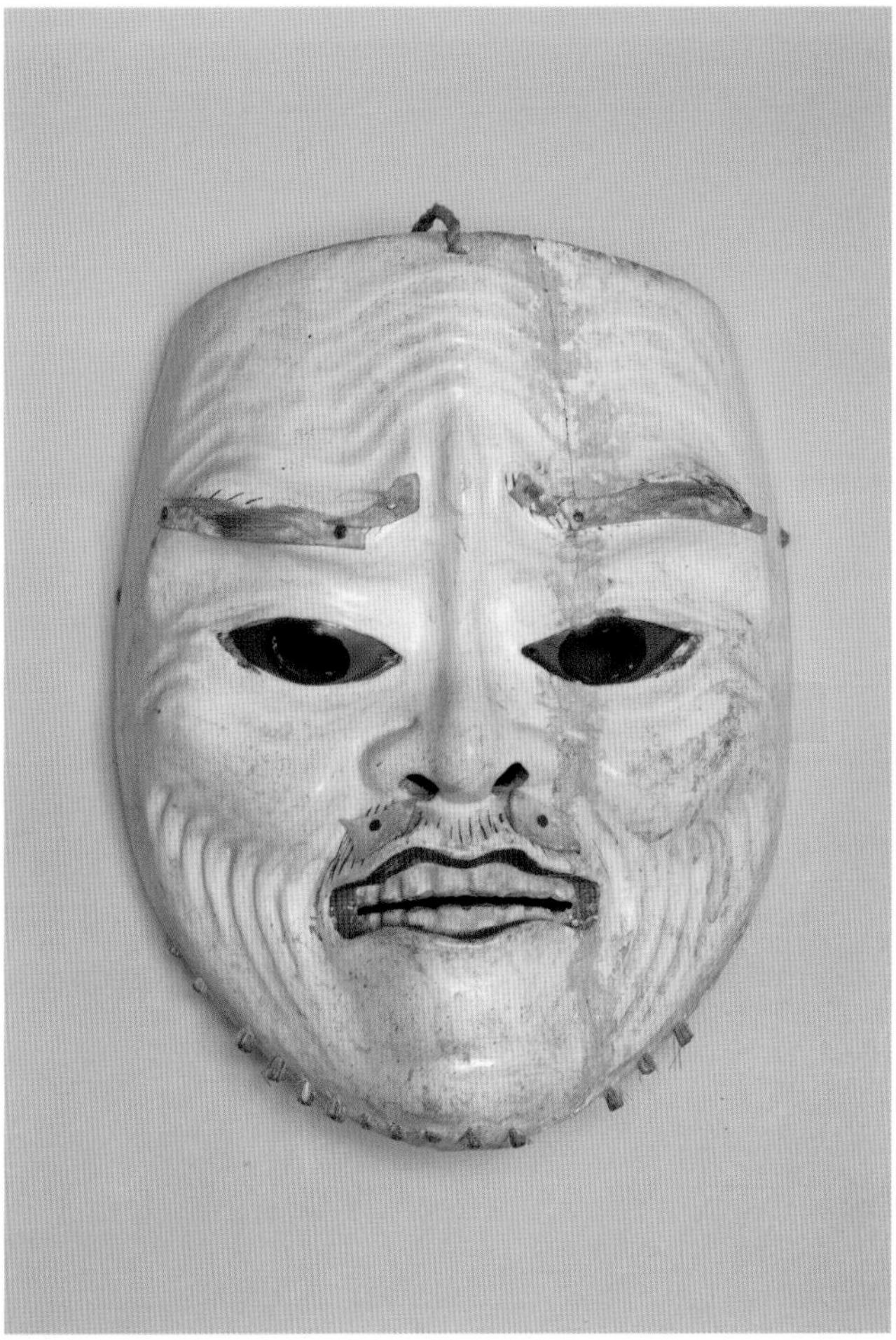

126　足那槌

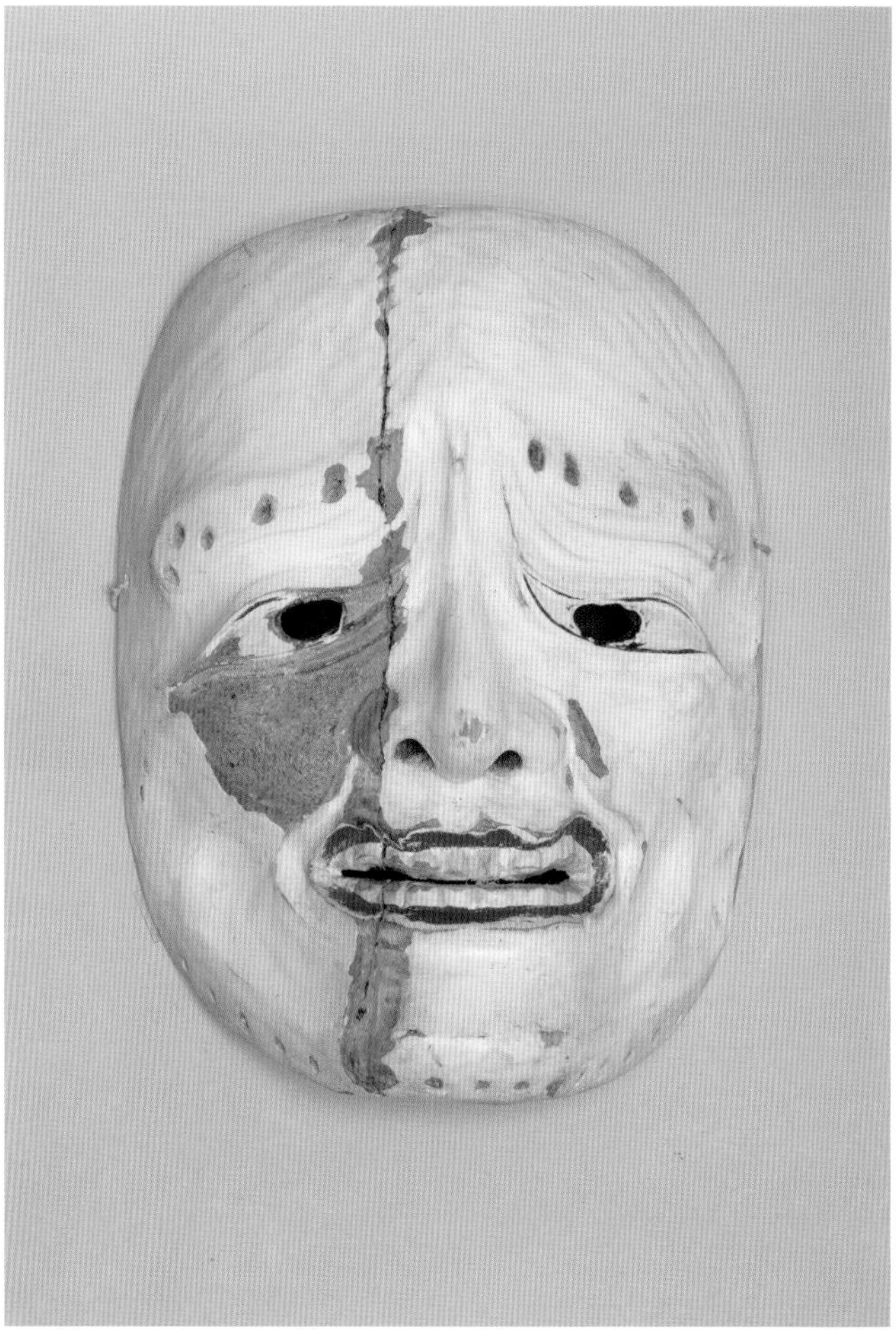
127　足名槌

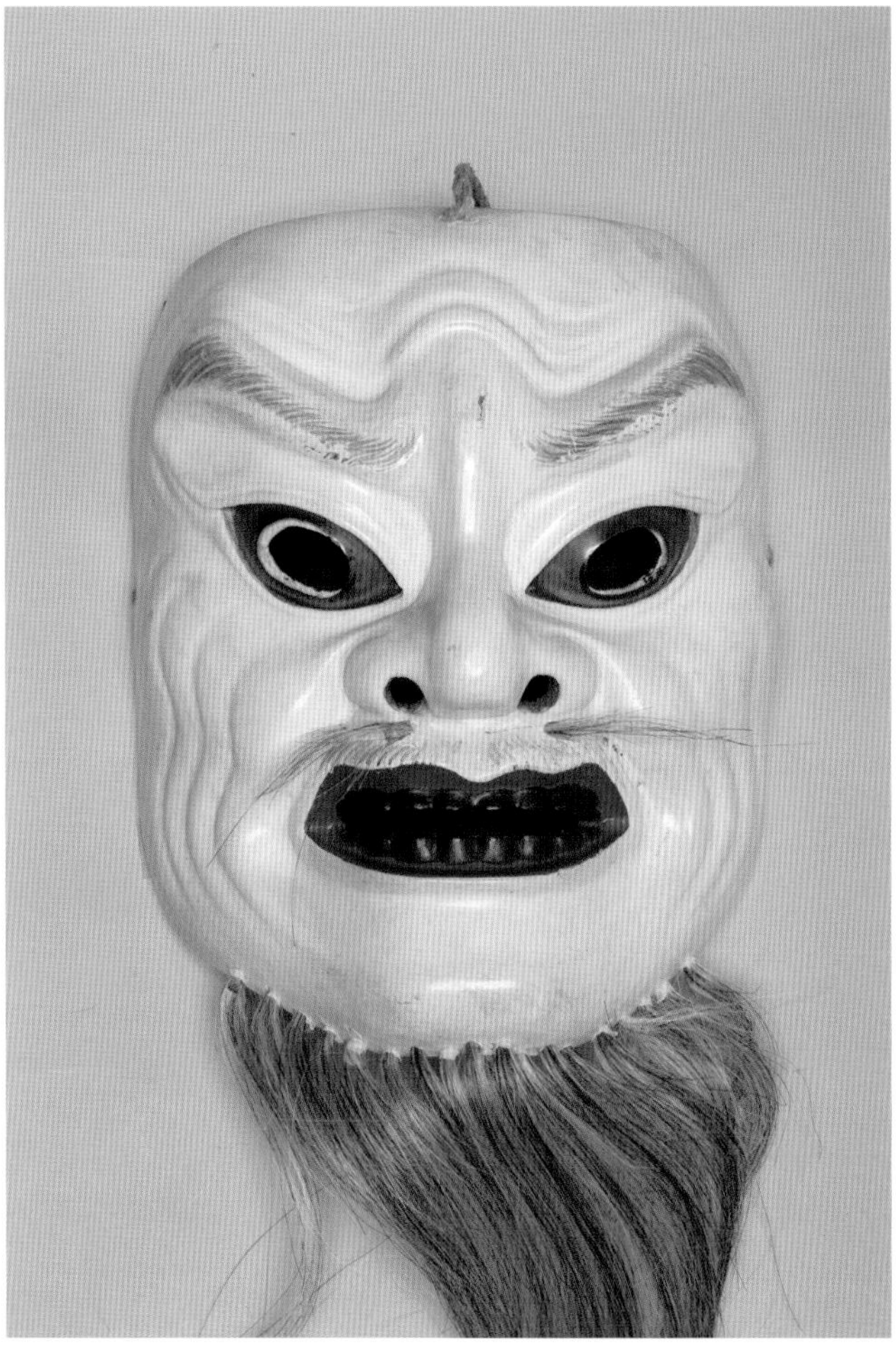
128　切目

129　切目

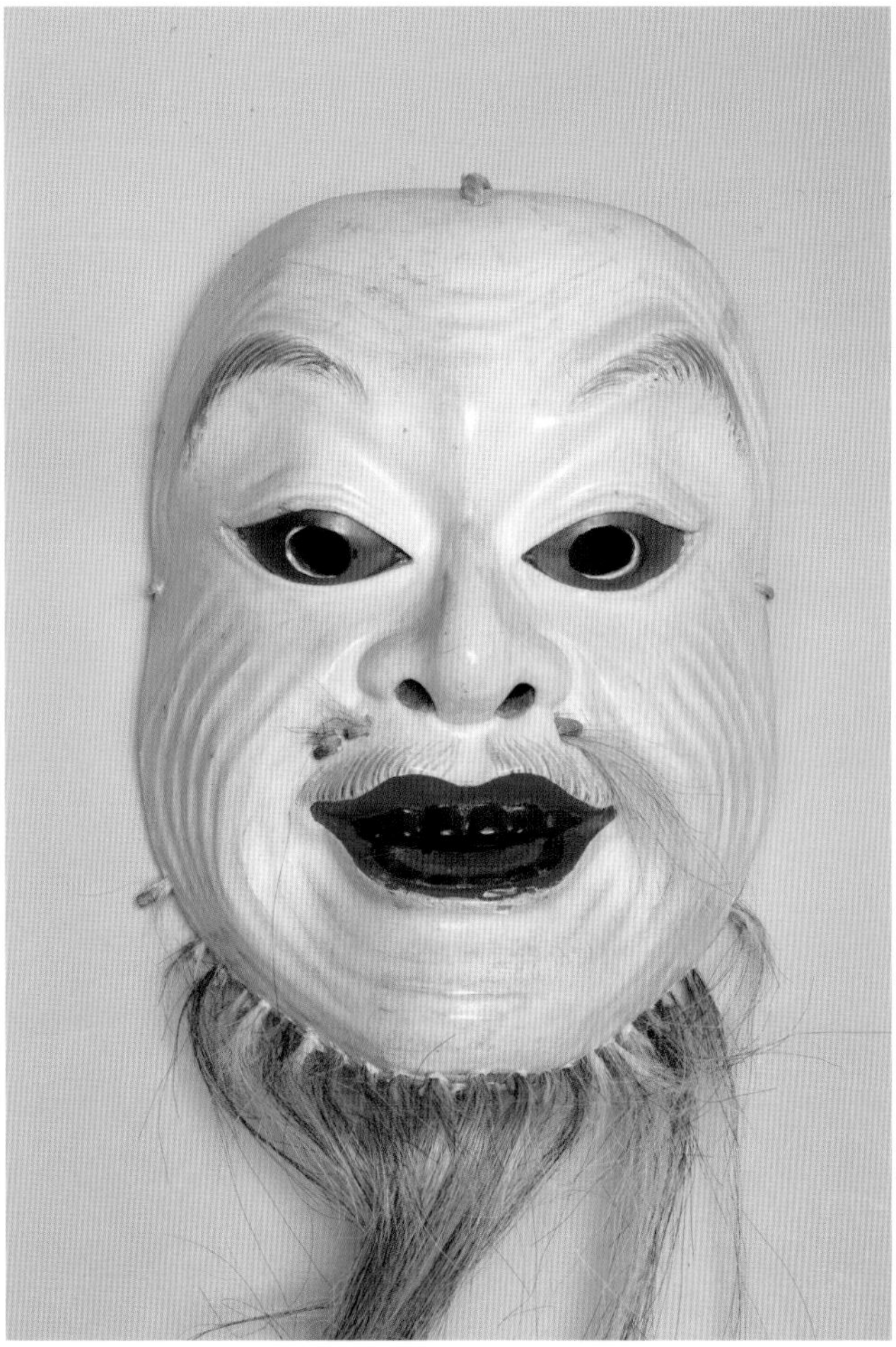
130　切目

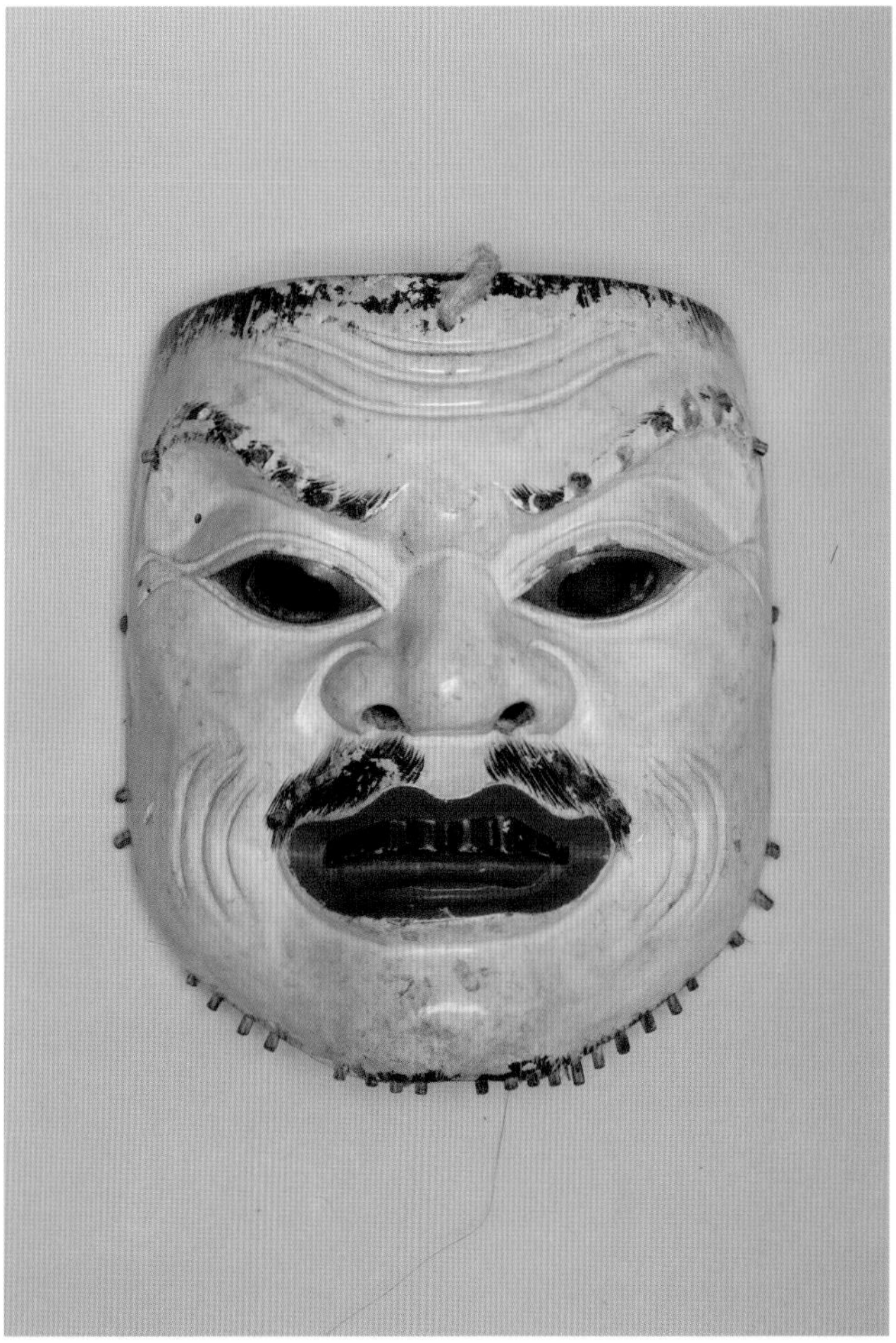

131　切目

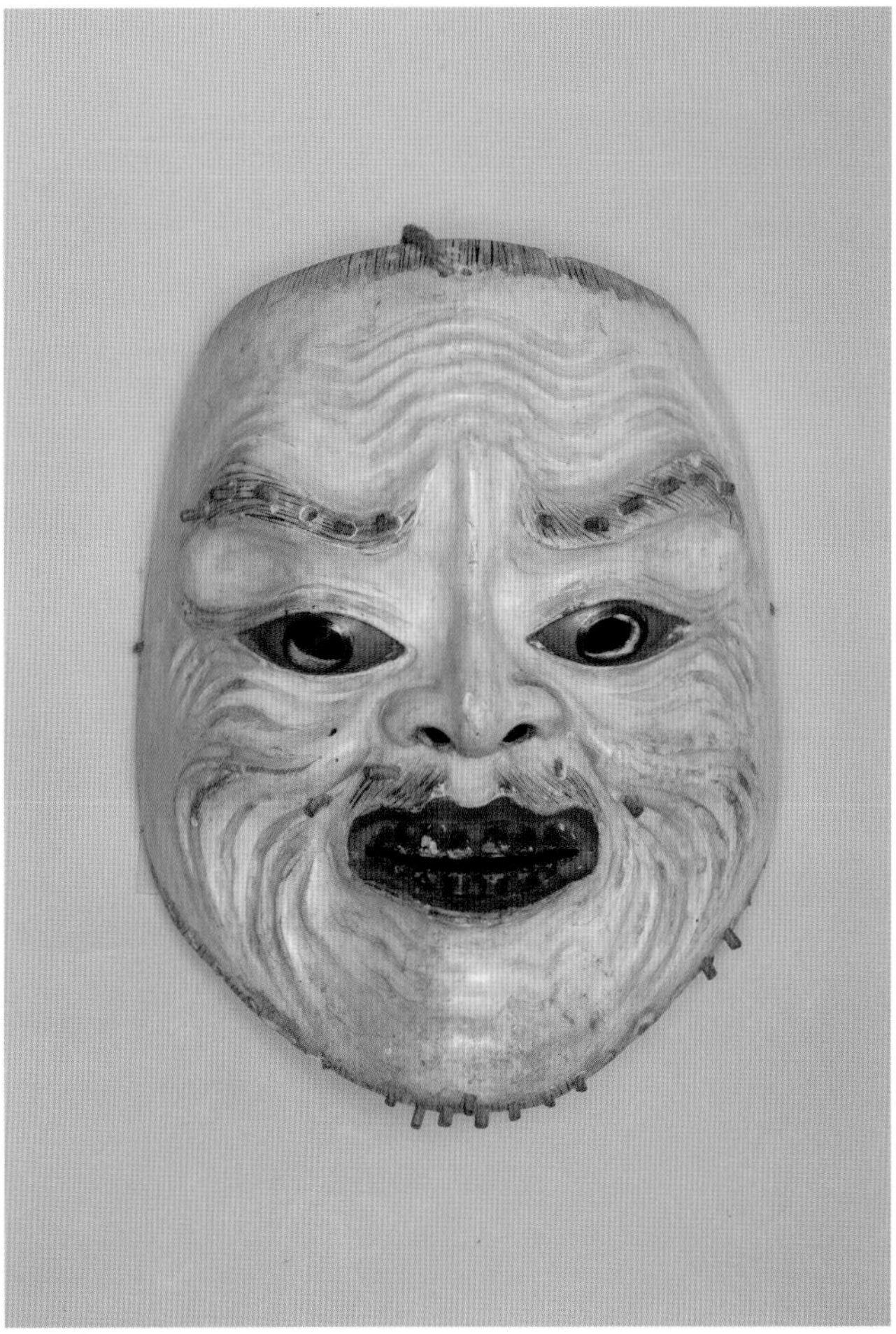

132　切目

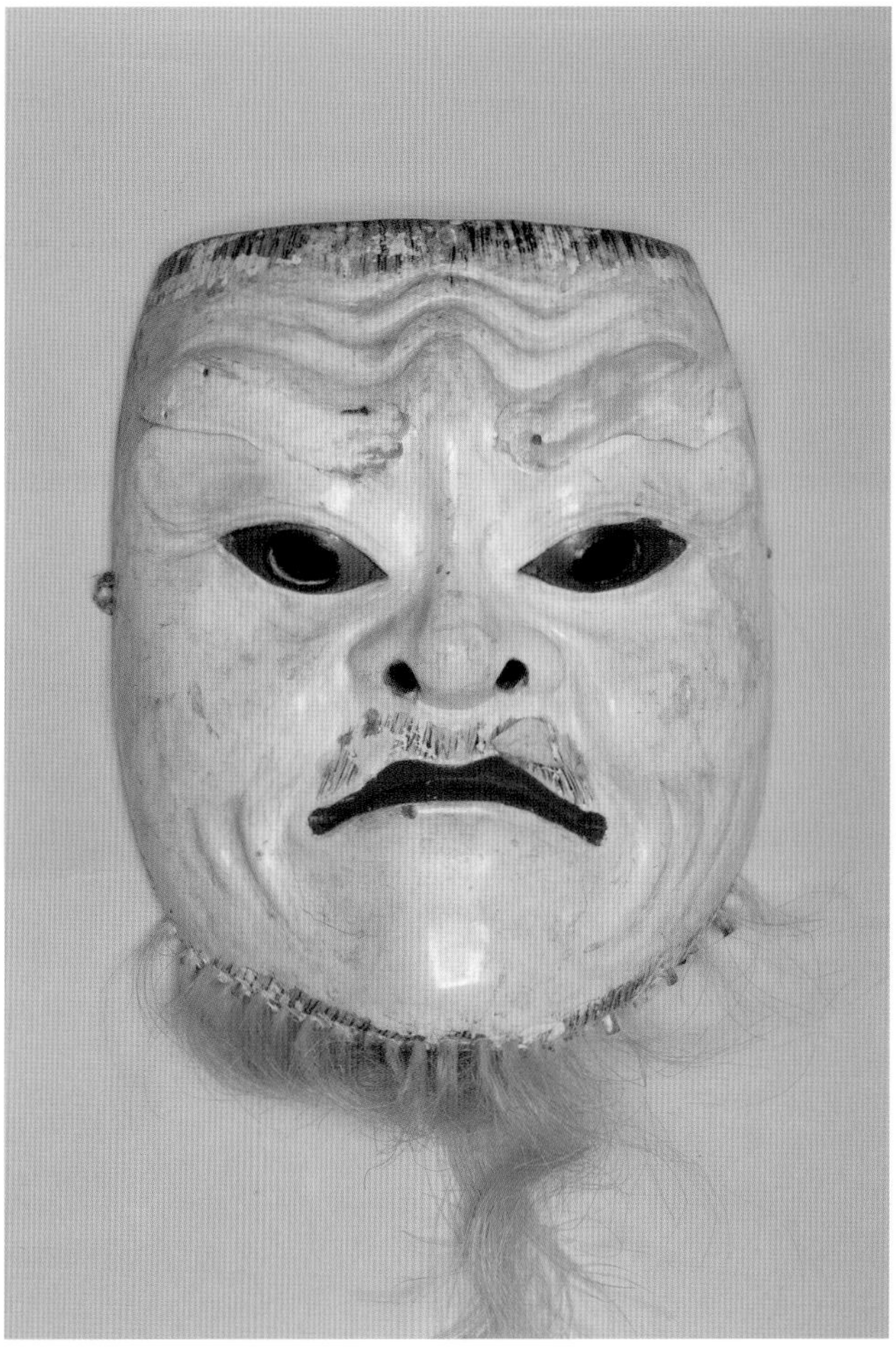

133　思恵兼之尊

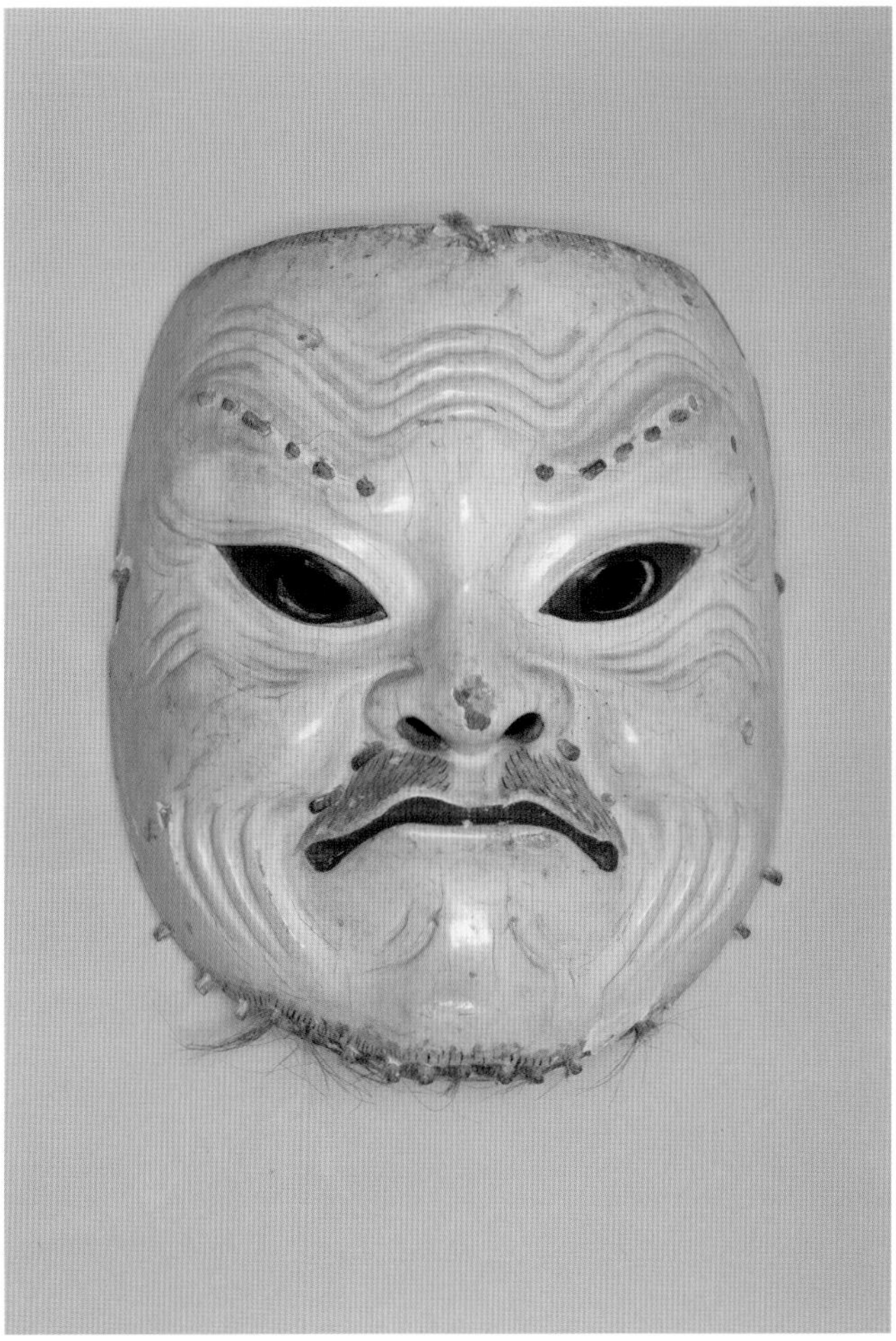

134　思イ兼

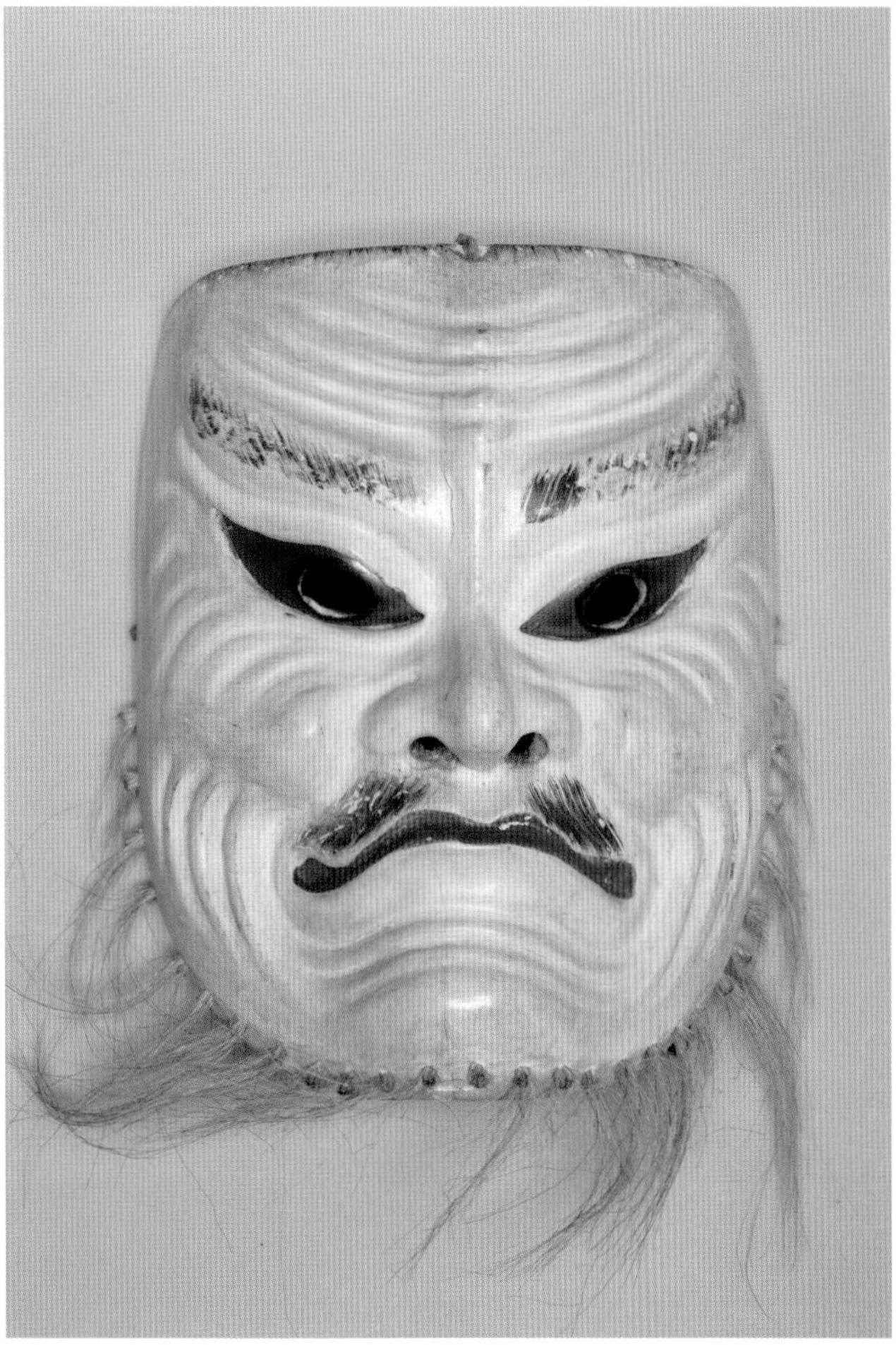

136　思イ兼

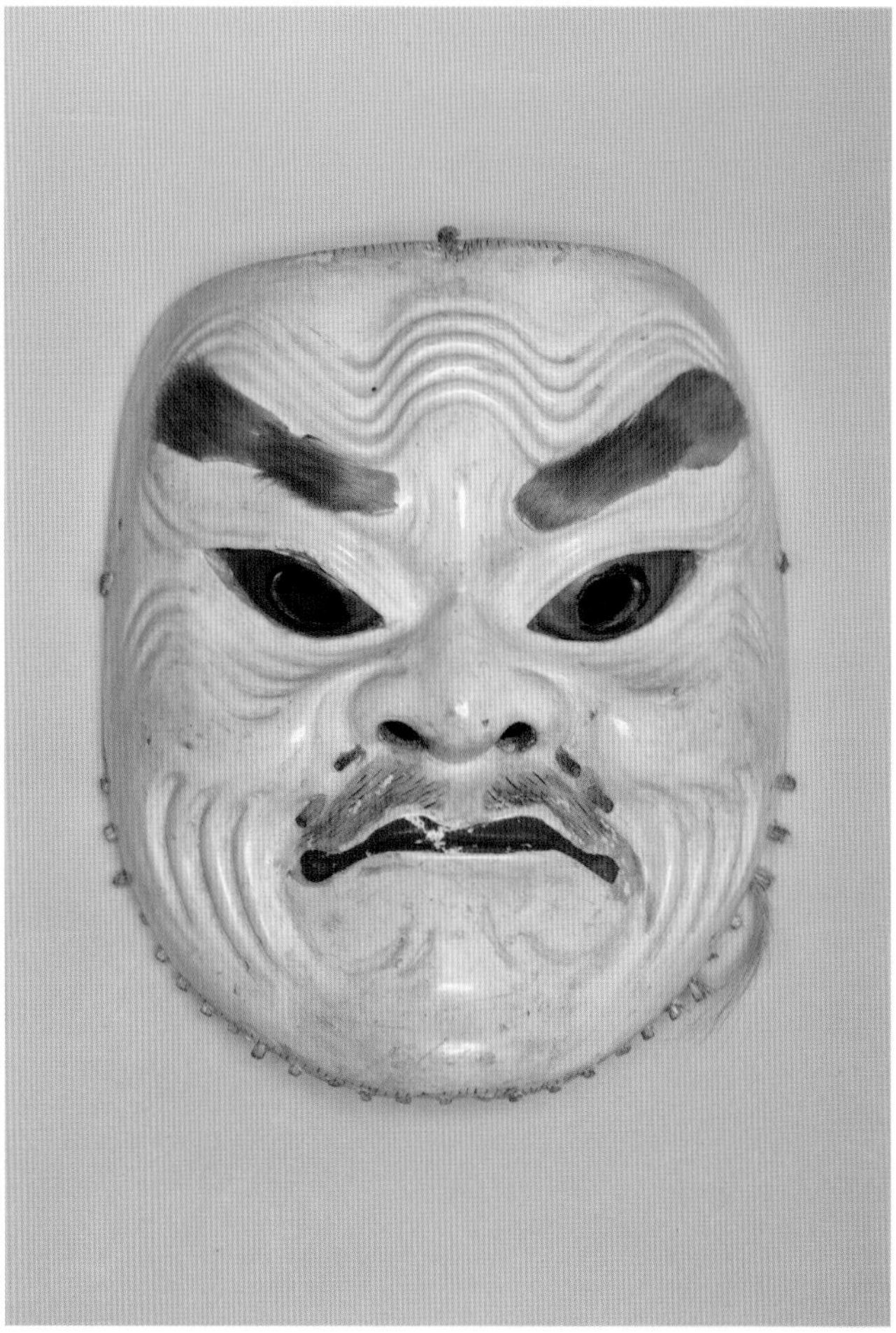

135　思イ兼

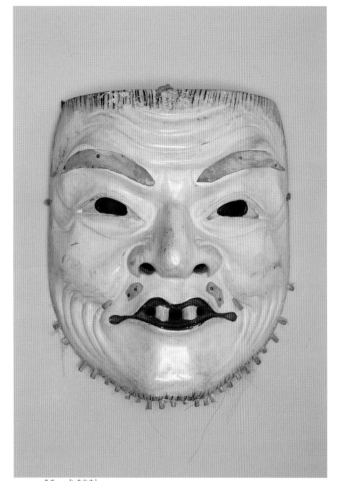

142　天《あめ》ノ御《み》中主《なかぬし》／翁／老神

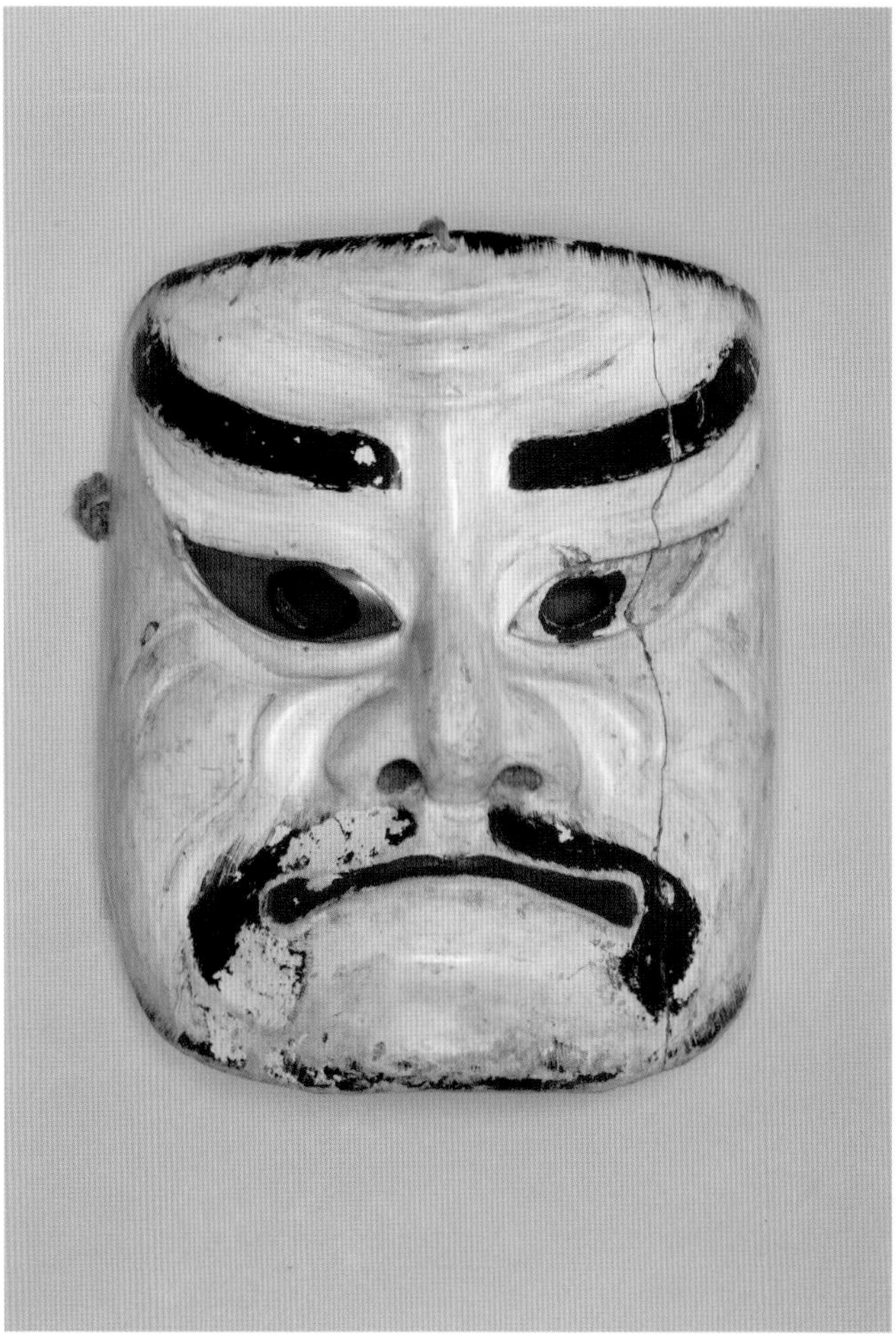

137　思イ兼

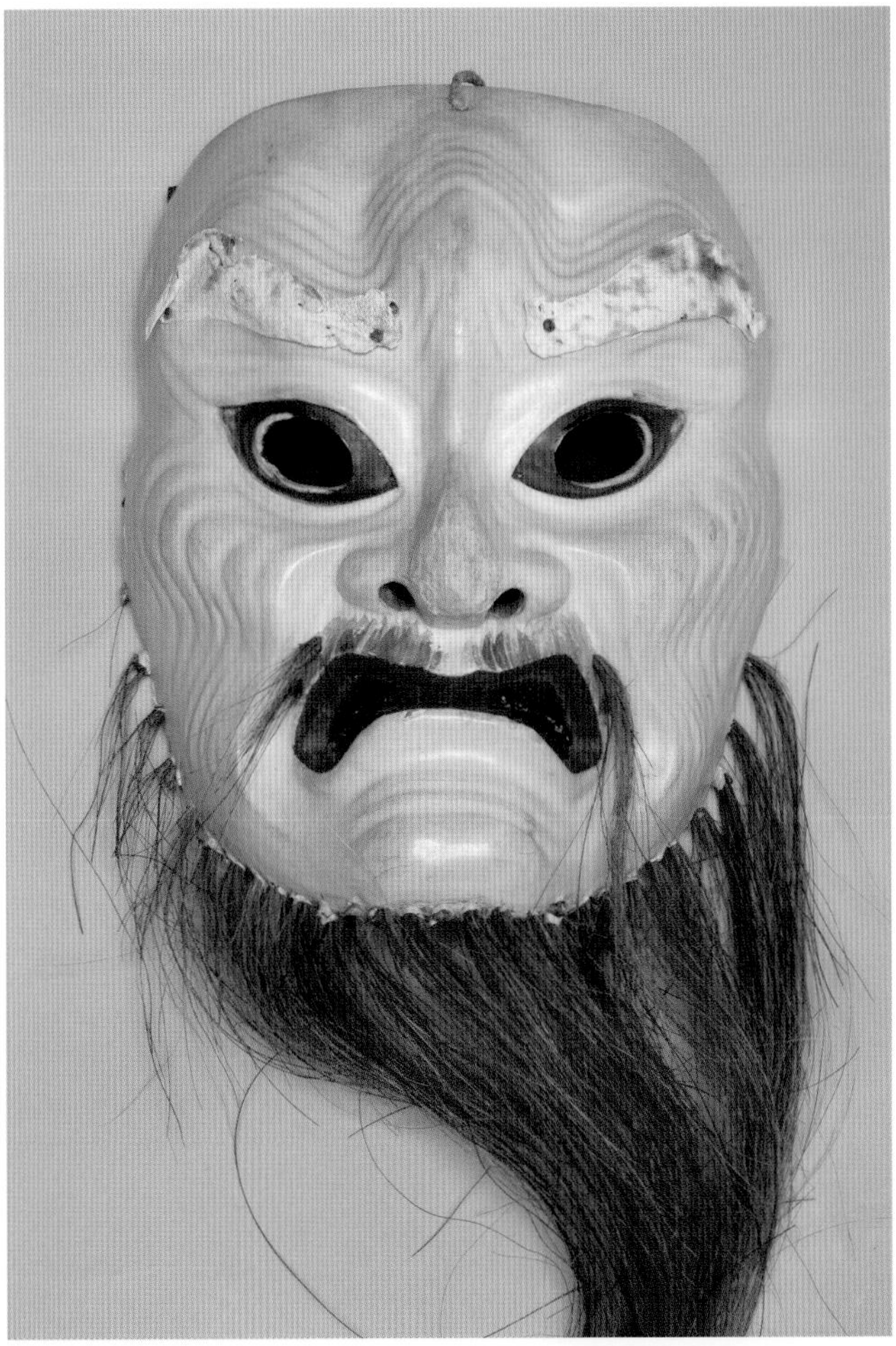

138　武氏宿祢

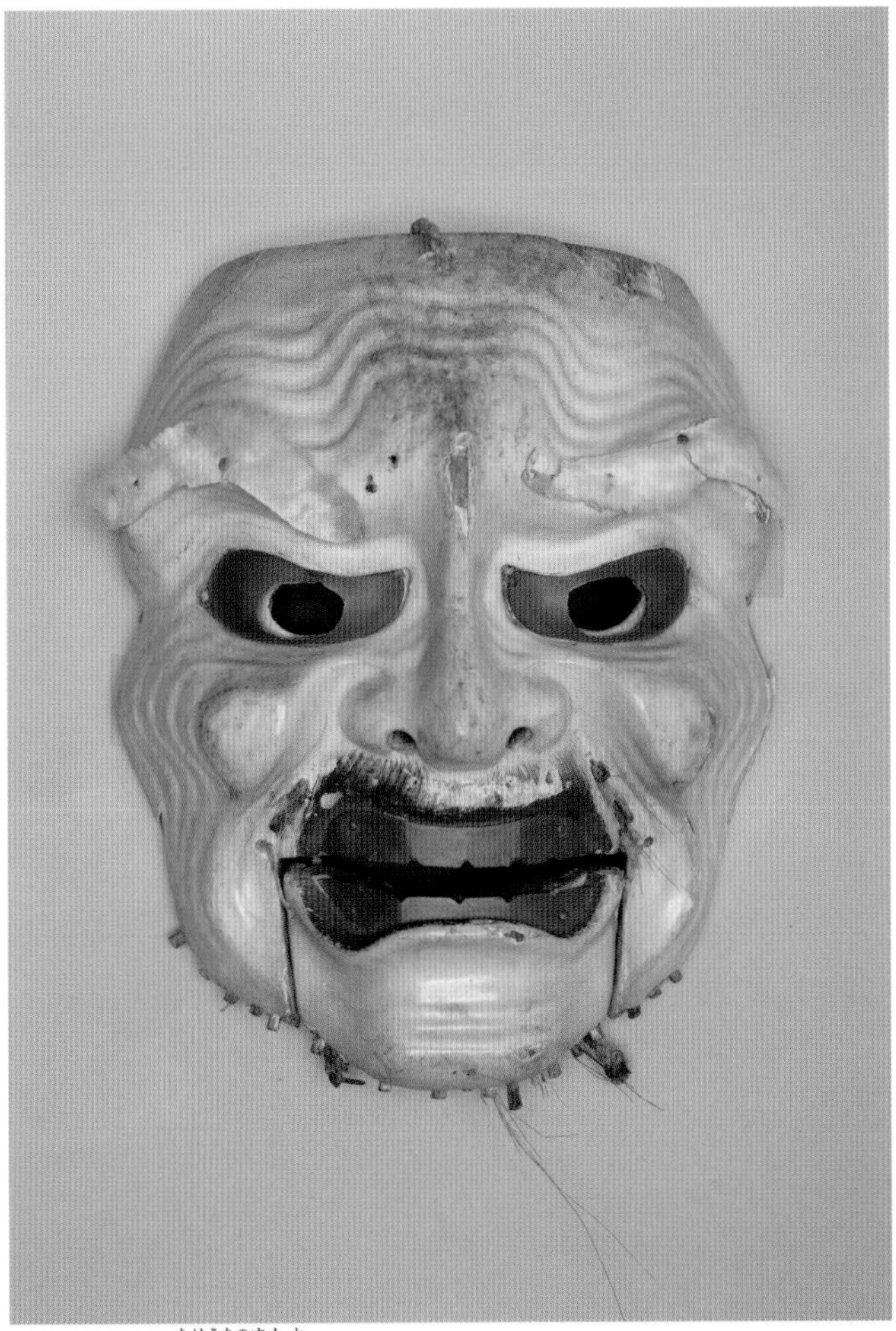

139　武氏（武内宿祢《たけうちのすくね》）

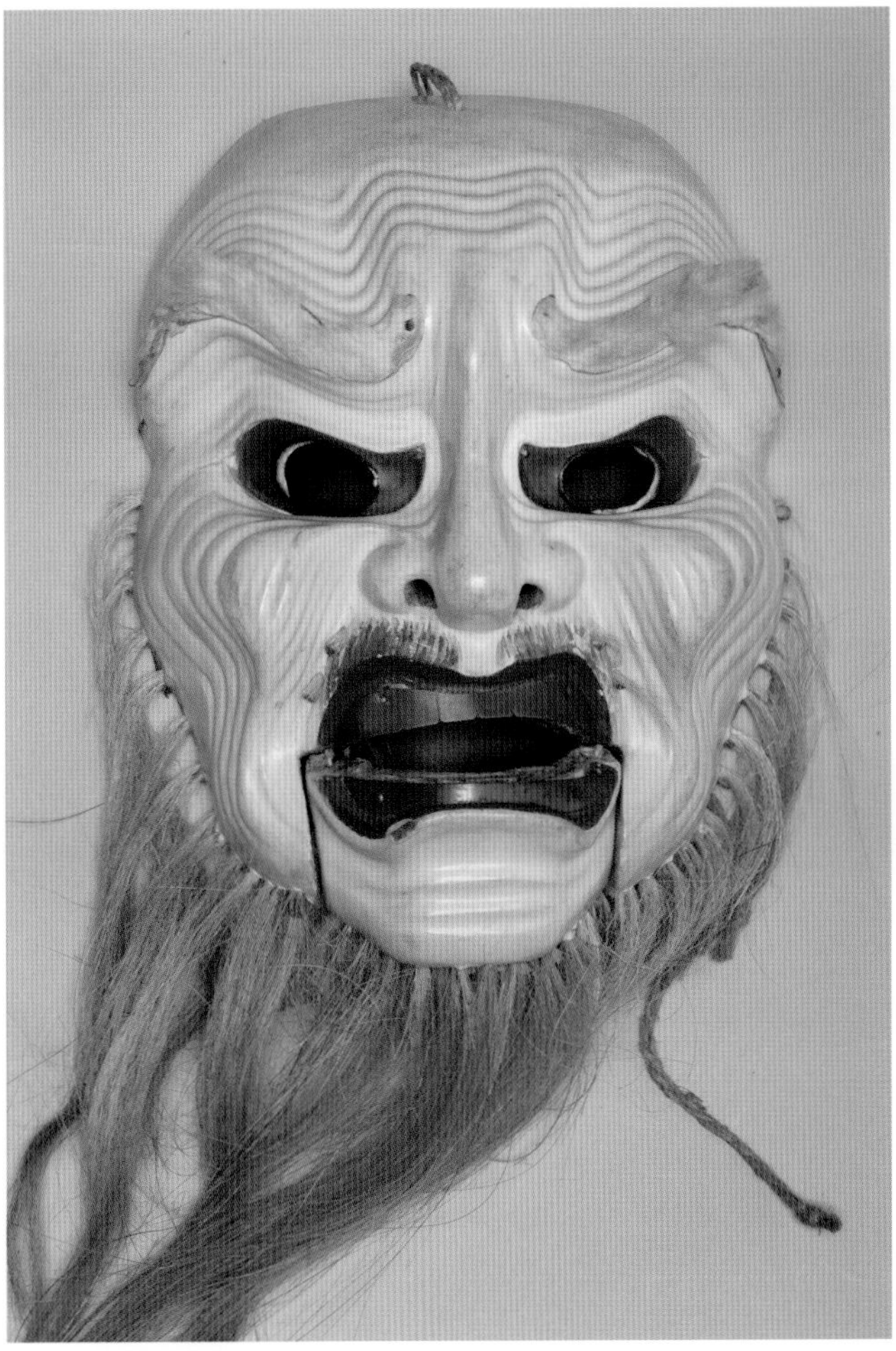

140　武内宿祢

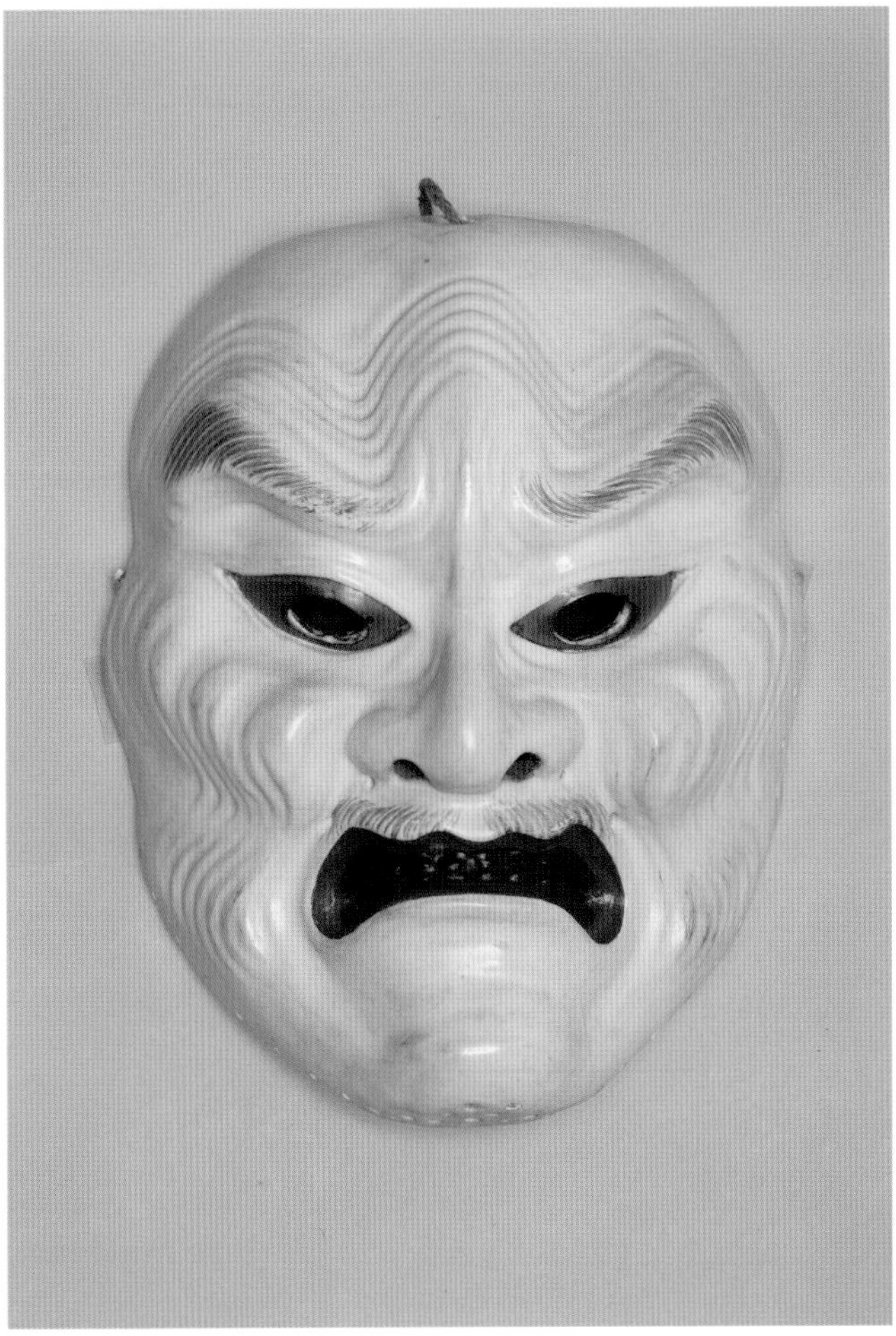

141　武氏（武内宿祢）

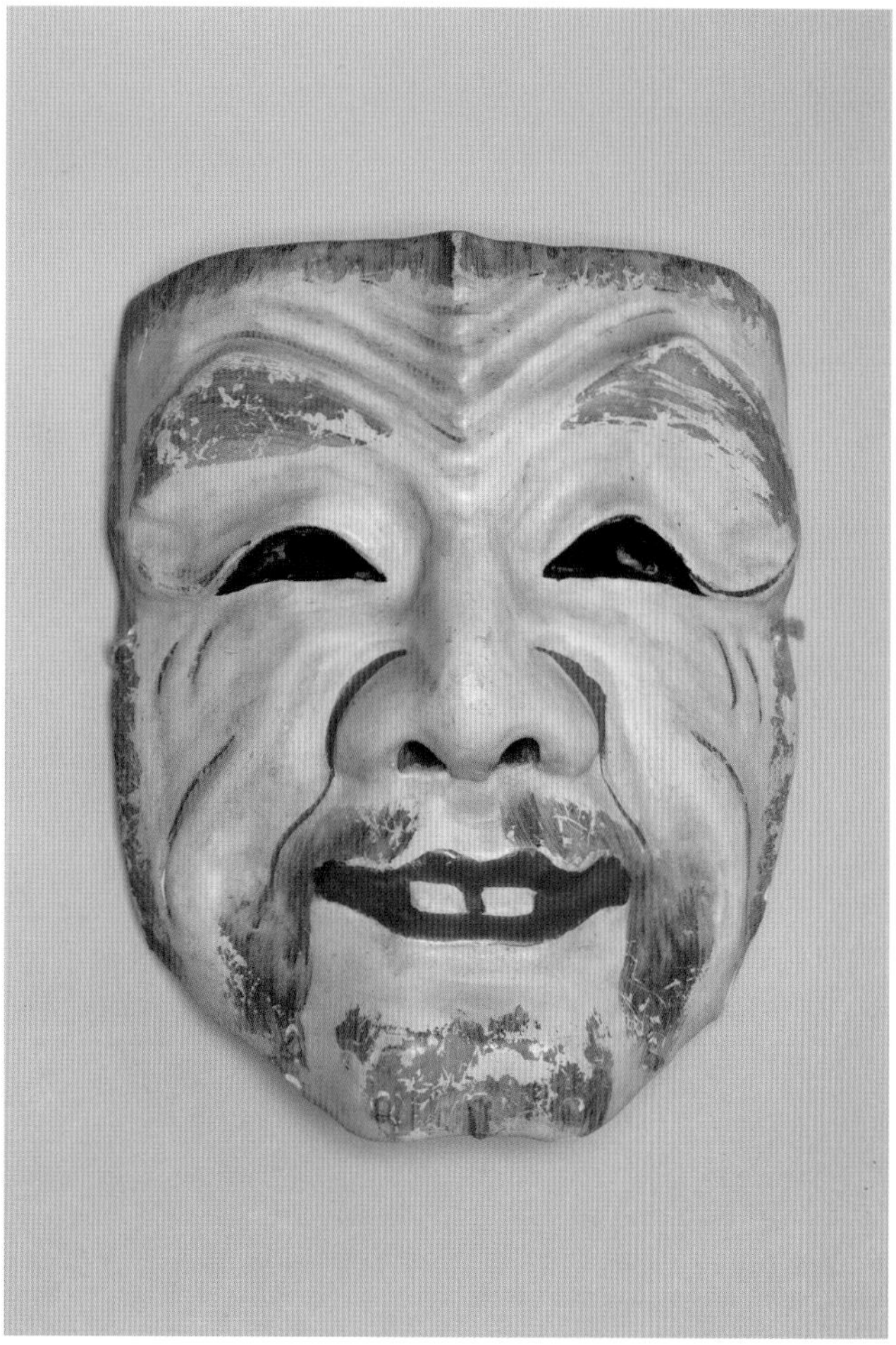

145　翁

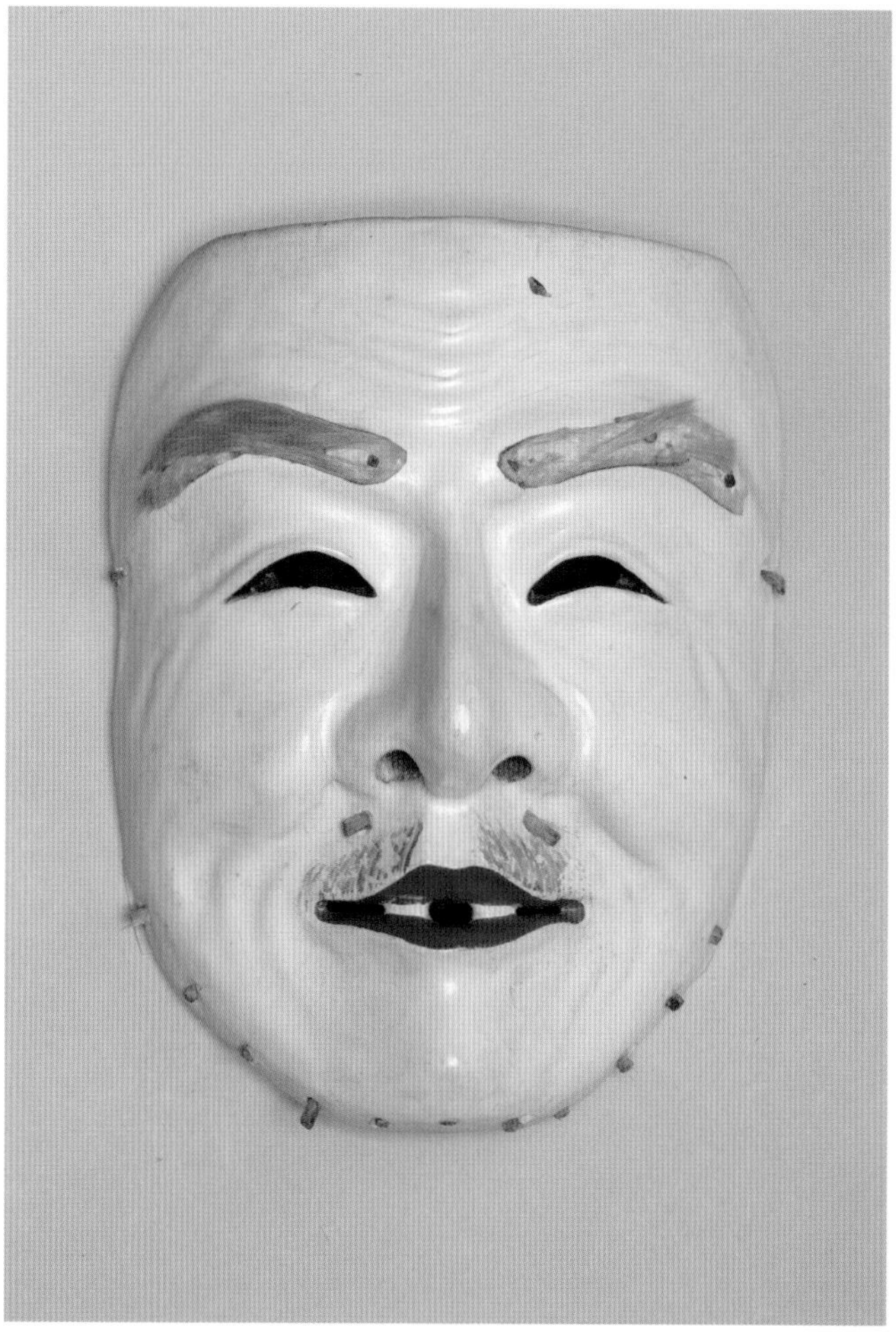

143　住吉翁

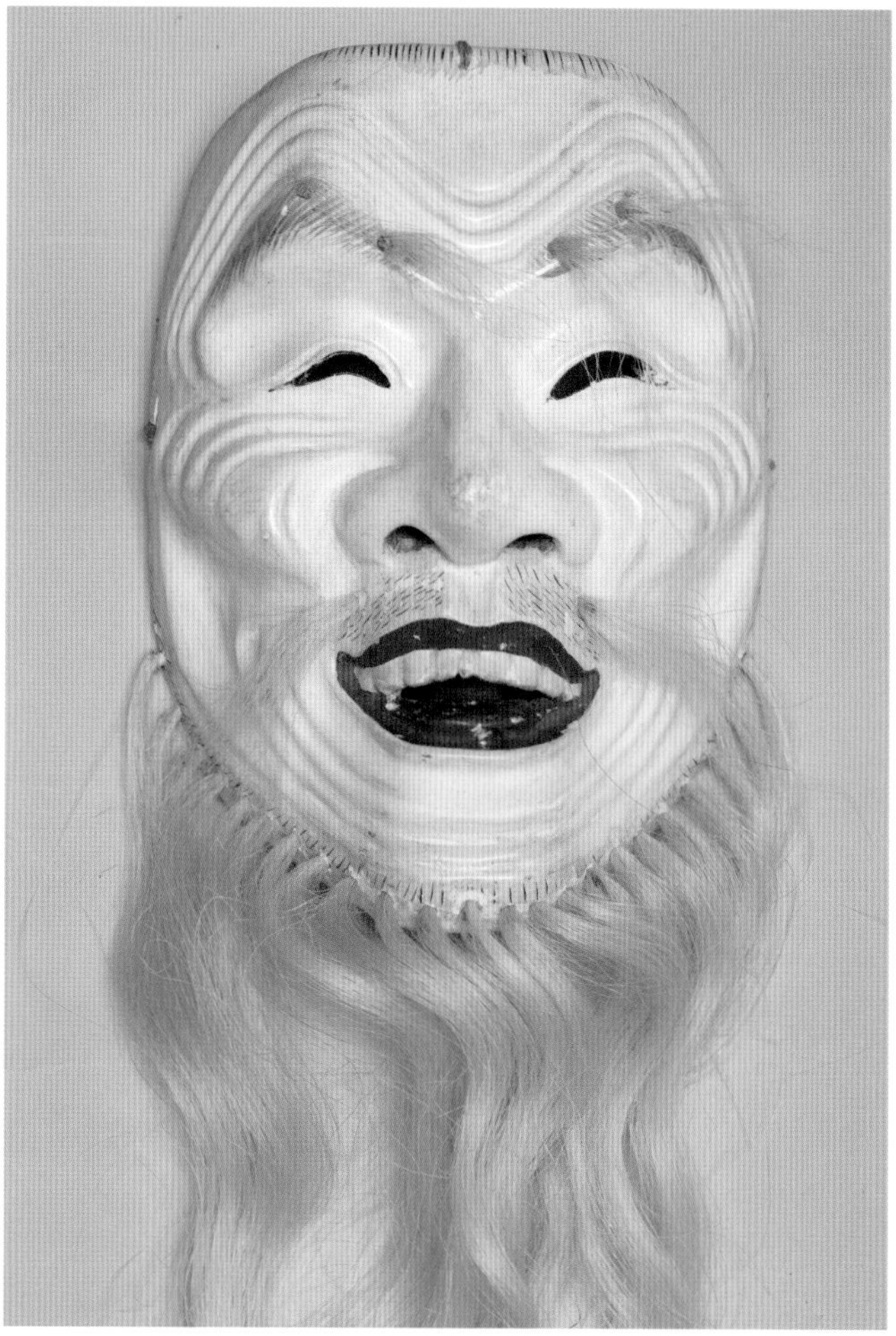

146　（翁）

144　天御中主／翁

4 媼面

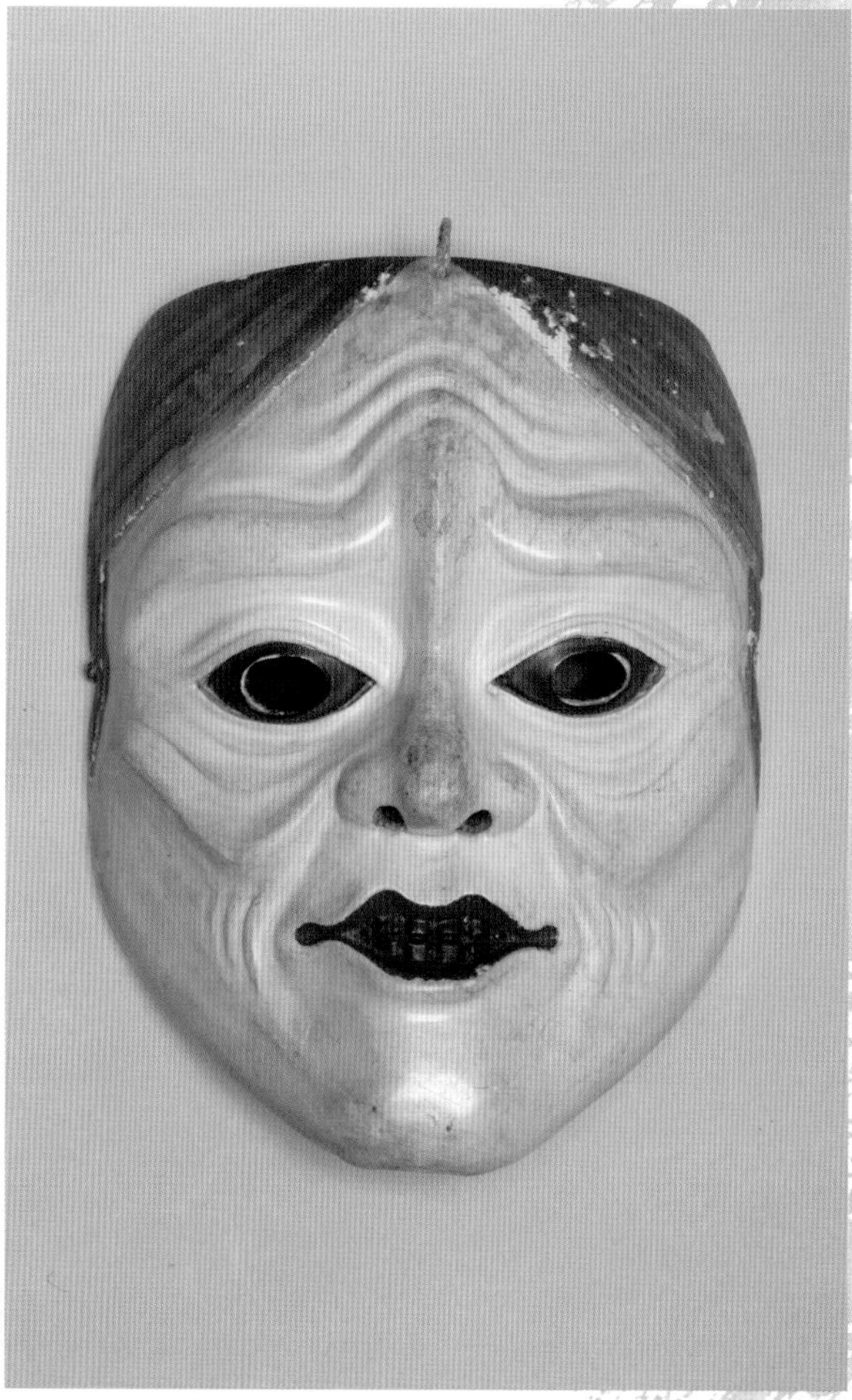
147　足名槌

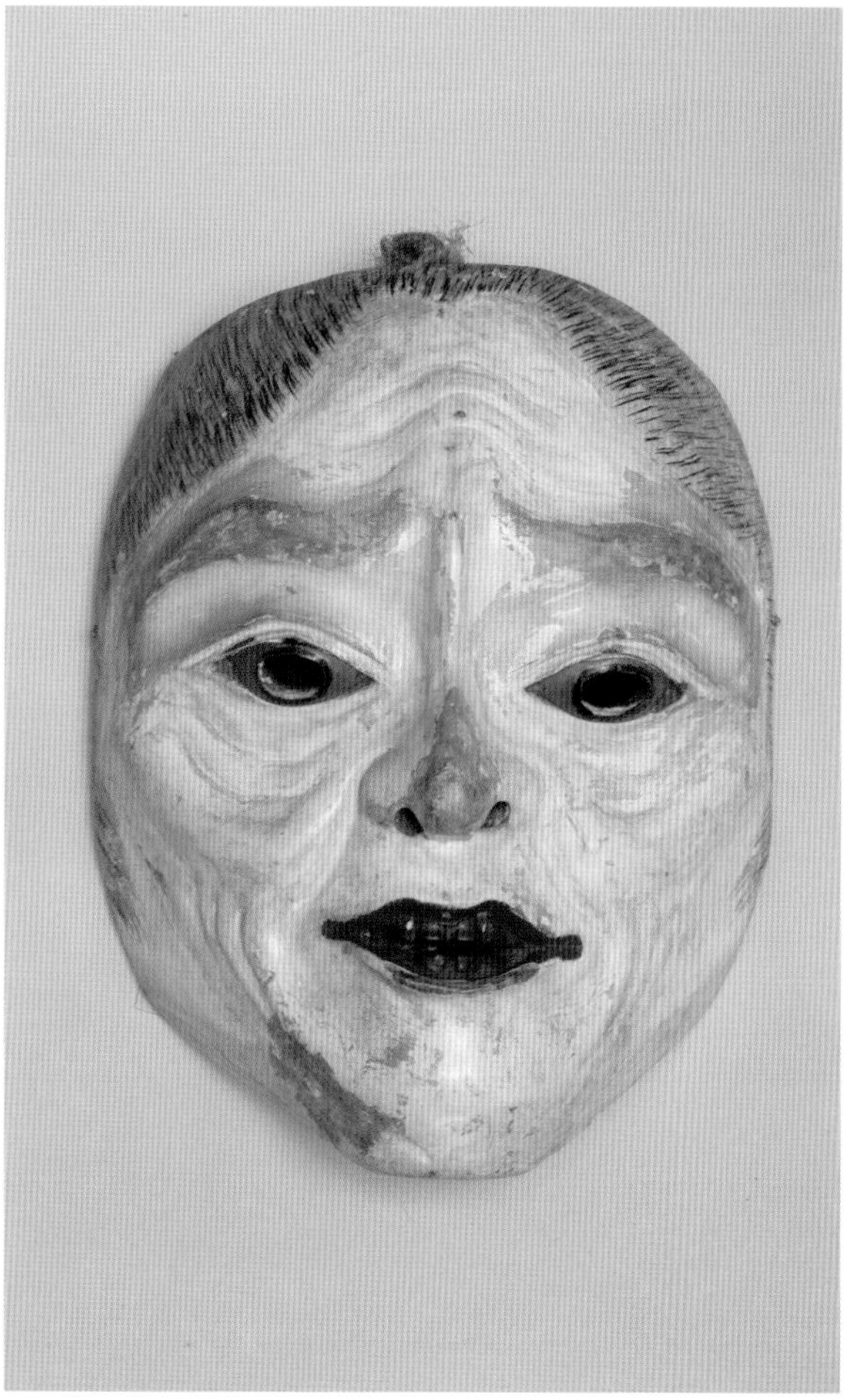
148　手名槌

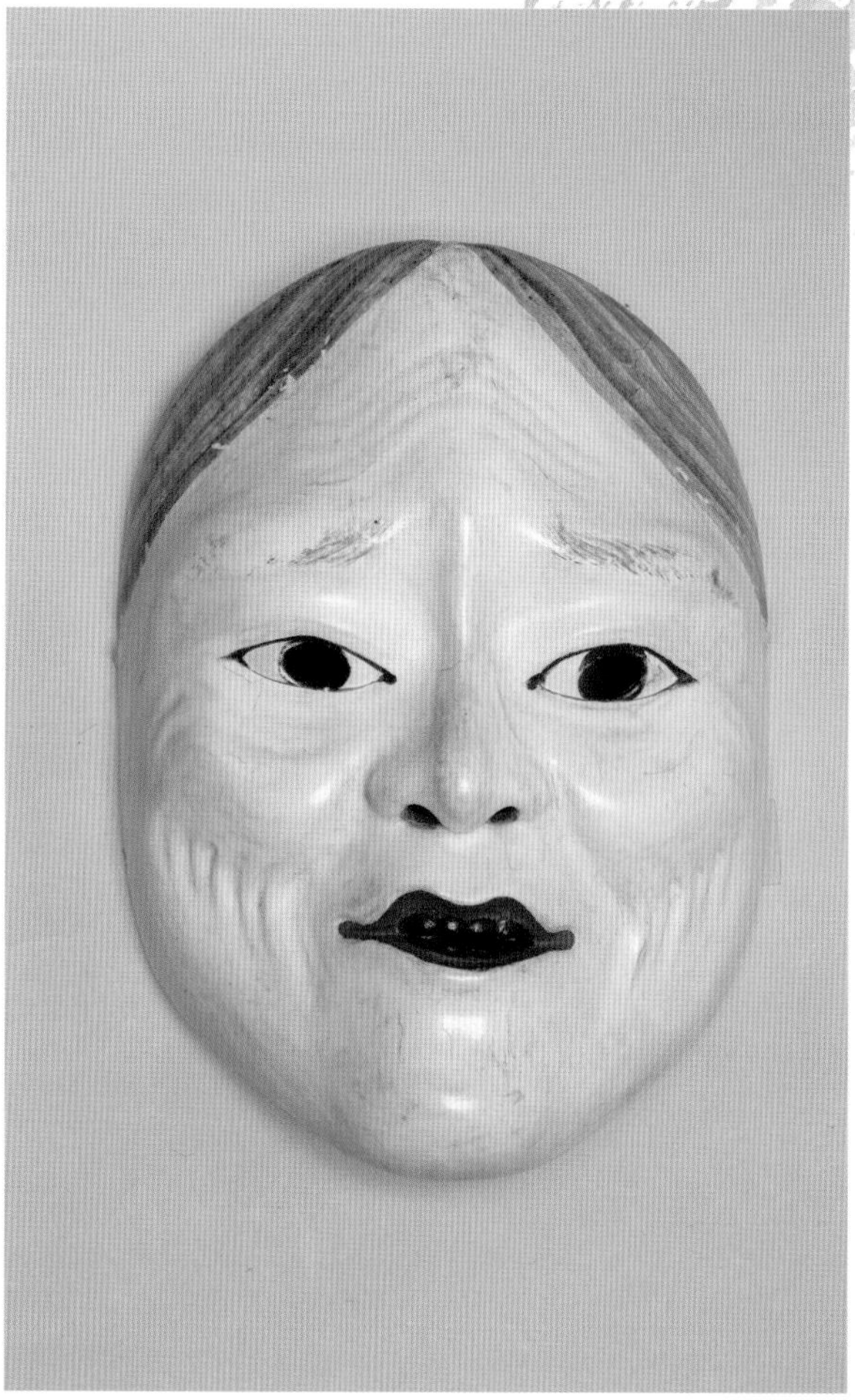
149　（媼）

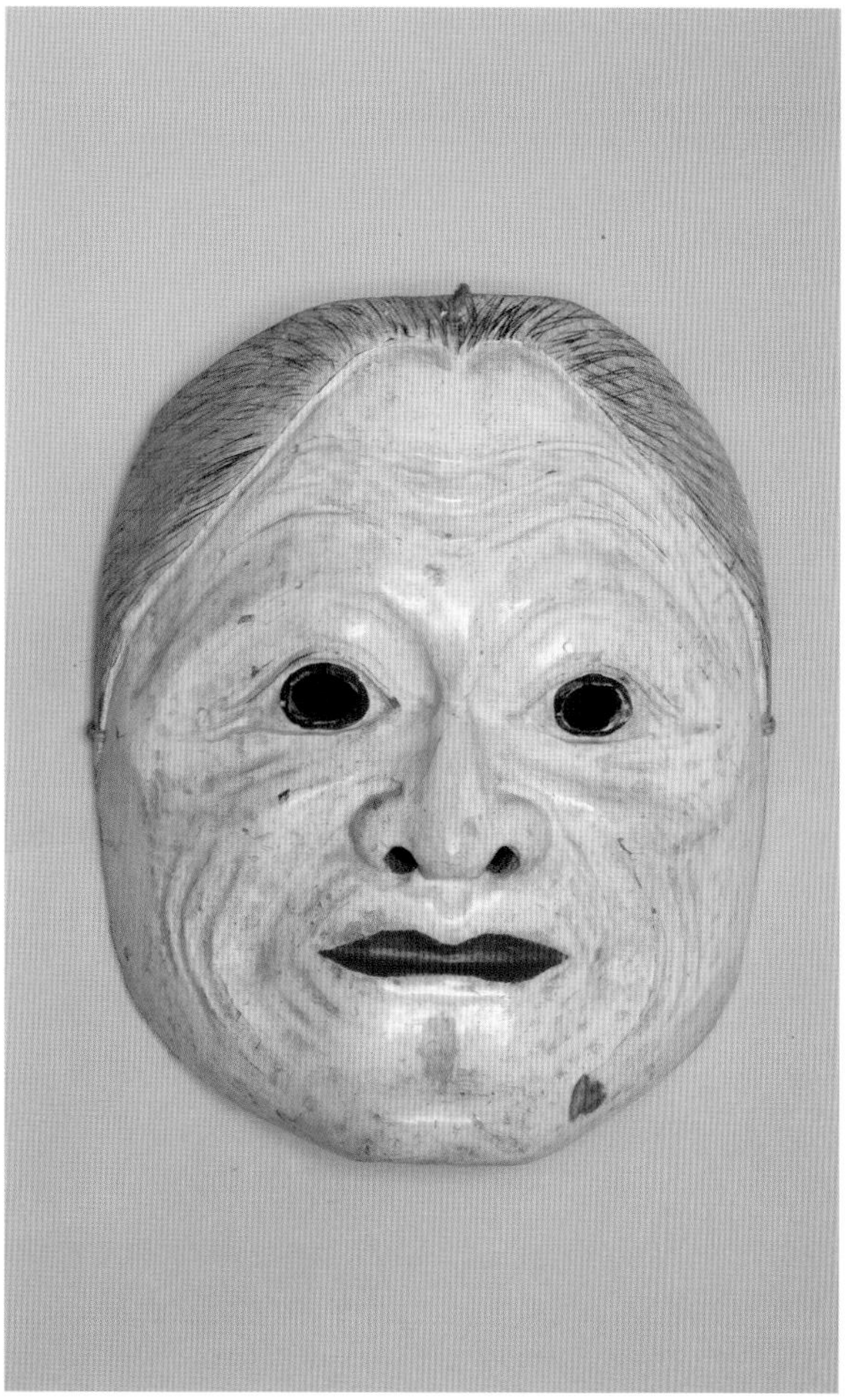
150　手名槌

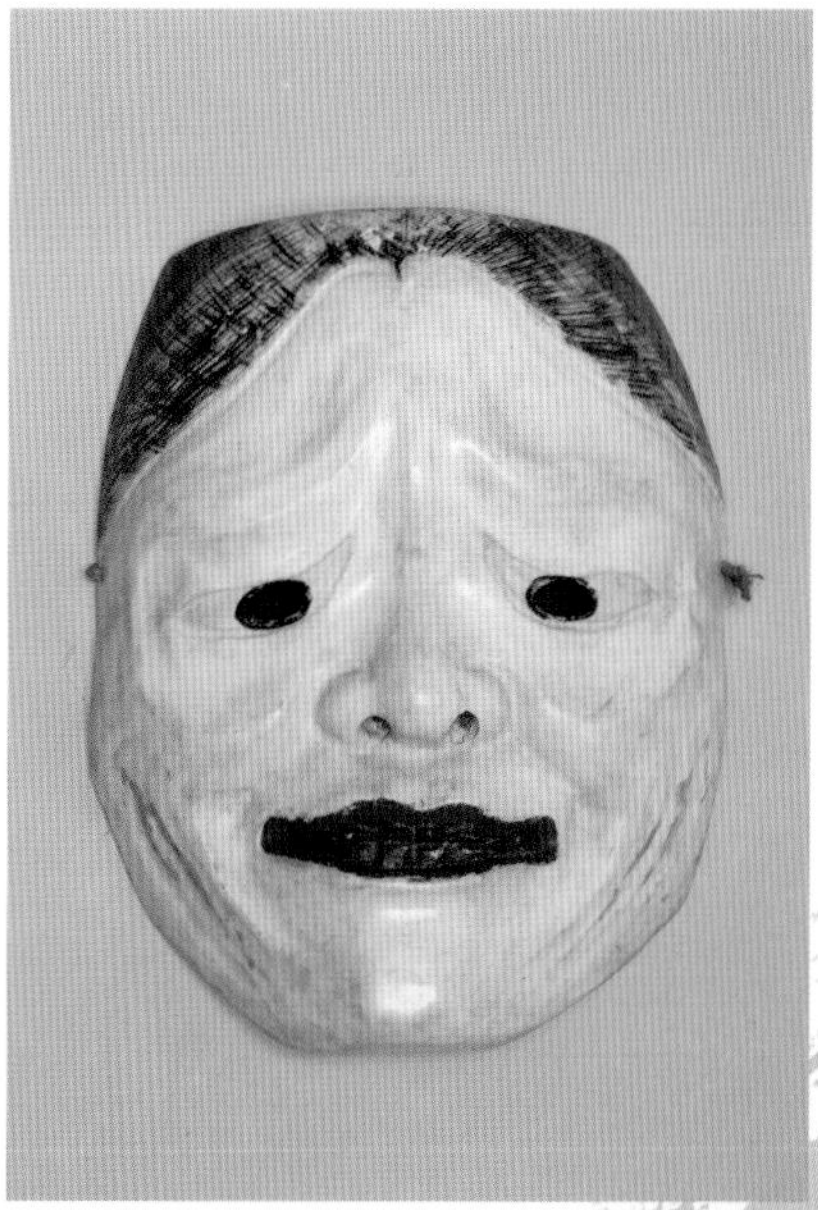

151　（媼）

5 茶利面

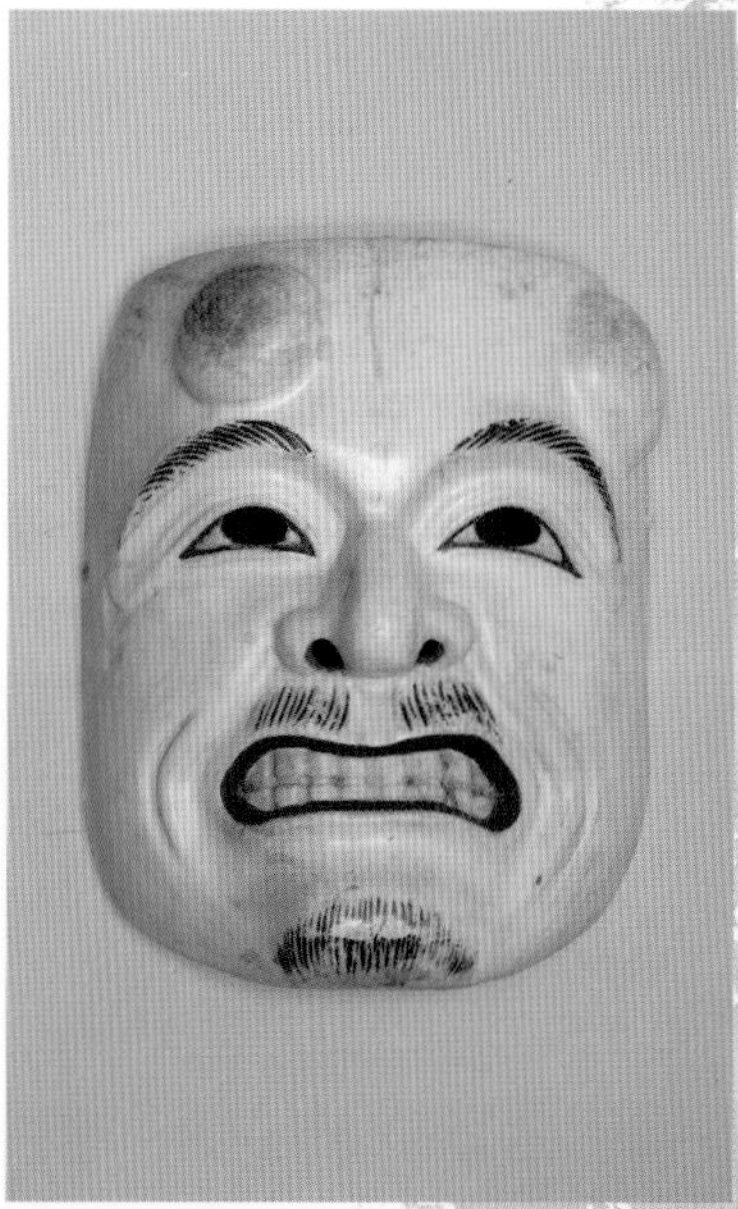

152　（道化）

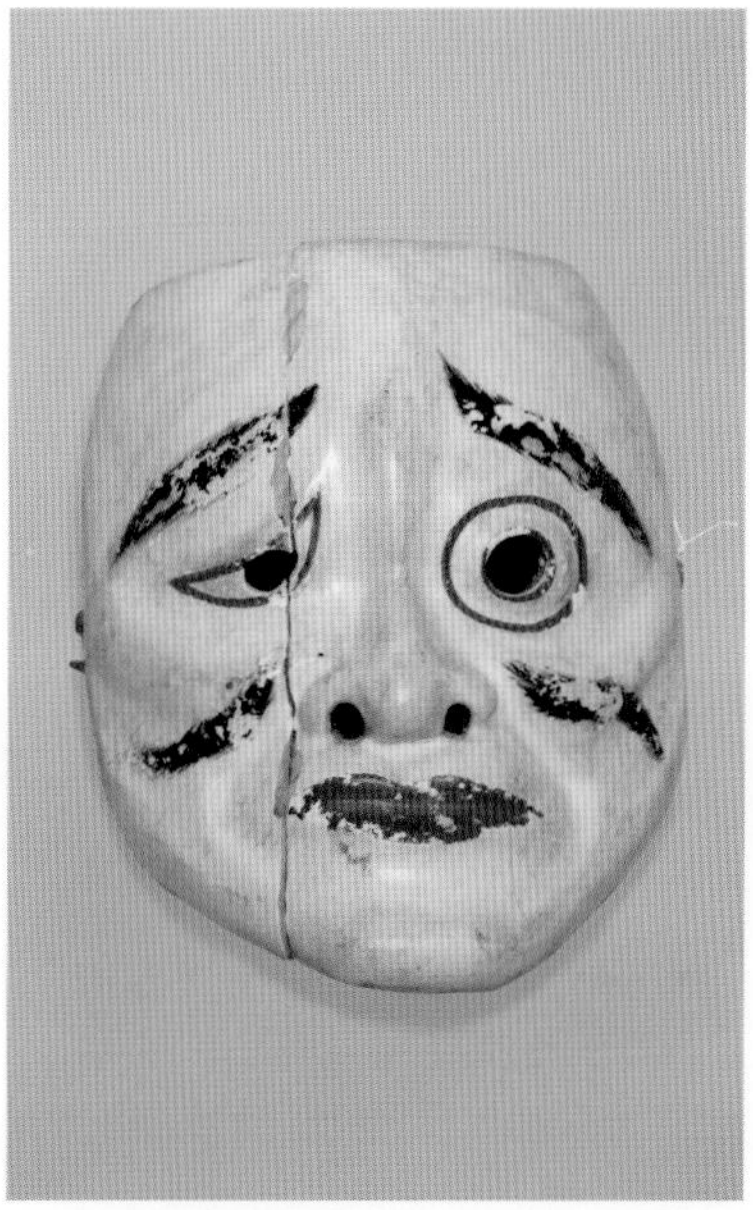

153　（道化）

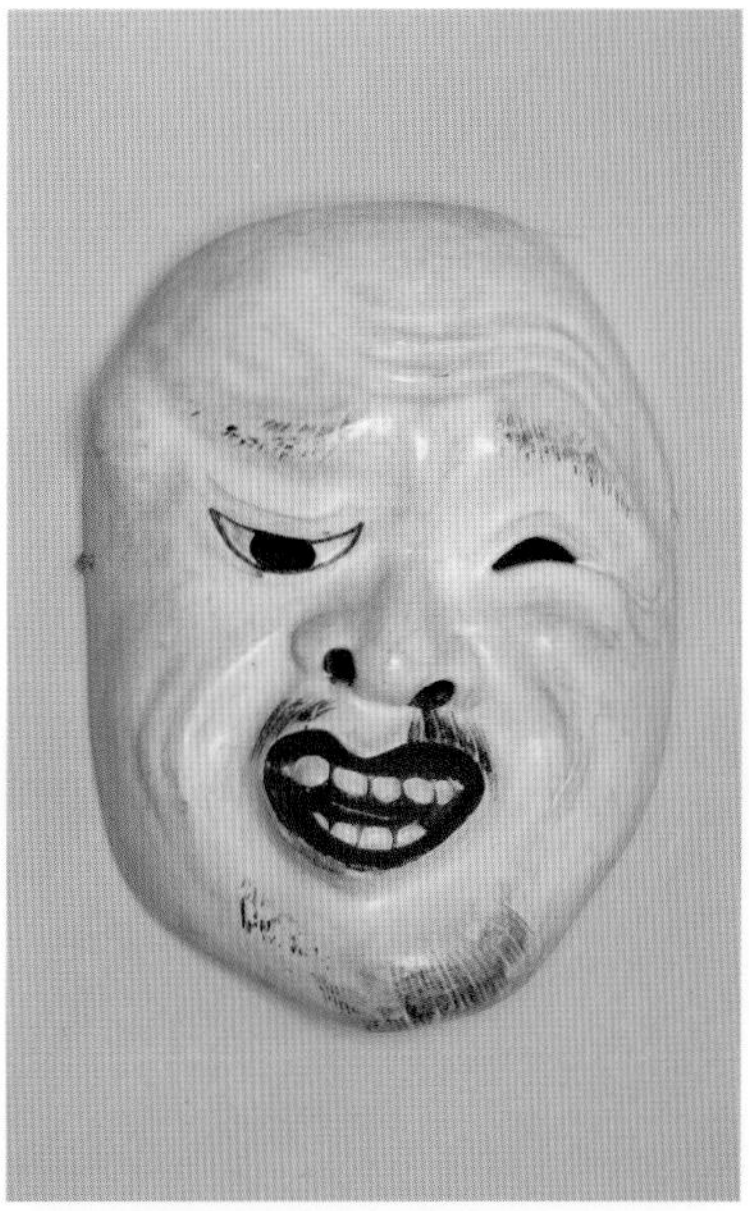

154　道化

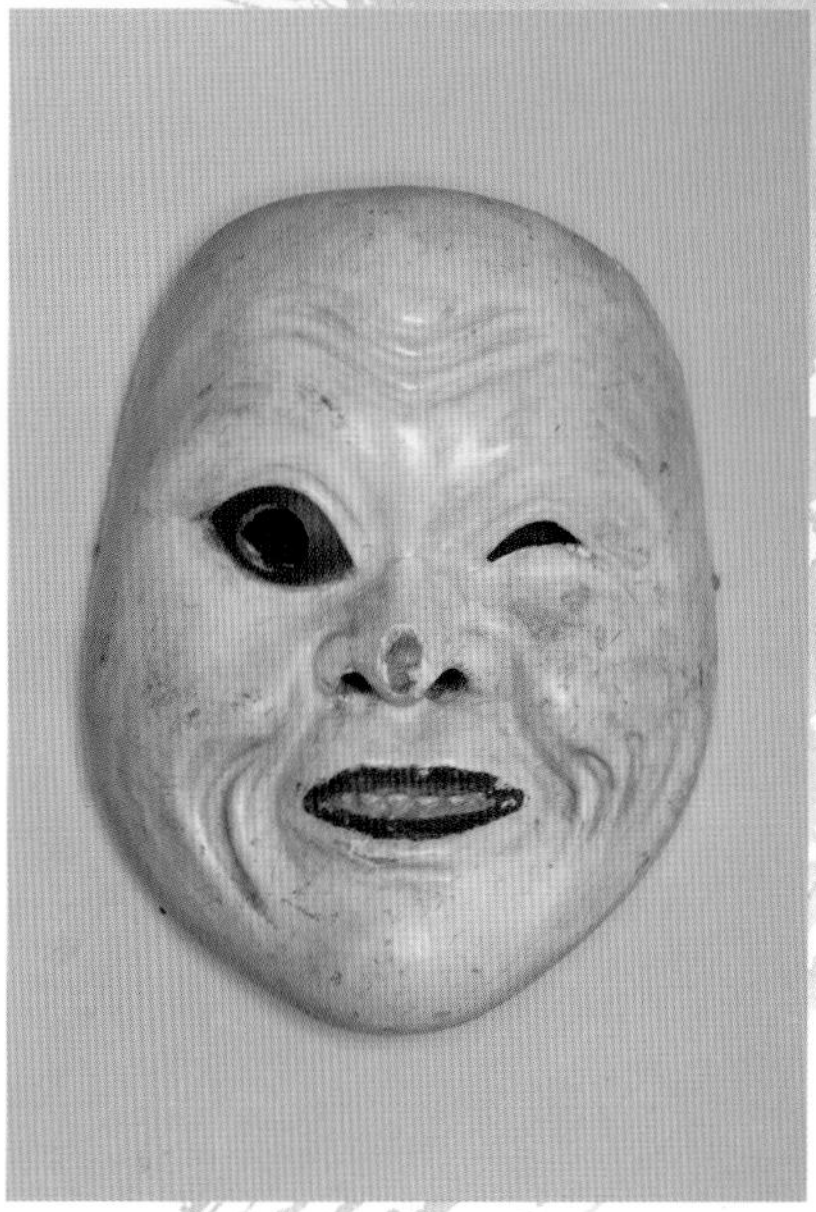

156　（道化）

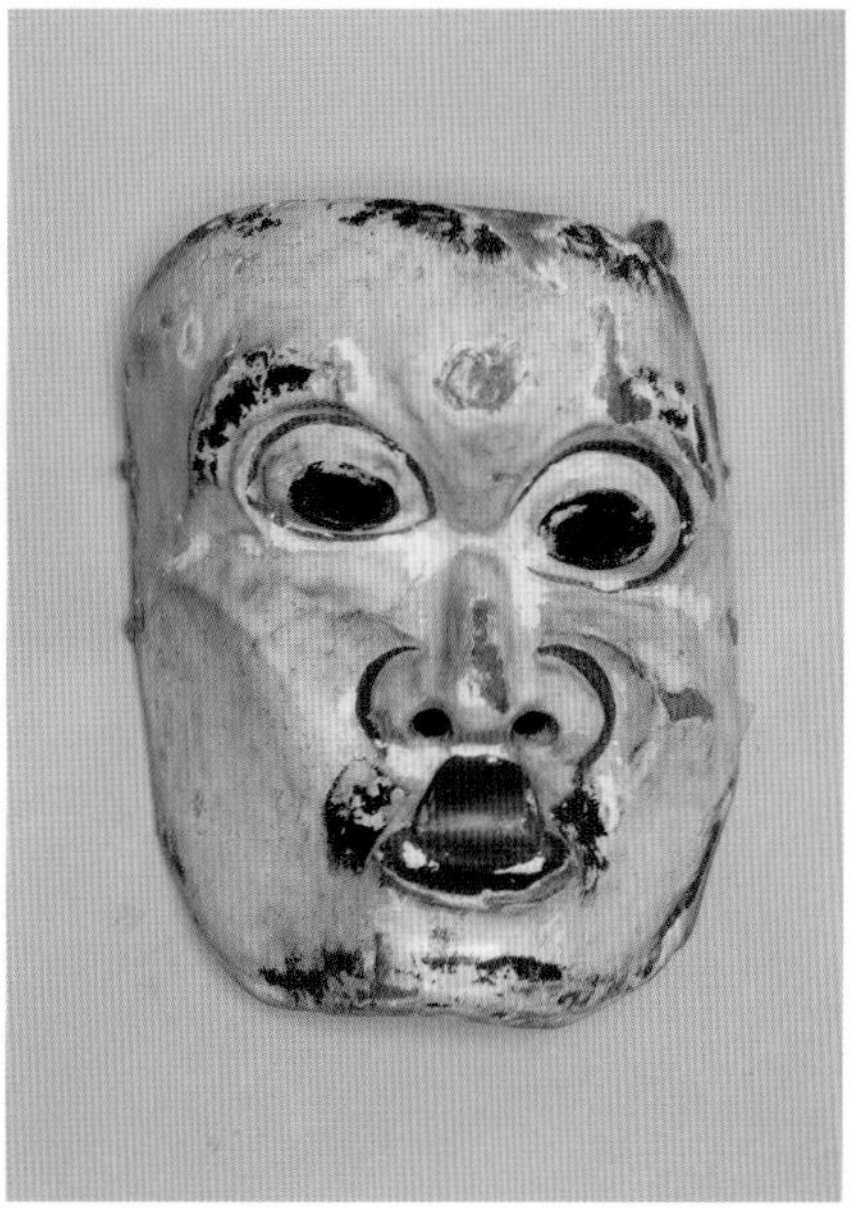

157　（道化）

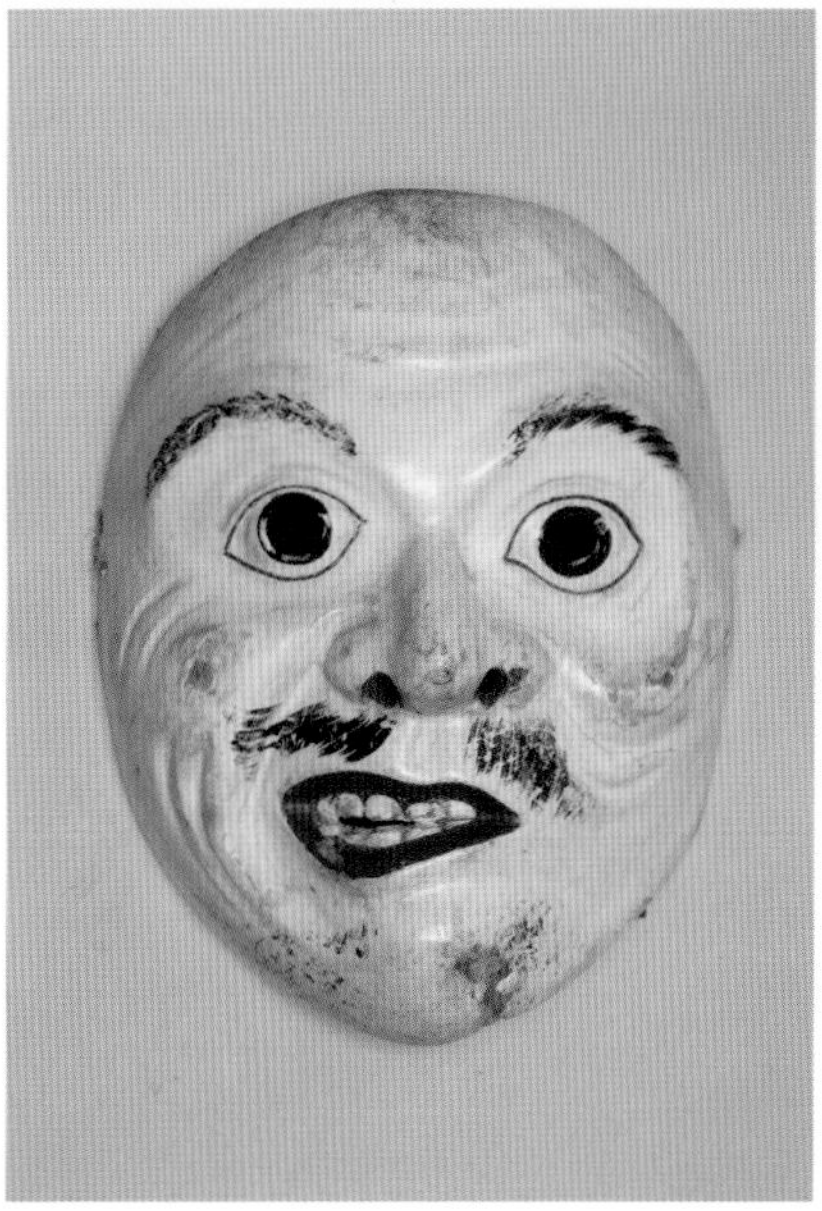

158　（道化）

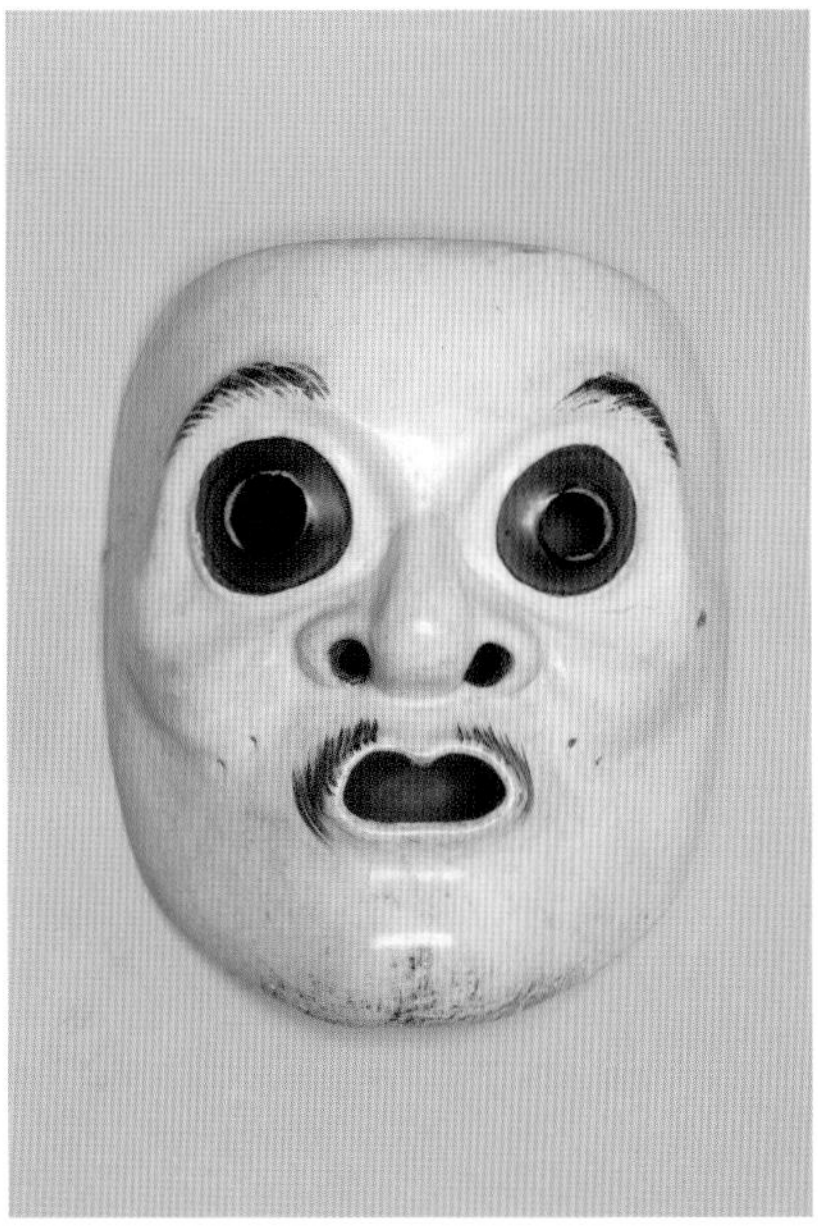

161 （道化）

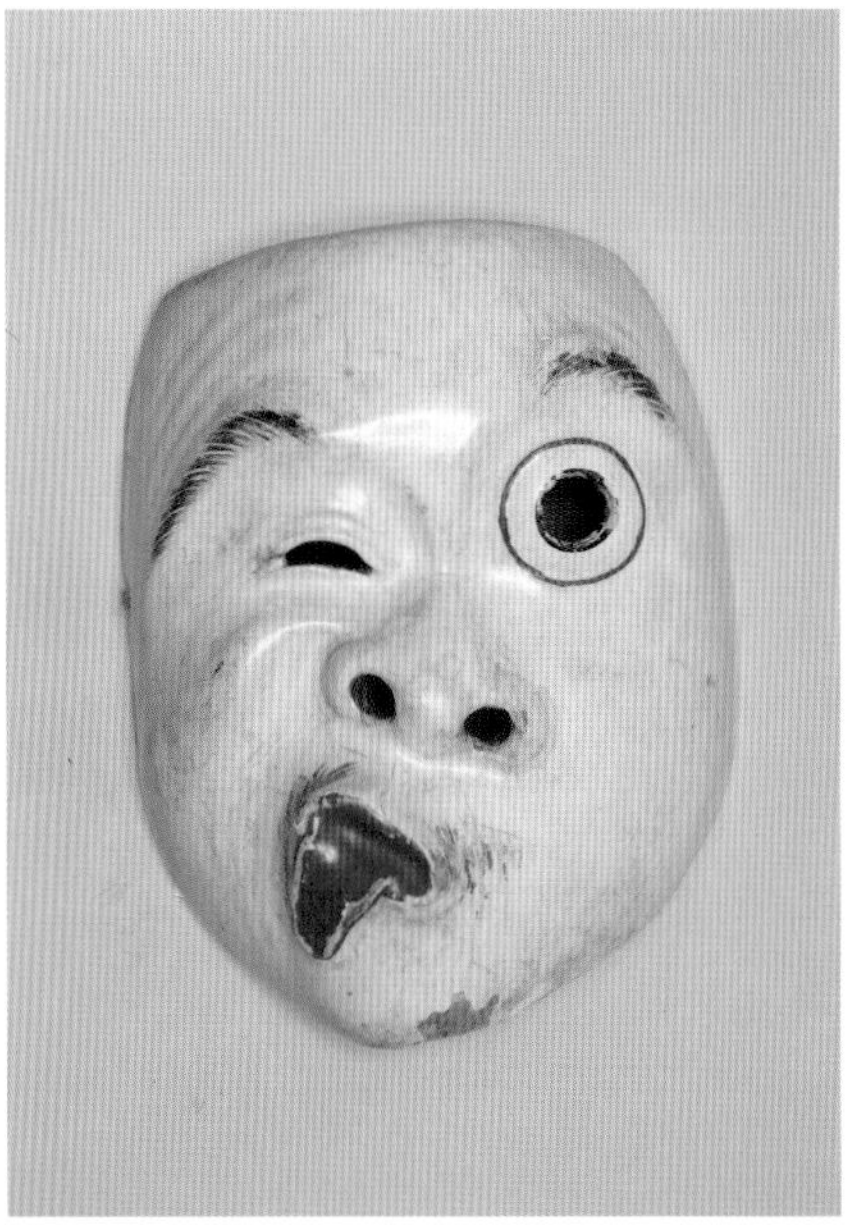

160 （道化）

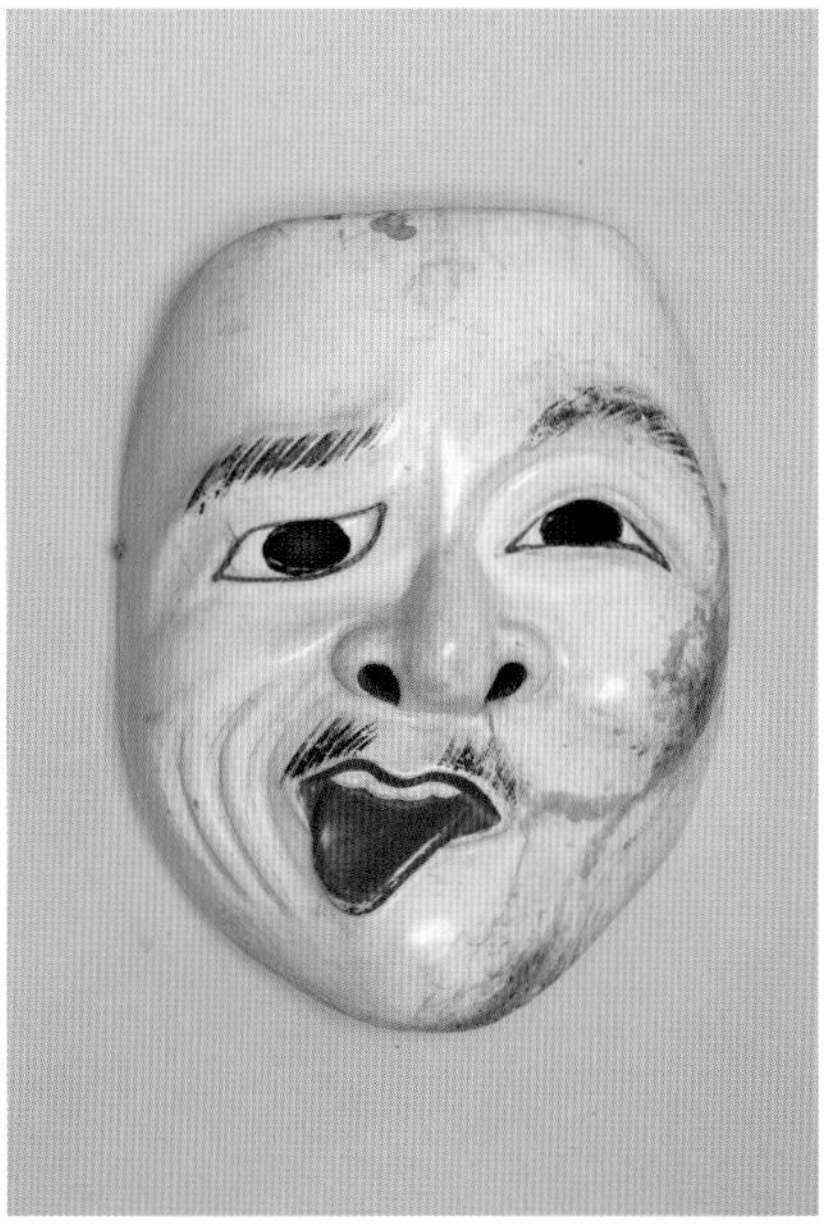

159 （道化）

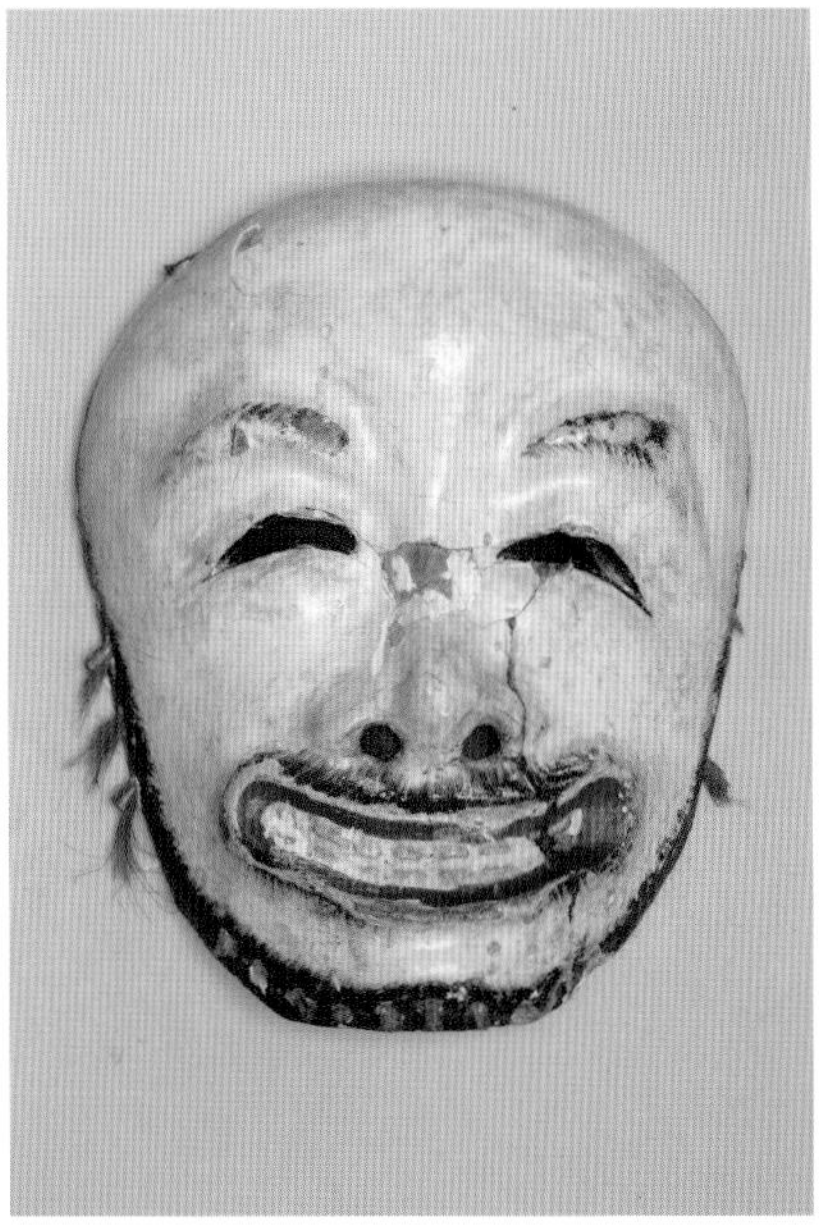

164 （道化）

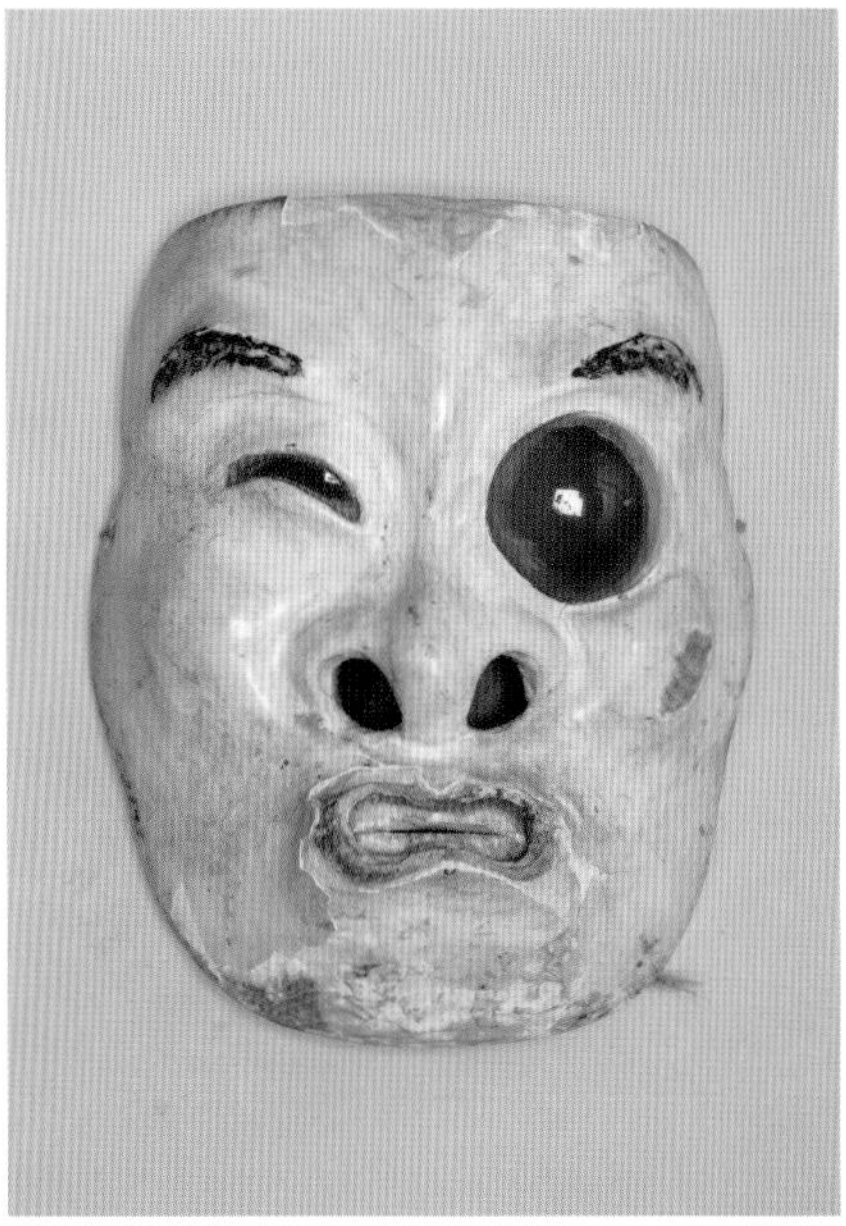

163 （道化）

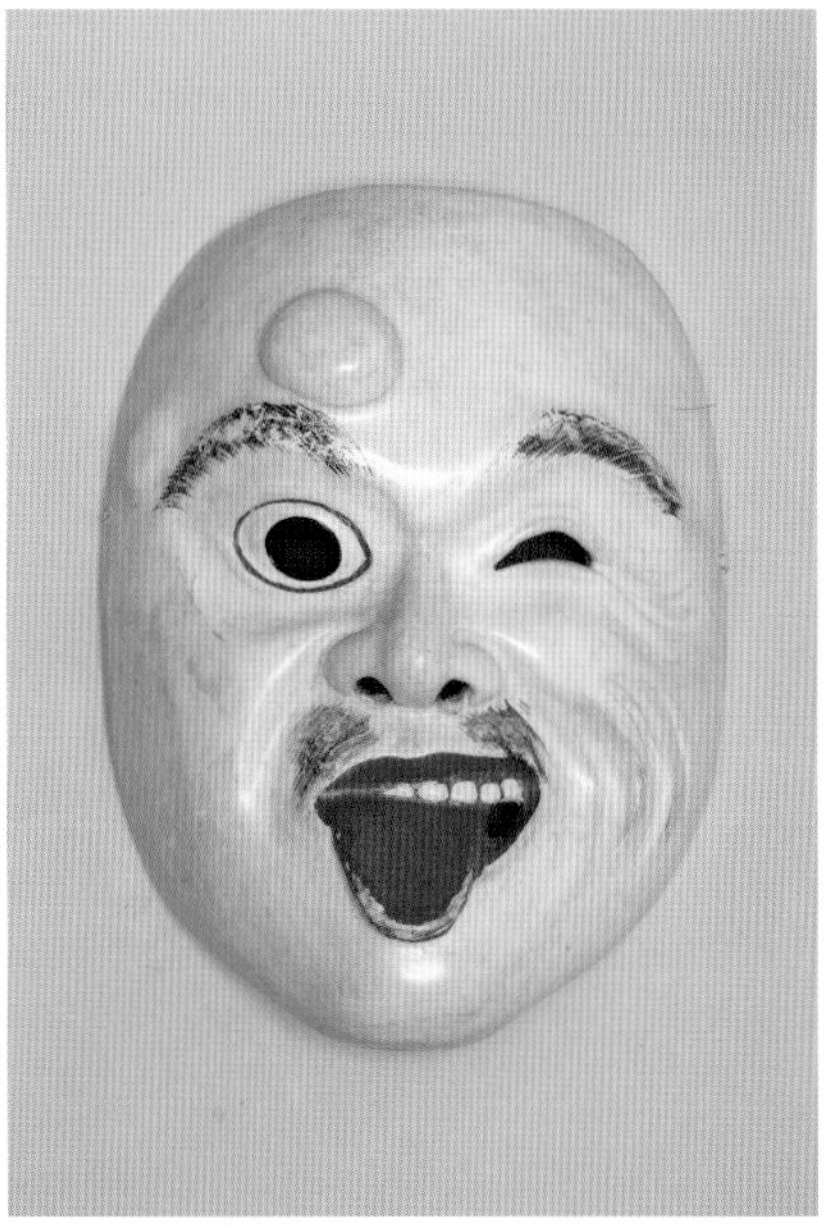

162 （道化）

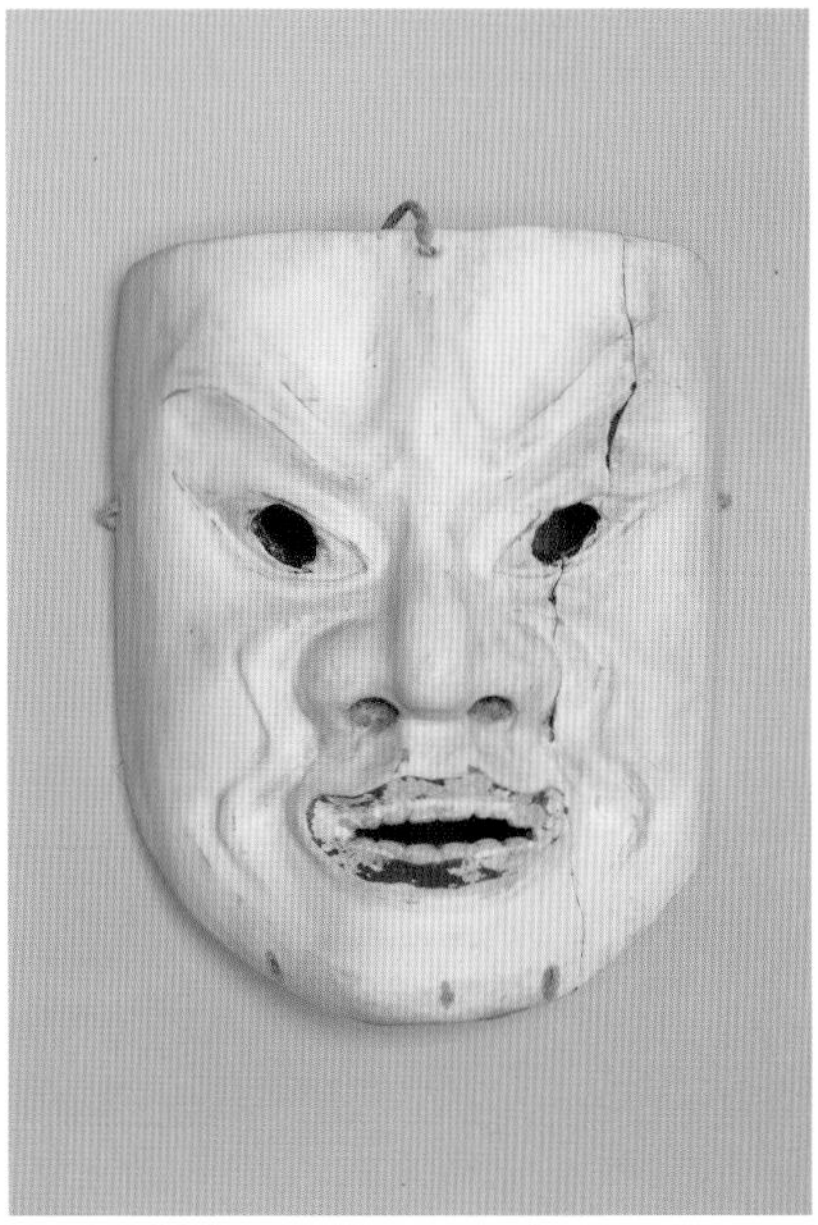

172 末社／金山彦

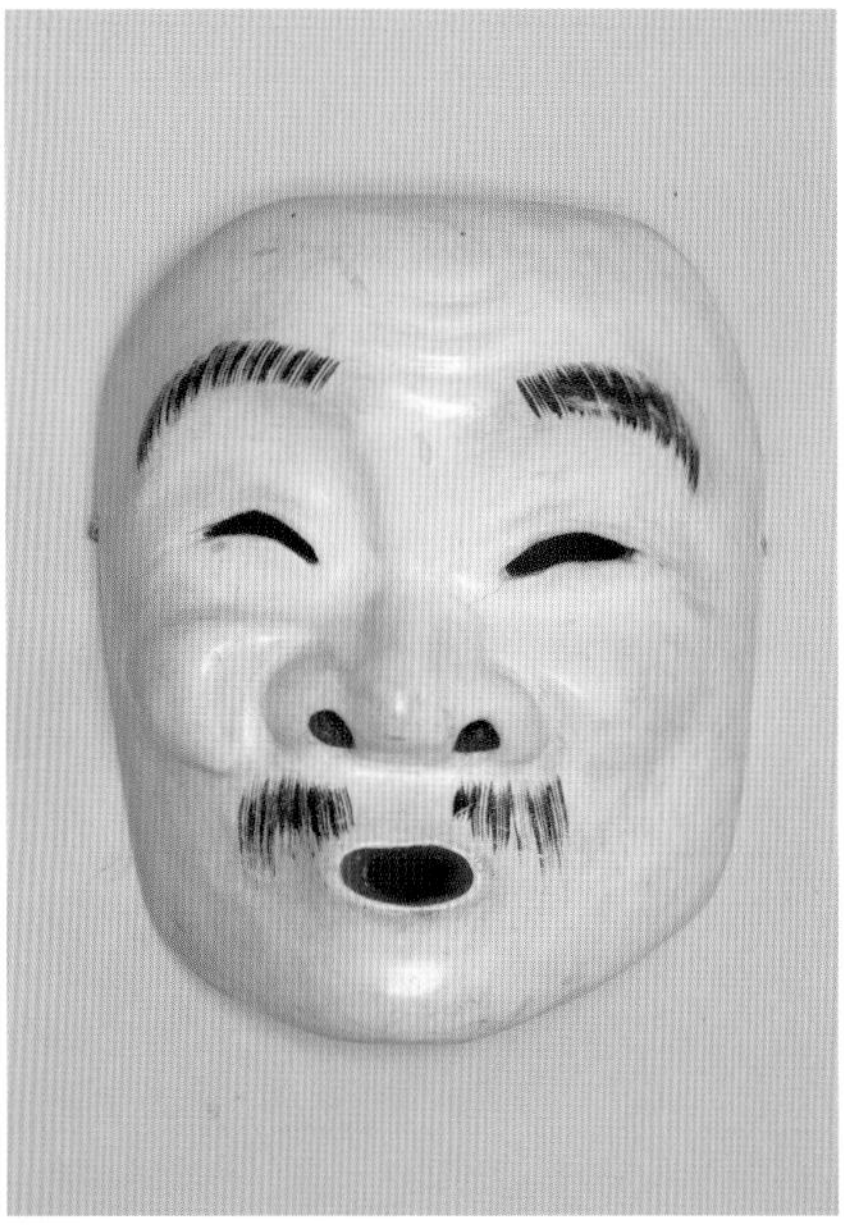

166 道化

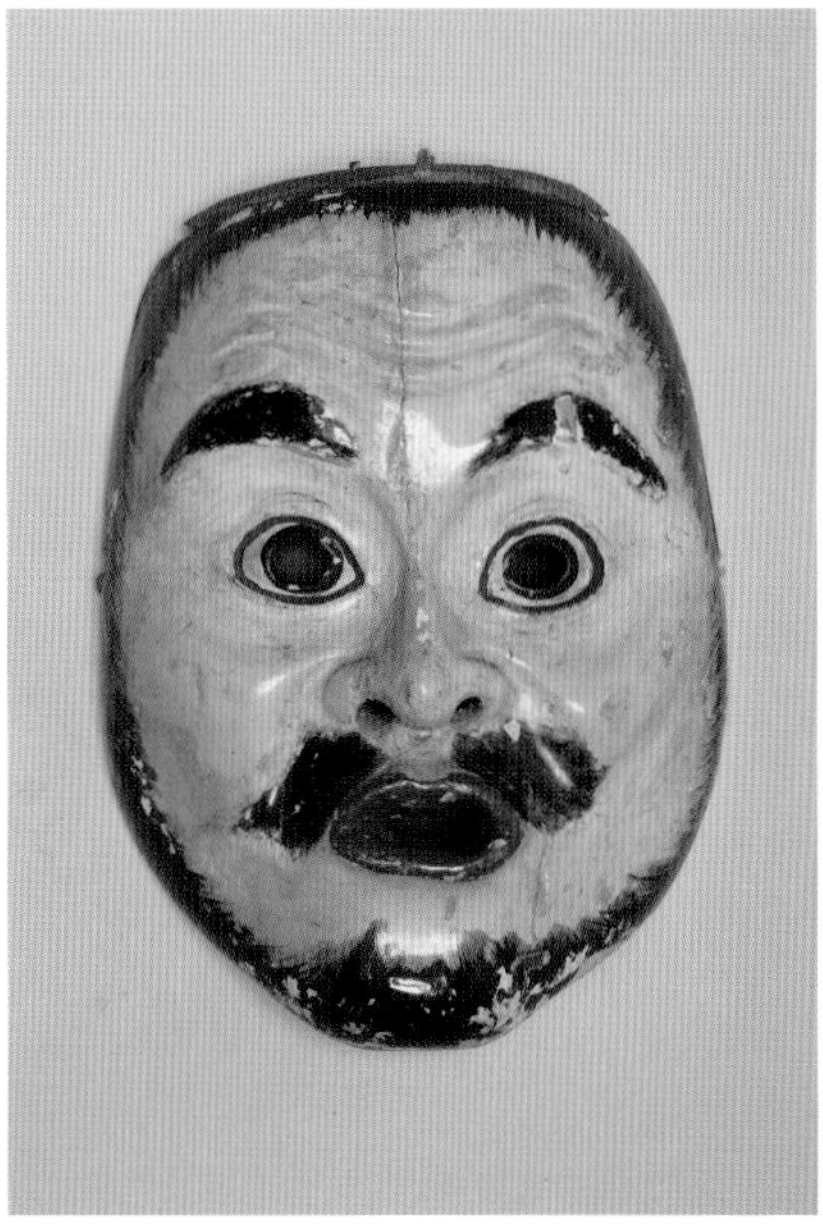

165 （道化）

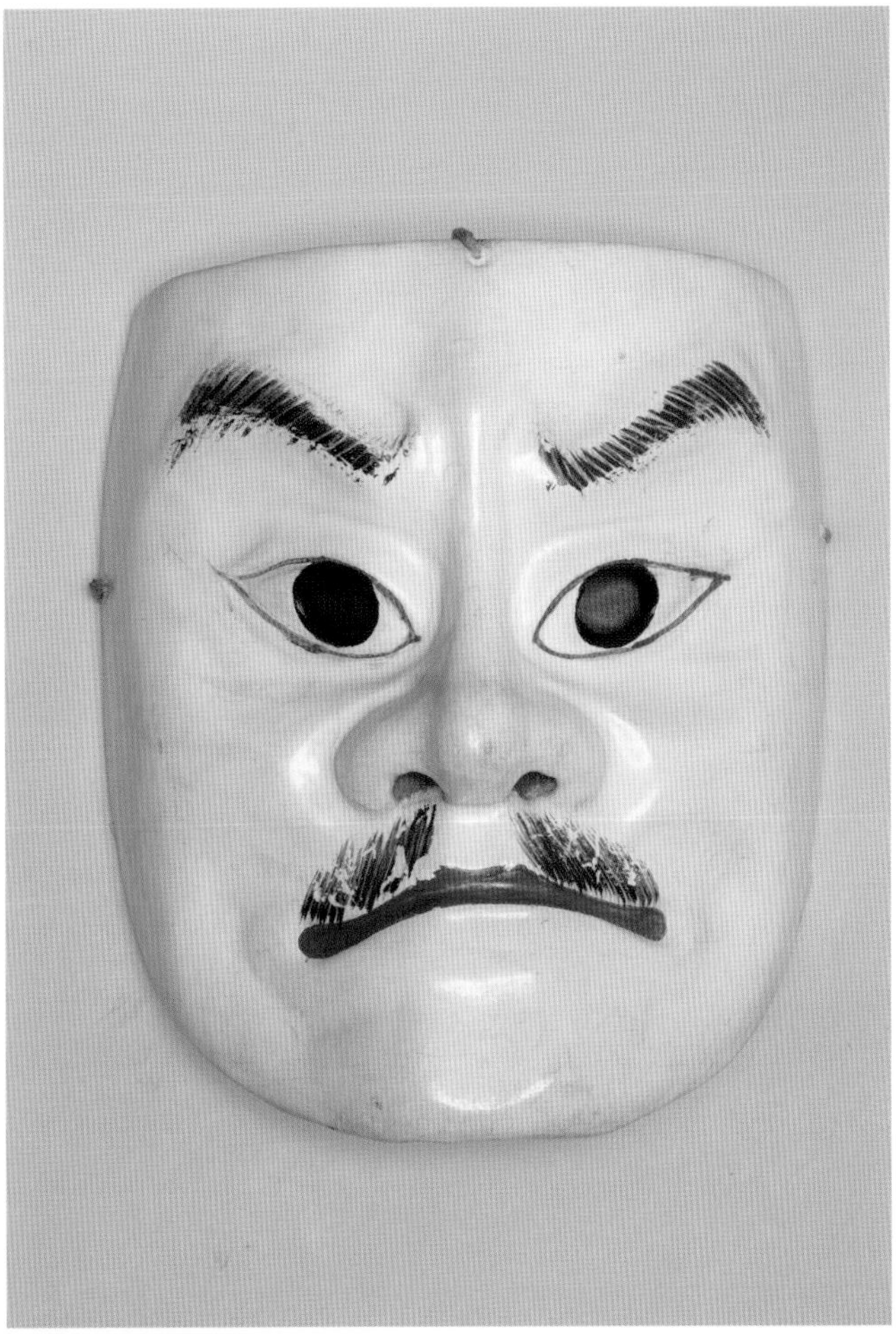
167　末社／里人

155　道化

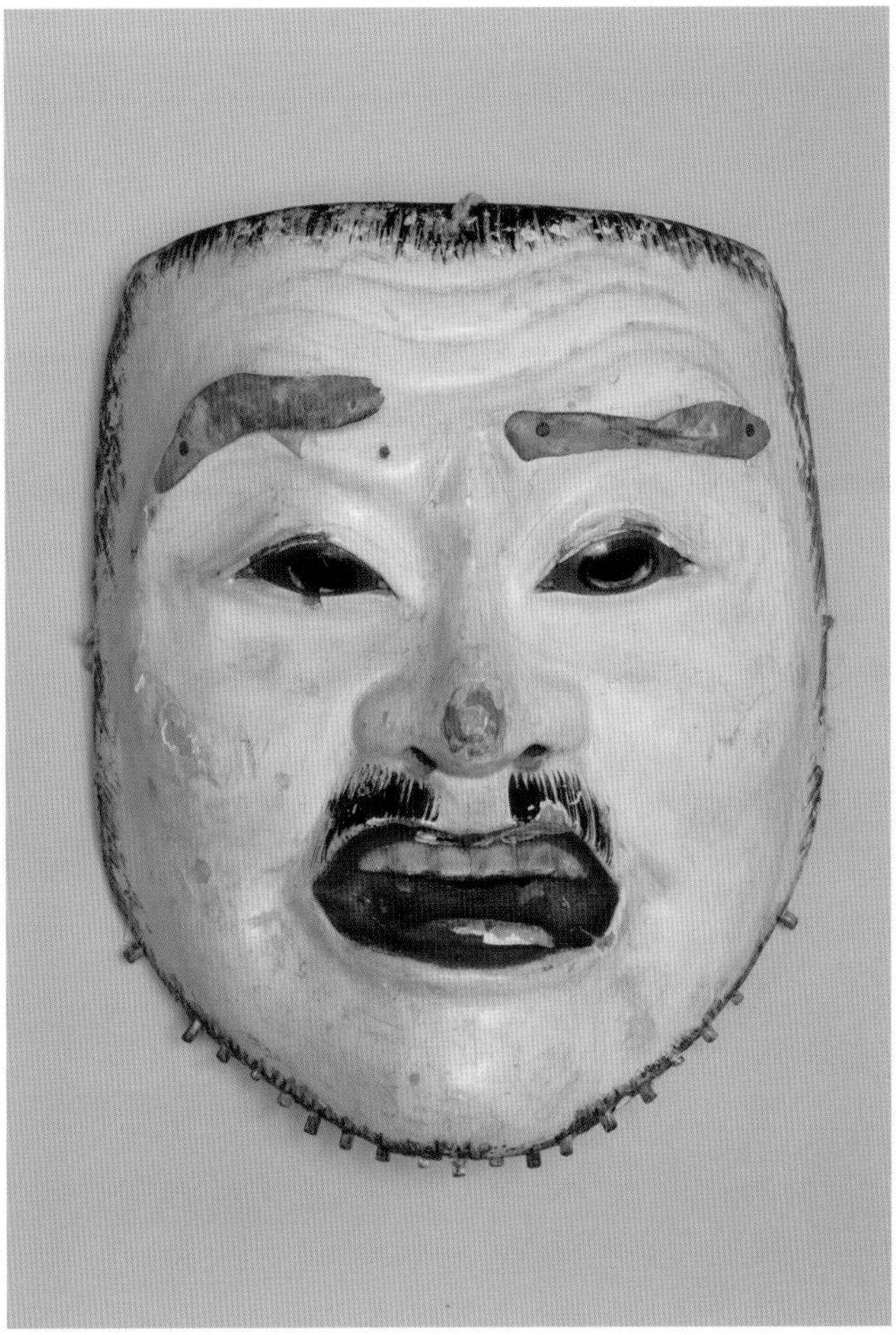
169　里人／末社神

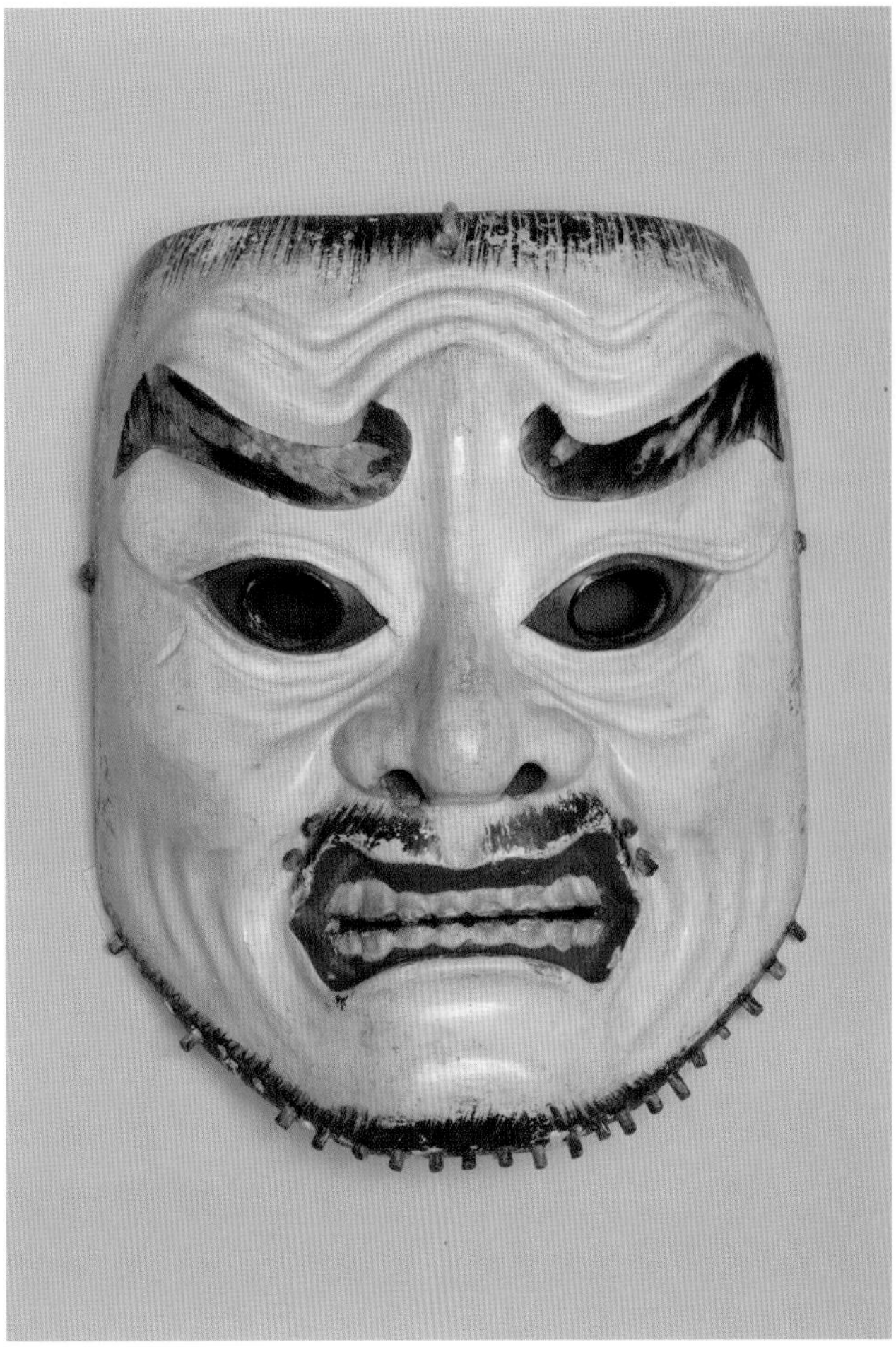
168　末社／里人

6 鬼面

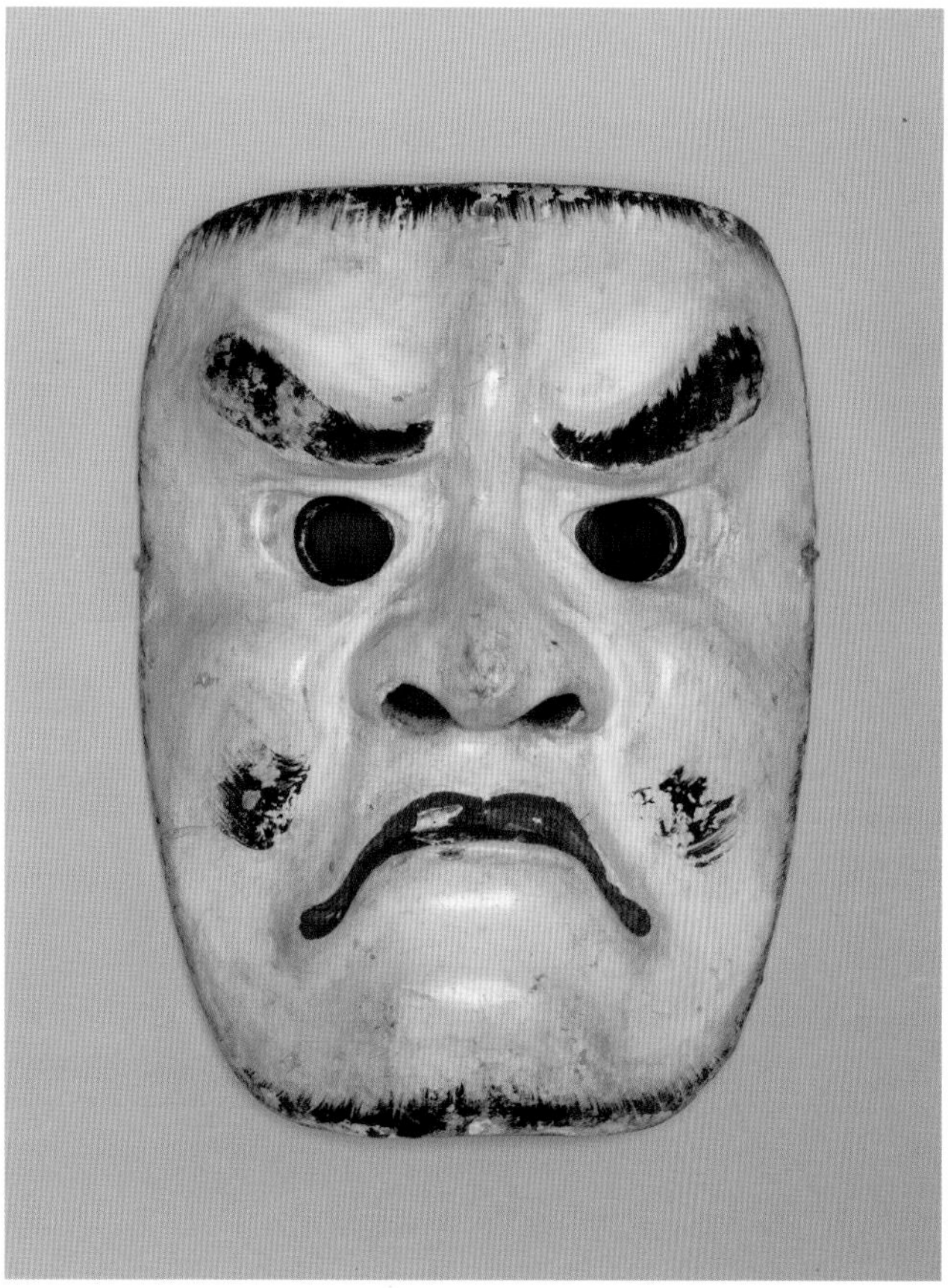

171　道化／里人

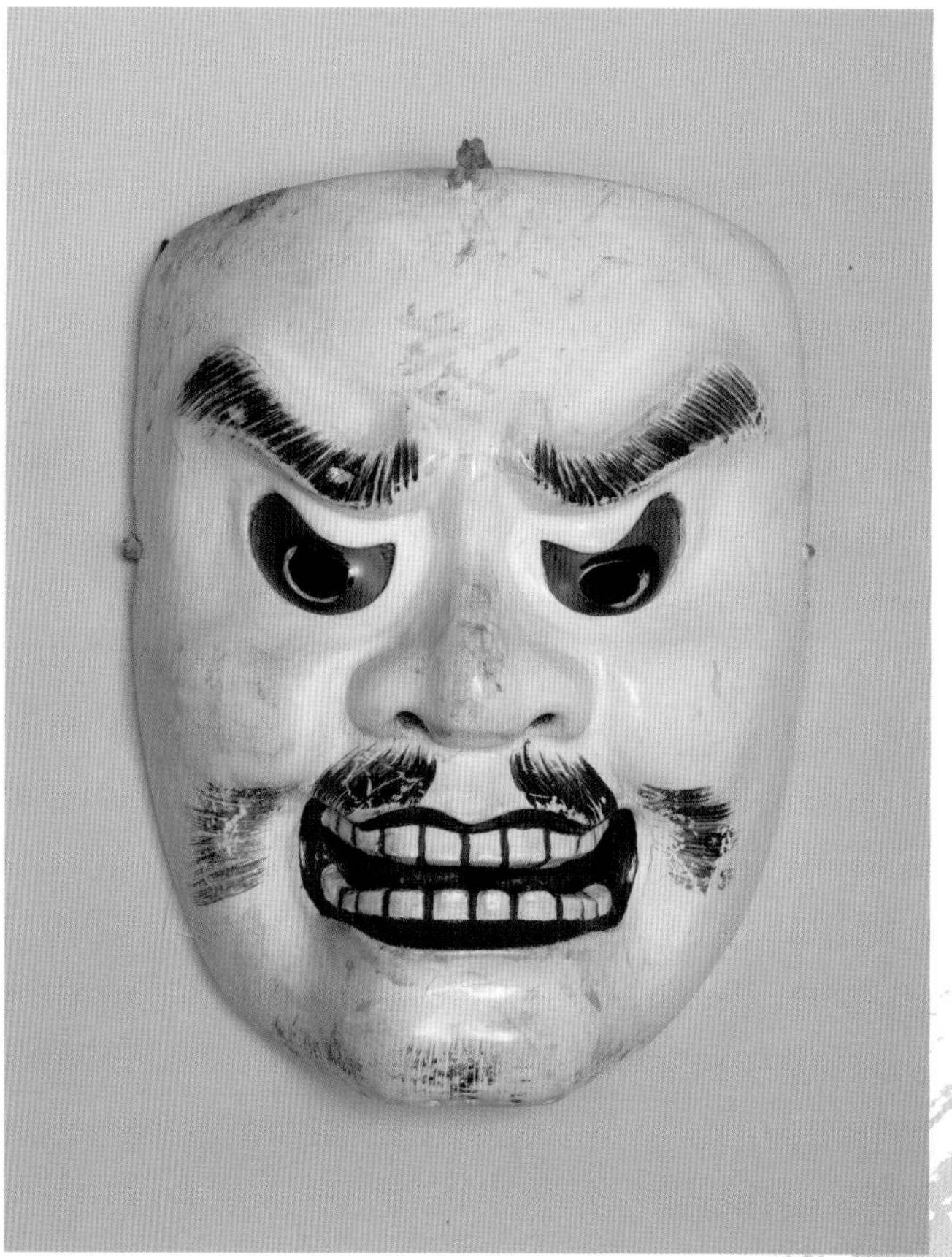

170　末社

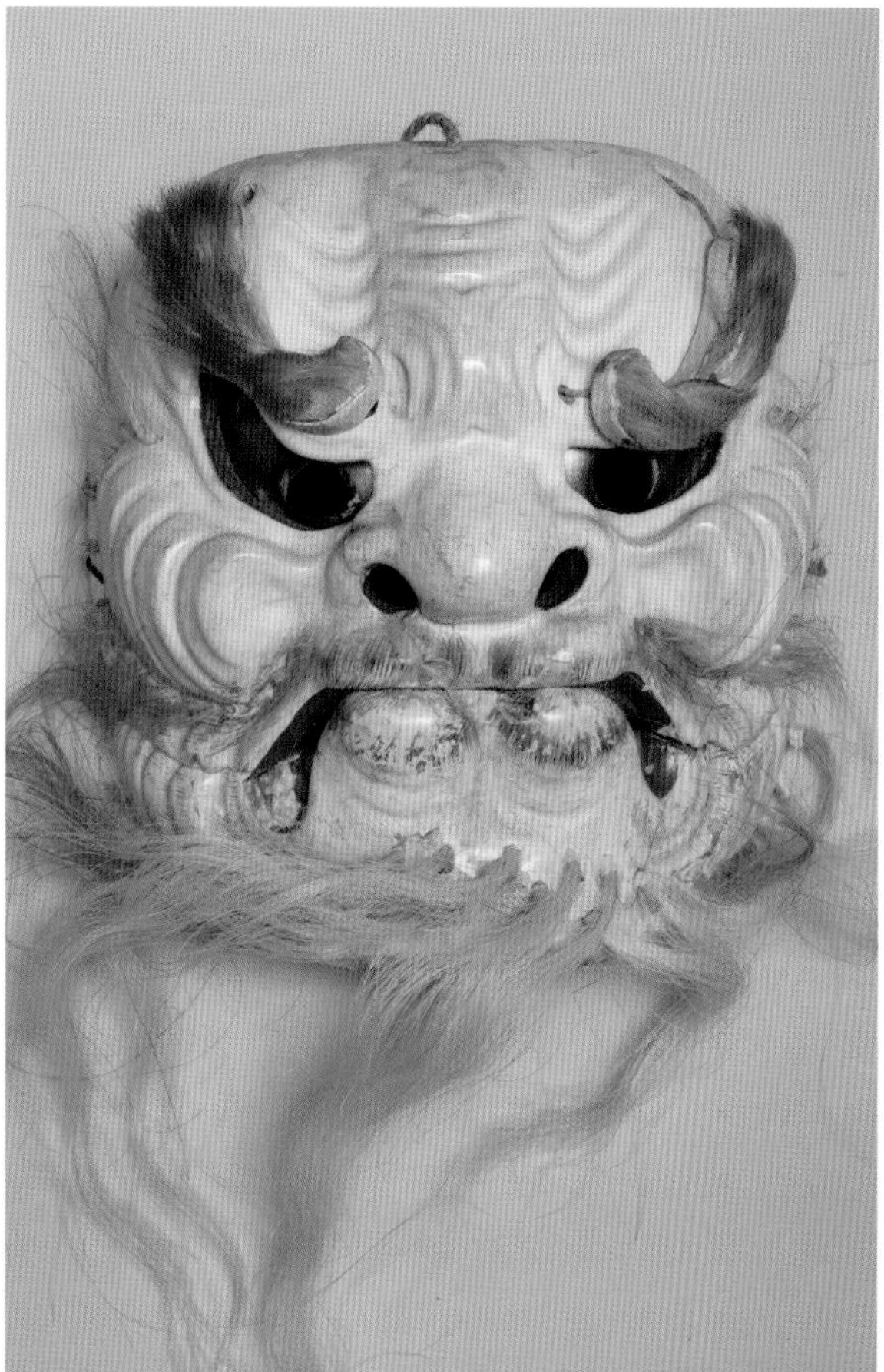

175　山之神

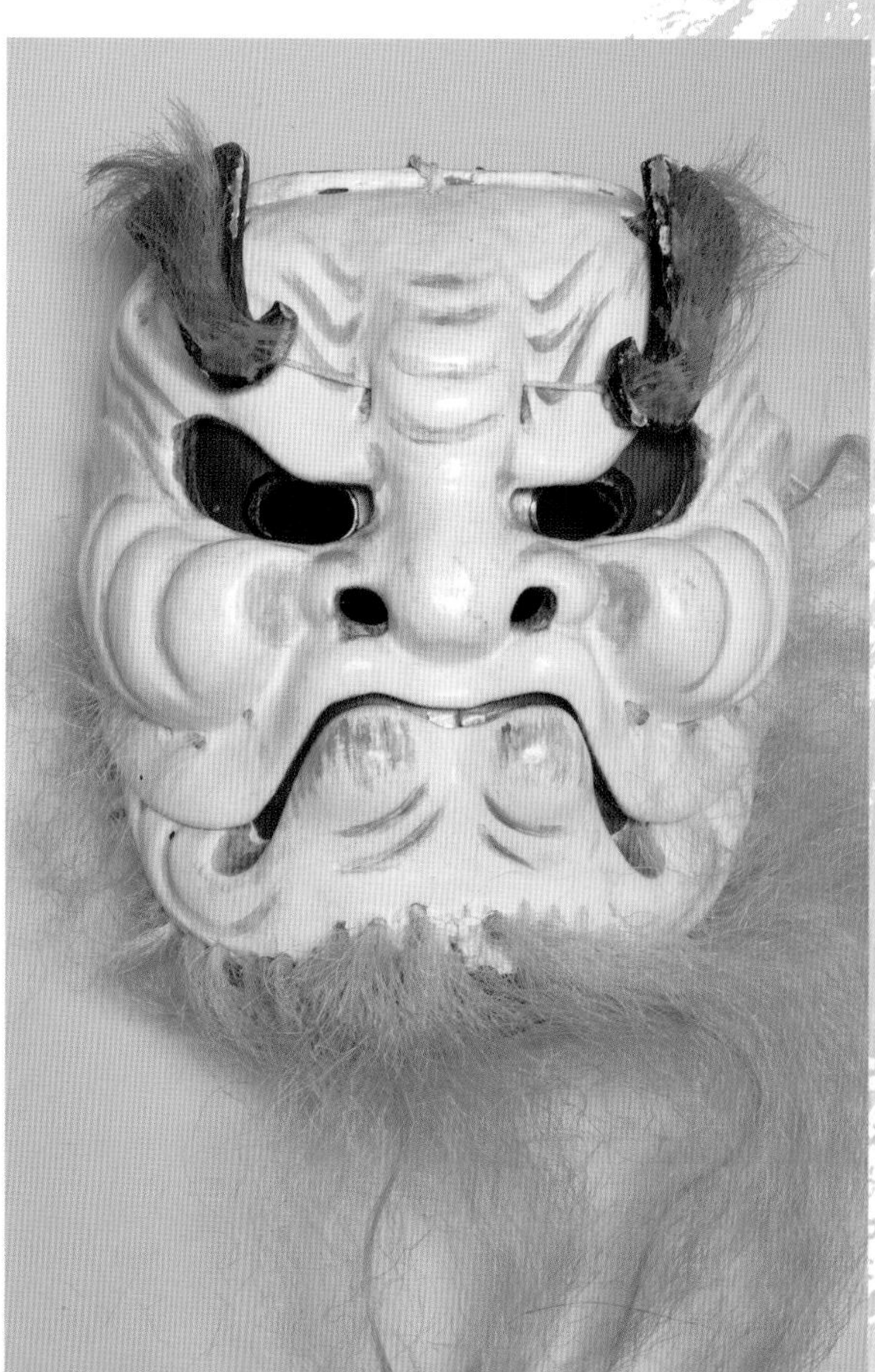

174　山ノ神

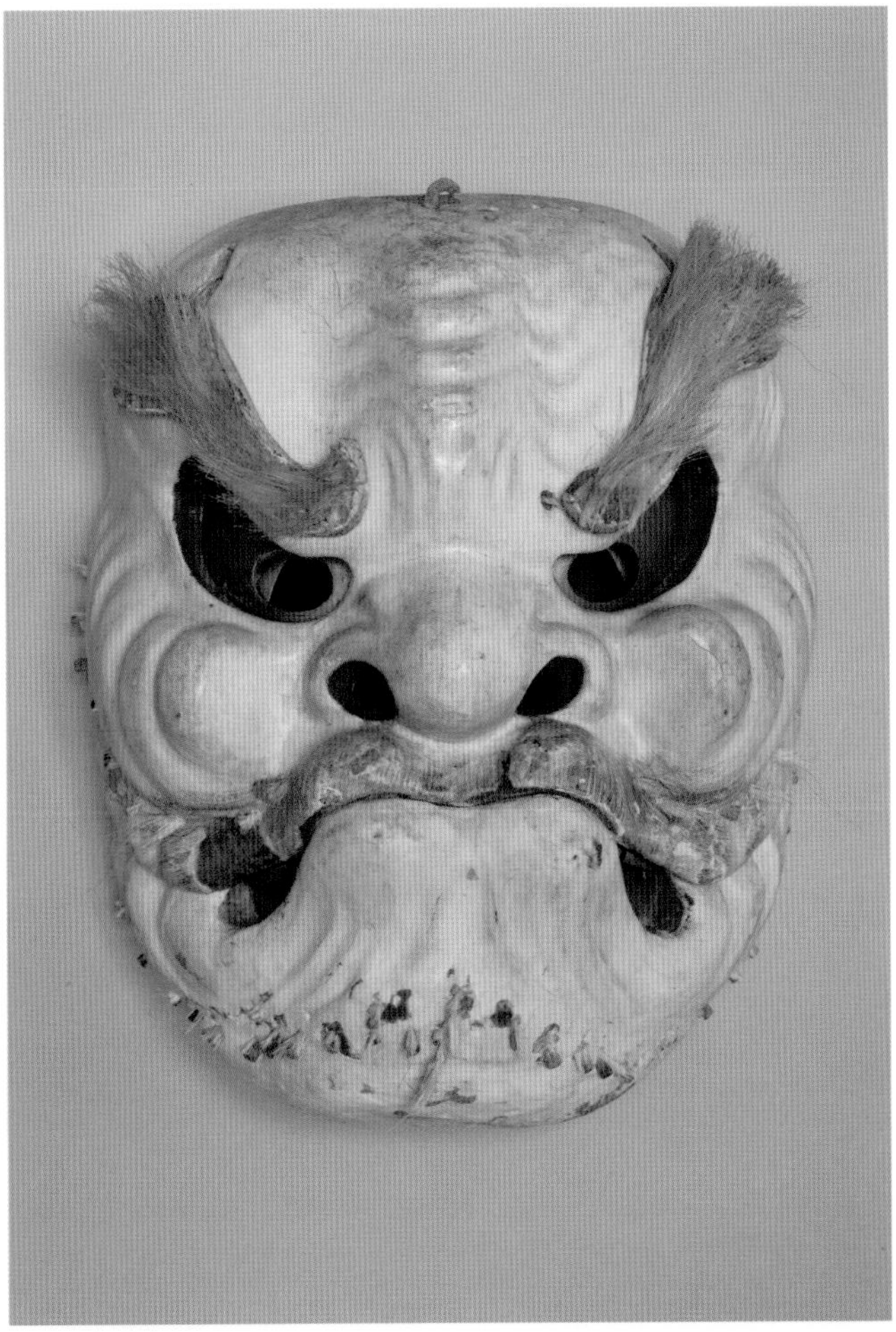

177　山之神

176　（山之神？）

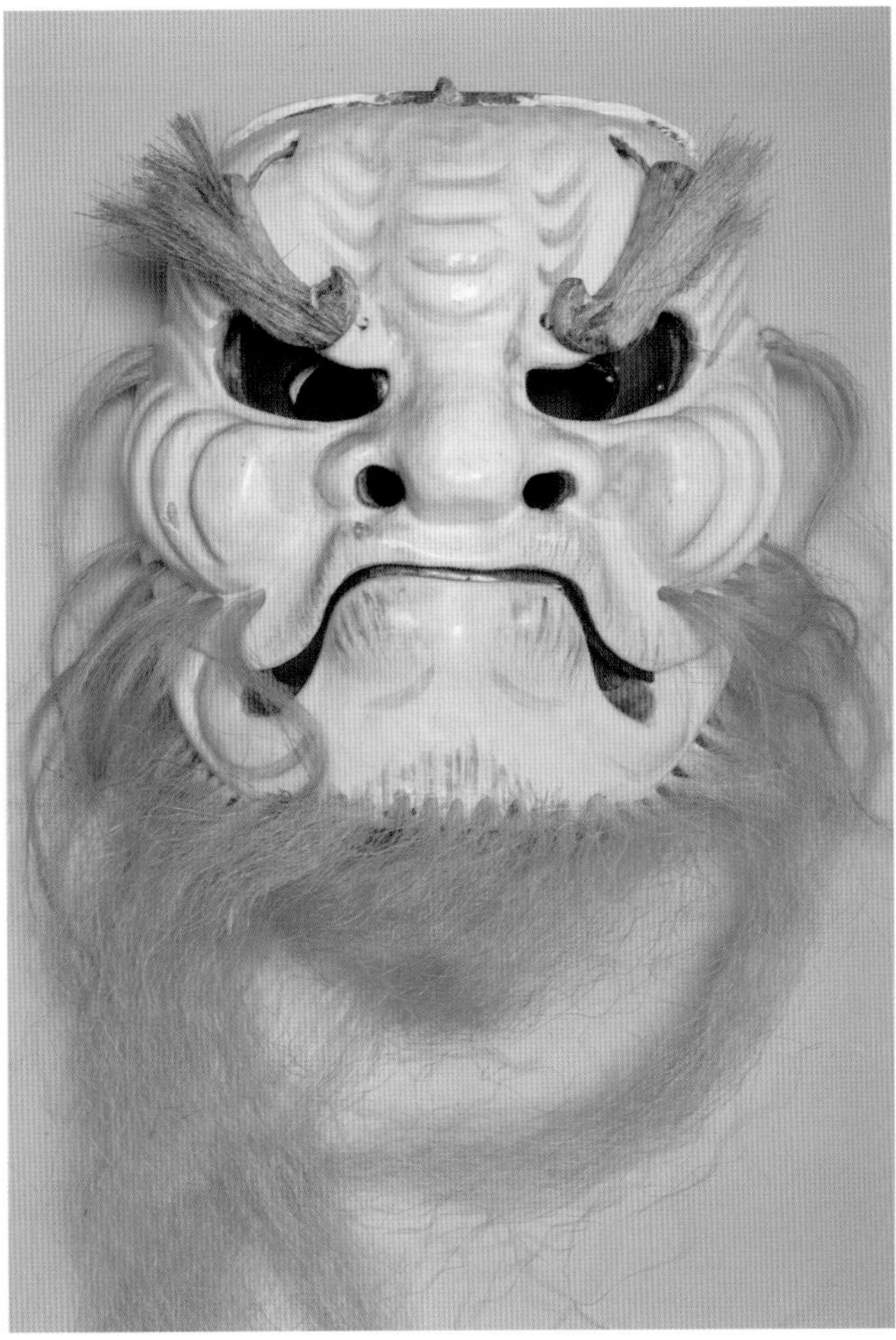

179　山ノ神

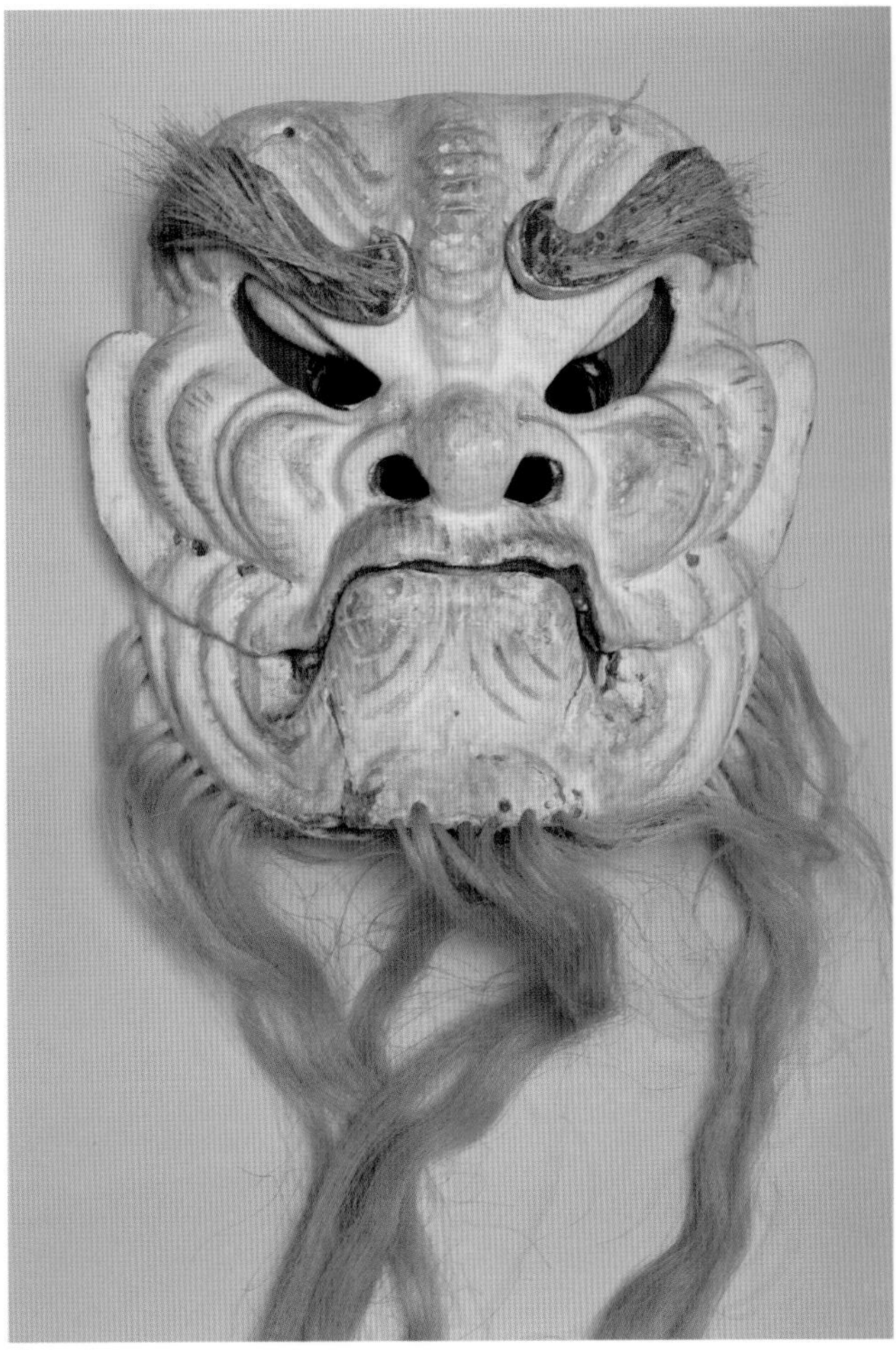

178　山之神

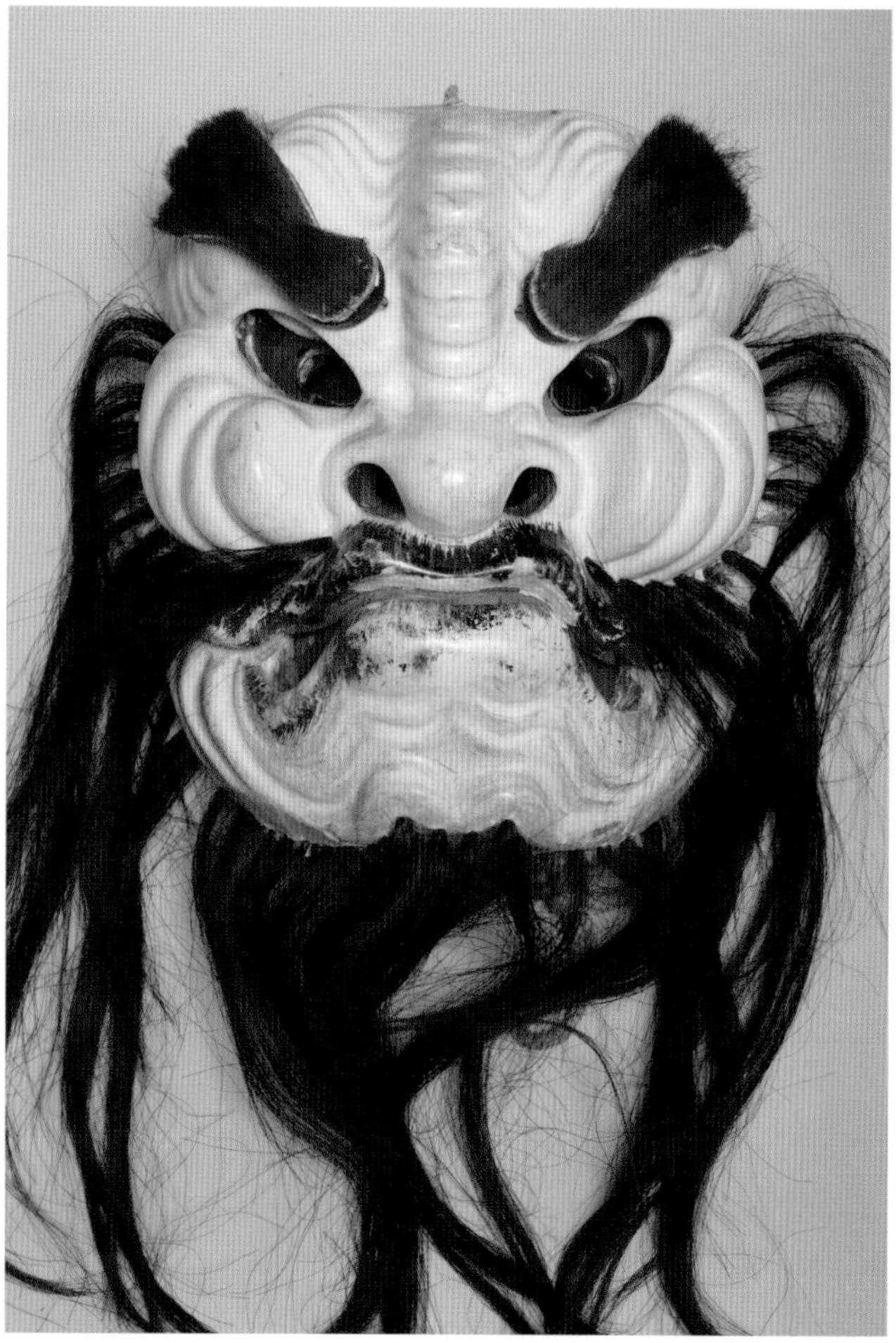

182　荒神(建御名方)

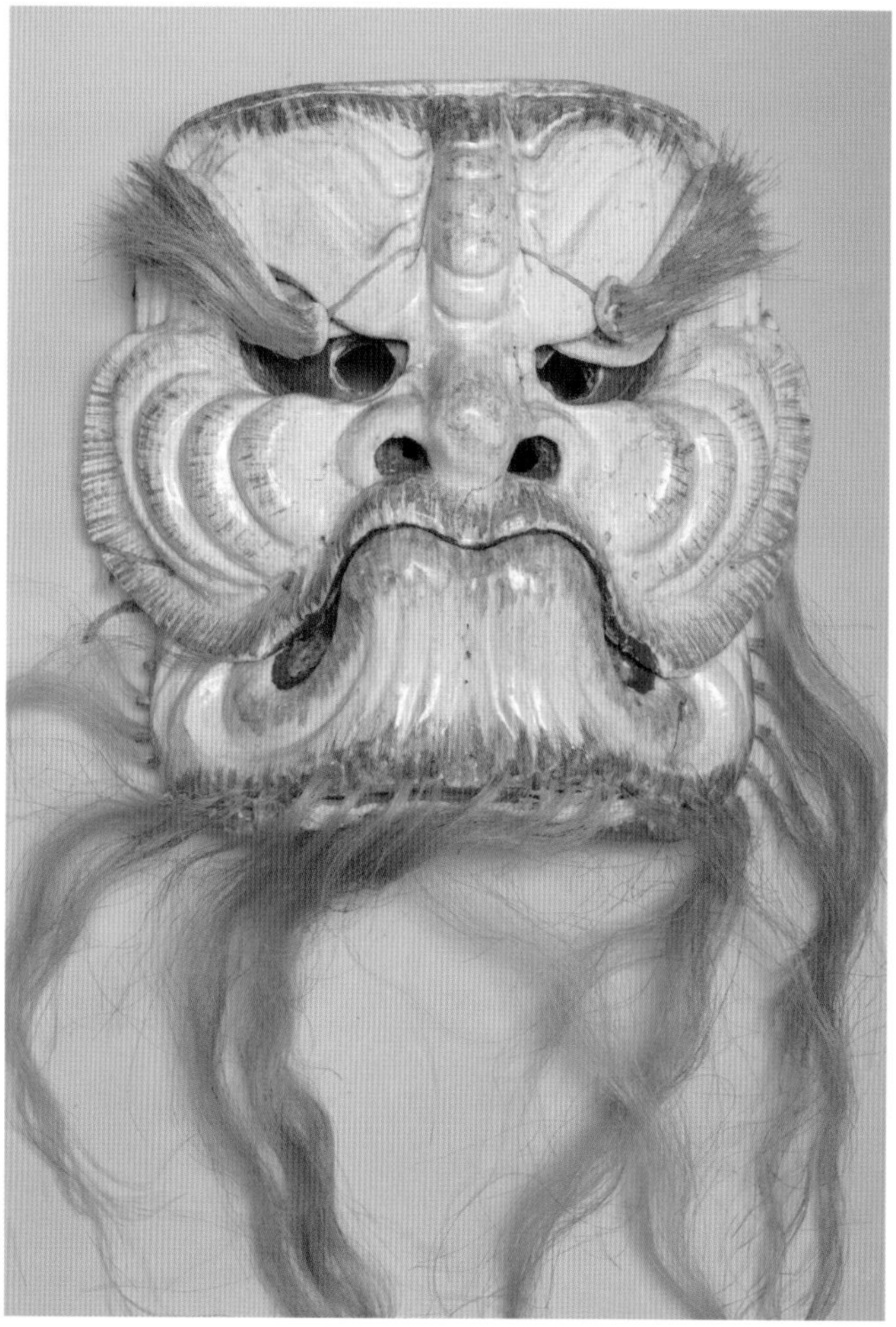

180　山神

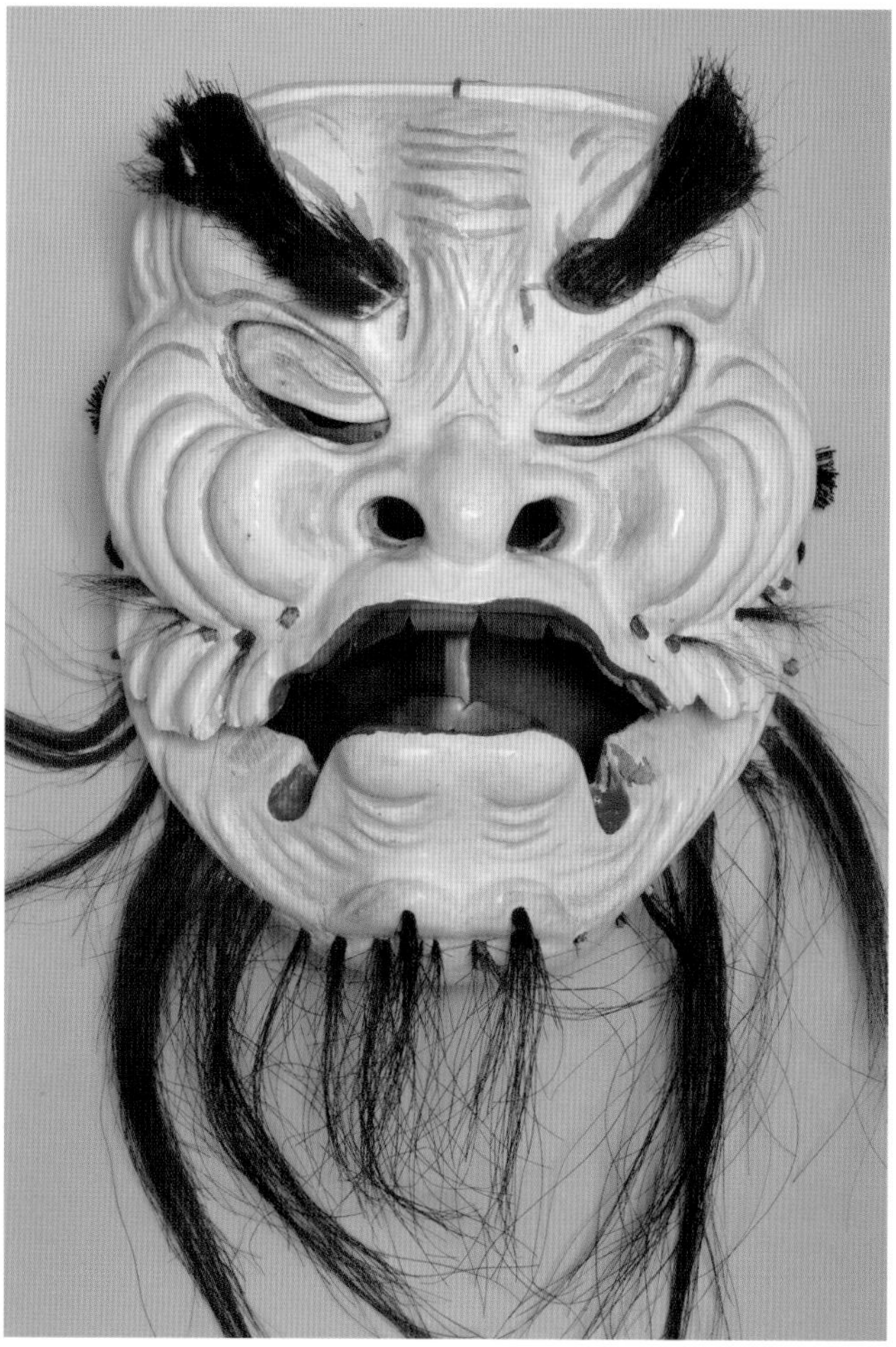

181-2　口を開いた状態

181　荒平大神

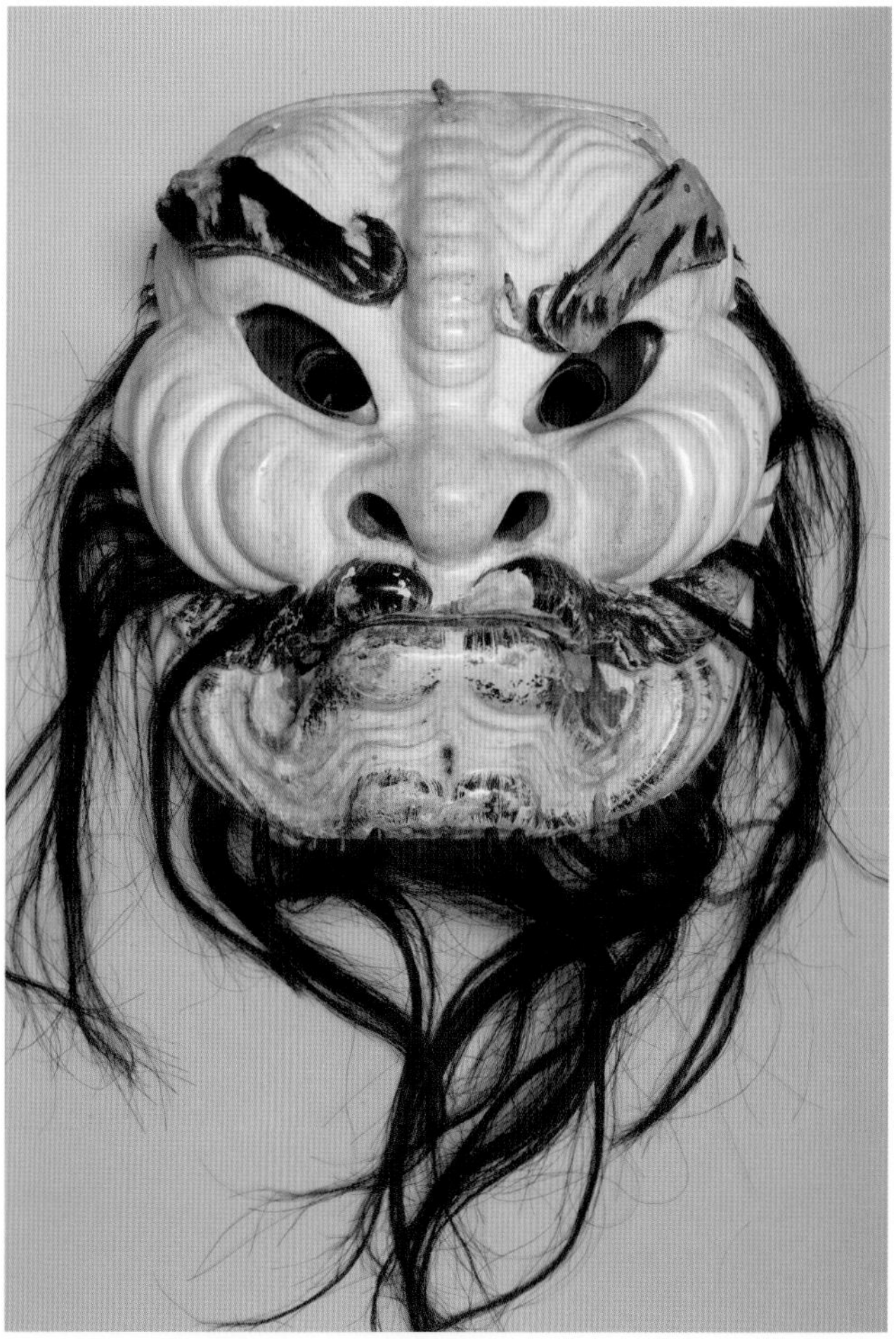

183　武久神（建御名方）

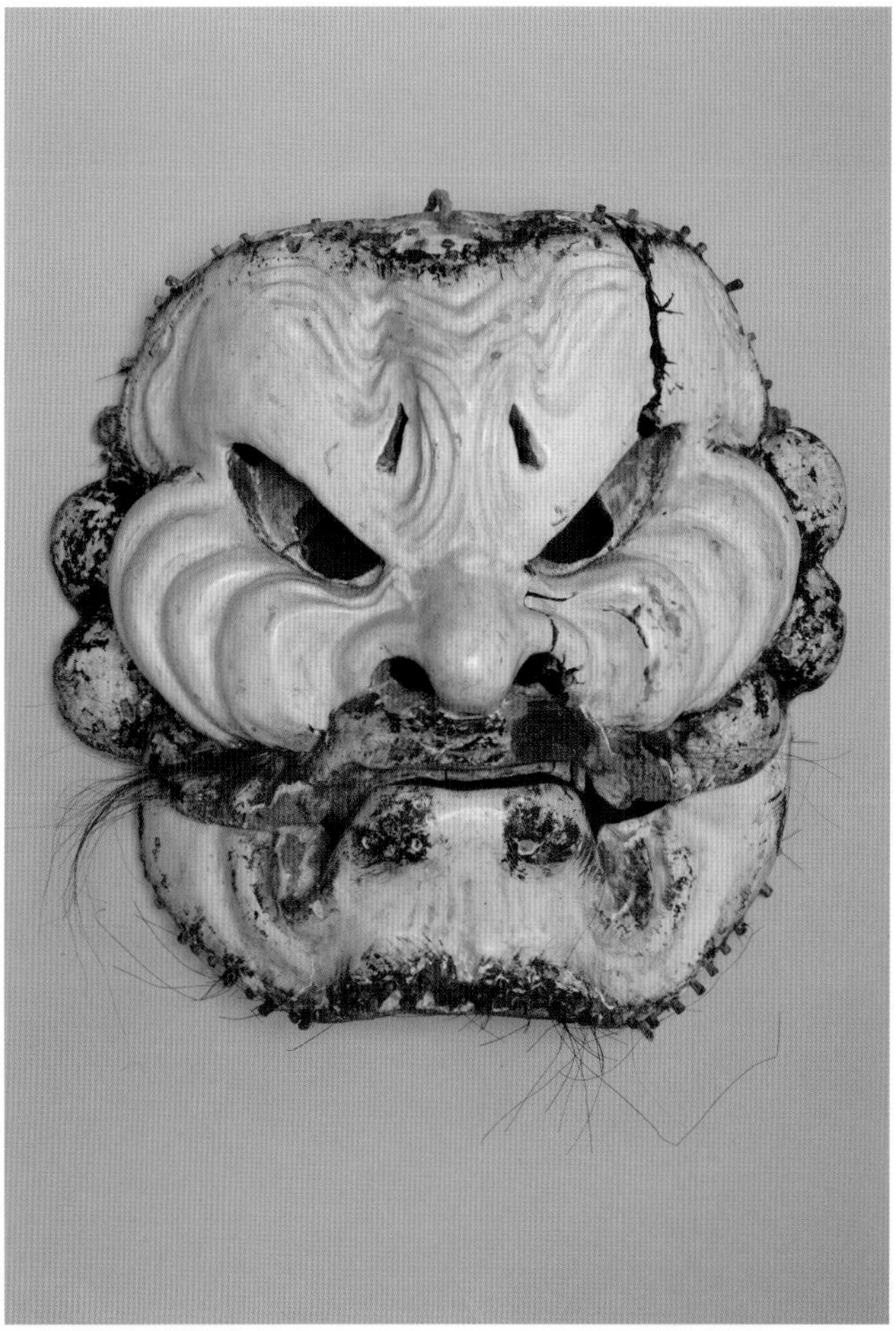

184　荒神（建御名方）

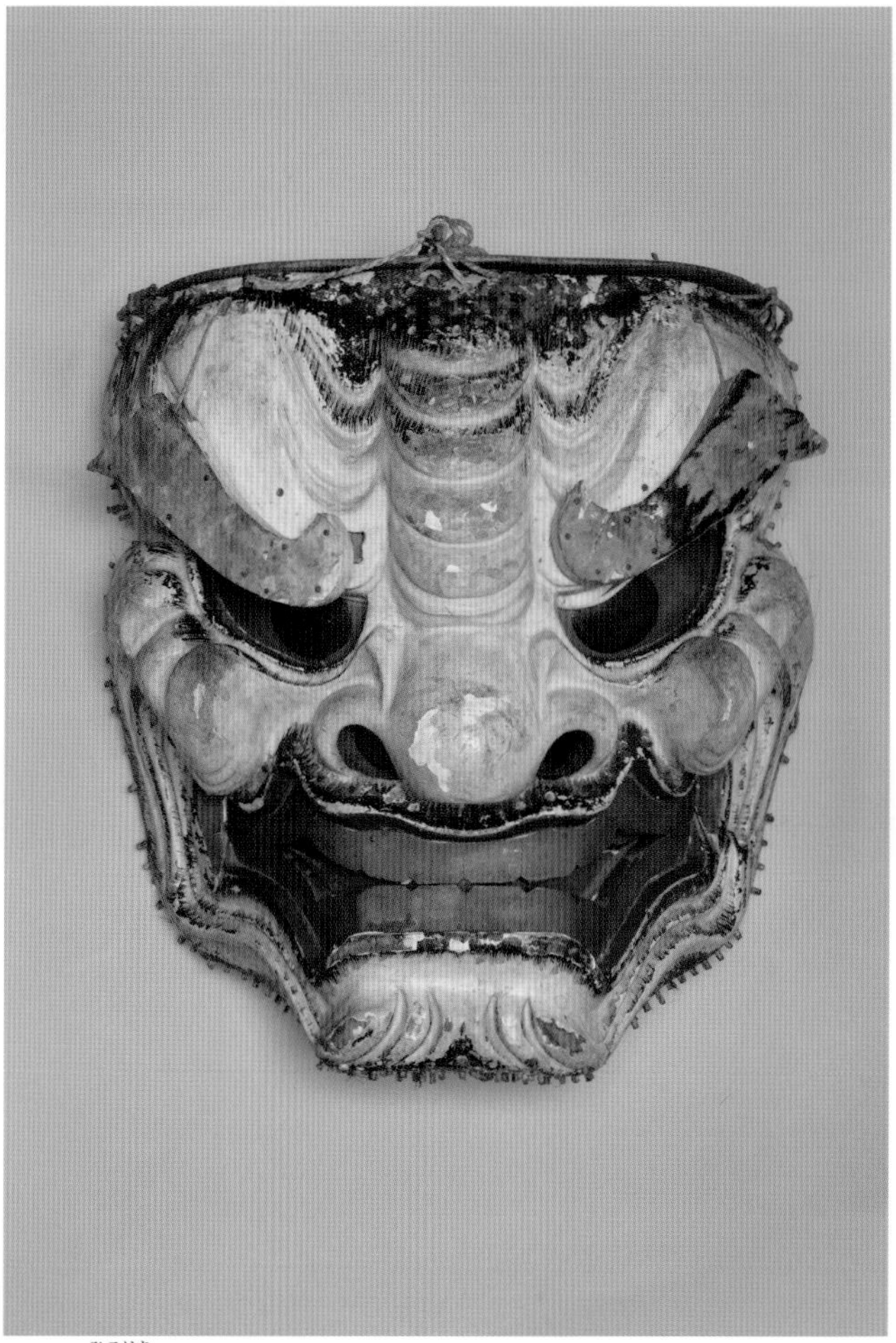

185　彦張《ひこはり》

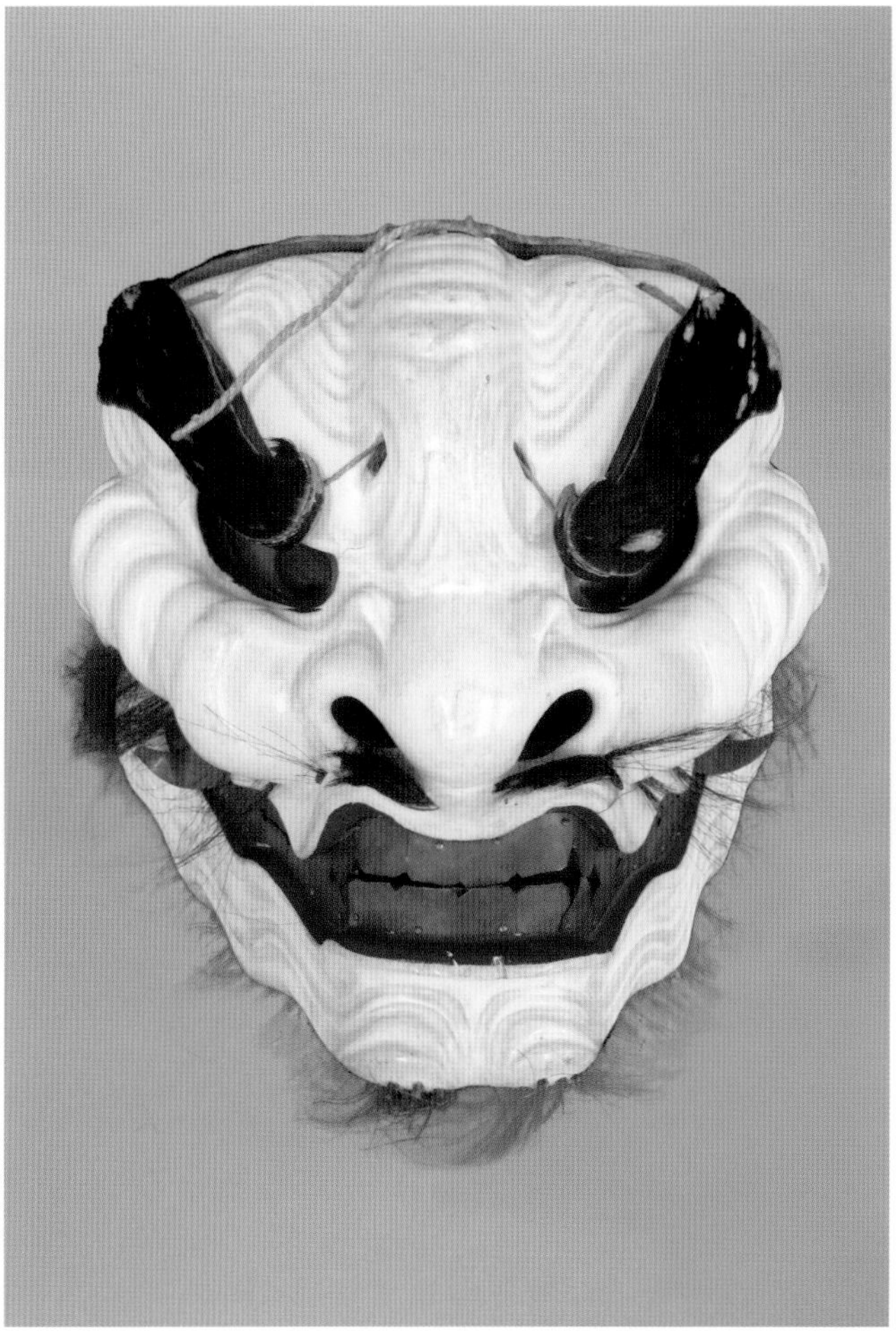

188　彦張*

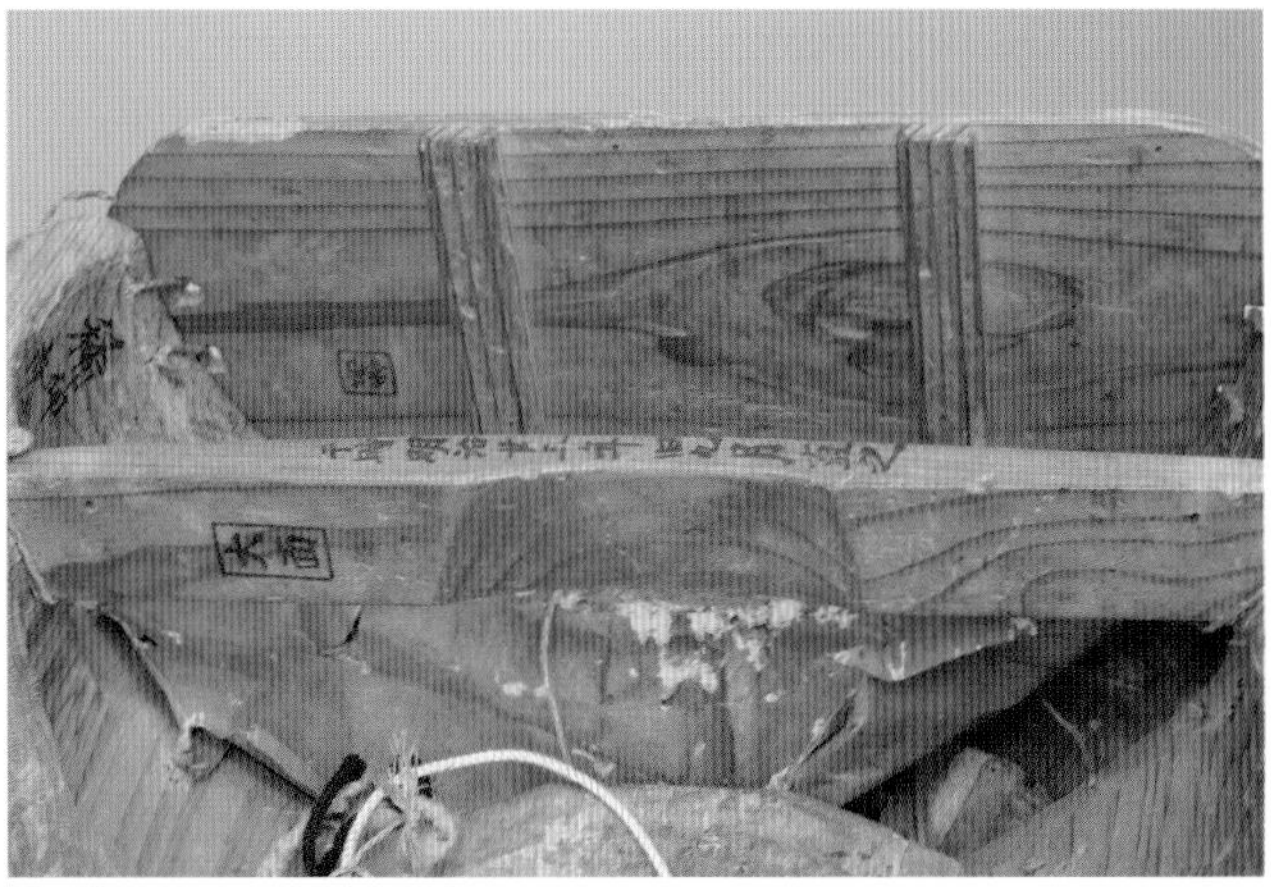

186の棟木　「干時明治廿三年旧九月直之」

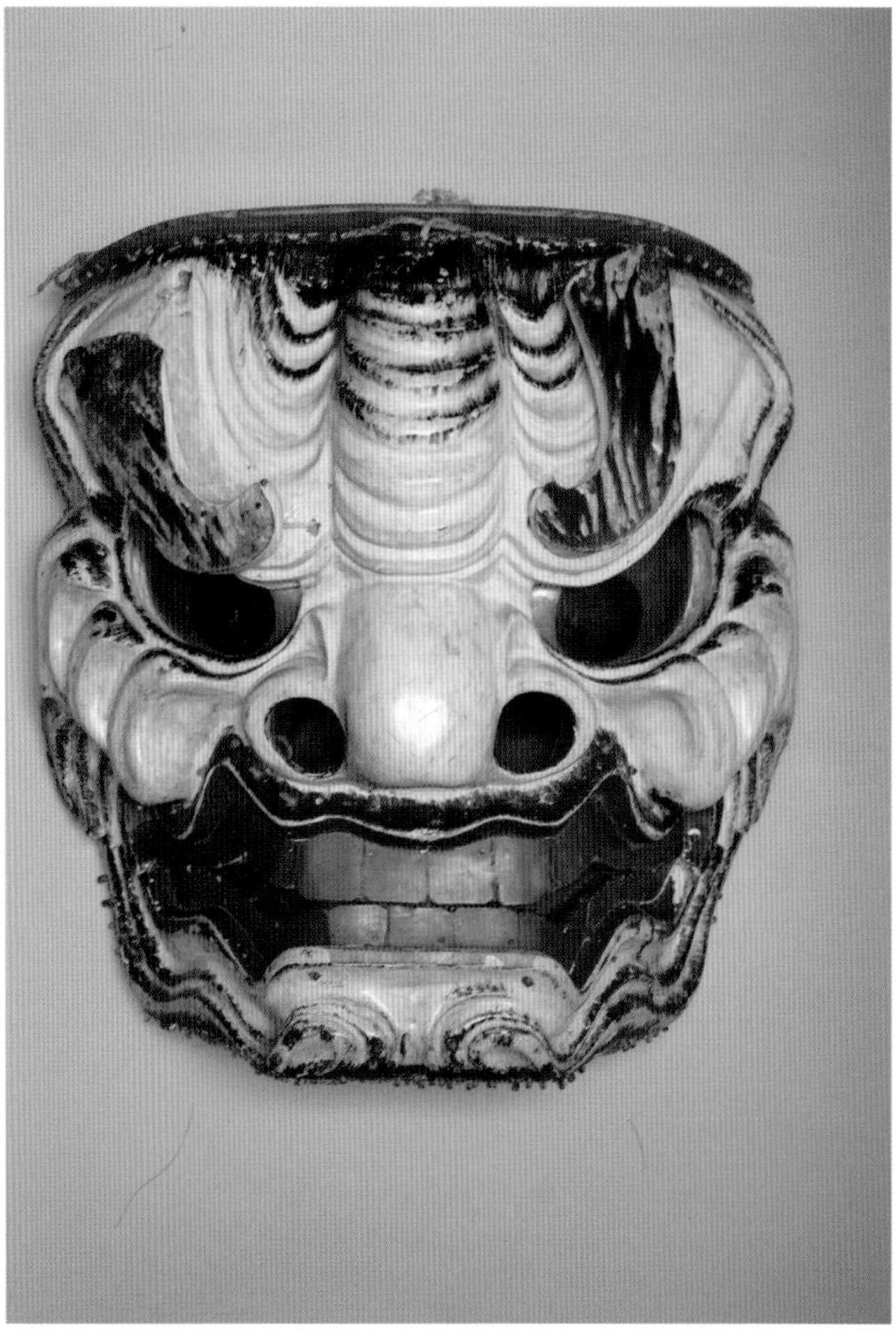

186　彦張

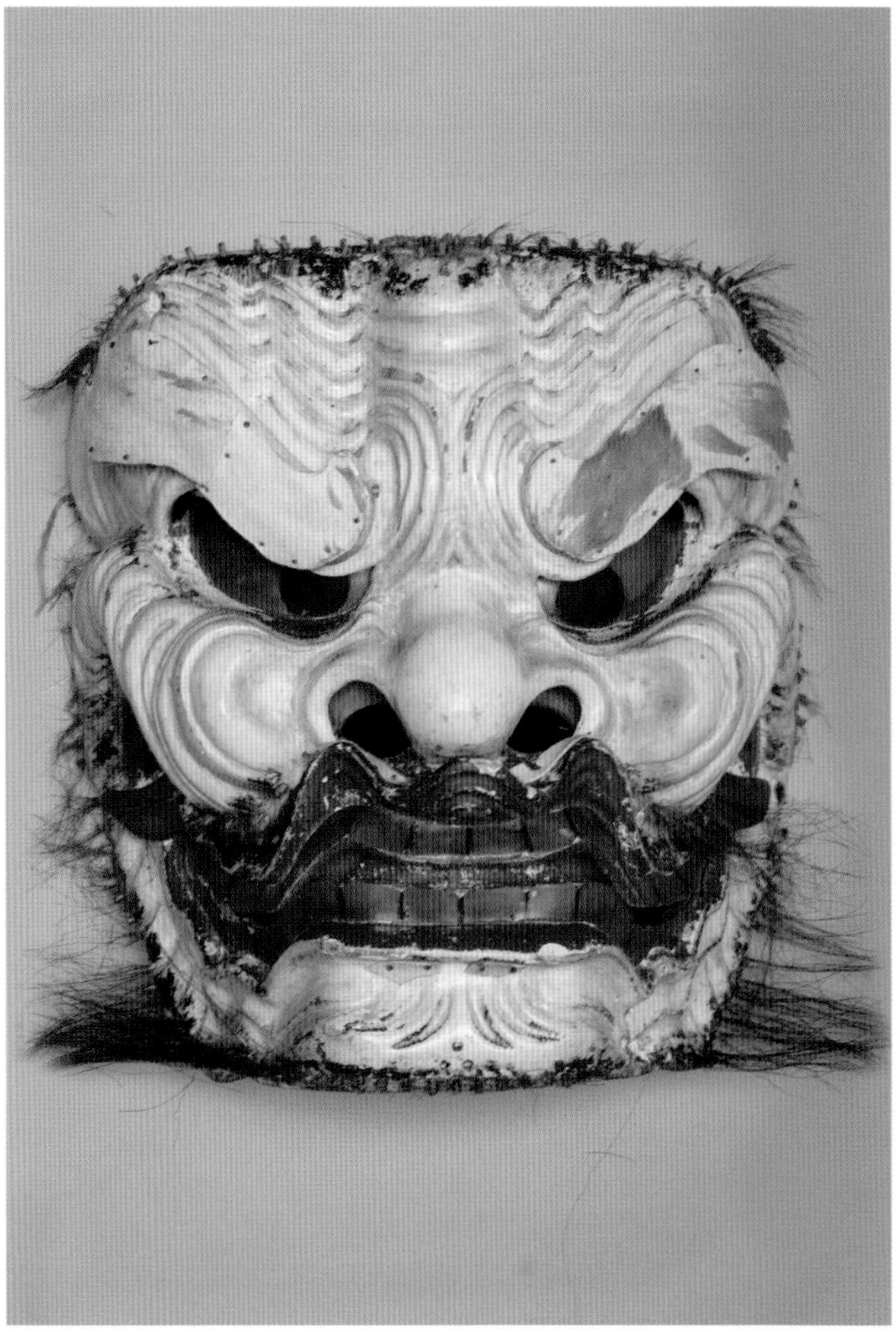

189　彦張

187　出雲市指定有形民俗文化財　彦晴

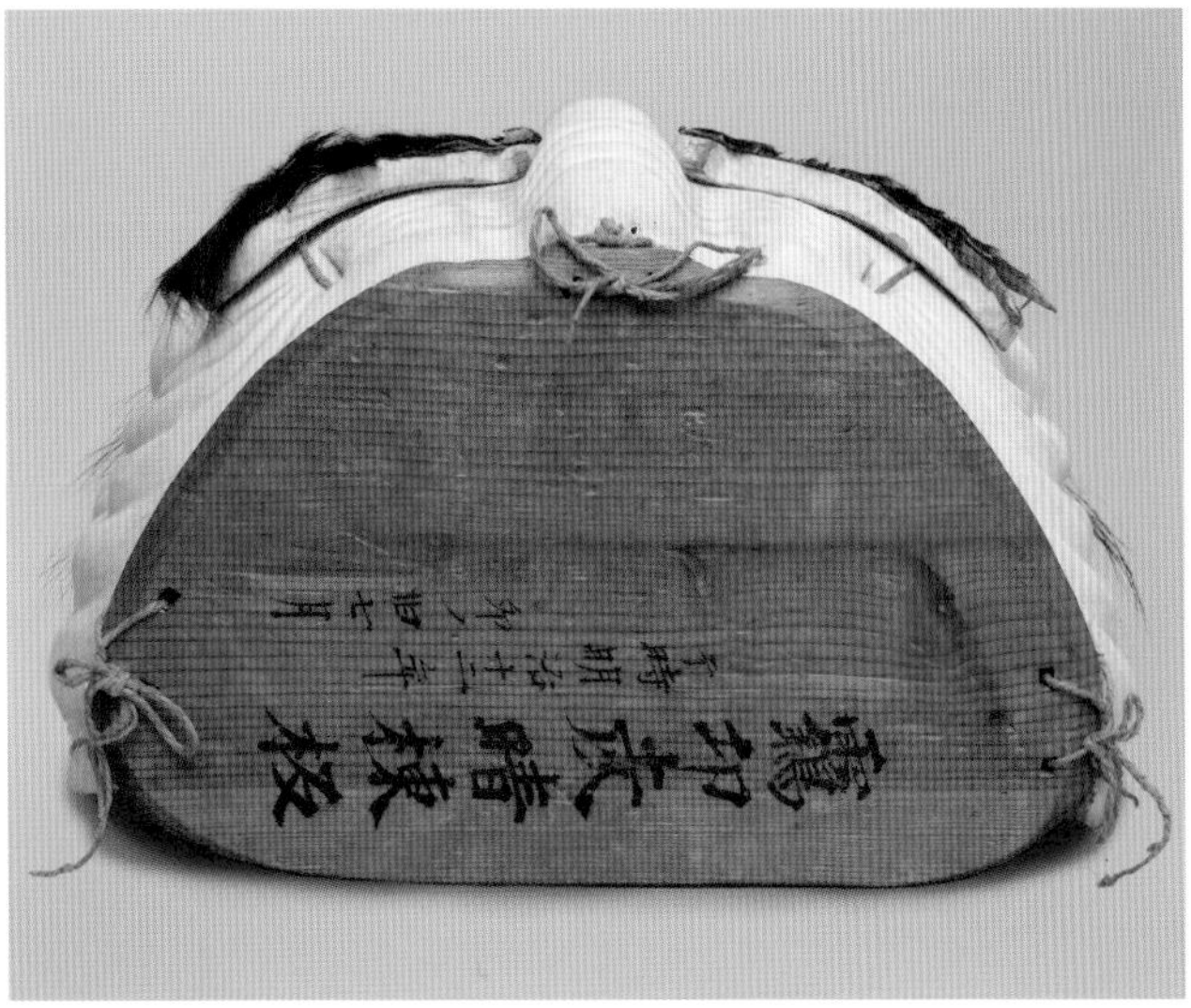

187-3　棟板　「干時明治十二年卯ノ旧七月」

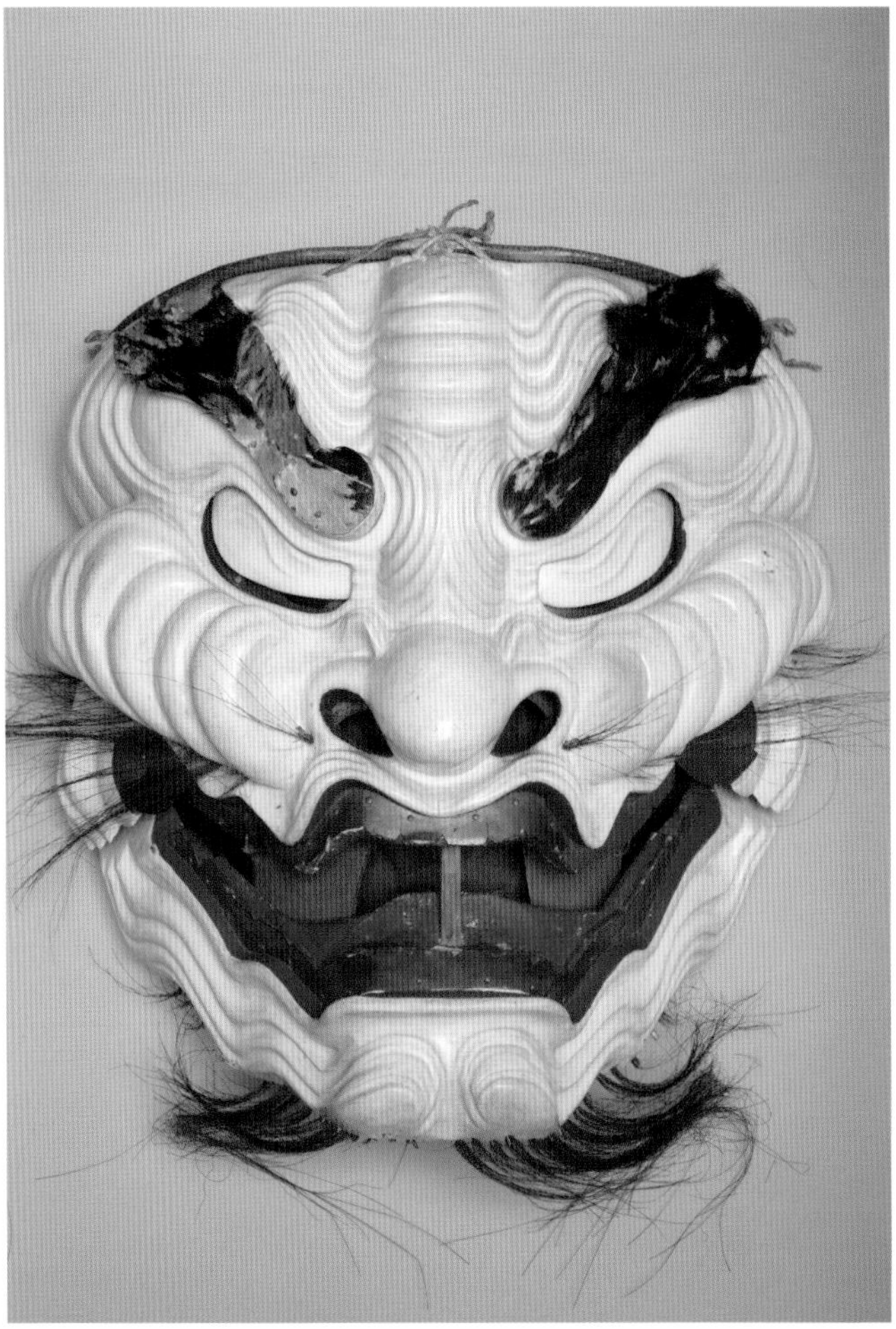

187-2　口を開いた状態

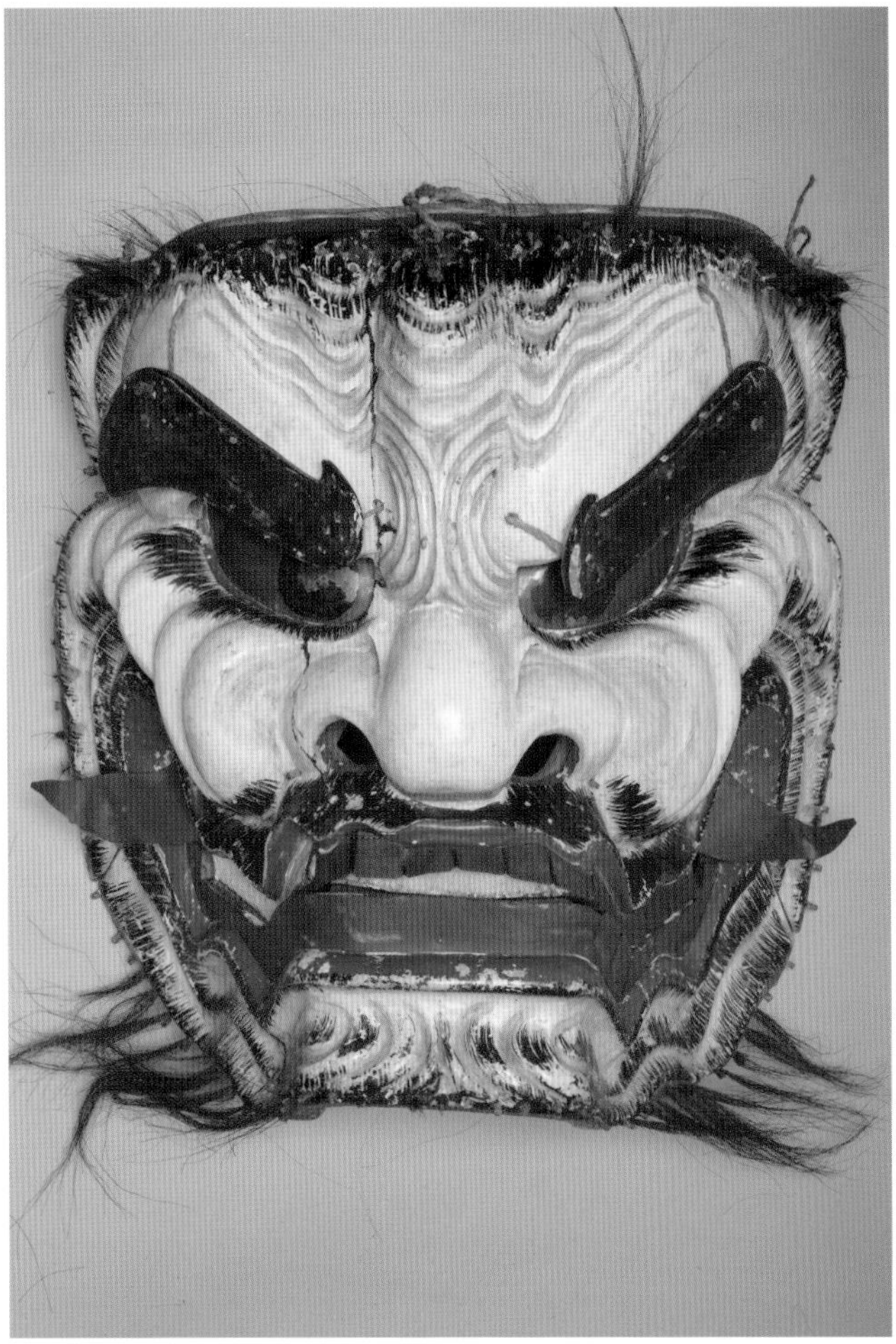

190　彦晴

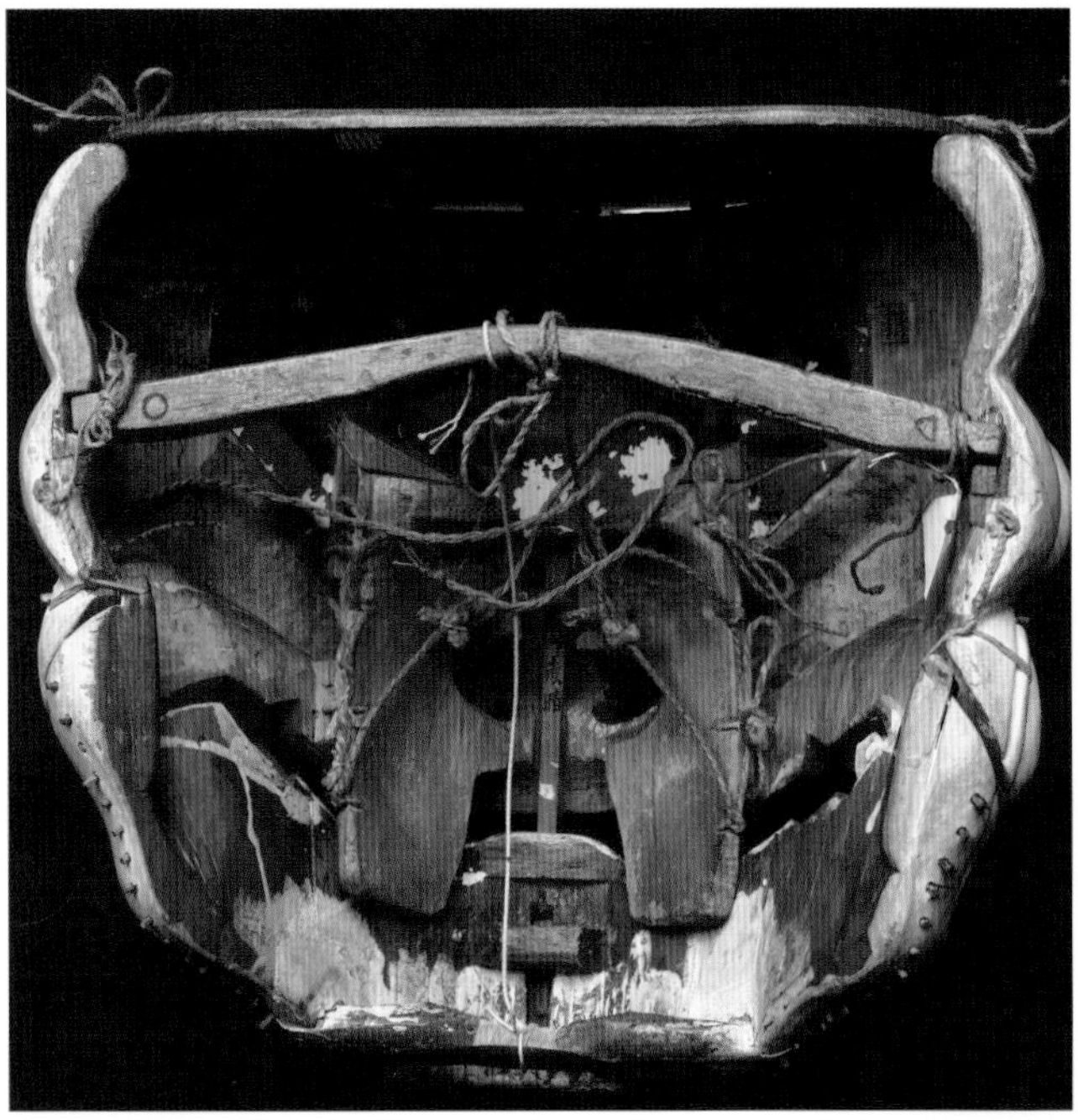

187-4　裏面

191　彦晴

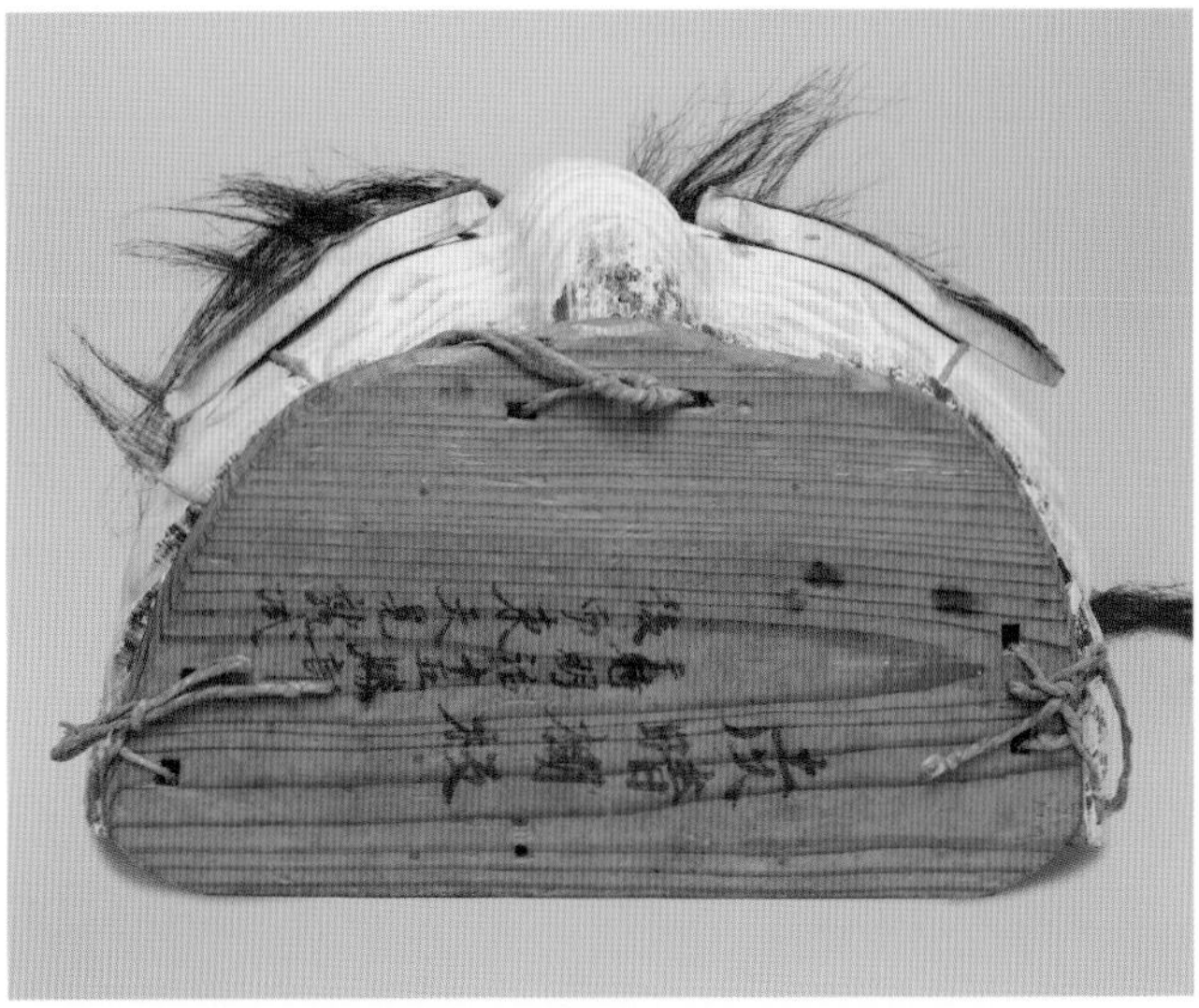

191-2　棟板　「干時明治十五勝部　後而東天見就成」

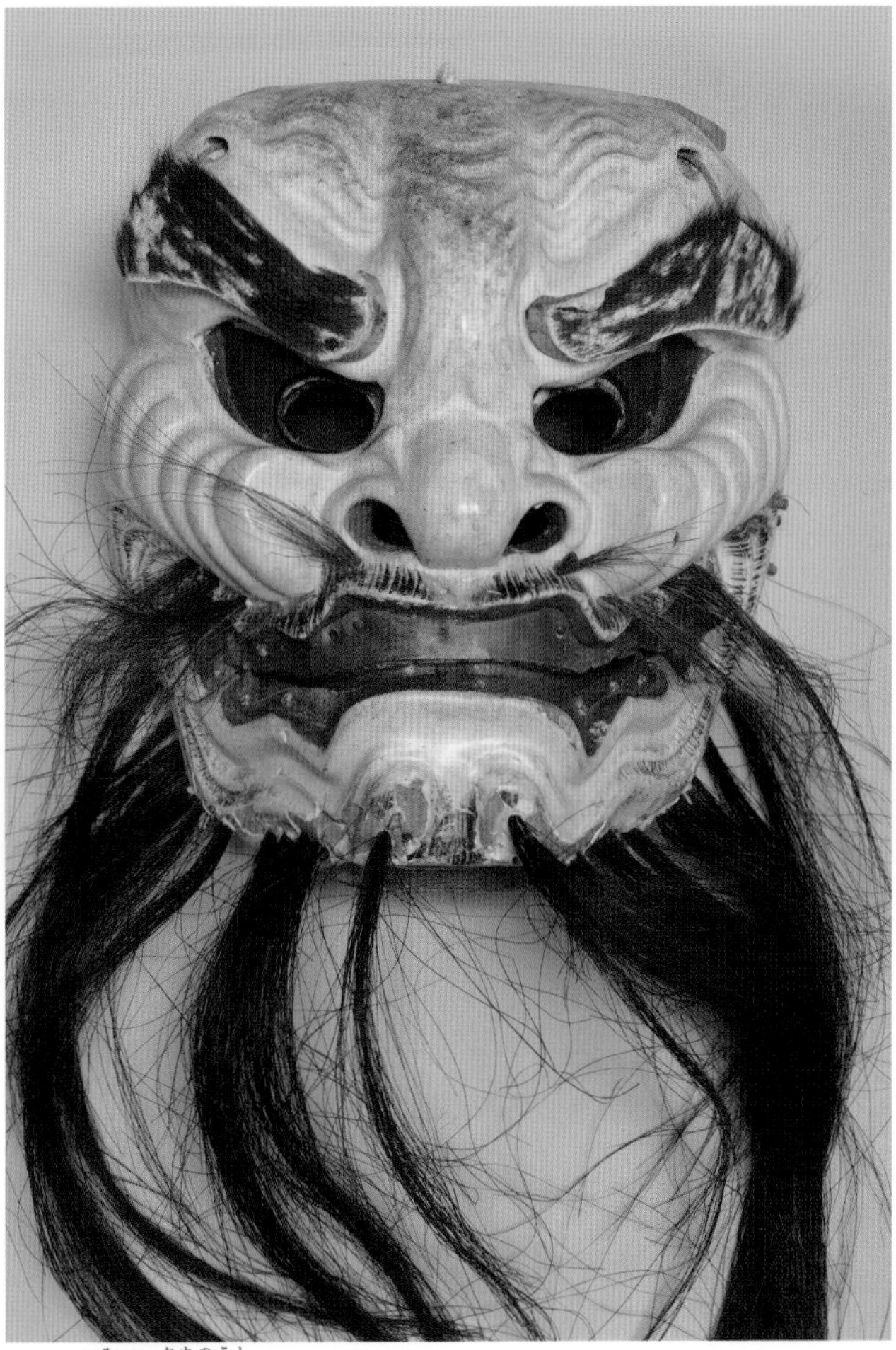

192　三《み》ツ熊《ぐま》大人《のうし》

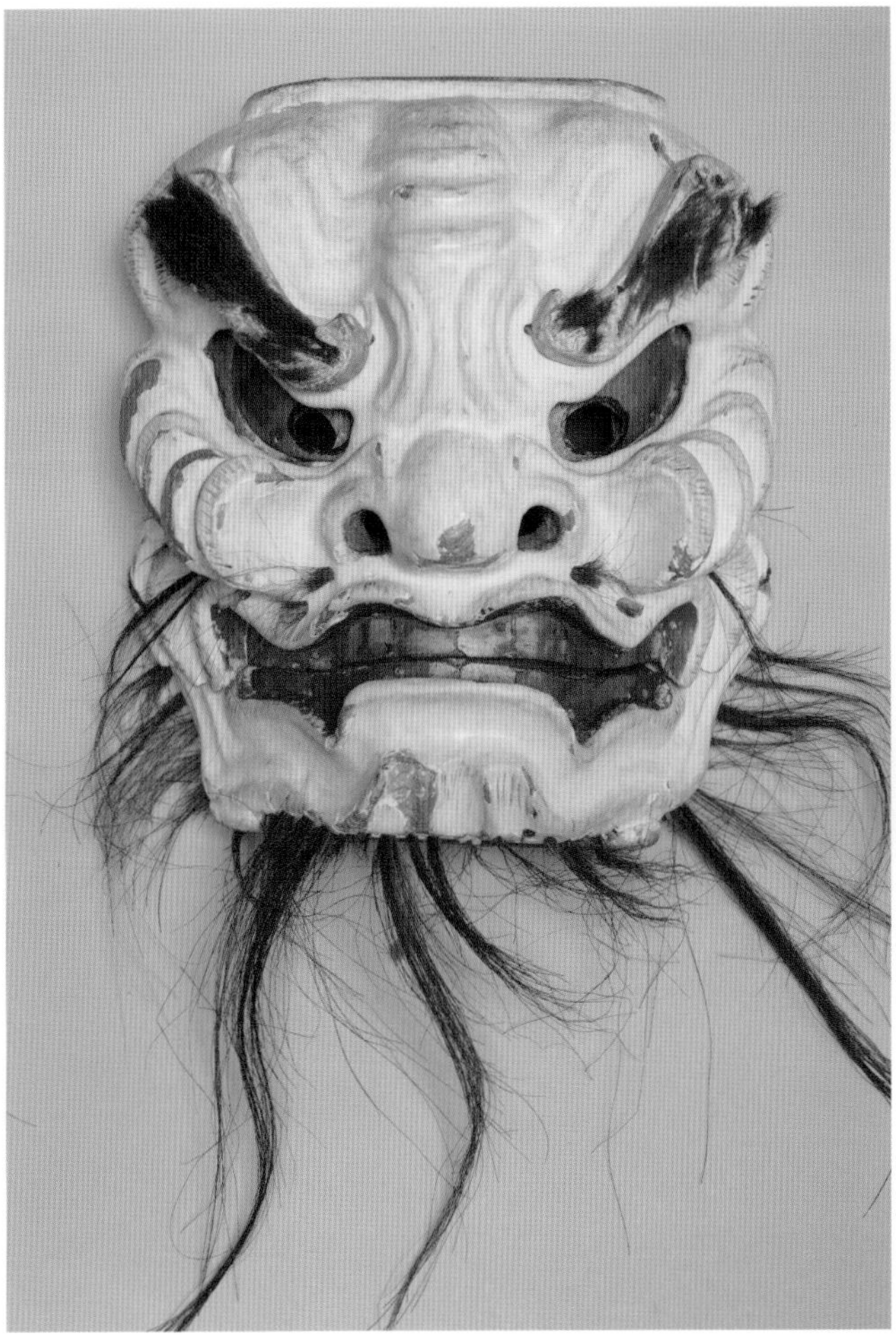

193　（三ツ熊大人）

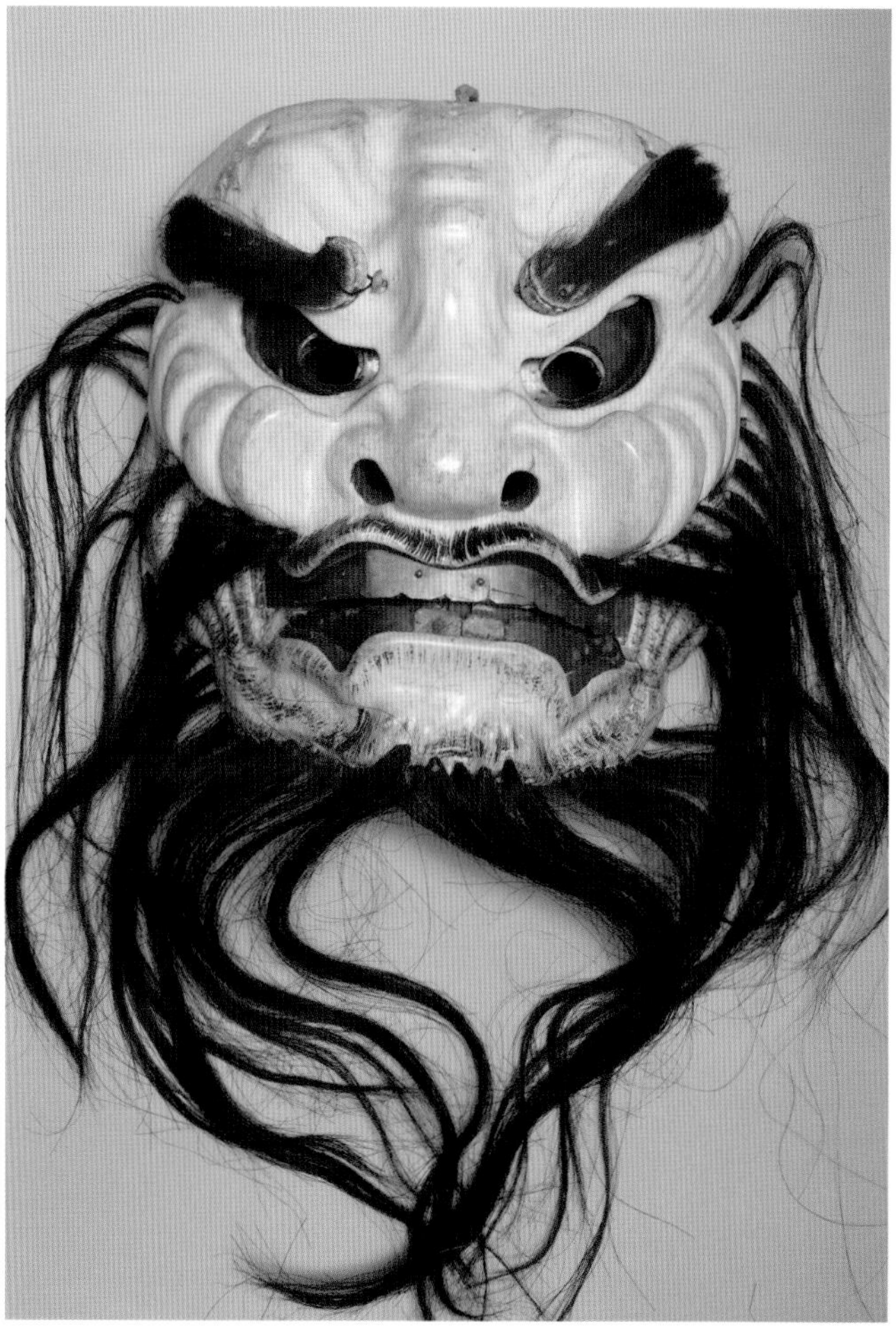

194　美津熊大人

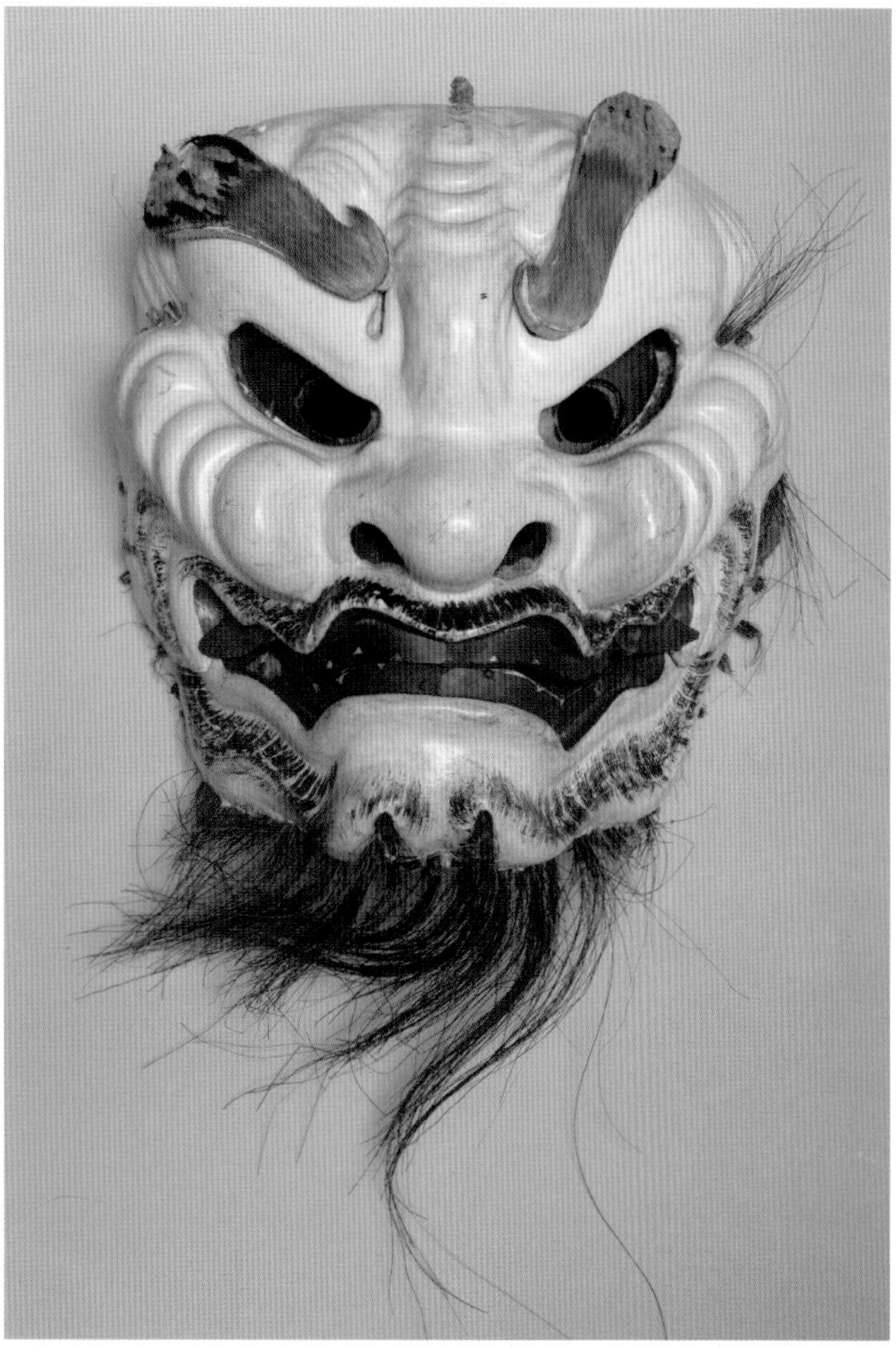

195　ミツグマ大人

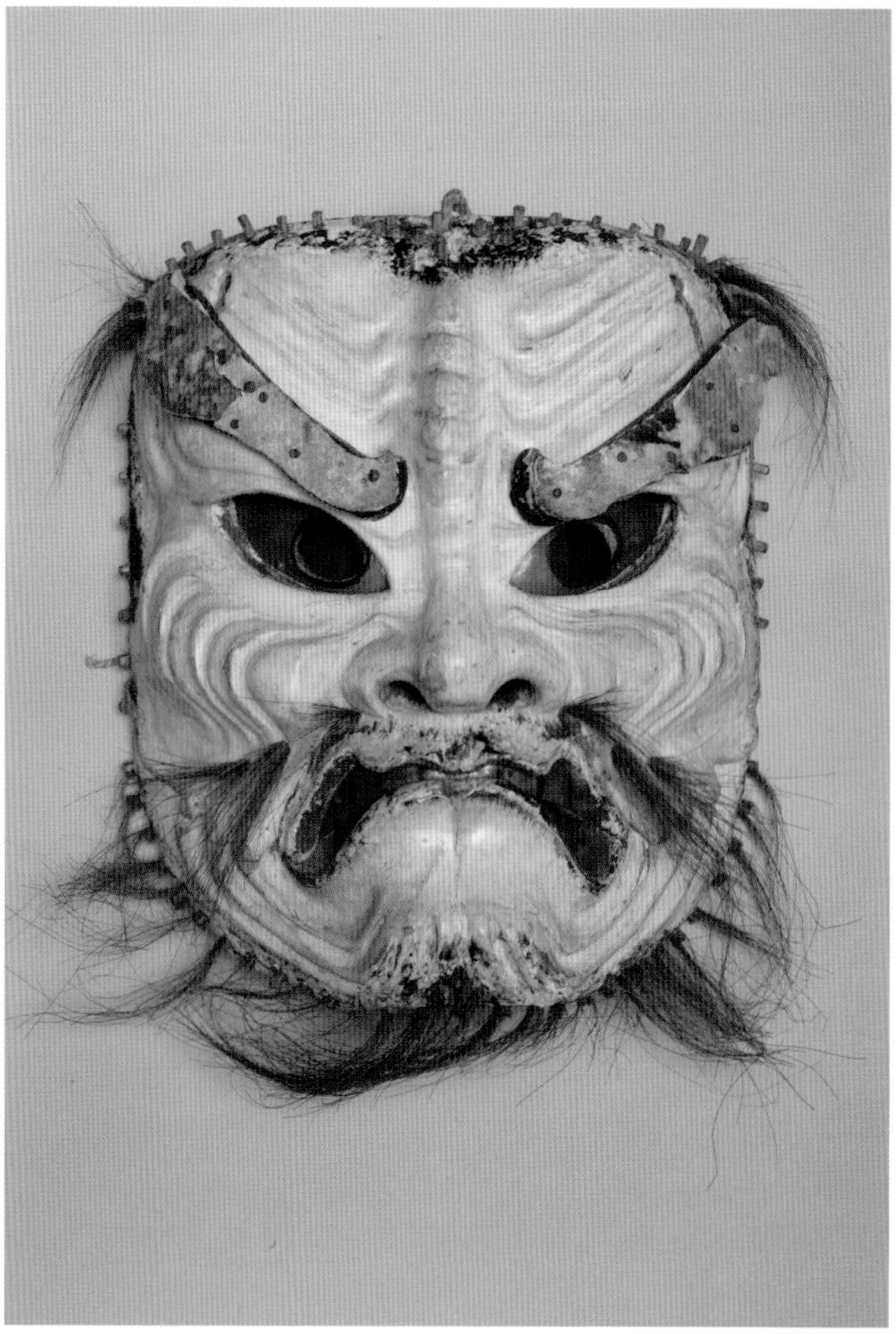

196　メツキ鬼

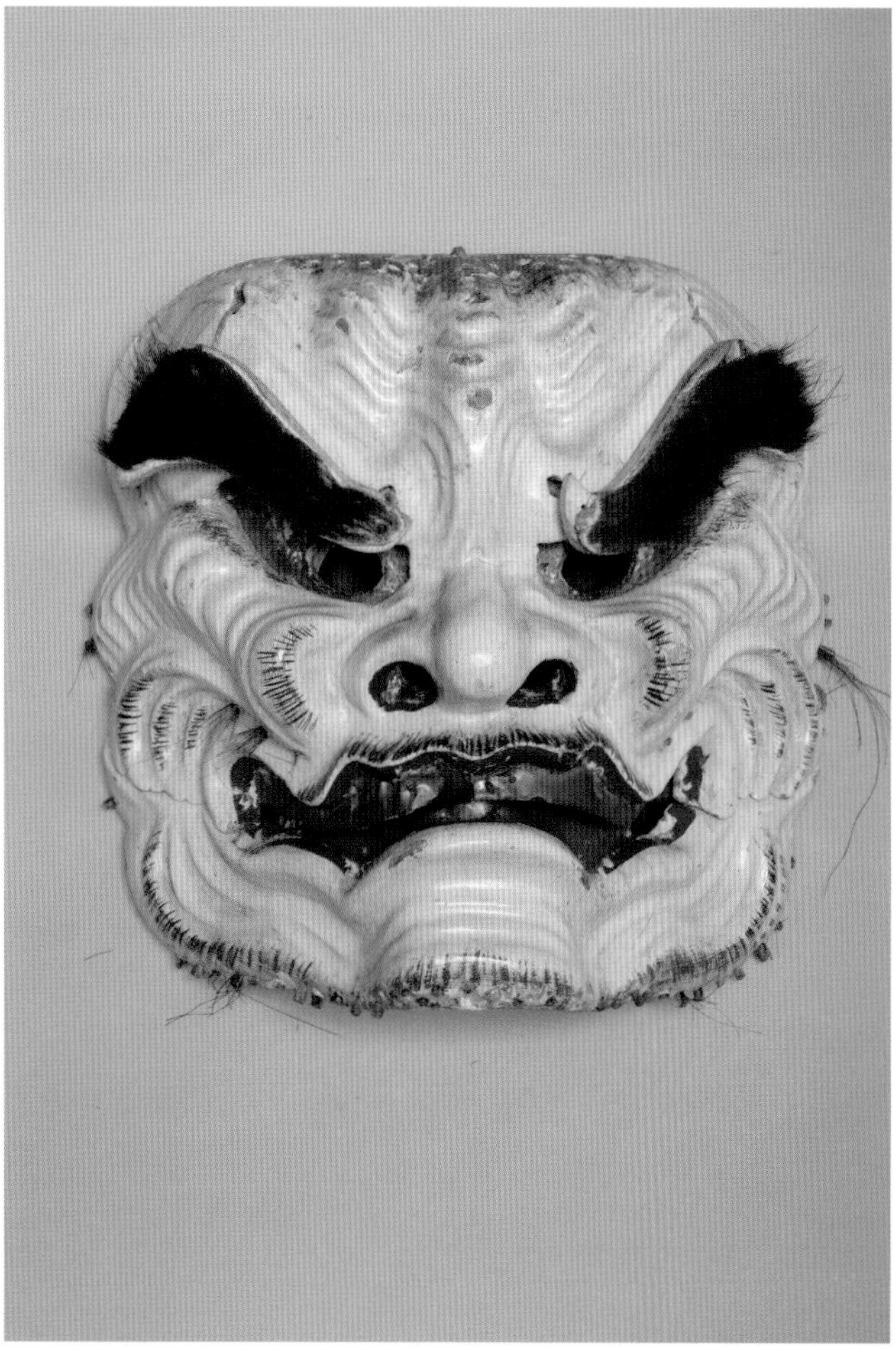

197　三津熊大人

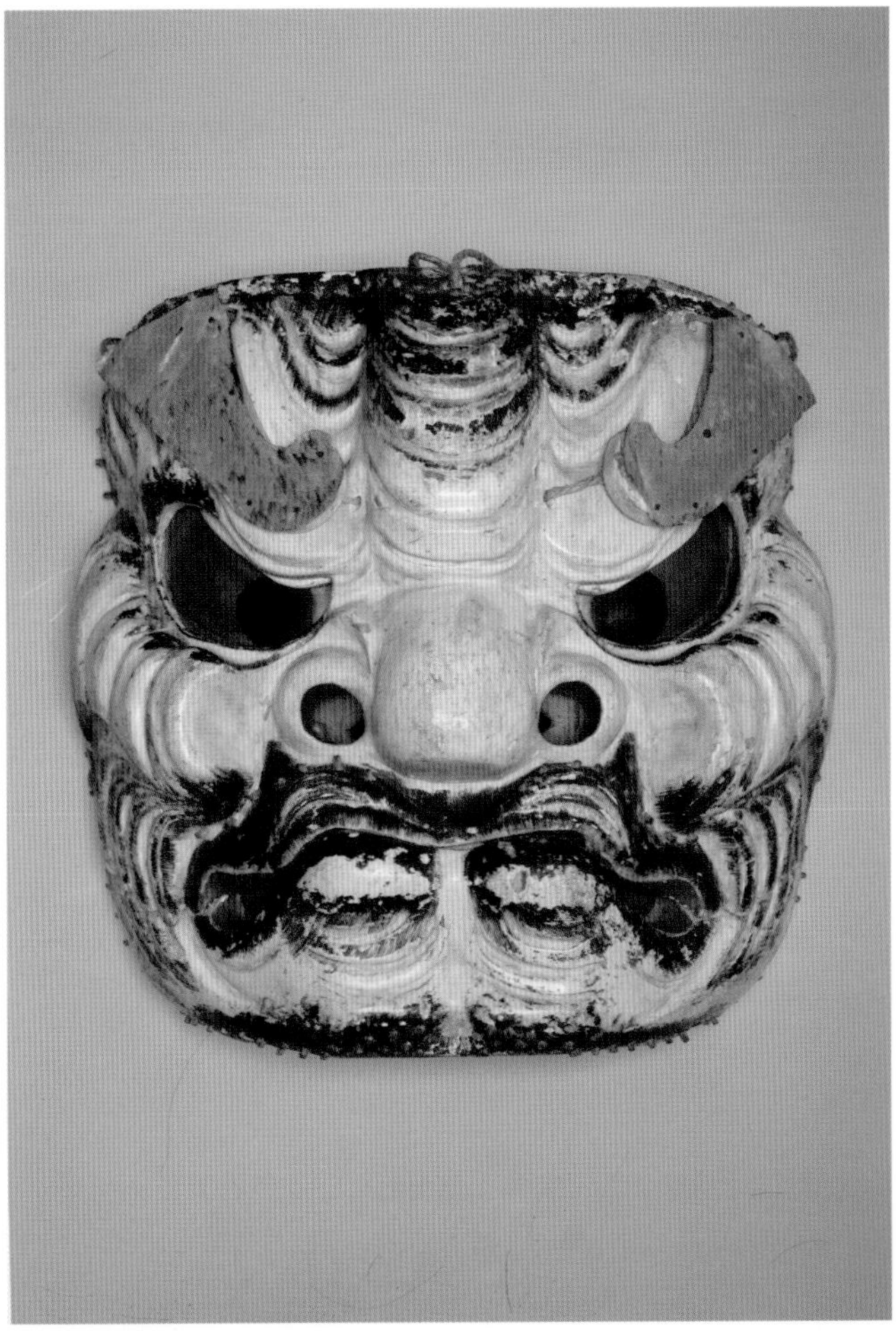
199　新羅王

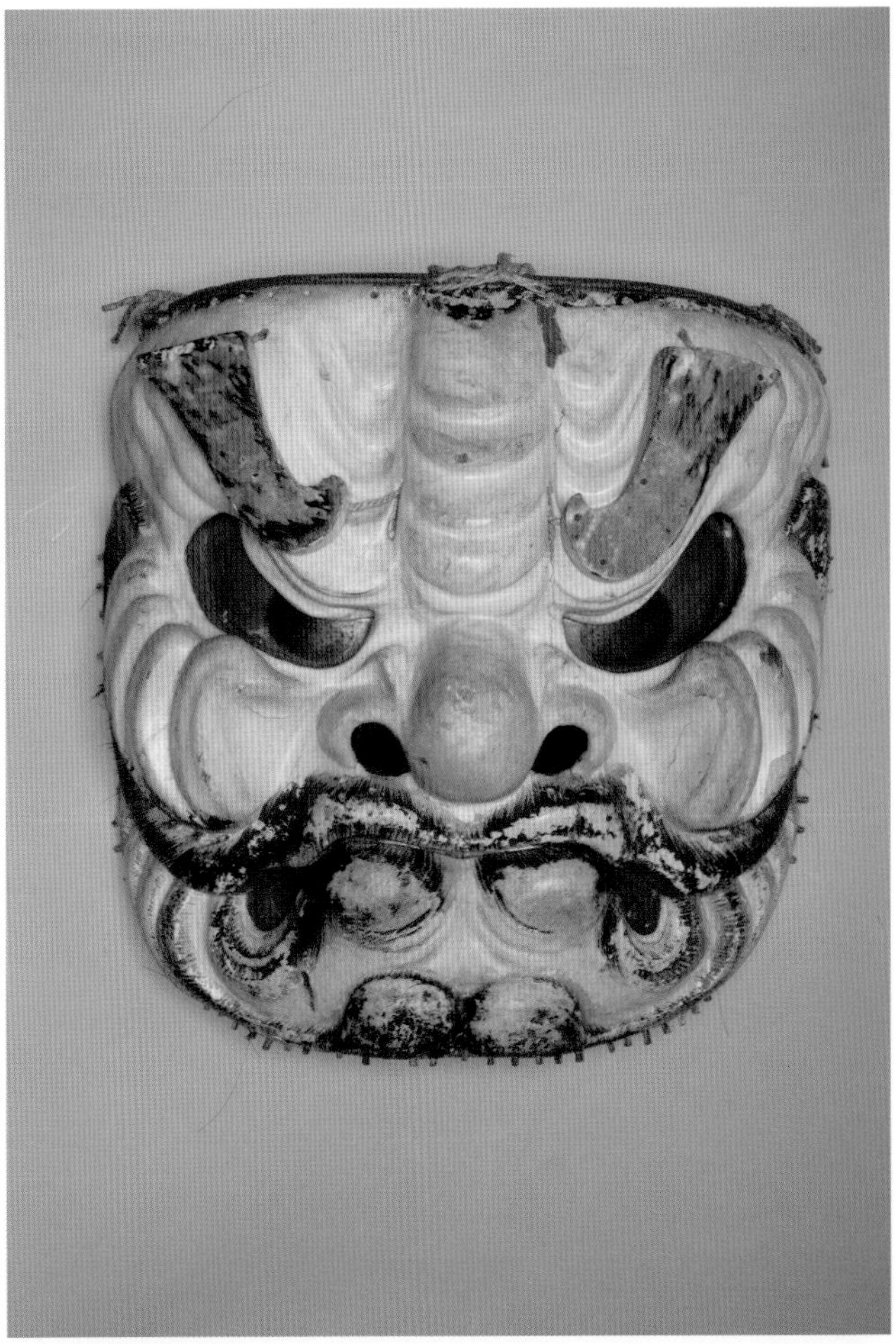
198　新羅(王)

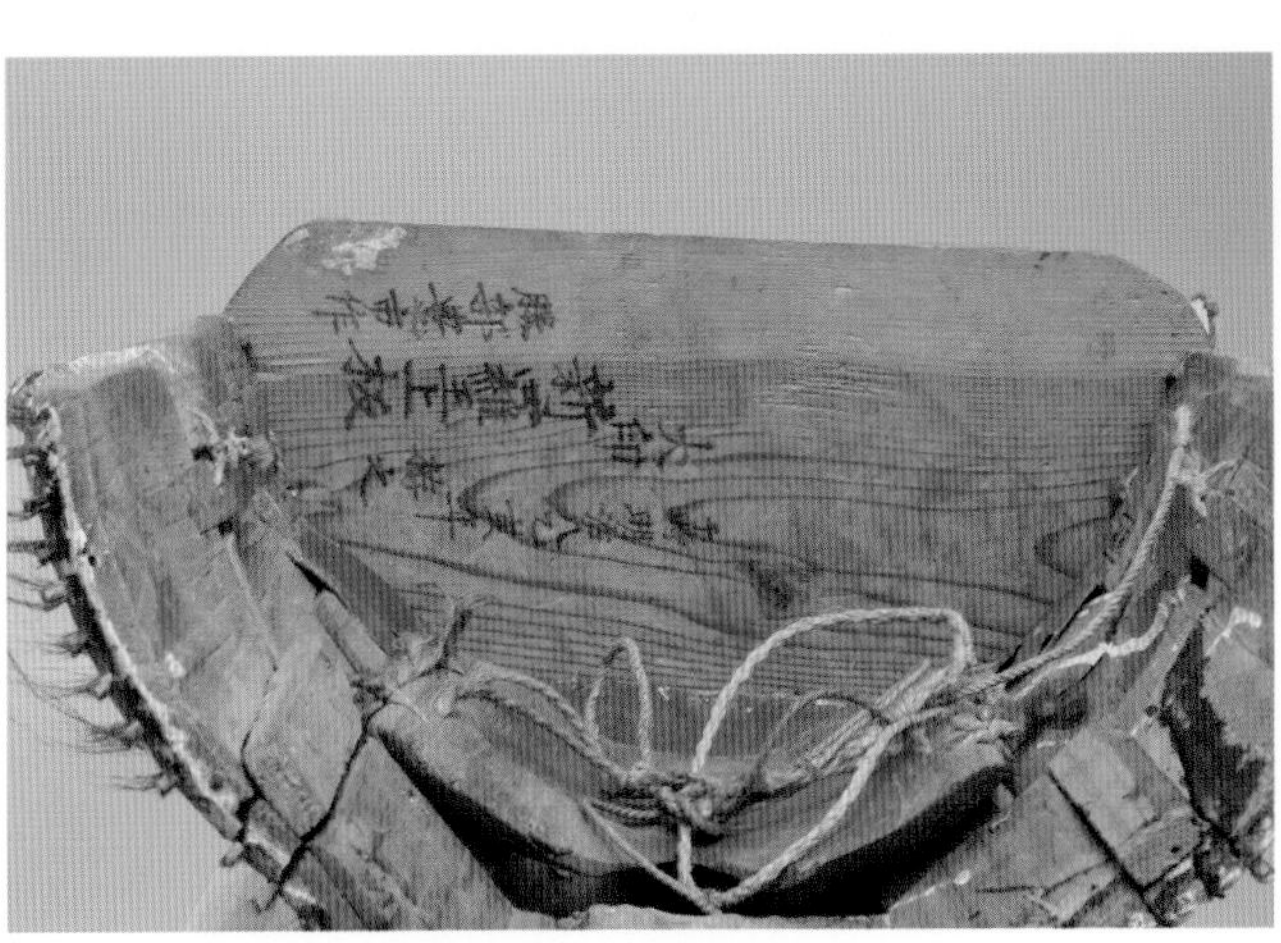
201-2　棟板裏「干時明治八乙亥年拵之」

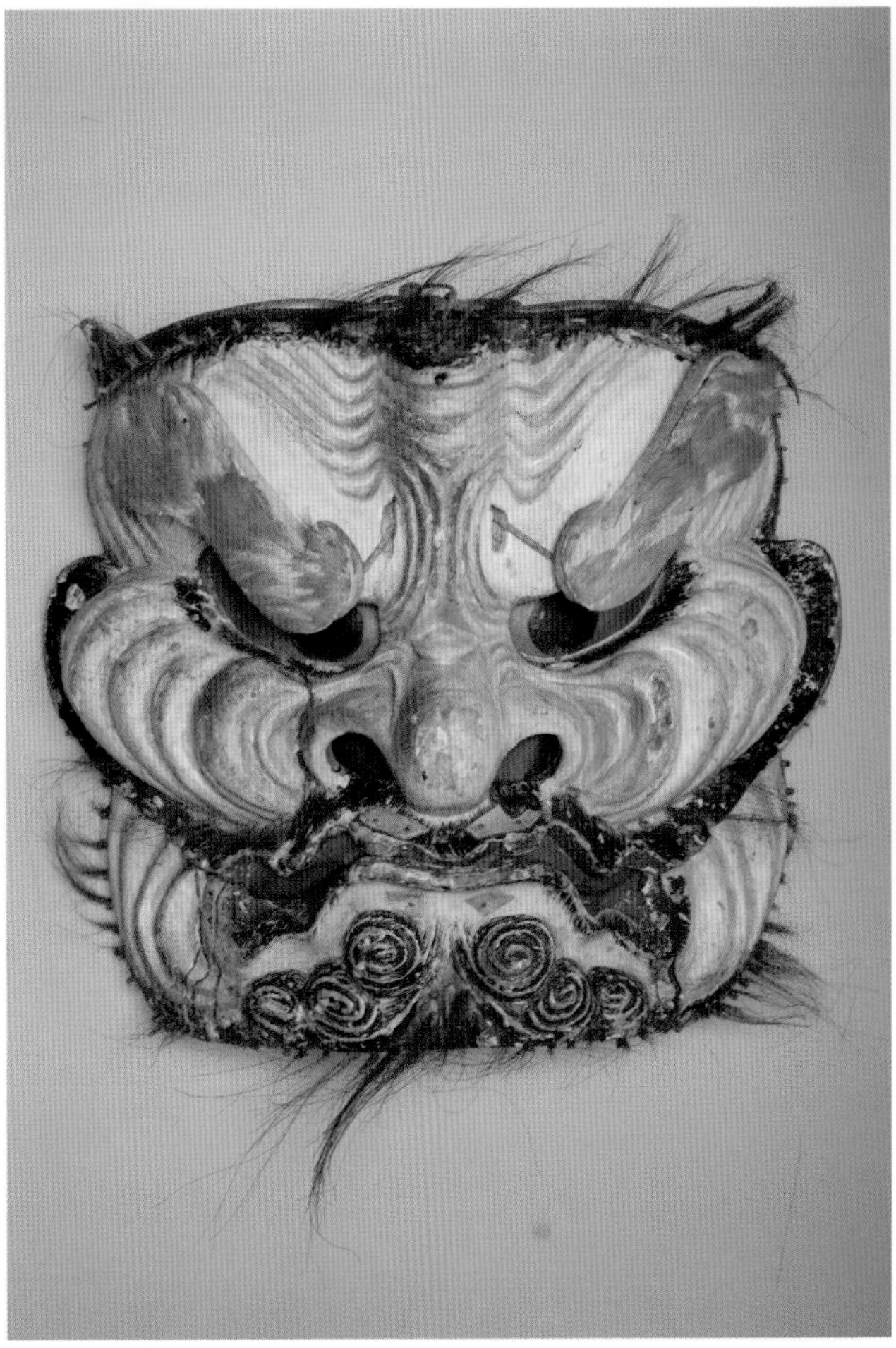
201　新羅王

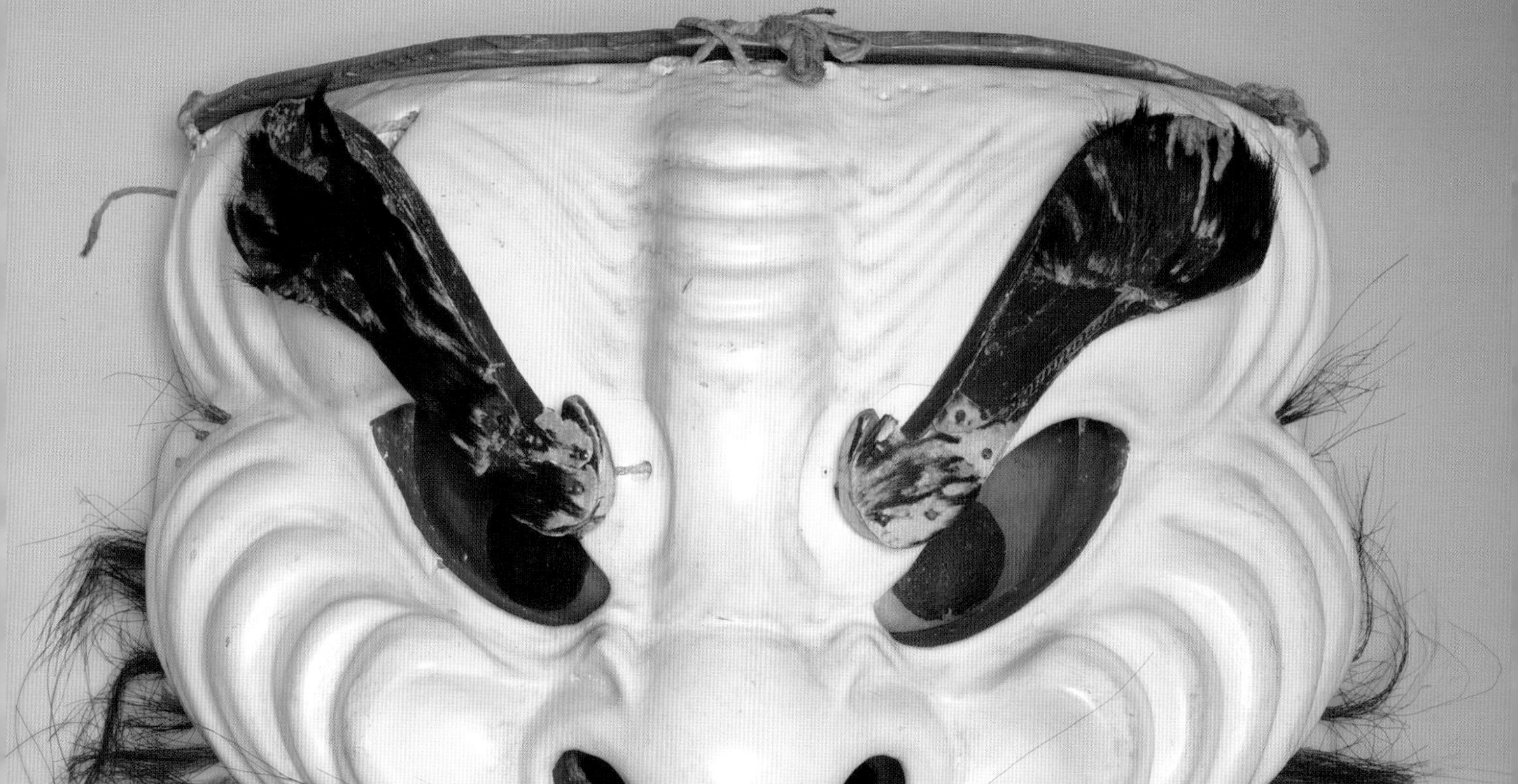

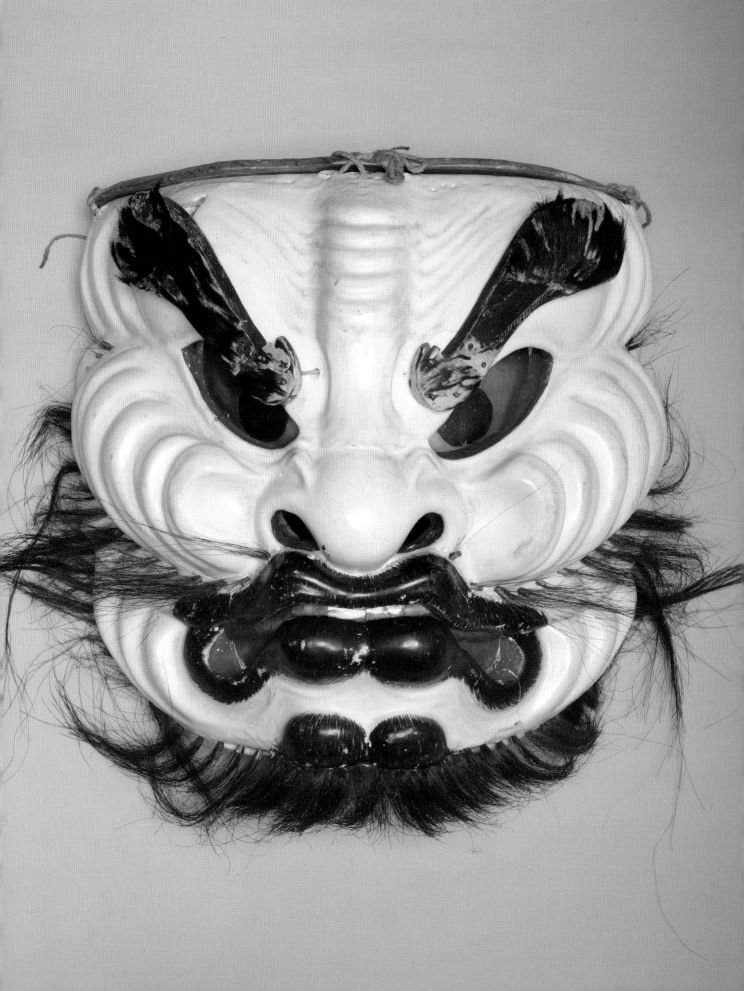

200　新羅王

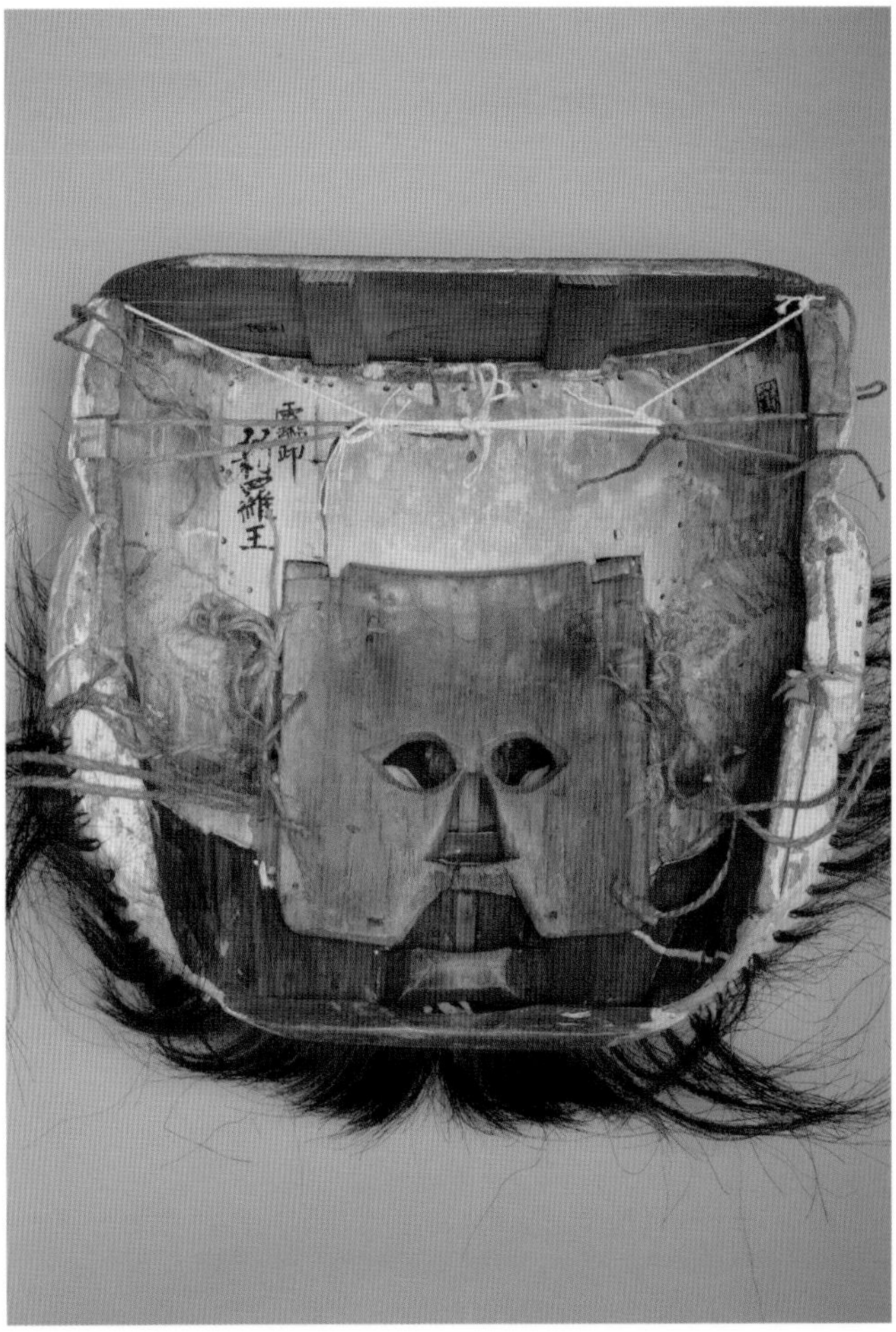
200-3　裏面

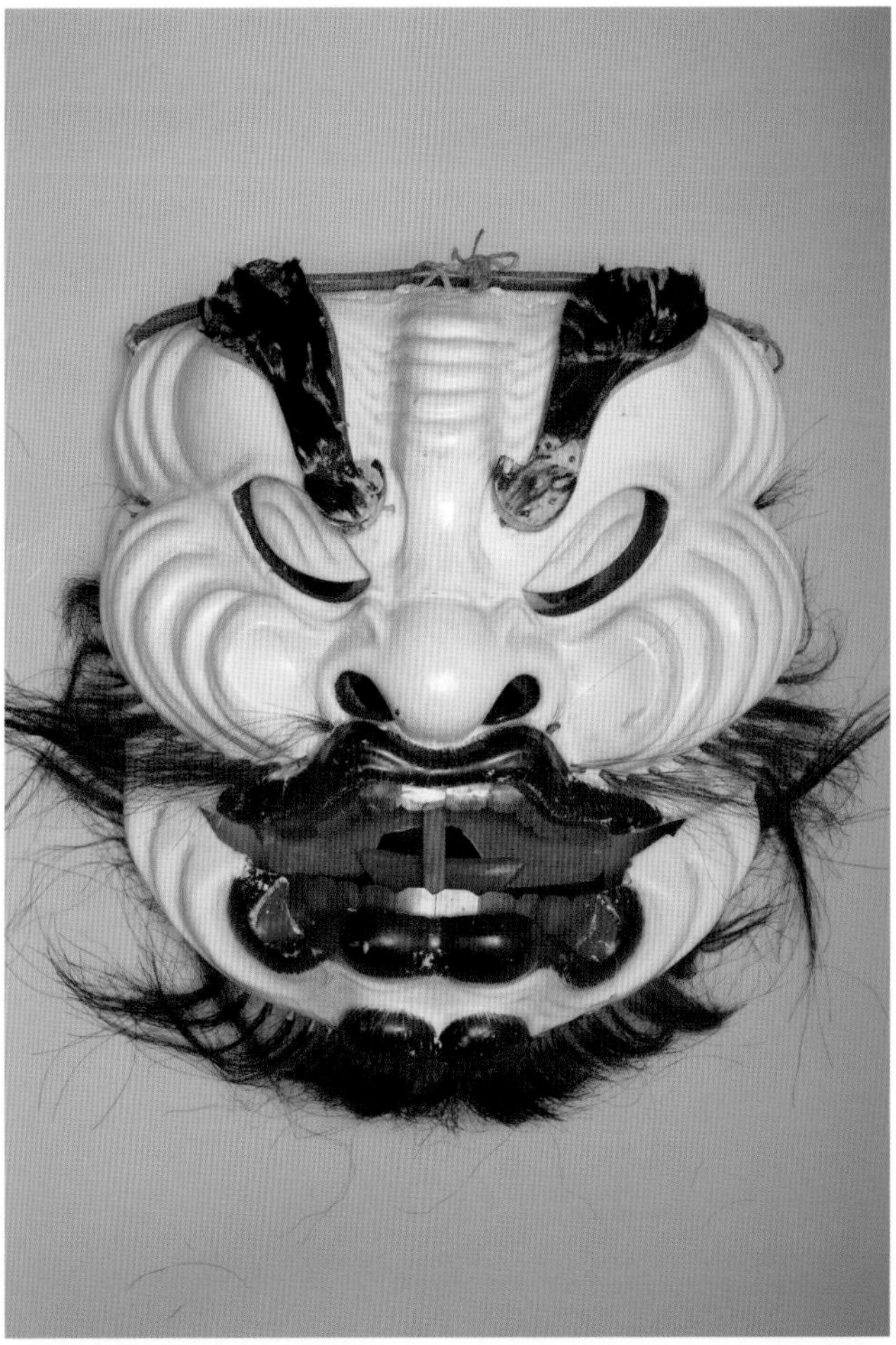
200-2　口を開いた状態

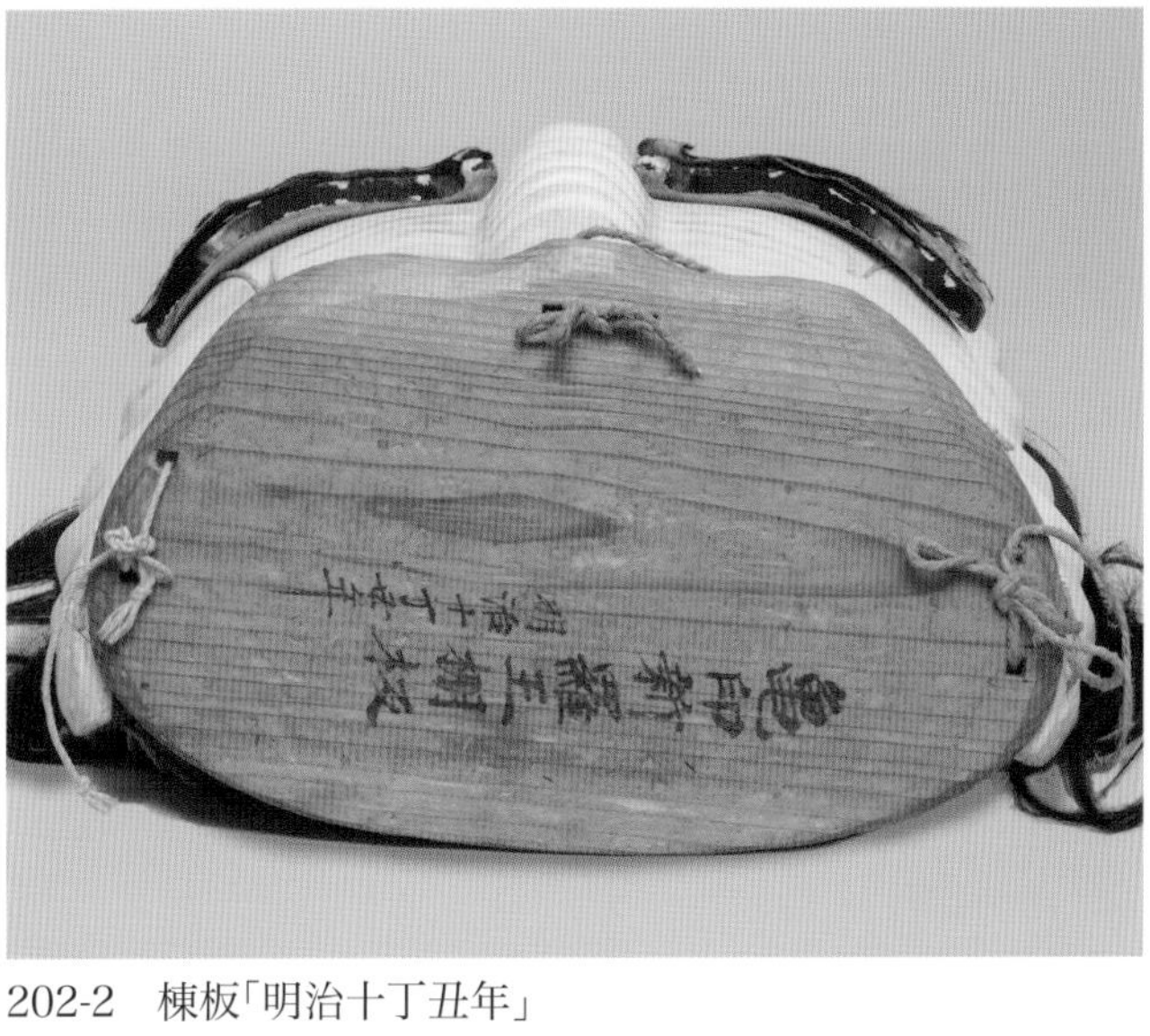
202-2　棟板「明治十丁丑年」

202　新羅王

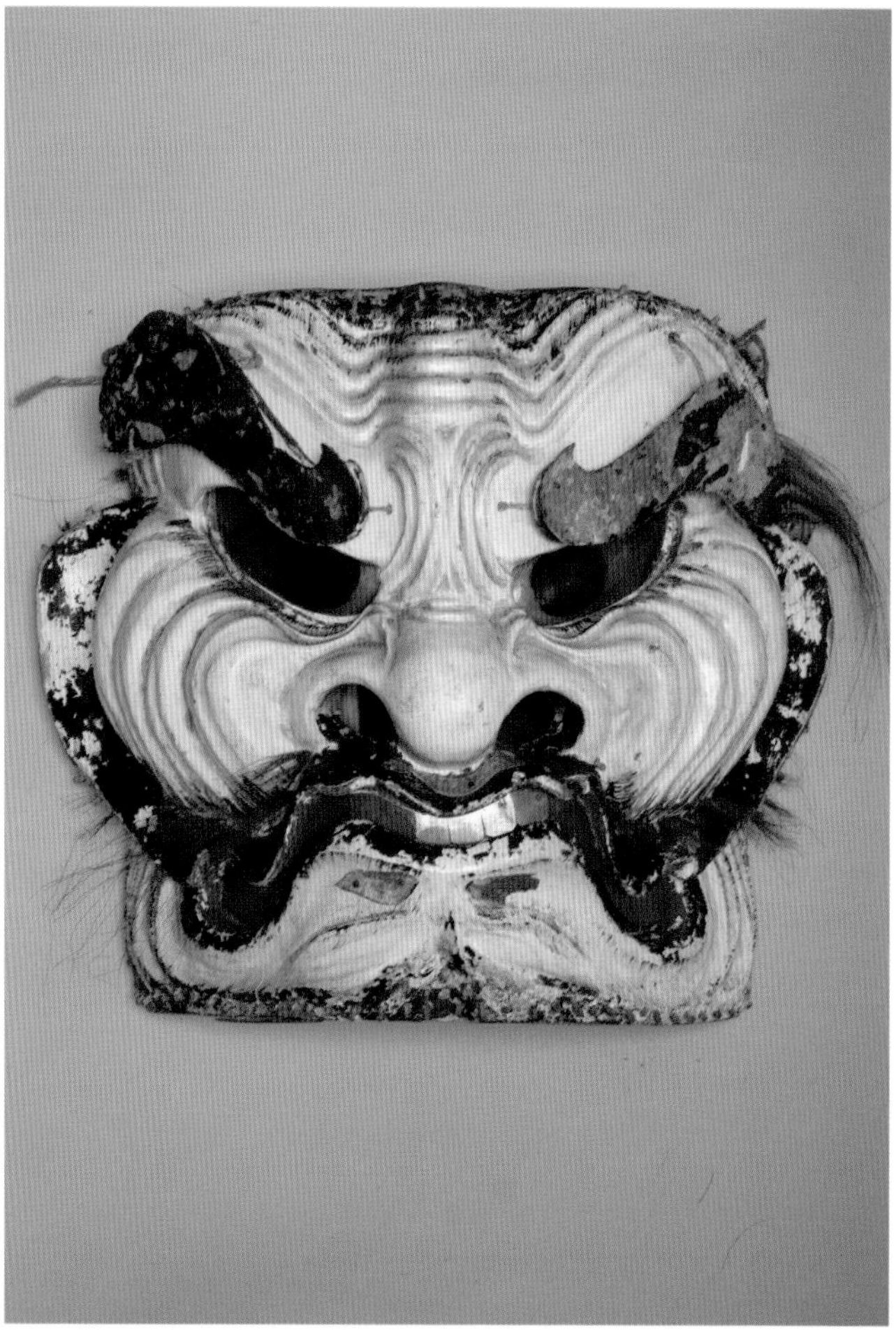

203　新羅王

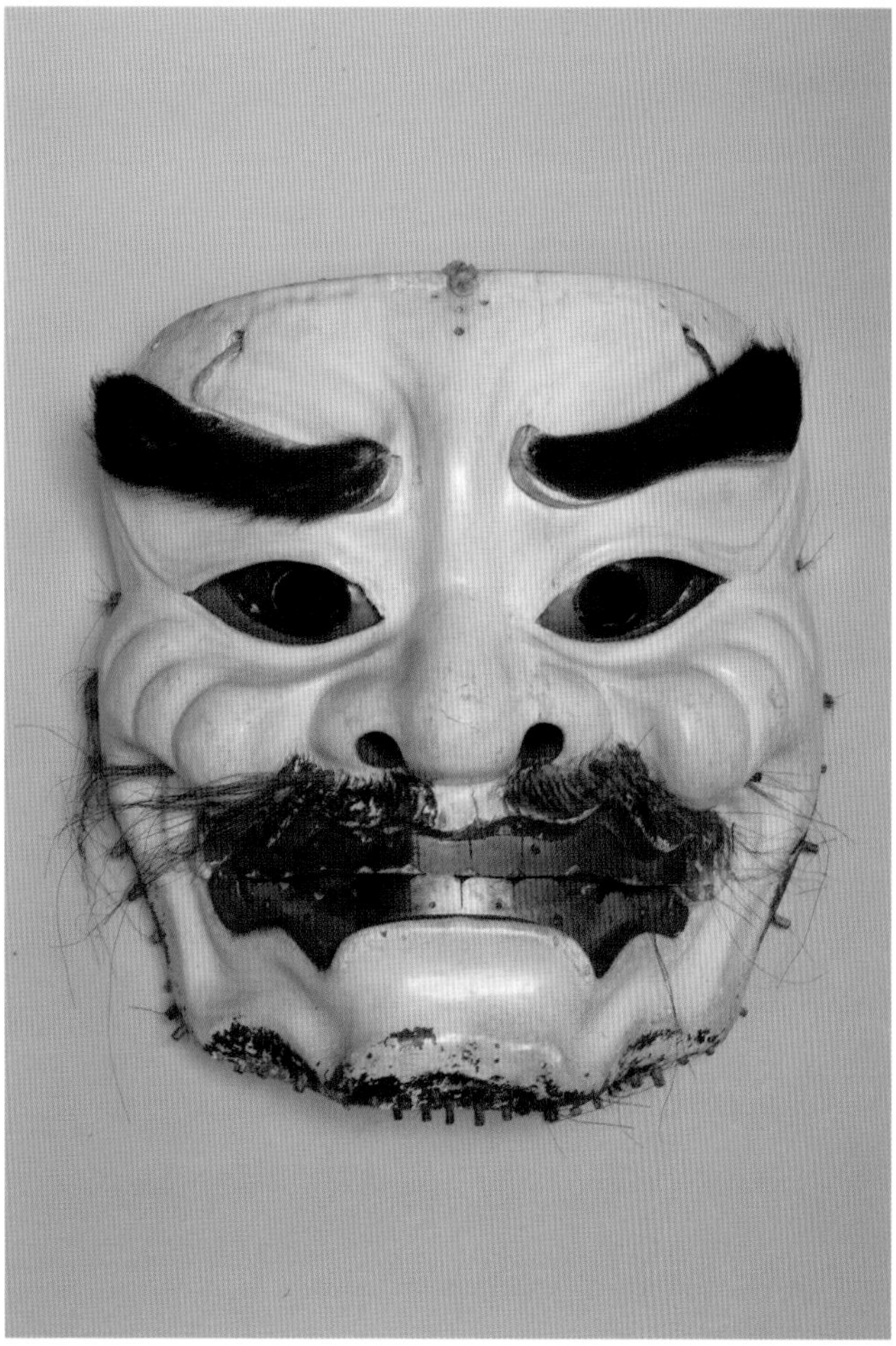

204　百済王

205　百済王

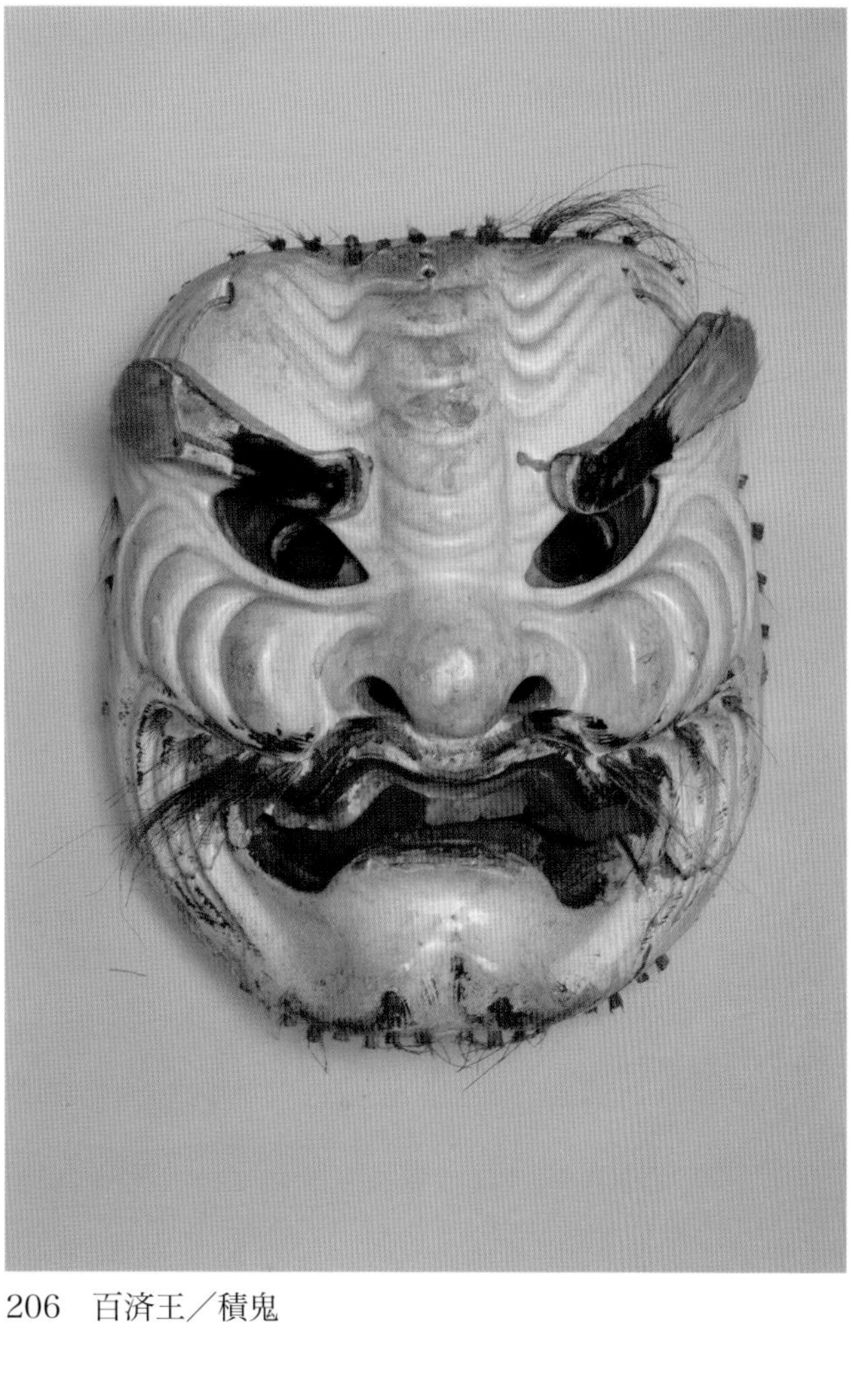

206　百済王／積鬼

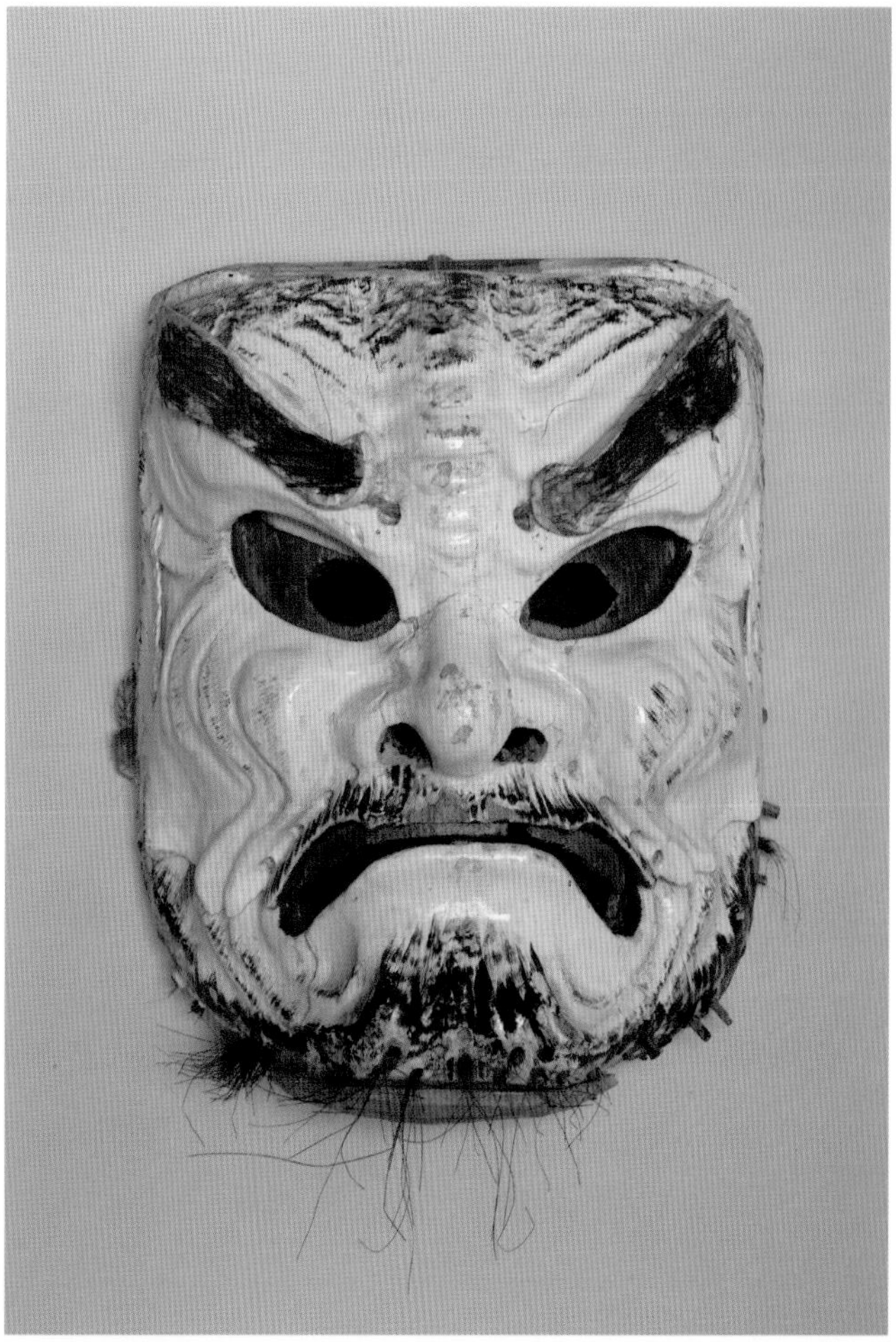
207　百済王

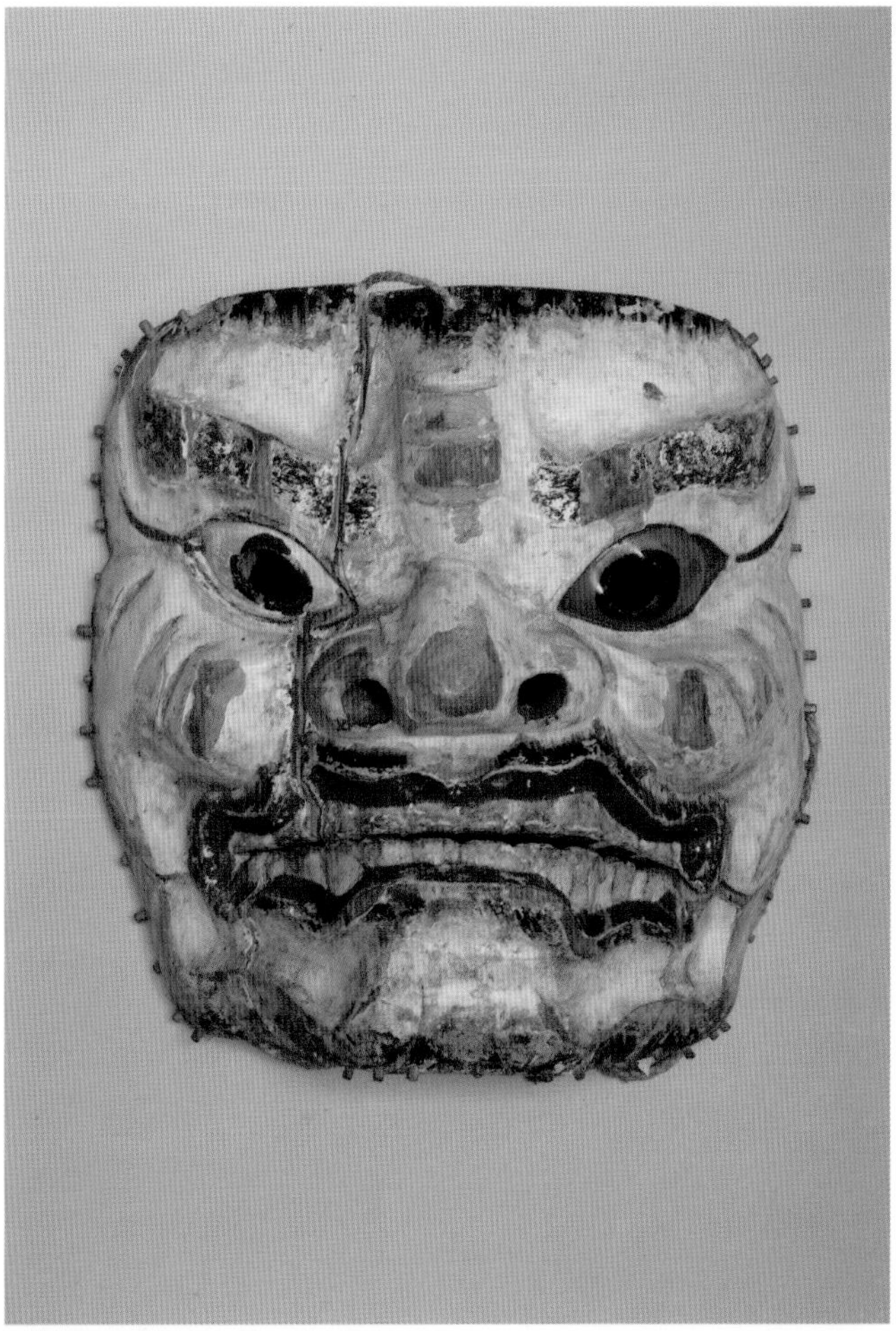
208　百済王

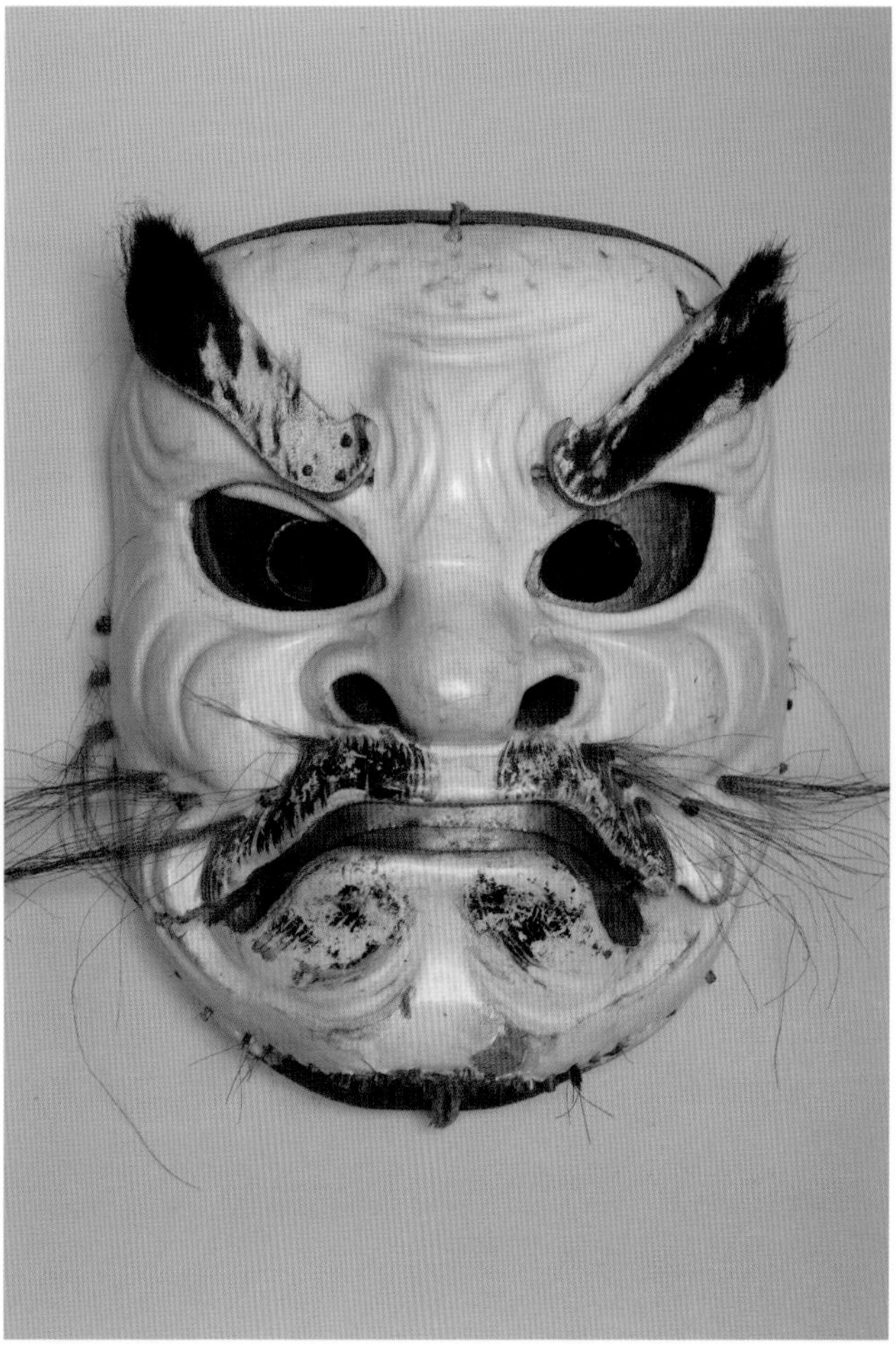
209　高麗王／滅鬼

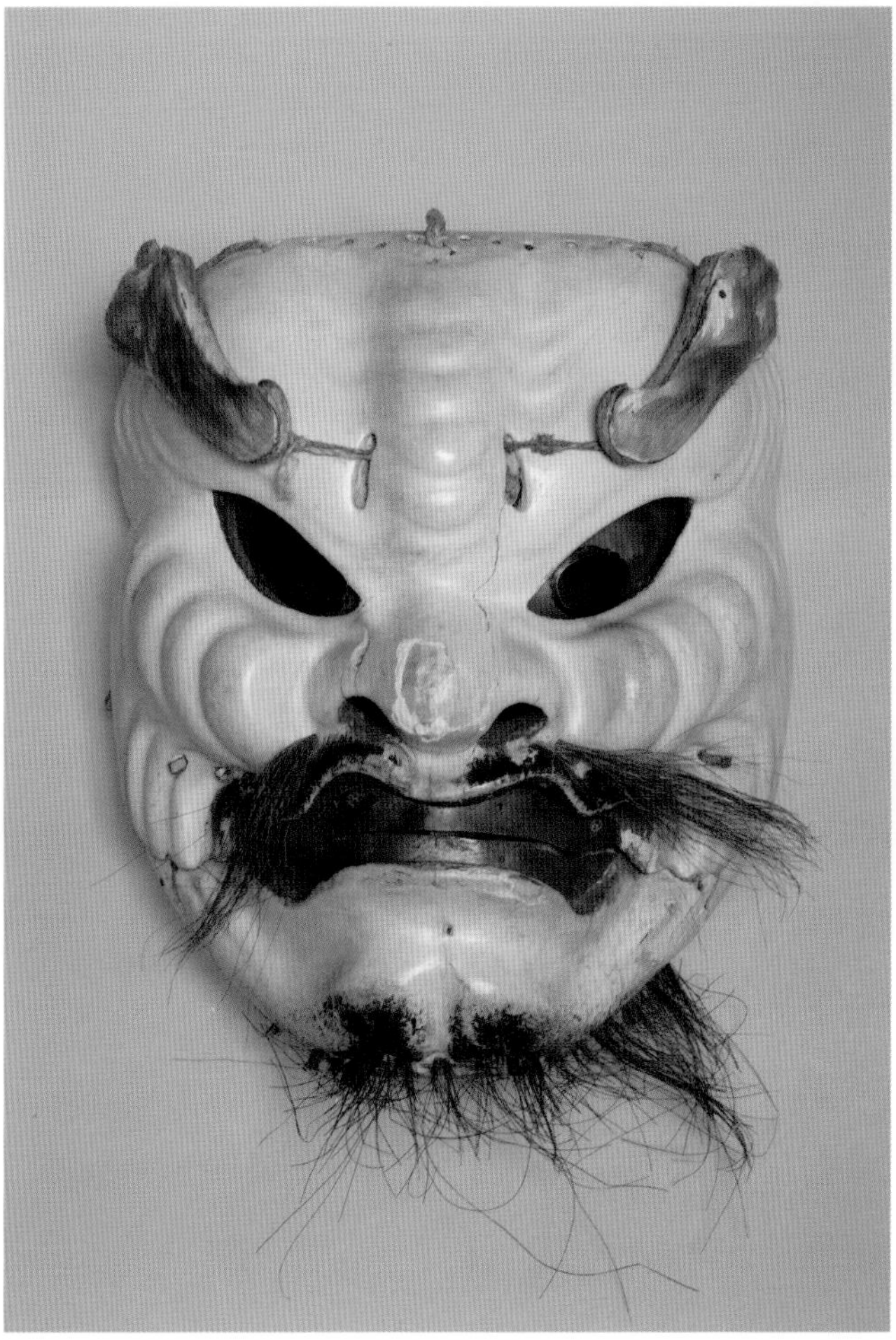
210　高麗(王)

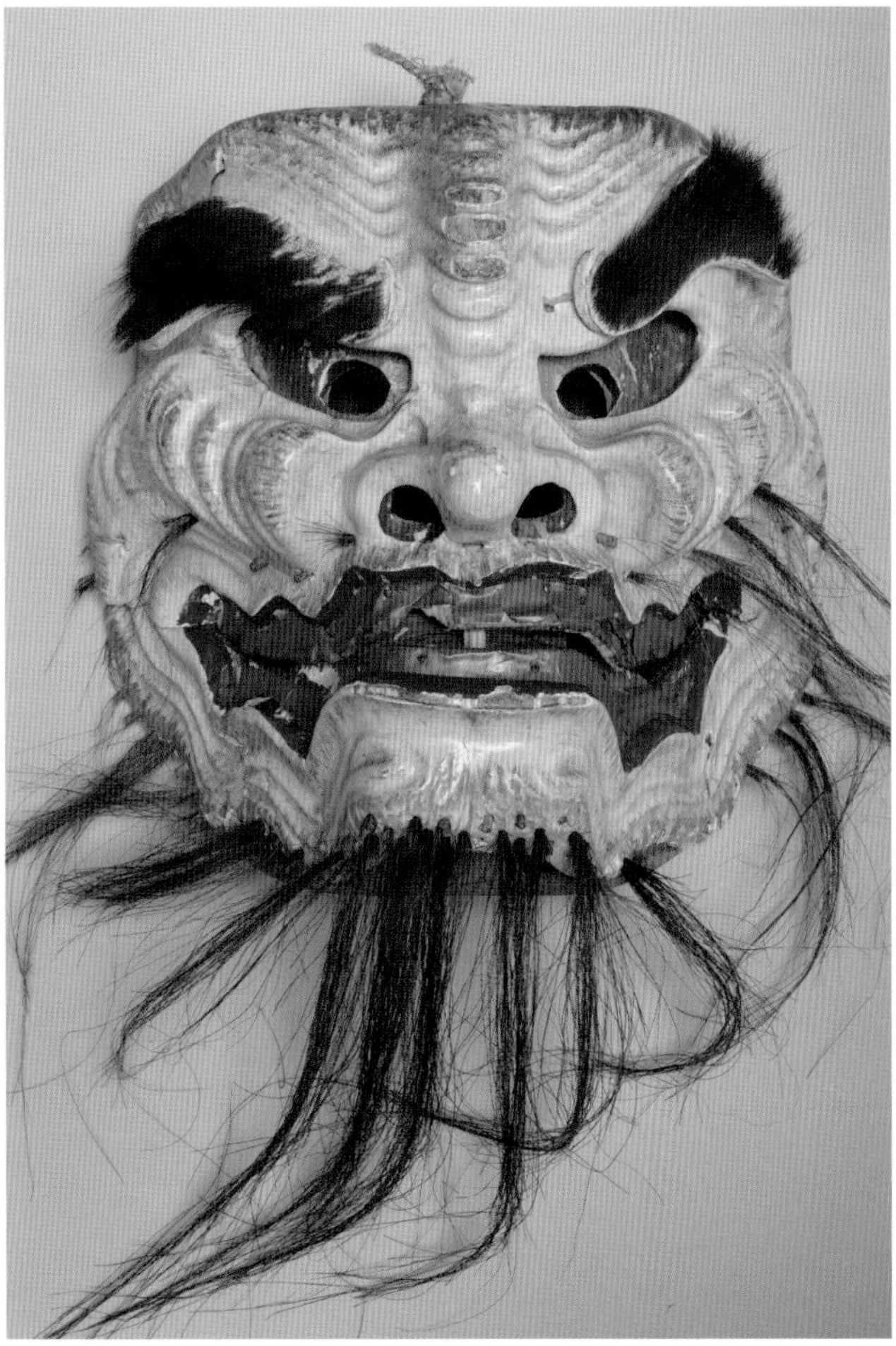

212　鈴鹿山之鬼神

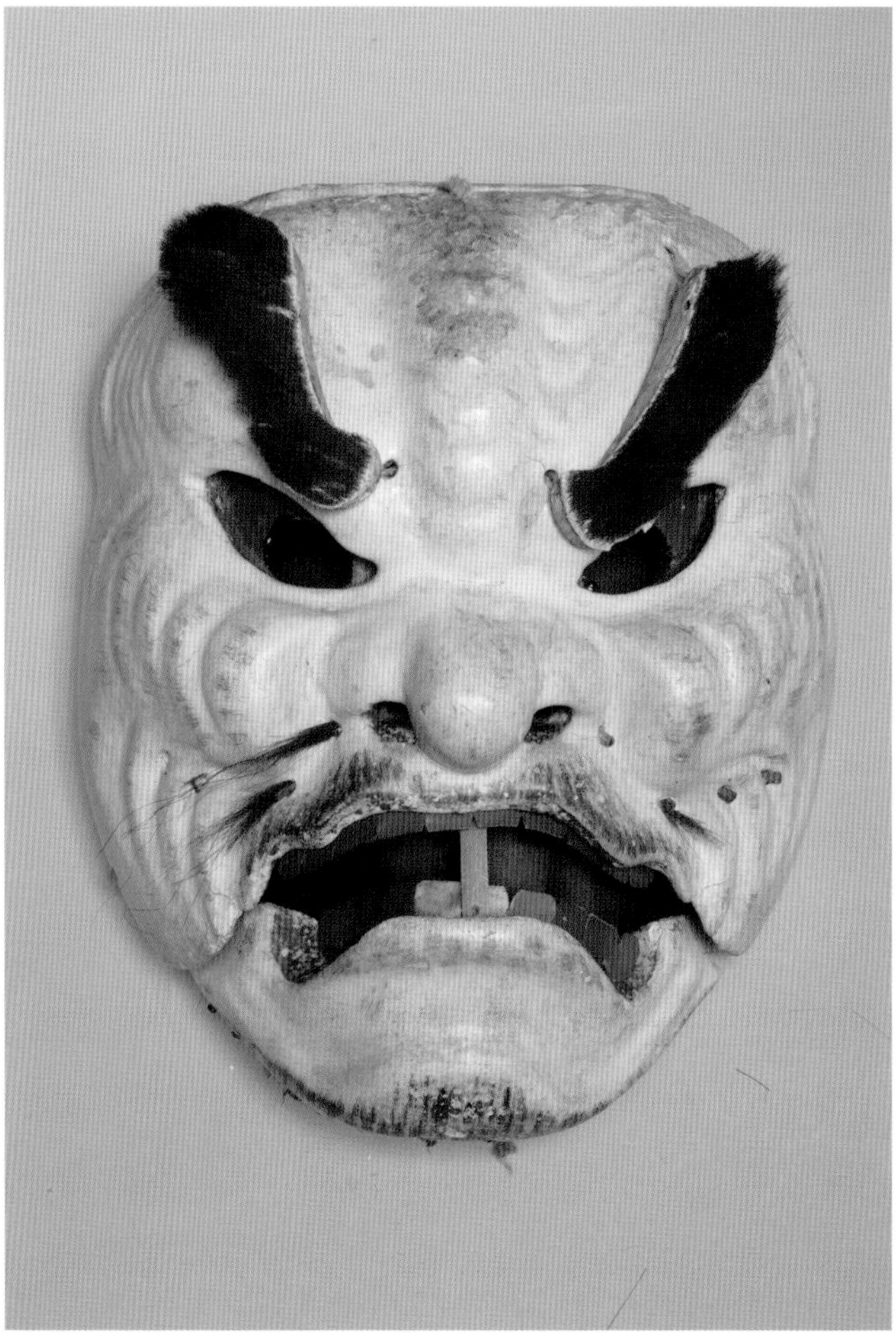

211　高麗王

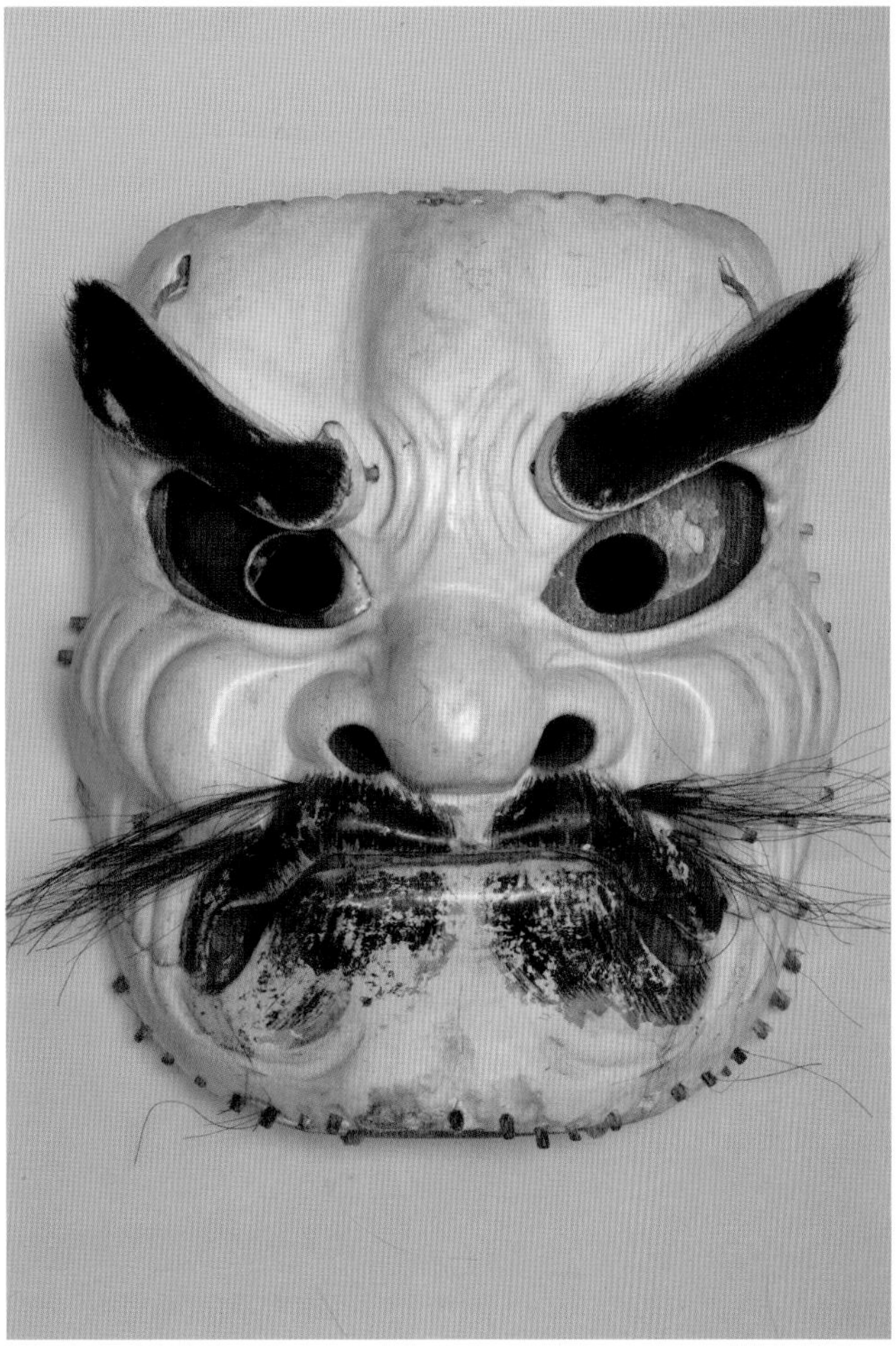

215　（鬼面）

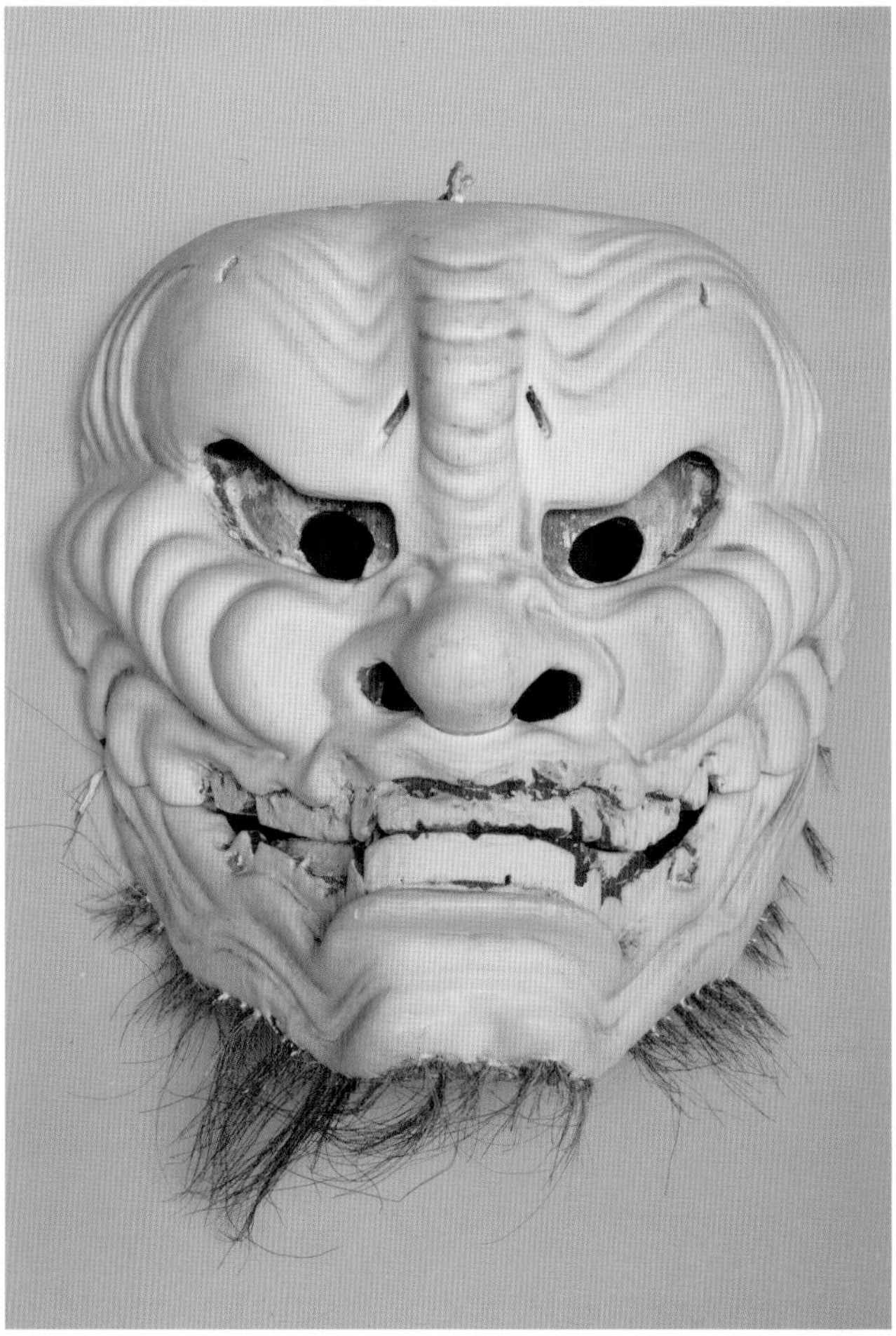

213　鈴鹿山鬼神（製作途中？）

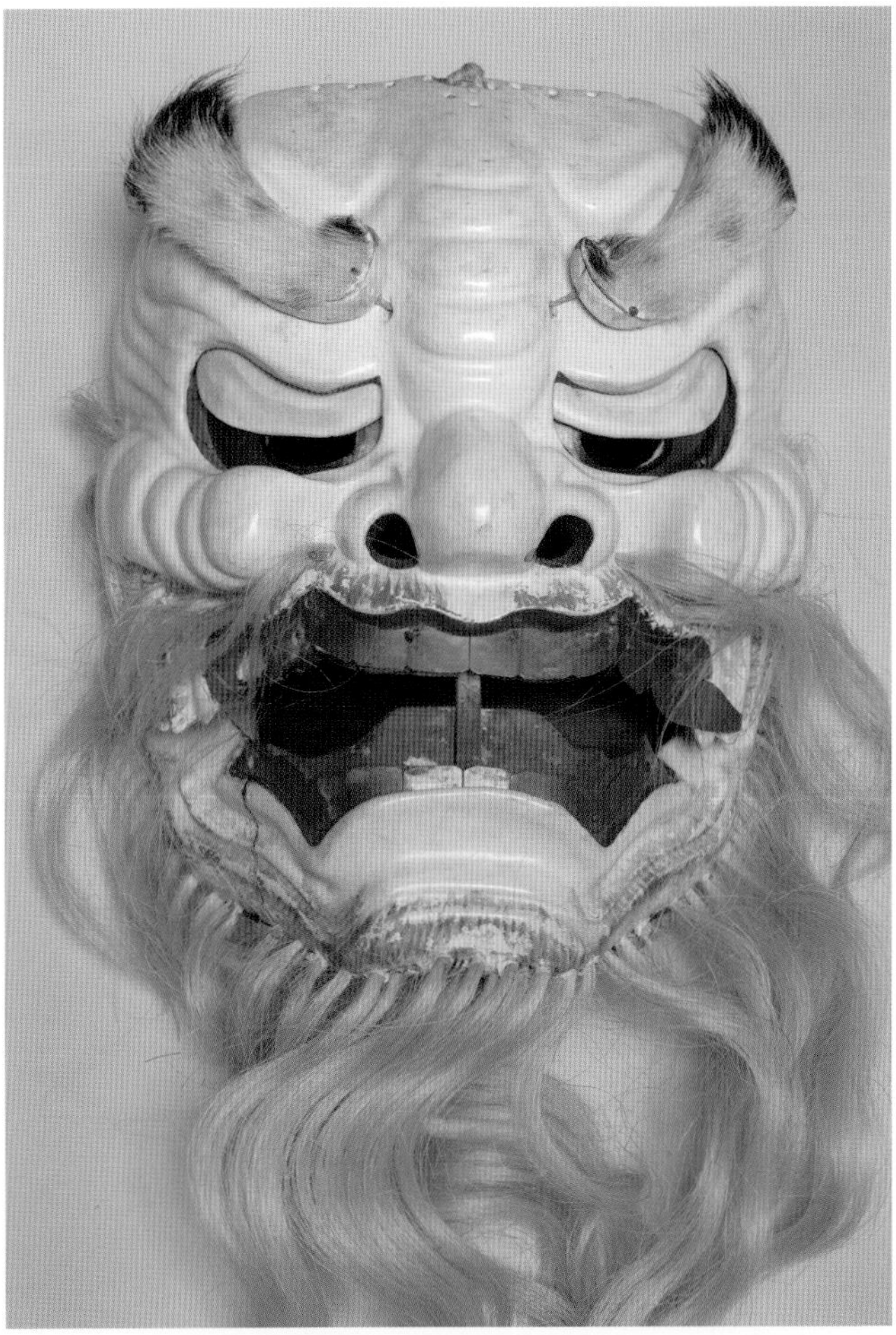

214-2　口を開いた状態

214　鬼神／大真賀火神

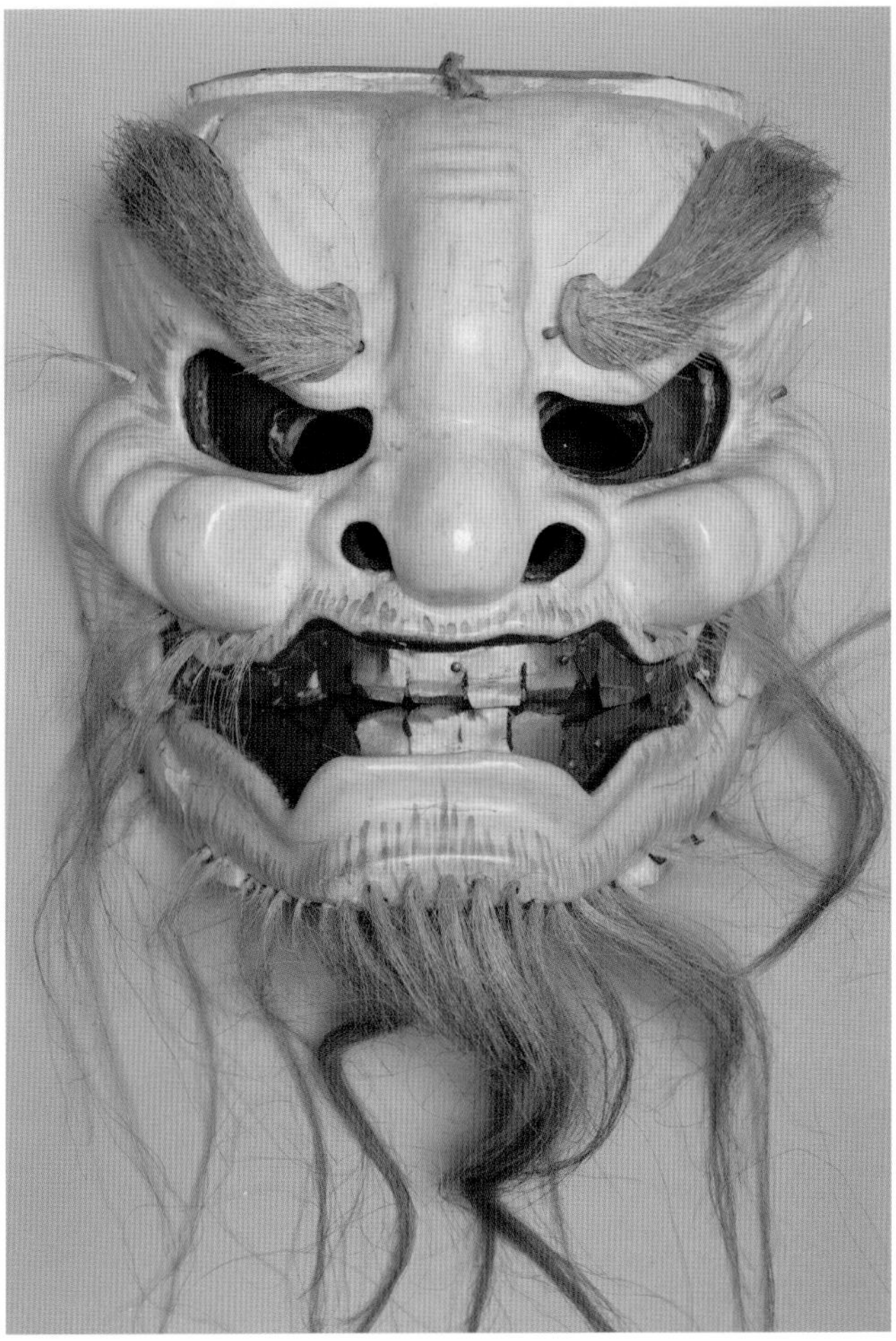

216　鬼神

214-3　裏面

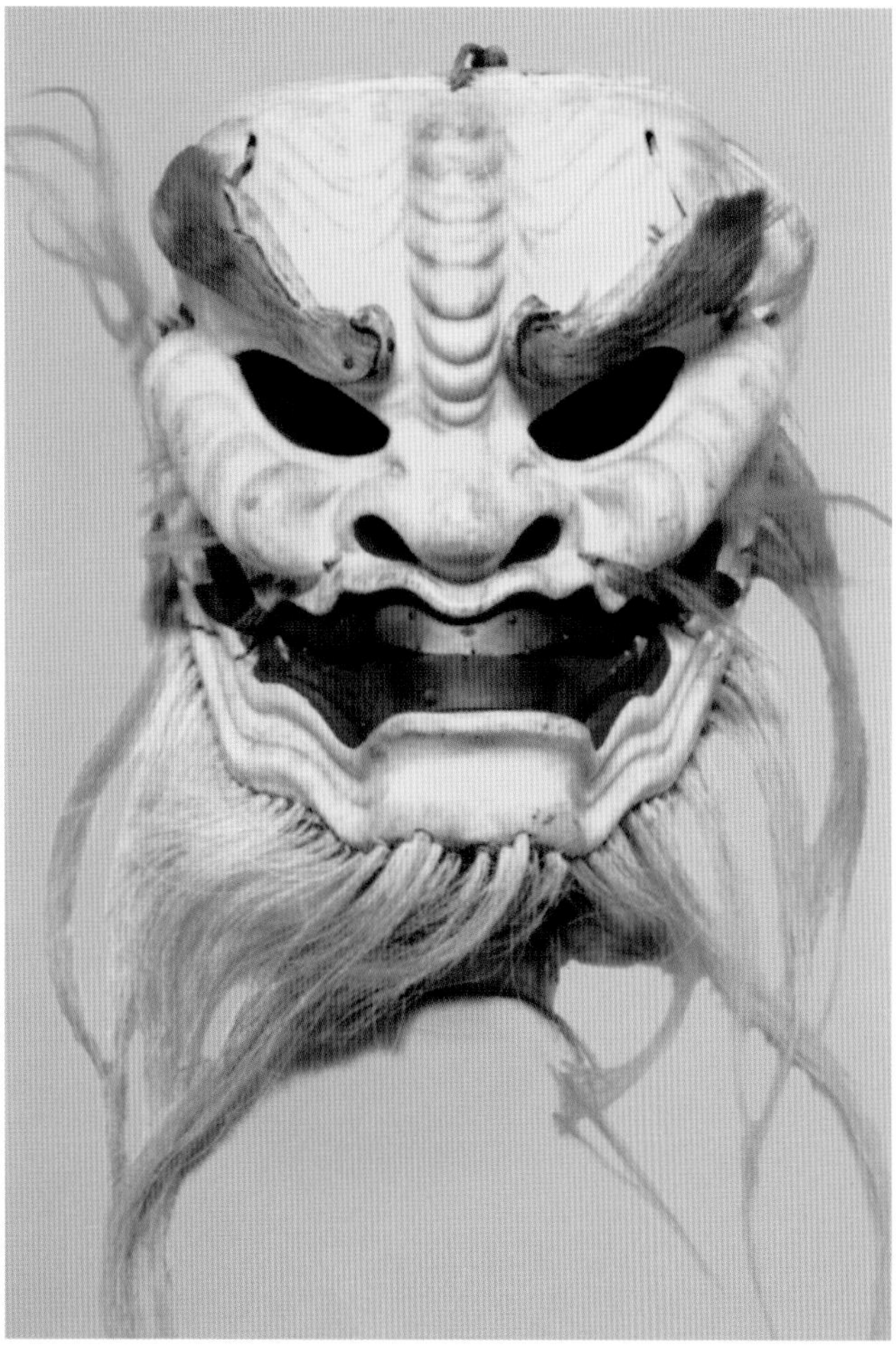

218　鬼神*

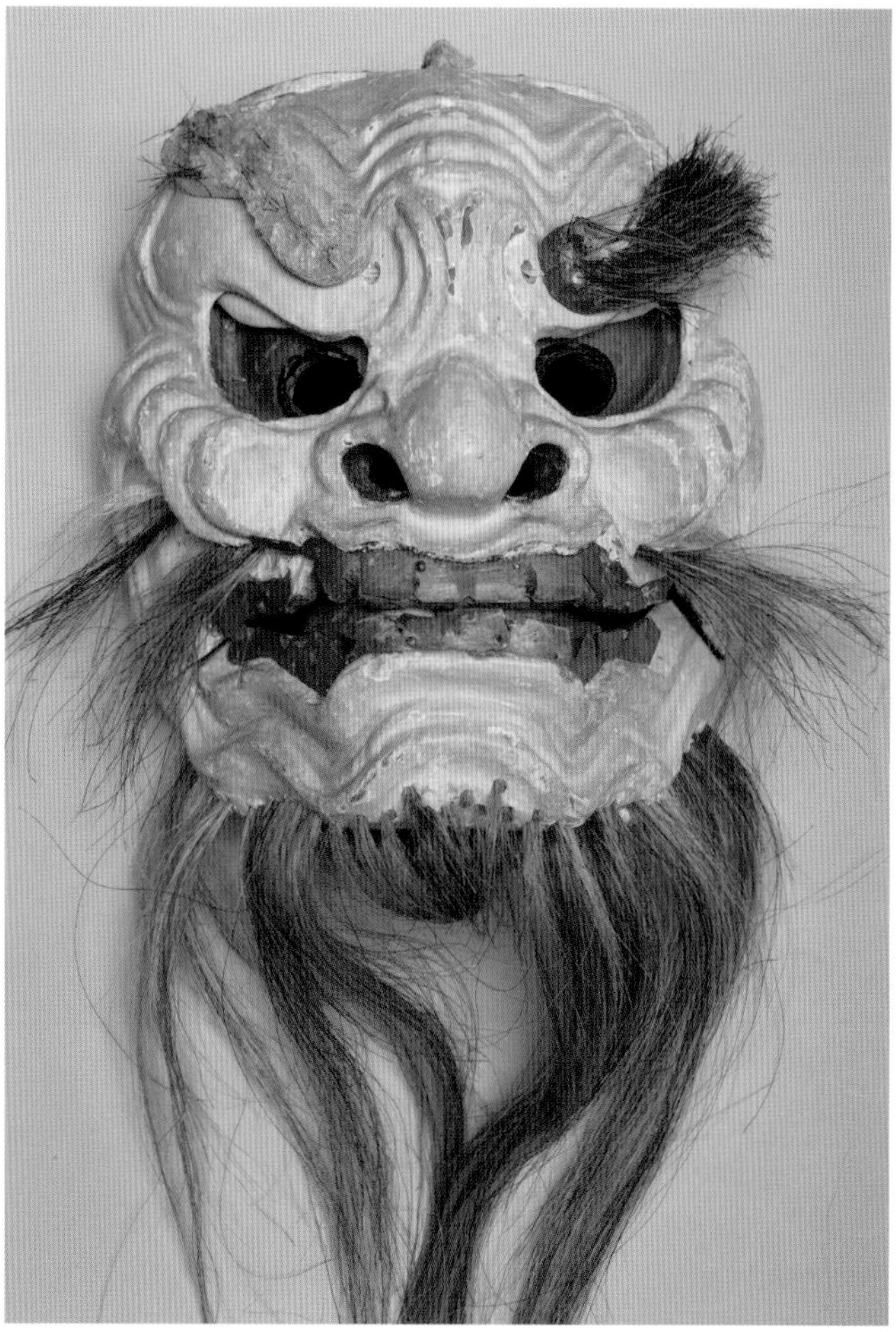

217　鬼神

220　鬼神

219　（鬼面）

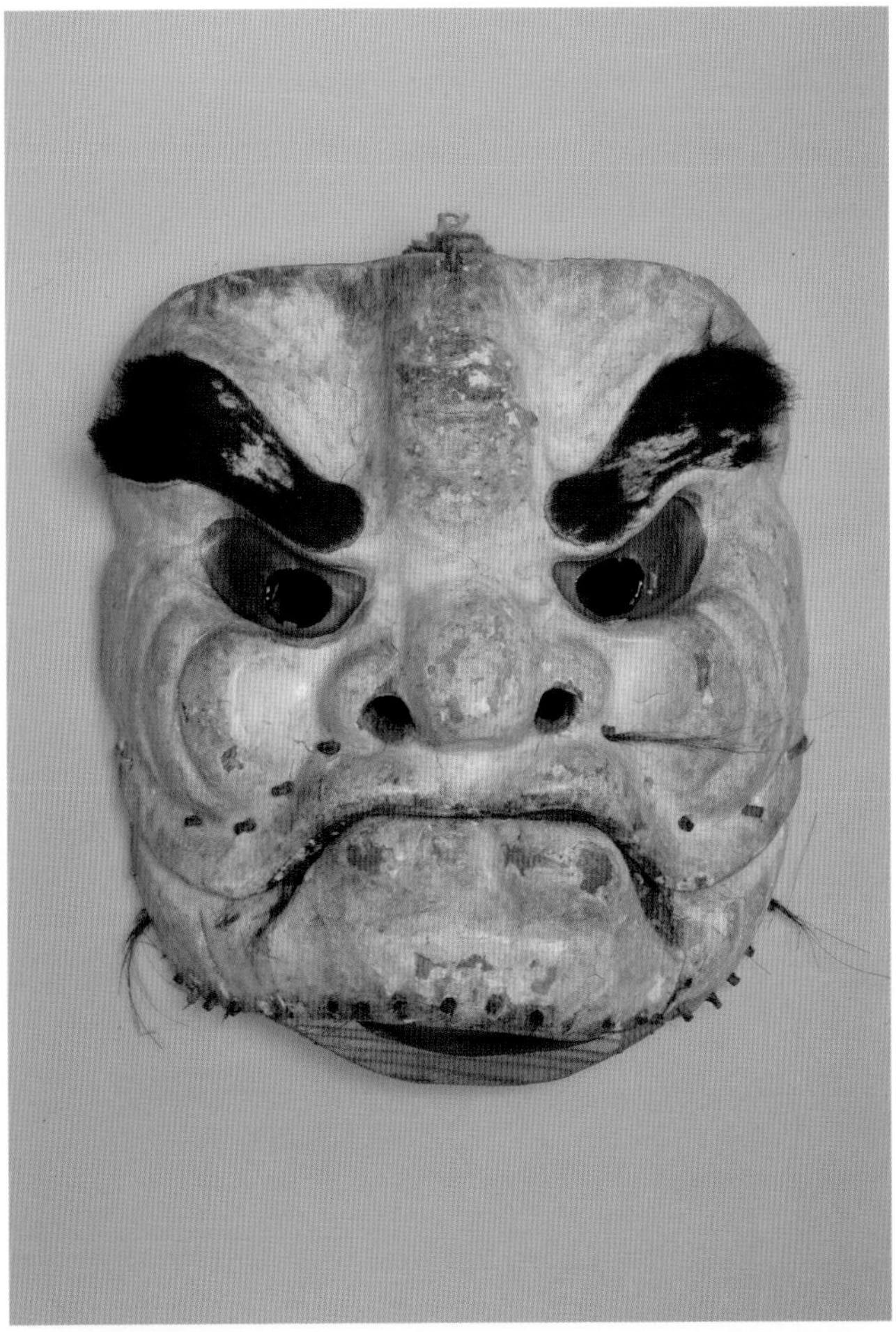

222 (鬼面)

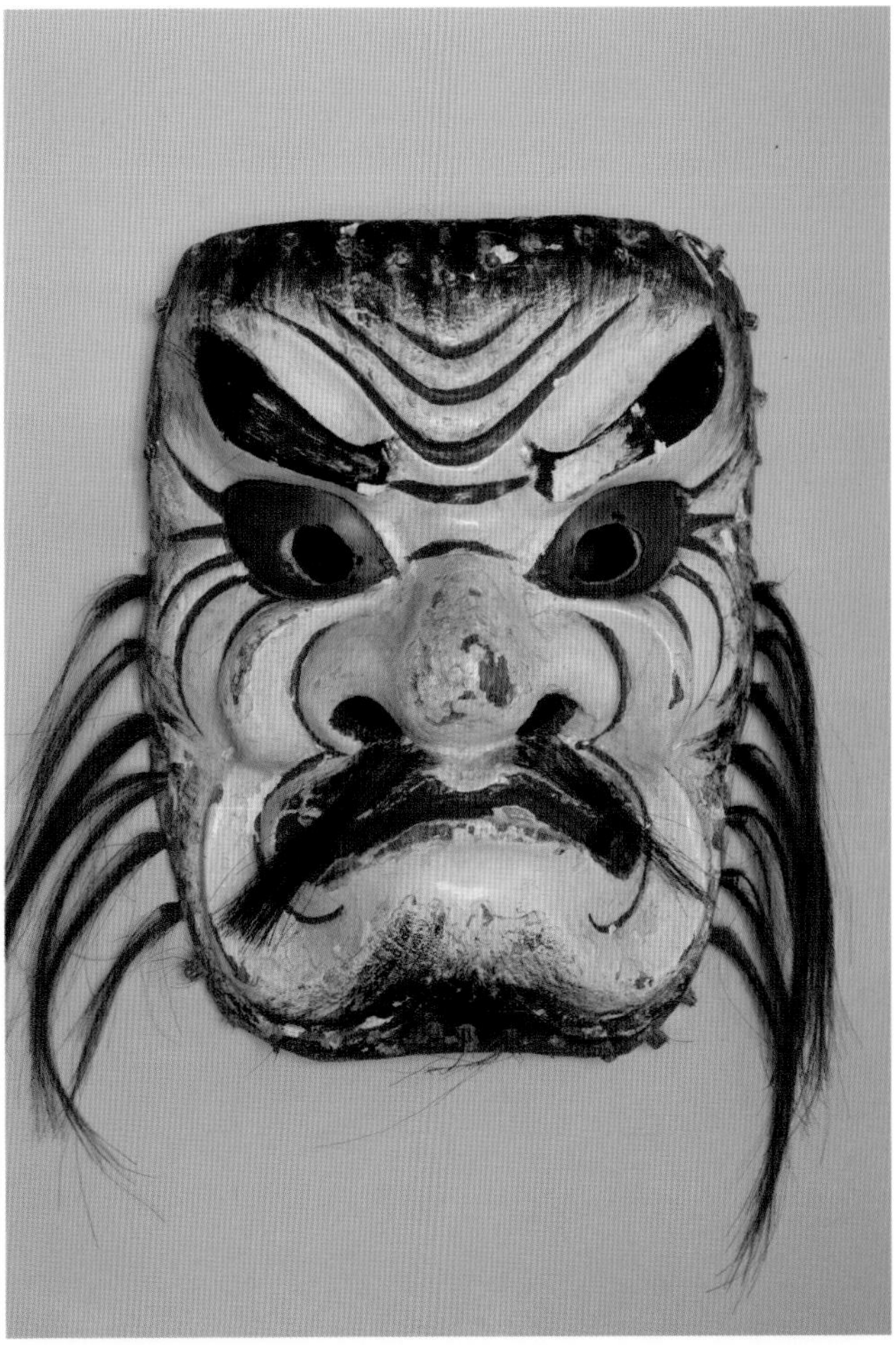

221 小鬼

224 (鬼面)(製作見本？)

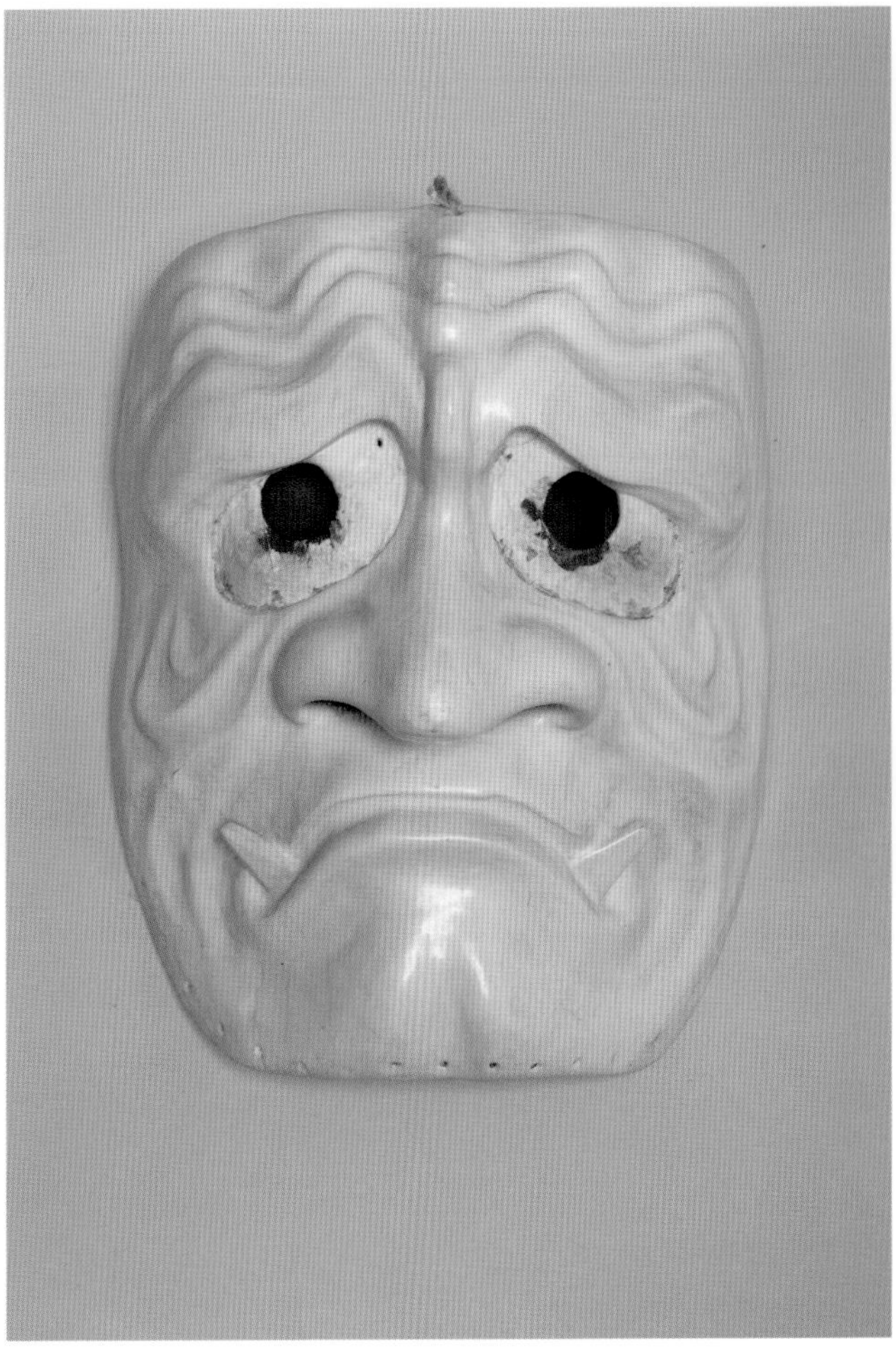

223 (鬼面)(製作途中？)

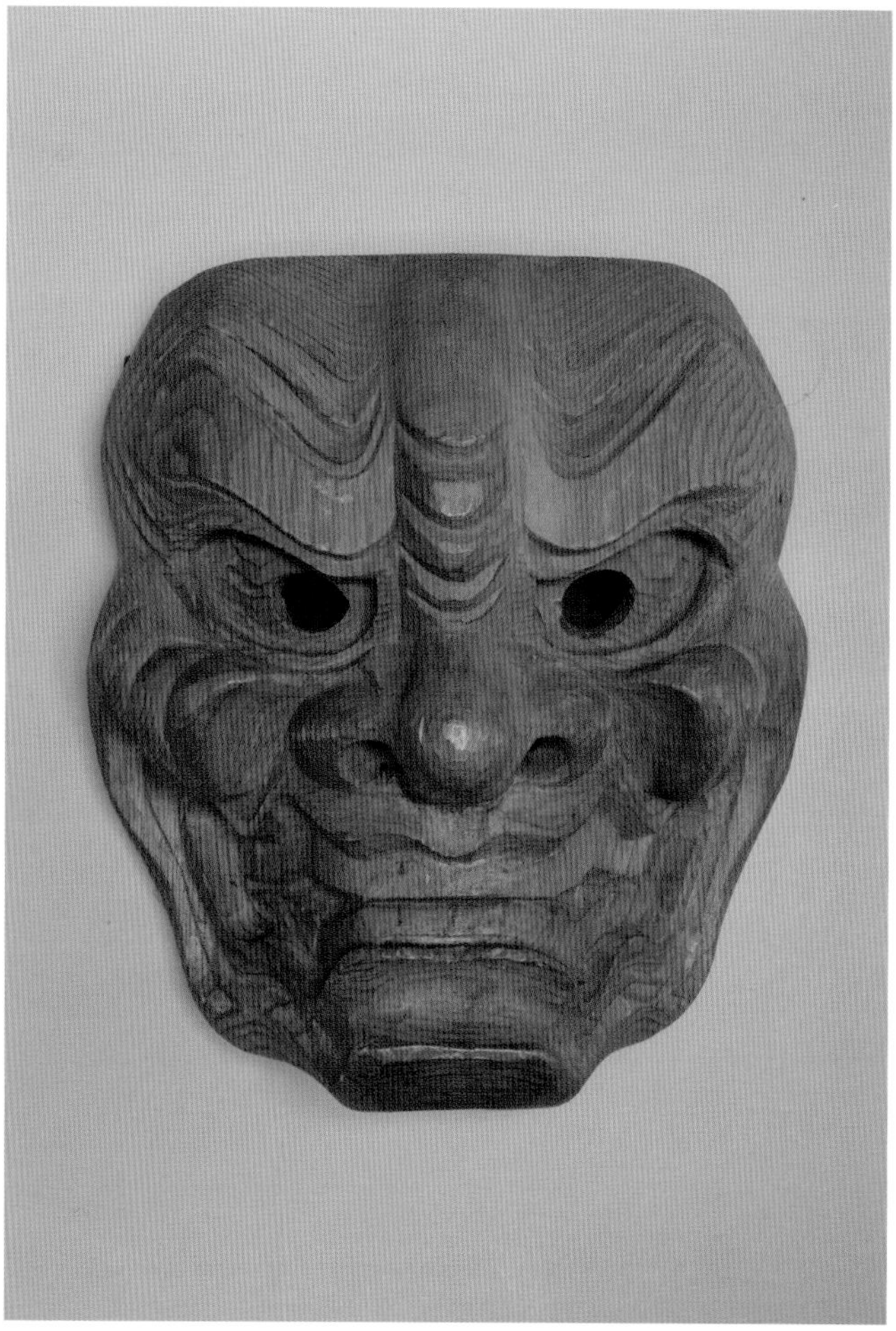

225 （鬼面）（製作見本？）

226 （鬼面）（製作見本？）

227 （鬼面）（製作見本？）

7 蛇頭

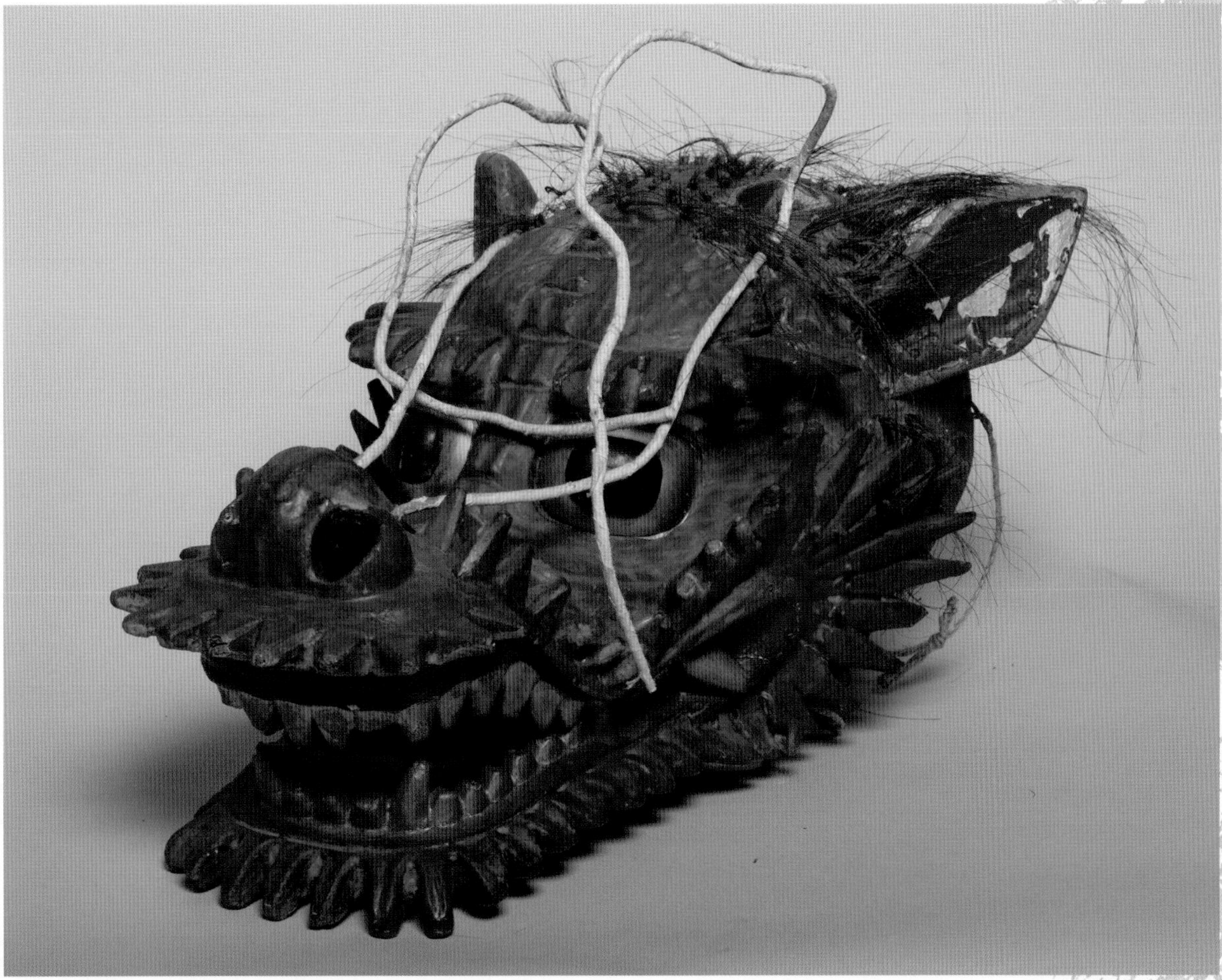

228　蛇頭

233　蛇頭

8 その他

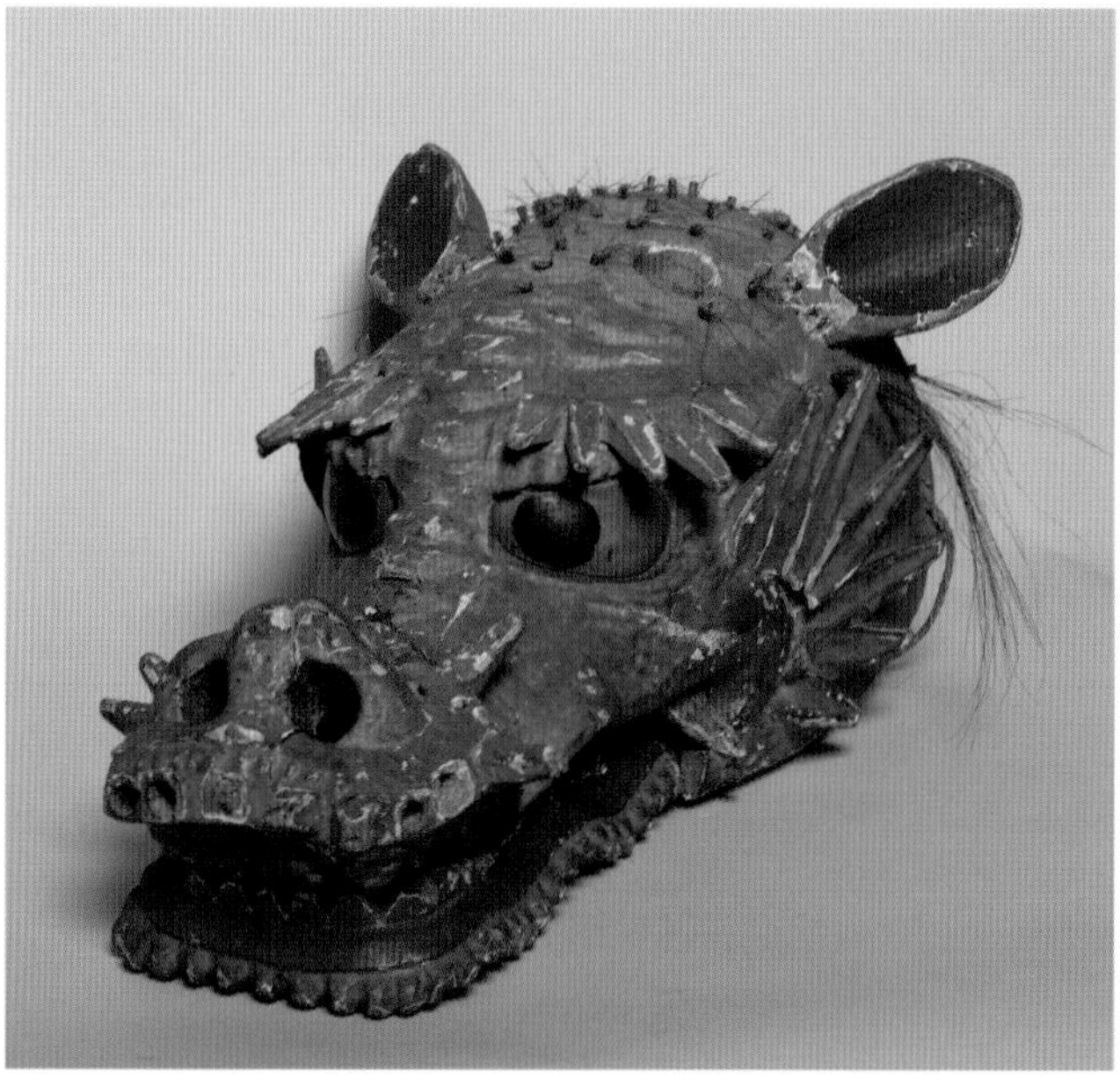
229　蛇頭

230　蛇頭

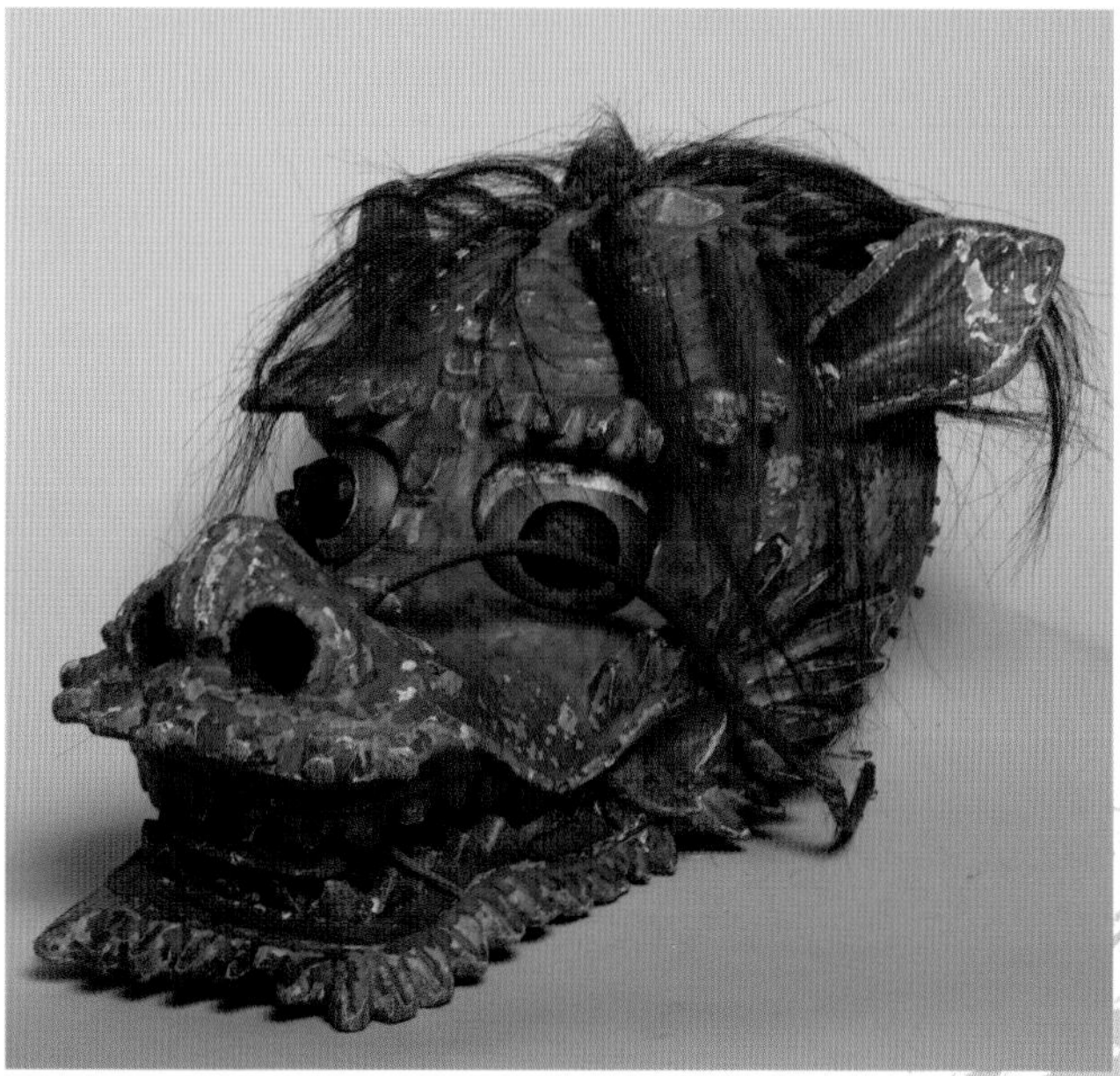
231　蛇頭

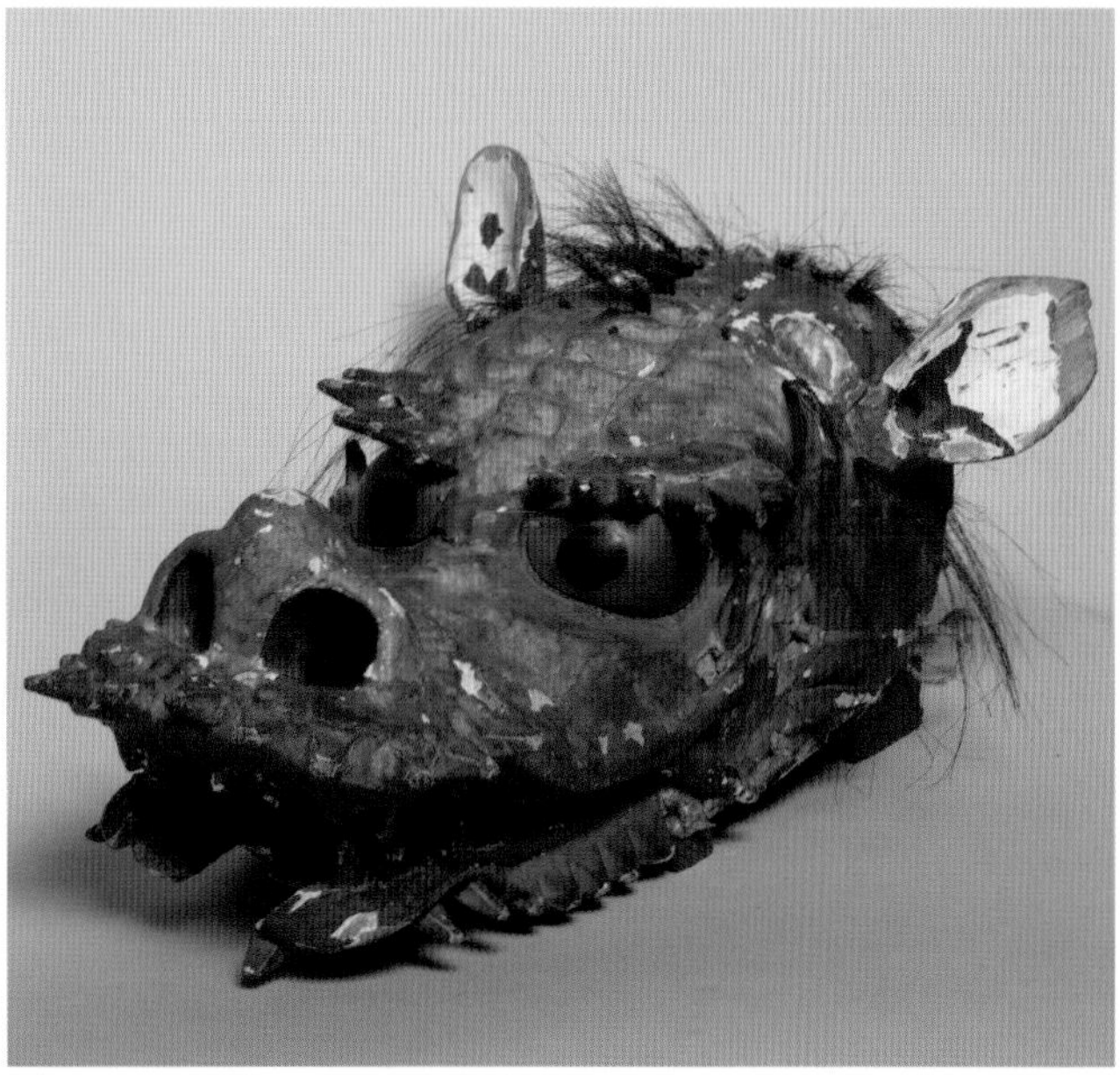
232　蛇頭

235　(狐)

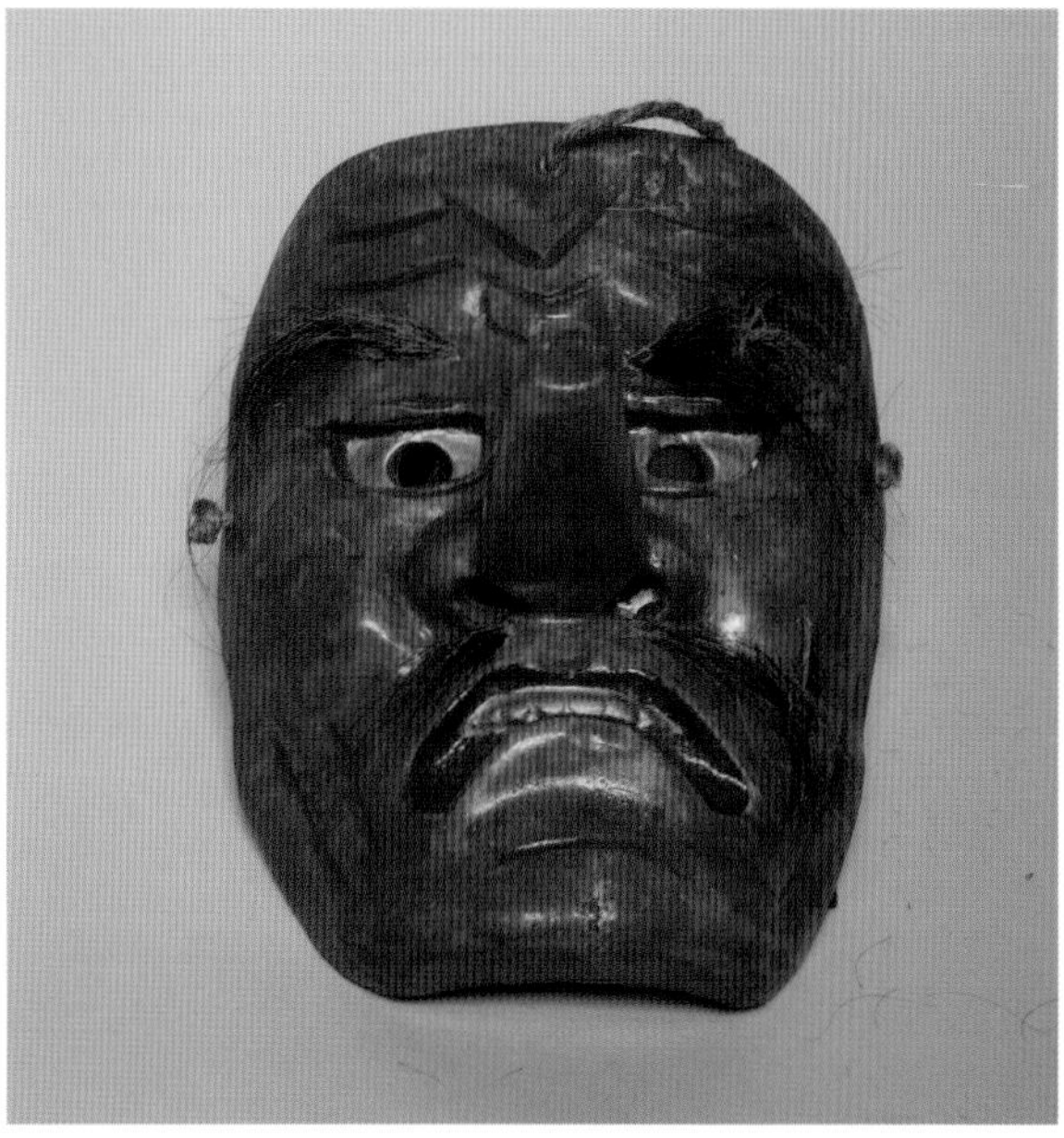
236　猿田彦命

234　(狐)

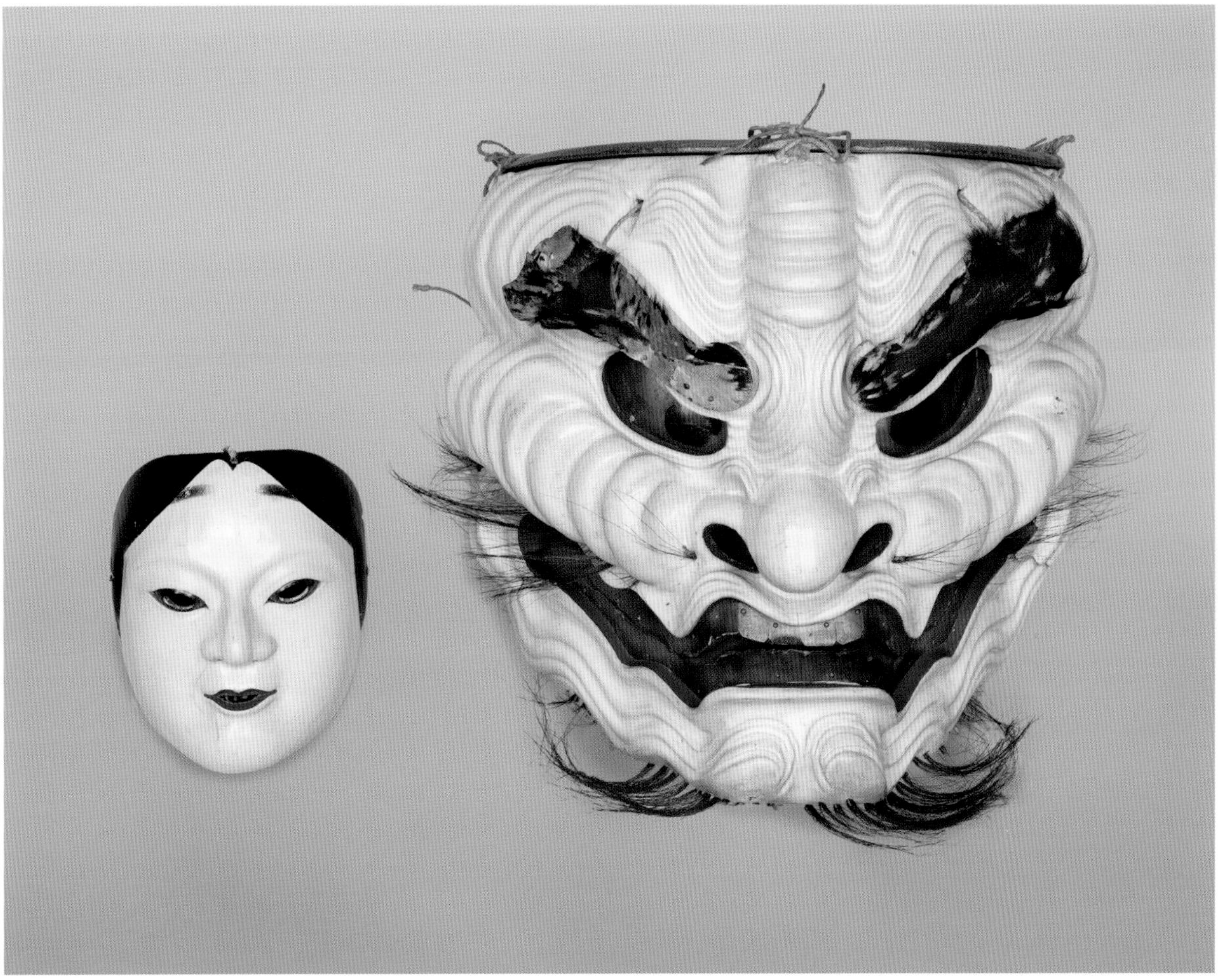

日御崎面(101)と彦張面(187)

二、神楽面（見々久神楽保持者会蔵）

1　翁／天ノ御中主／老神

2　神功皇后／日本姫　・　3　武氏（武内宿祢）

11　埴山姫　・　12　思兼神

13　鰐替瀬尊　・　14　飴若彦／和田

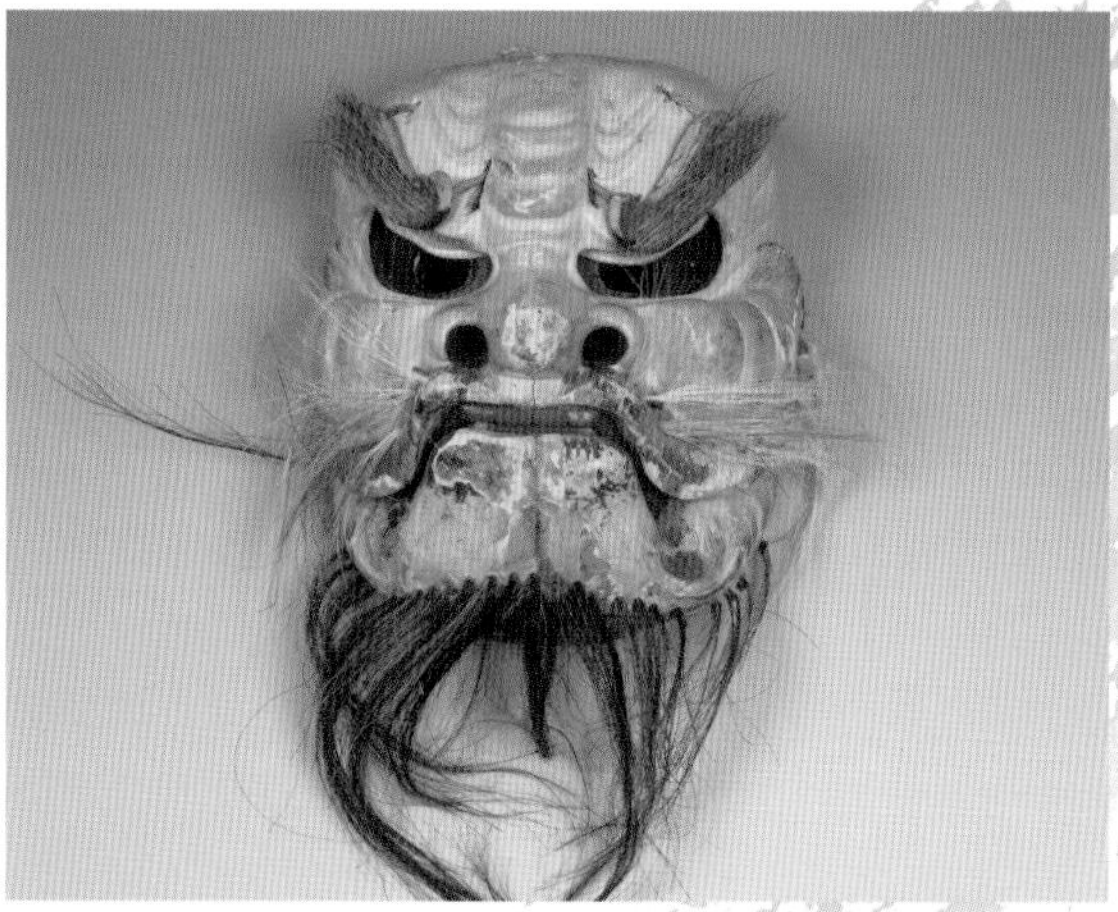

15　（山の神）

16　稲田姫／此花咲屋姫　・　17　（切目）

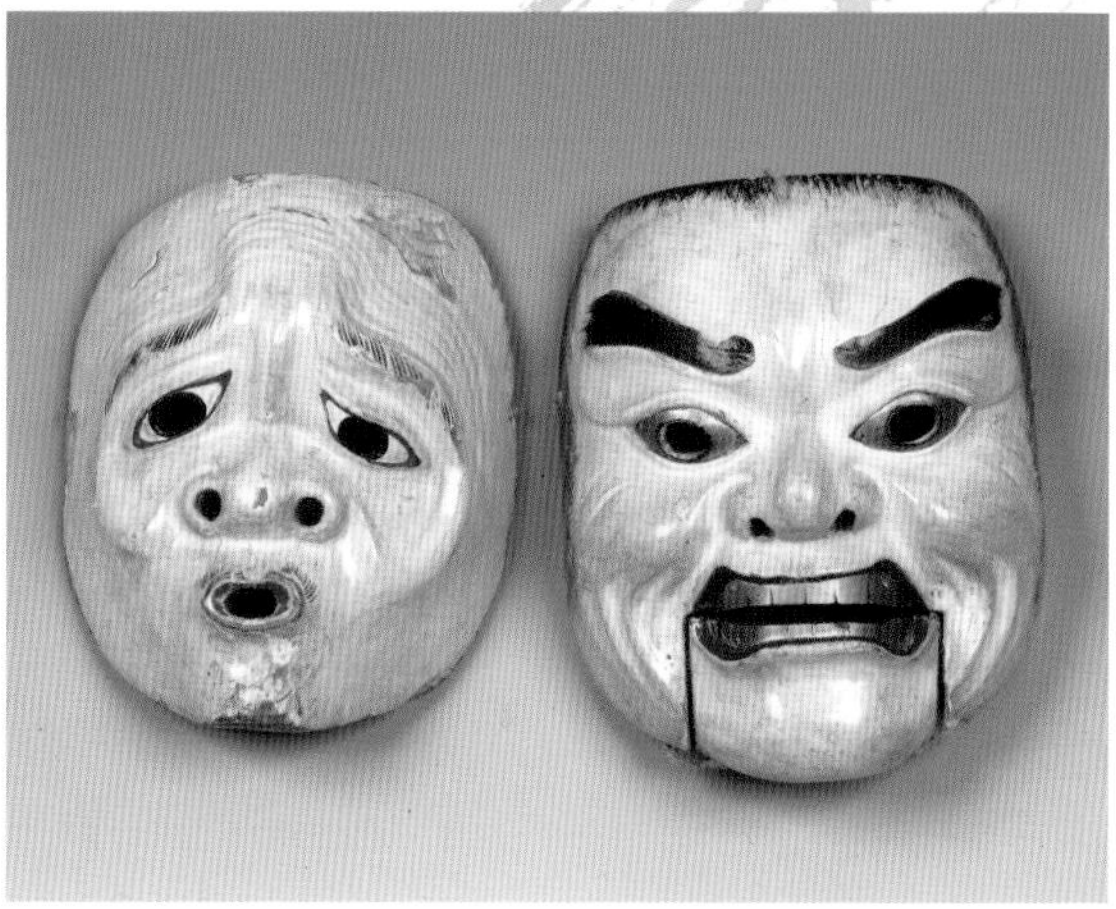

21　（里人）・　22　田邑丸是則将軍

18　素盞鳴　・　19　足名槌　・　20　足名槌

4-7 （上段左から）水速之尊／水之神・軻愚突智尊／火之神・水速女尊／水之神・句々廼馳尊／木ノ神

8 武名方（建御名方）・
9 武甕槌尊／三熊山ノ前／三宝大荒神（下段左）・10 経津主尊／三熊山ノ前／三宝大荒神（下段右）

23（恵比酒）・24　八幡/大歳

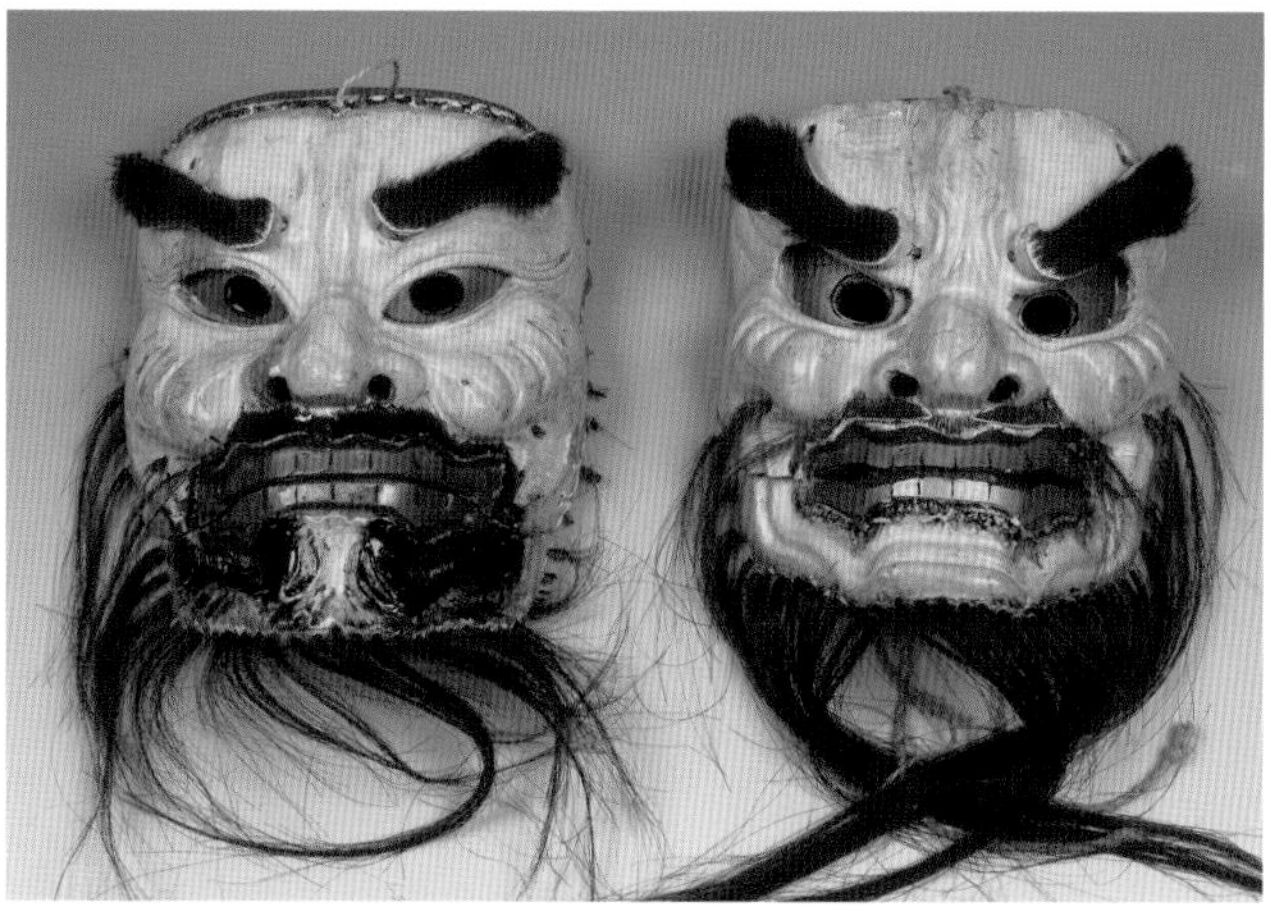

25（百済王）・26　高麗王/滅鬼

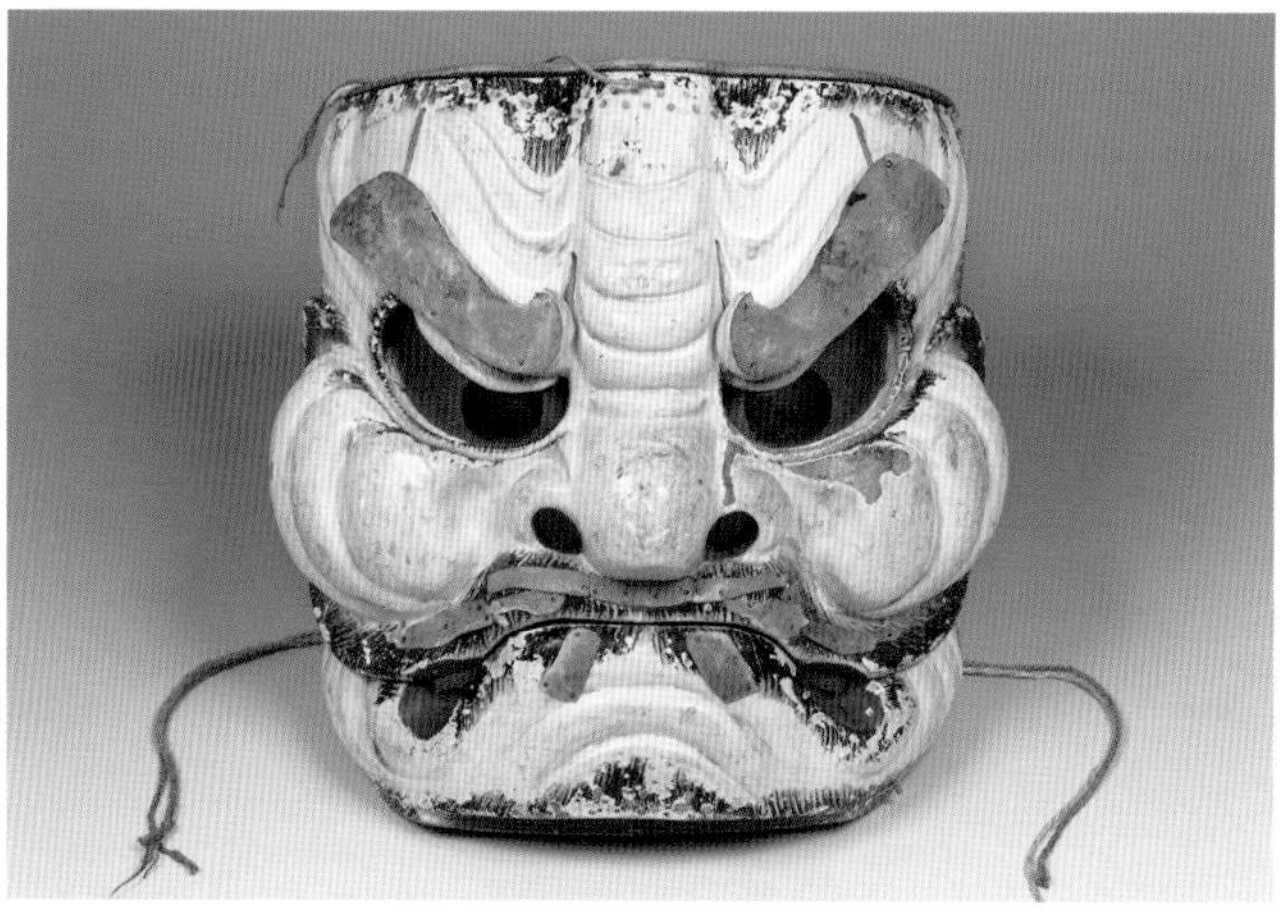

27　新羅王

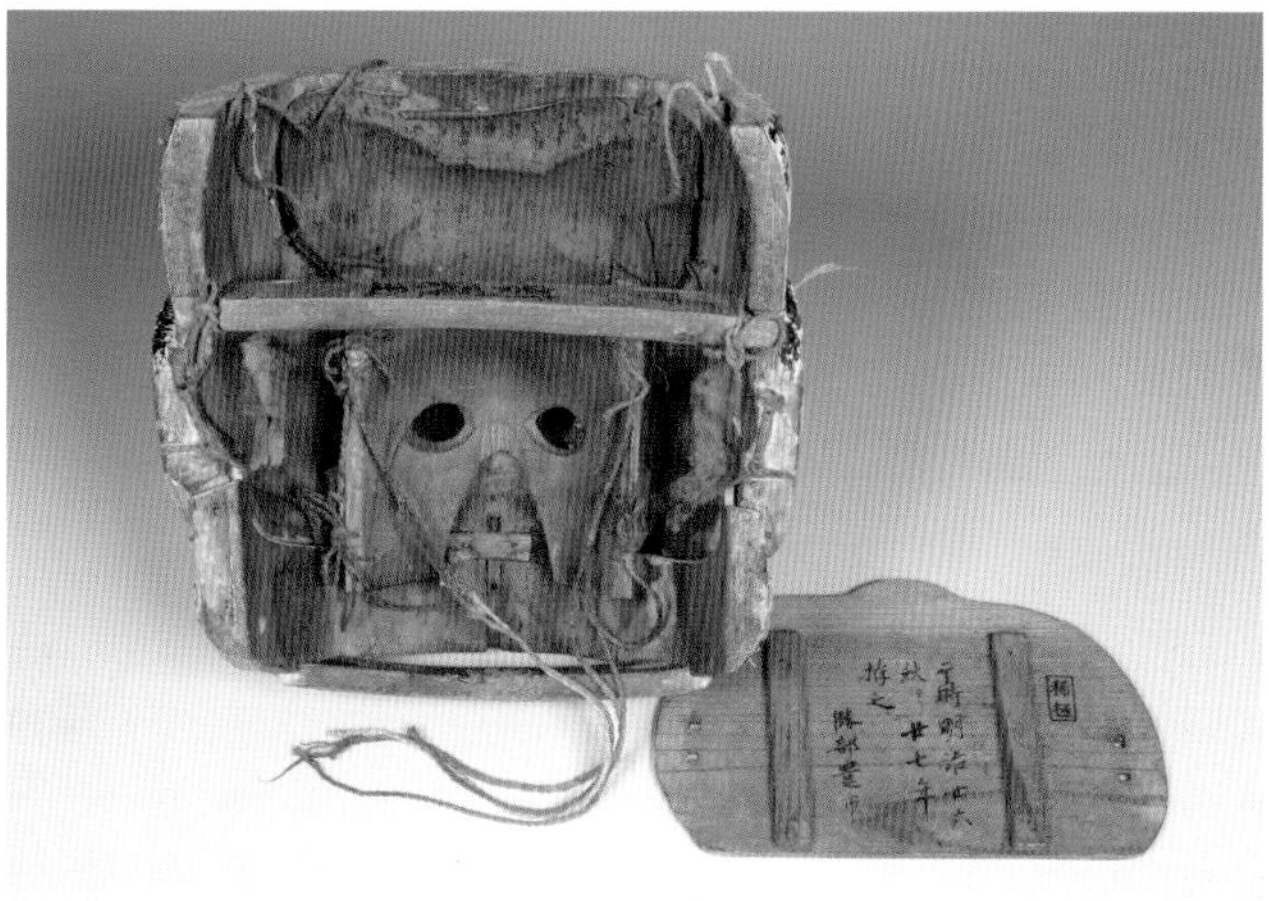

27-2　新羅王裏面

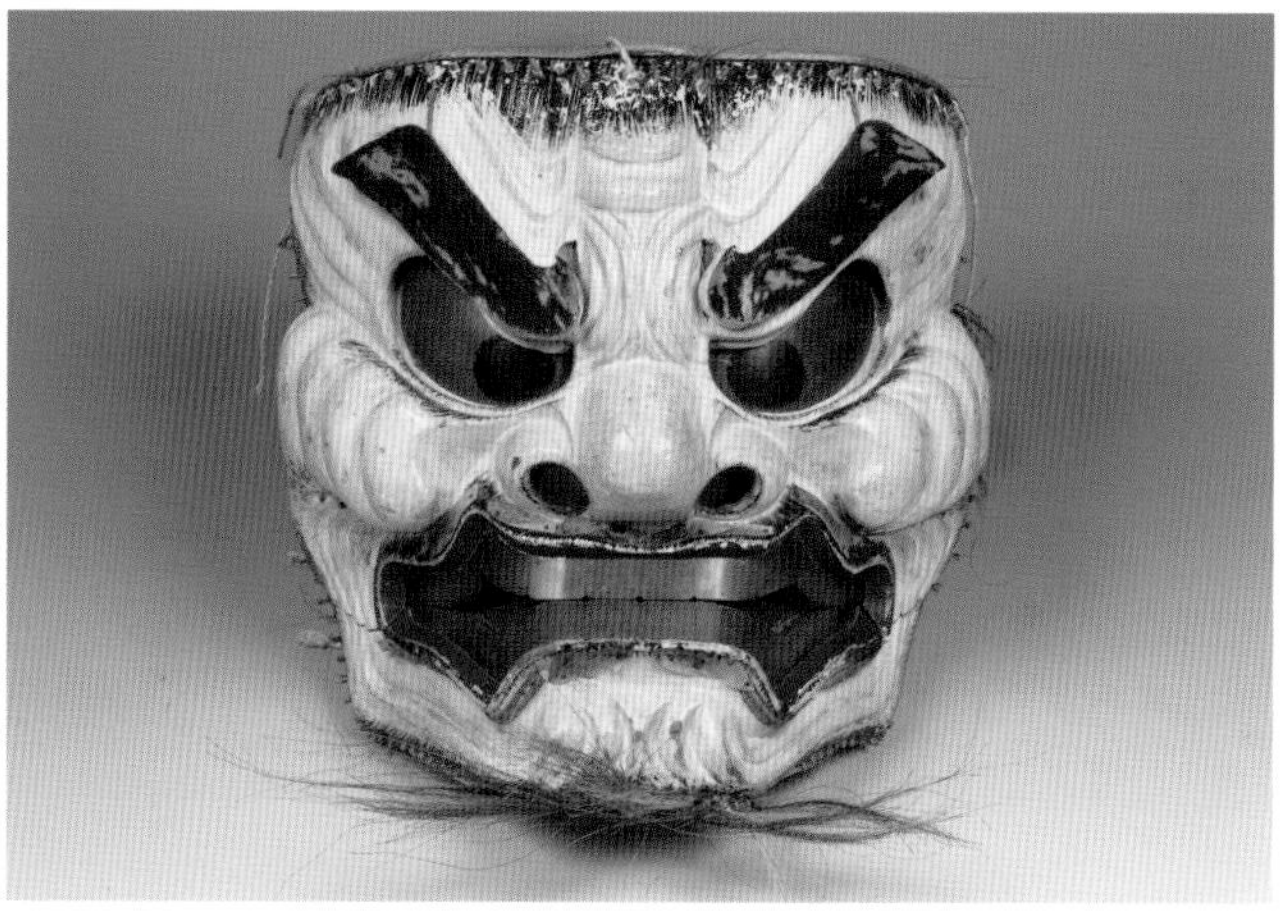

28　彦張

29　三ッ熊大人

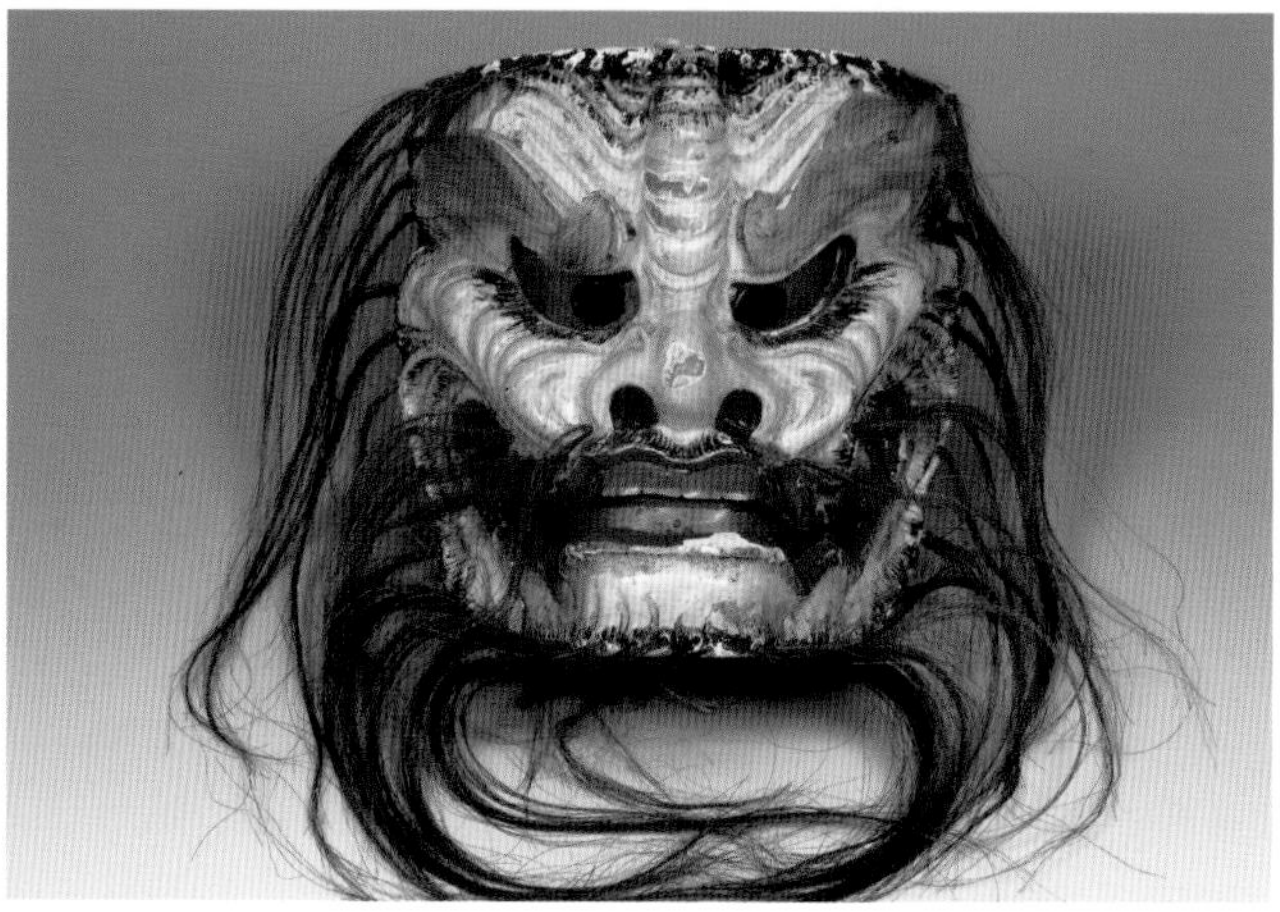

30　鬼神

31　蛇頭

三、神楽面

（神西神楽保持者会蔵・個人蔵）

1　末社／里人／須佐

2　嫗面

3　山の神

四、神楽衣装

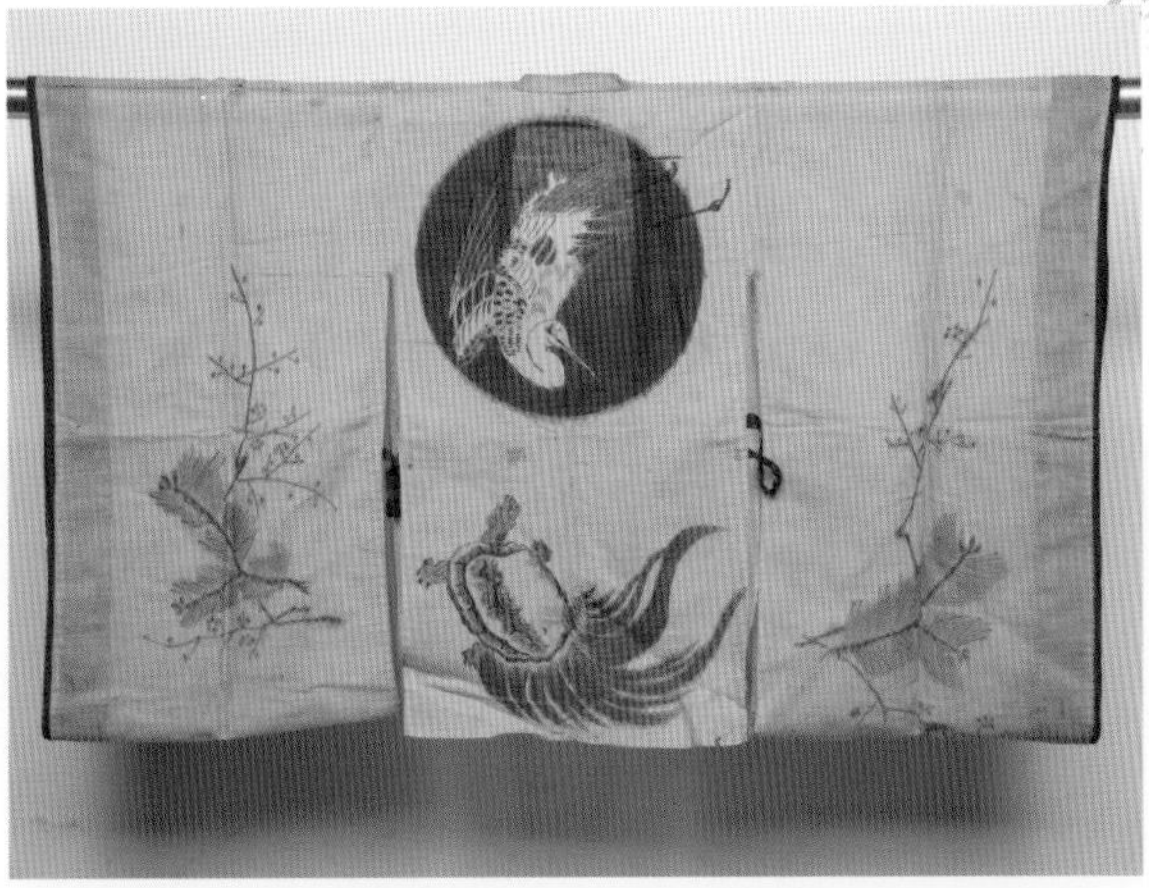

163　白千早

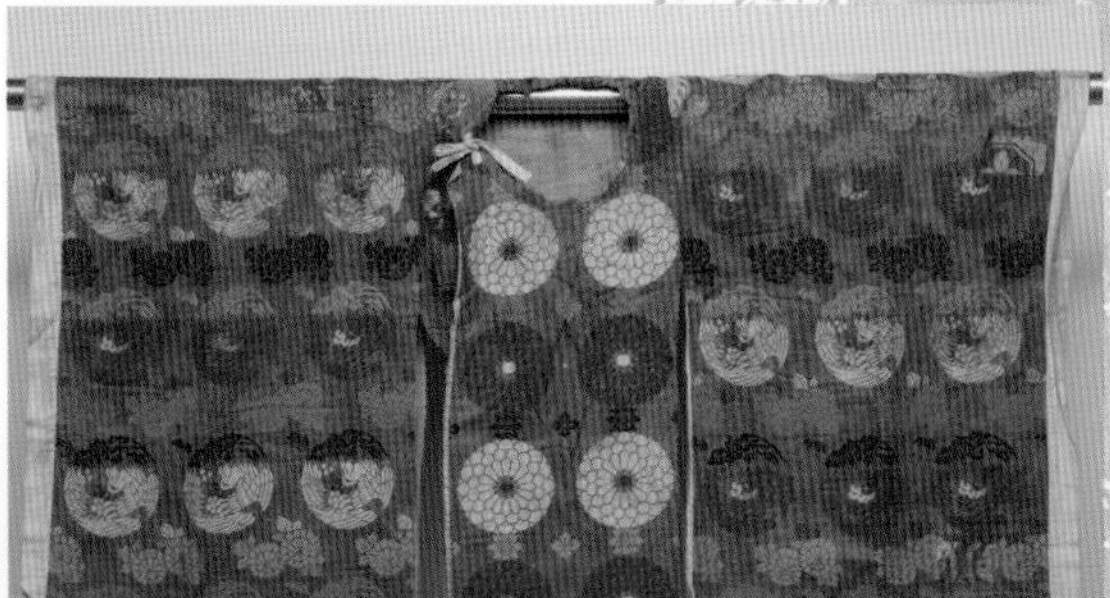

59　千早

236　千早

神楽幕・素戔嗚尊・大蛇

荒神・武甕槌尊・経津主尊

五、出雲市大津町　林木屋神楽面リスト

法量の単位はセンチメートル

番号	分類	名　称	印	法 量(縦×横)	墨　書	備　考
1	命面	素戔嗚尊	稀極	19.9×15.9	稀極印／素戔嗚尊	
2	命面	素盞(素戔嗚尊)	稀飛	19.3×16.7	稀飛印／蛇切 素盞	
3	命面	素戔嗚尊	稀飛	23.0(35)×19.8	稀飛印／素戔嗚尊／稀飛荒神	
4	命面	(素戔嗚尊)	稀	21.0(ヒゲ込み60)×18.0		
5	命面	素尊(素戔嗚尊)	鶴	22.5(28)×18.1	●●(稀印？)／素尊	
6	命面	素戔嗚尊	鶴	20.0(44)×15.7	靏印／素盞嗚尊	
7	命面	素戔嗚尊	亀	21.1×16.6	亀印	(元鶴)
8	命面	素尊(素戔嗚尊)	亀	20.0×15.5	素尊	
9	命面	大国主／大歳大明神	稀極	18.7×15.3	稀極印／大国主／大歳大明神／上	
10	命面	大社大国主	稀	20.0(30)×16.4	大社大国主	
11	命面	大国主	鶴	20.0×16.6	大国主	
12	命面	大国主	亀	19.0×16.8	大国主	「鶴印」の記述が消されている
13	命面	恵比酒		19.0×15.8	稀極印／恵比酒	
14	命面	恵比酒	稀	19.0×16.4	稀印／恵比酒	
15	命面	蛭児尊	鶴	20.0(31)×15.7	蛭児尊	
16	命面	事代主尊	亀	20.1(35)×16.0	事代主尊	
17	命面	恵比酒	大面	19.0×14.7	恵比酒	
18	命面	武甕槌尊		25.8×17.6	極ア印／武甕槌尊	
19	命面	武甕槌尊	稀飛	23.7×15.5	三寶大荒神／武甕槌尊	
20	命面	武甕槌之尊	稀	24.0×27.0	武甕槌之尊	耳は鶴印
21	命面	武甕槌尊	鶴	24.5×15.7	三寶大荒神／武甕槌尊	
22	命面	荒神武(武甕槌尊)	大面	22.7×28.9	荒神武	作風が独特
23	命面	武甕槌命	い印	28.0×28.5	稀印／武甕槌命	
24	命面	武甕槌尊		20.3×16.5	武甕槌尊	製作途中？
25	命面	武(武甕槌尊)		21.5×28.5	武	
26	命面	経津主尊		25.5×16.7	経津主尊／極ア印	
27	命面	経津主尊	稀飛	24.4×16.0	三寶大荒神／経津主尊	
28	命面	経津主之尊	稀	25.0×25.7	経津主之尊	耳は鶴印
29	命面	経津主尊	鶴	24.7×15.7	三寶大荒神／経津主尊	
30	命面	経津主命	亀	19.8×16.2	フ印／経津主命	
31	命面	経津主	大面	22.1×28.6	経津主	作風が独特
32	命面	経津主尊	い印	27.3×26.5	稀印／経津主尊	
33	命面	経津主尊		20.7×15.8	経津主尊	
34	命面	経(経津主尊)		21.3×16.7	経	
35	命面	(武甕槌尊もしくは経津主尊)		20.3×17.5		
36	命面	(武甕槌尊もしくは経津主尊)		19.5×16.8		
37	命面	句々廼馳尊／木ノ神	稀飛	21.0(26.5)×23.2	稀飛印／春木 木ノ神 句々廼馳尊	
38	命面	句々廼馳尊／木之神	稀	21.0×24.5	春 東方 木之神 句々廼馳尊	額のパーツ10.5×9.1
39	命面	句々廼馳尊	鶴	20.3×15.2	東方 句々廼馳尊／○	
40	命面	句々廼馳尊／木	亀	20.4×23.4	東 木 句々廼馳尊	
41	命面	句々廼馳命／木之神	大面	19.8×21.4	東 木ノ神 句々廼馳命	
42	命面	軻愚突智尊／火ノ神	稀極	21.5×24.6	稀極印／夏 火ノ神 軻愚突智尊	額のパーツ10.5×9.2
43	命面	軻遇哭智／火ノ神	稀飛	20.5×23.7	稀飛印／夏火 火ノ神 軻遇哭智	
44	命面	軻愚突智尊	鶴	20.6×17.0	南方 軻愚突智尊	
45	命面	軻愚突智尊／火	亀	20.7×21.4	南 火 軻愚突智尊	
46	命面	軻遇哭智命		20.3×21.8	大面(朱字)／南 軻遇哭智命	
47	命面	火ノ神	い印	17.7×14.6	五行 火ノ神	耳の付かない五行面
48	命面	水速之尊／水ノ神	稀飛	20.8×23.8	稀飛印／冬 水ノ神 水速之尊	
49	命面	水速女尊／水(ノ神)	亀	20.8×22.5	北 水 水速女尊	
50	命面	罔象女神／北	大面	20.3×21.9	北 罔象女神	
51	命面	水羽女之尊	い印	17.3×15.2	五行 北方 水羽女之尊	耳の付かない五行
52	命面	水速女尊		21.0×16.5	北方 水速女尊	
53	命面	金山彦神／金ノ神	稀極	20.9×23.0	稀極印／秋金ノ神 金山彦神	額のマークはつけ間違い
54	命面	金山彦尊／金ノ神	稀飛	21.0×22.5	稀飛印／秋／金ノ神 金山彦尊	
55	命面	金山彦尊／金之神	稀	21.0×24.0	秋 西方 金之神 金山彦尊	額のパーツ10.2×9.6
56	命面	金山彦尊	鶴	21.0×16.1	西方 金山彦尊	
57	命面	金山彦尊	大面	20.0×21.0	西 金山彦尊	
58	命面	金山彦尊／金(ノ神)	鶴	21.0×19.1	西 金 金山彦尊	欠損あり
59	命面	田邑丸是則将軍	稀極	19.3×16.2	稀極印／田邑丸是則将軍	
60	命面	田村丸将軍	稀飛	19.7×16.1	稀飛印／田邑丸将軍	
61	命面	田邑将軍	鶴	19.5×16.0	田邑将軍	
62	命面	田邑将軍	亀	19.8×15.9	田邑将軍	
63	命面	田邑(田村将軍)	大面	20.6×15.8	田邑	
64	命面	田邑丸将軍	い印	19.9×15.8	田邑丸将軍	
65	命面	田邑将軍		19.1×16.0	田邑将軍	
66	命面	餹若彦	稀極	18.7×16.3	稀極印／ミツグマ 餹若彦尊／和田済	
67	命面	餹若彦	稀飛	19.9×16.5	稀飛印／ミツグマ 餹若彦／和田済	
68	命面	餹若彦	稀	18.5×16.4	ミツグマ 餹若彦／和田済	
69	命面	飴若彦	鶴	20.3×16.4	飴若彦	
70	命面	飴若彦尊	亀	20.0×15.9	飴若彦尊	
71	命面	餹若彦	大面	21.0×16.1	三ツグマノ 餹若彦	
72	命面	天若彦	い印	17.2×14.3	イ印／天若彦	「五行 東方 ●●地尊」と書かれていたものが消されている

番号	分類	名　　称	印	法　量(縦×横)	墨　　書	備　　考
73	命面	鰐賀瀬尊	稀極	18.6×16.0	稀極印／ミツグマ　鰐賀瀬尊	
74	命面	鰐賀瀬	稀飛	19.3×16.7	ミツグマ　鰐賀瀬	
75	命面	鰐賀瀬尊	鶴	20.7×16.1	鰐賀瀬尊	
76	命面	鰐賀瀬尊	亀	20.4×16.3	鰐賀瀬尊	シワの形が珍しい？
77	命面	ワニガセ(鰐賀瀬)	大面	18.3×15.3	三ツグマノ　ワニガセ	
78	命面	鰐賀瀬尊		19.2×15.9	ミツグマ　鰐賀瀬尊	製作途中？
79	命面	伊弉諾尊／弓八幡／天神	稀極	19.5(23)×15.7	稀極印／ワタズミ　伊弉諾尊／弓八幡／天神／上	
80	命面	八幡／天神	稀飛	19.9×16.1	稀飛印／八幡／天神	
81	命面	大歳大明神／大社	稀飛	20.0(24)×16.4	稀飛印／大歳大明神／大社	
82	命面	八幡／官公／大歳	鶴	21.3×16.3	鶴印／八幡／官公／大歳	
83	命面	官公／八幡	亀	21.0(24)×16.4	官公／八幡	
84	命面	大歳	い印	20.5×16.3	大歳	
85	命面	弓八幡／木之神	い印	18.2×15.6	弓八幡／五行木之神	
86	命面	八幡／児屋根尊／天神		19.0×16.2	八幡／児屋根尊／天神	
87	命面	手力雄		20.9×16.0	鶴印／手力雄／○	製作途中？
88	命面	日本武		19.7×16.5	林木屋／日本武	
89	命面	男	大面	19.3×15.0		割れている
90	姫面	稲田姫	稀飛	18.5×14.5	稀飛印／稲田姫	
91	姫面	稲田姫	亀	20.5×15.9	稲田姫	
92	姫面	稲田姫		18.7×14.0	亀印／稲田姫	
93	姫面	稲田姫	い印	16.7×12.5	稲田姫	
94	姫面	稲田姫		20.0×14.9	~~鶴印／神功皇后~~／稲田姫	
95	姫面	鈿女尊	稀極	19.2×16.1	稀極印／鈿女尊	
96	姫面	鈿女姫尊	稀飛	17.5×16.3	稀飛印／鈿女姫尊	
97	姫面	鈿女尊	鶴	20.1×16.3	鶴印／細女尊	
98	姫面	鈿女	亀	19.4×16.6	鈿女	
99	姫面	神功皇后／日本姫		19.7×15.3	稀極印／神功皇后／日本姫	
100	姫面	天照皇御神／高皇産霊／日御崎	稀極	20.0×15.3	稀極印／天照皇御神／高皇産霊／日御崎	
101	姫面	天照皇大御神／高皇産霊／日御崎		19.0×16.0	稀飛印／大照皇大御神／高皇産霊／日御崎	
102	姫面	日本姫／神皇(神功皇后)／日御崎	稀	20.7×16.5	稀印／日本姫／神皇／日御崎	
103	姫面	神功皇后		20.7×16.4	稀印／神功皇后	
104	姫面	天照大神／日御崎／高皇産霊	鶴	21.6×16.3	天照大神／日御崎／高皇産霊	
105	姫面	日御崎／高皇産(高皇産霊)	亀	20.6×16.0	日御崎／高皇産	塗り直し？
106	姫面	日御崎	大面	20.2×15.1	日御崎	
107	姫面	功皇后(神功皇后)	い印	20.0×15.5	功皇后	
108	姫面	功皇后(神功皇后)		19.4×13.8	功皇后	
109	姫面	神功皇后／切目ノ前		22.0×16.2	神功皇后／切目ノ前	
110	姫面	日御崎		19.0×14.1	日御碕／○○御神	
111	姫面	日御崎		20.6×15.2	日御碕	
112	姫面	神功皇后／切目前		19.5×15.0	神功皇后／切目前	
113	姫面	埴山姫／岩長姫	稀極	23.0×17.9	稀極印／埴山姫／岩長姫	
114	姫面	岩長姫／埴山姫尊／土ノ神	稀飛	22.0×16.5	稀飛／岩長姫／土ノ神　埴山姫尊	
115	姫面	坦山姫／土ノ神	稀	21.0×18.0	稀印／五行　土ノ神　坦山姫	
116	姫面	坦山姫命	亀	22.3×18.0	坦山姫命	
117	姫面	坦山姫	大面	20.4×15.4	五行中　坦山姫	
118	姫面	(埴山姫)		22.2×18.7		
119	翁面	手名槌		19.0×15.8	稀極印／八頭　手名槌	
120	翁面	手名槌	稀飛	19.5×16.2	稀飛印／手名槌	
121	翁面	手名槌	鶴	21.0×16.7	手名槌	
122	翁面	(足名槌？)	亀	19.5×15.9	槌？	足名槌か
123	翁面	足名槌	大面	18.3×15.5	足名槌	
124	翁面	手名槌	大面	20.3×15.7	手名槌	
125	翁面	足名槌	い印	19.5×16.1	八頭／足名槌	
126	翁面	足那槌		20.1×15.8	足那槌	
127	翁面	足名槌		20.0×15.3	足名槌	
128	翁面	切目	稀飛	20.3(30)×16.1	稀飛印／切目／極稀(朱字)	
129	翁面	切目	稀飛	19.0×16.6	稀飛印／切目	
130	翁面	切目	鶴	21.7(31)×16.7	切目	
131	翁面	切目	亀	18.3×16.2	切目	
132	翁面	切目	い印	21.2×16.0	切目	
133	翁面	思恵兼之尊	稀	19.5×(30)×16.8	思恵兼之尊	
134	翁面	思イ兼	鶴	20.3×17.0	靍印／思イ兼	
135	翁面	思イ兼	亀	20.0×17.3	思イ兼	
136	翁面	思イ兼	大面	19.8×16.6	思イ兼	
137	翁面	思イ兼		18.9×16.2	岩戸　五行　思イ兼	
138	翁面	武氏宿祢	稀飛	19.7(59)×16.7	稀飛印／武氏宿祢	
139	翁面	武氏(武内宿祢)	稀	19.9×17.0	亀／武氏	
140	翁面	武内宿祢		20.5(42)×16.7	武氏宿祢	
141	翁面	武氏(武内宿祢)		21.0×17.1	武氏／武内(千)	
142	翁面	天ノ御中主／翁／老神	稀極	19.2×15.8	稀極印／天ノ御中主／翁／佐田老神	
143	翁面	住吉翁	稀	17.8×14.1	稀／住吉翁	
144	翁面	天御中主／翁	鶴	20.3(32)×16.5	鶴印／天御中主／翁　~~稀印~~	
145	翁面	翁	大面	16.5×13.9	翁	

番号	分類	名　称	印	法 量(縦×横)	墨　書	備　考
146	翁面	(翁)		20.0(43)×15.6		
147	媼面	足名槌	稀飛	20.0×15.9	稀飛／足名槌	
148	媼面	手名槌	稀	20.3×16.5	稀印／手名槌	
149	媼面	(媼)	鶴	20.5×15.1		
150	媼面	手名槌	い印	19.5×16.4	八頭　手名槌	
151	媼面	(媼)		19.1×15.3		
152	茶利面	(道化)	稀極	18.9×15.8	稀極三ツ内／上	
153	茶利面	(道化)	稀飛	18.0×14.5		割れている
154	茶利面	道化	稀	21.0×16.0	稀飛／道化(朱字)	
155	茶利面	道化	稀	19.0×15.6	稀印／道化	
156	茶利面	(道化)	稀	20.3×16.1		
157	茶利面	(道化)	稀	19.0×14.8		
158	茶利面	(道化)	鶴	21.5×17.7		
159	茶利面	(道化)	鶴	19.5×15.7	稀極／三ツノ内／上	
160	茶利面	(道化)	鶴	19.2×15.6		
161	茶利面	(道化)	亀	18.2×15.5	稀極三ツノ内／上	
162	茶利面	(道化)	亀	21.5×16.9		
163	茶利面	(道化)	大面	19.5×16.4		目にプラスチック加工
164	茶利面	(道化)	い印	18.5×15.5		
165	茶利面	(道化)		21.8×16.3		
166	茶利面	道化		17.6×15.1	稀飛／道化(朱字)	(稀カ)
167	茶利面	末社／里人		17.9×15.9	極稀／末社／里人	
168	茶利面	末社／里人	稀飛	19.5×16.0	稀飛印／末社／里人	
169	茶利面	里人／末社神	稀	19.3×16.0	稀印／里人／末社神	
170	茶利面	末社	鶴	20.1×15.9	末社	
171	茶利面	道化／里人	い印	18.9×14.4	道化／田邑　里人	
172	茶利面	末社／金山彦		18.2×15.3	末社／五行西方　金山彦	
173	鬼面	山ノ神	稀極	23.2(32)×20.0	稀極印／山ノ神	市指定
174	鬼面	山ノ神	稀	22.5×20.0	山ノ神(ハ)	
175	鬼面	山之神	稀	20.9(30)×21.0	稀印／山之神	
176	鬼面	(山之神？)	稀	22.0×20.9	稀印●●●	
177	鬼面	山之神	鶴	24.5×20.4	山之神	
178	鬼面	山之神	大面	22.5×24.5	山之神	
179	鬼面	山ノ神	大面	21.2×20.5	山ノ神	
180	鬼面	山神		22.5×25.5	山神	
181	鬼面	荒平大神		22.0×22.0	荒平大神	
182	鬼面	荒神(建御名方)	鶴	22.5×21.0	鶴印／荒神	
183	鬼面	武久神(建御名方)	亀	23.0(40)×22.5(25)	三面荒神中　武久神	
184	鬼面	荒神(建御名方)		21.7×24.0	荒神　山之神	アゴが外れる
185	鬼面	彦張	稀飛	32.5×35.5	(棟板上)彦晴棚板(下)大津町　林木屋	
186	鬼面	彦張	稀	38.0×38.0	(棟板上)稀印／彦張棟板(下)稀	
187	鬼面	彦晴	鶴	37.0×40.0	鶴印／彦晴、(棟板上)鶴印彦晴棟板　干時明治十二年卯ノ旧七月(下)勝部豊市作	市指定
188	鬼面	彦張	亀	31.5×38.0	(棚板上)亀印彦張面棚板(棟木上)彦張(下)稀極	
189	鬼面	彦張	大面	44.0×47.0		木くずがすごく多い
190	鬼面	彦張	大面	40.5×40.0	(棚板上)彦張之棚	
191	鬼面	彦晴	い印	32.0×33.0	(棟板上)彦晴棚板干時明治十五勝部後面東天見就成	
192	鬼面	三ツ熊大人	稀飛	23.7(55)×19.7	稀飛印／三ツ熊大人／火神？	
193	鬼面	(三ツ熊大人)	稀	23.1×21.3		
194	鬼面	美津熊大人	鶴	23.4(38)×21.5	靏印／美津熊大人	
195	鬼面	ミツグマ大人	亀	22.3(32)×21.2	ミツグマ　大人／三ツ熊王	
196	鬼面	メツキ鬼	大面	21.3×19.0	三韓／ミツクマノ　メツキ鬼	
197	鬼面	三津熊大人		22.5×25.6	三津熊大人	
198	鬼面	新羅(王)	稀飛	33.0×35.0	稀飛、(棟板上)稀飛印　新羅棟板(下)稀飛の印、(棟木上)稀印新羅棟木(下)稀の印	棟木は別のものか
199	鬼面	新羅王	稀	33.8×36.8	稀印／新羅王、(棚板上)干時明治十五旧八月面　大津林木ヤ之後東天ヲ見テ成就(下)稀印　新羅王棟板	
200	鬼面	新羅王	鶴	32.0×34.8	鶴印新羅王(棟板上)鶴印新羅王棚板	
201	鬼面	新羅王	大面	34.0(40)×42.5	大印／新羅、(棚板上)干時明治八乙年搈之　大印　新羅王上板　勝部豊市作	
202	鬼面	新羅王	亀	30.5×35.0	三韓新羅王、(棟板上)亀印新羅王棚板明治十丁丑年(棟木上)新羅王棟木(下)い印	棟木は別のものか
203	鬼面	新羅王		33.5×38.0	新羅王	
204	鬼面	百済王	稀飛	22.6×22.5	稀印／百済王	
205	鬼面	百済王	鶴	23.5(42)×19.5	靏印／百済王	
206	鬼面	百済王／積鬼	亀	22.0×19.5	三韓之内　百済王／積鬼	
207	鬼面	百済王		22.5×18.0	百済王	
208	鬼面	百済王		22.0×23.5	百済王／林木屋	割れ
209	鬼面	高麗王／滅鬼	稀飛	24.0×20.1	高麗王／三ツグマ滅鬼	
210	鬼面	高麗(王)	鶴	23.0×20.3	鶴印／高麗	
211	鬼面	高麗王	亀	25.0×20.5	三韓之内　高麗王／滅鬼	
212	鬼面	鈴鹿山之鬼神		25.0(46)×27.0	鈴鹿山之鬼神(へ)	
213	鬼面	鈴鹿山鬼神		24.0(32)×25.3	鈴鹿山鬼神	製作途中？

番号	分類	名　　称	印	法 量(縦×横)	墨　　書	備　　考
214	鬼面	鬼神／大真賀火神	稀極	22.7×20.2	稀極印／鬼神／大真賀火神	
215	鬼面	(鬼面)	稀極	22.5×20.5	上	
216	鬼面	鬼神	稀飛	22.7(40)×21.4	鬼神？	
217	鬼面	鬼神	稀	23.2×21.8	鬼神	
218	鬼面	鬼神	鶴	23.3(40)×21.5	靏印／鬼神	
219	鬼面	(鬼面)	い印	23.5×20.0		
220	鬼面	鬼神		25.5(50)×22.0	林木屋／鬼神	
221	鬼面	小鬼		22.3×17.7	小鬼	
222	鬼面	(鬼面)		22.6×21.7		習作か
223	鬼面	(鬼面)		24.4×20.5	林木屋	造形が珍しい、製作途中？
224	鬼面	(鬼面　製作見本？)		33.7×34.6		製作見本もしくは製作途中
225	鬼面	(鬼面　製作見本？)		23.5×21.5		製作見本もしくは製作途中
226	鬼面	(鬼面　製作見本？)		23.8×21.3		製作見本もしくは製作途中
227	鬼面	(鬼面　製作見本？)		24.3×21.9		製作見本もしくは製作途中
228	蛇頭	蛇頭	稀飛	38.5(長)×31.2(幅)×23.0(高)		
229	蛇頭	蛇頭	稀	42.0(長)×26.5(幅)×19.5(高)		
230	蛇頭	蛇頭	稀	42.5(長)×29.0(幅)×23.5(高)	稀	ツノの長さ25.0、もう一組ツノがついている
231	蛇頭	蛇頭	亀	43.0(長)×32.0(幅)×22.0(高)		
232	蛇頭	蛇頭	大面	41.0(長)×19.0(幅)×15.5(高)		状態悪、ツノ無し
233	蛇頭	蛇頭	い印	47.0(長)×27.0(幅)×21.5(高)	臼	ツノの長さ14.5
234	その他	狐		29.0×17.0		
235	その他	狐		30.5×18.0		
236	その他	猿田彦命		19.8×16.0	猿田彦命／佐藤作	神西の神楽愛好家・佐藤氏によるもの

見々久神楽保持者会蔵

番号	分類	名　　称	印	法 量(縦×横)	墨　　書	備　　考
1	翁面	翁／天ノ御中主／老神	稀飛	18.0×16.0	稀飛／天ノ御中主　翁　佐田老神	以下、平成11年度調査の記録に基づく。
2	姫面	神功皇后／日本姫	稀飛	19.0×16.0	稀飛印／神功皇后　日本姫	
3	翁面	武氏(武内宿祢)	亀	19.0×17.0	武氏	
4	命面	水速之尊／水之神	稀極	22.0×24.0	稀極印／冬水之神　水速之尊	
5	命面	軻愚突智尊／火之神	稀極／稀	21.0×25.0	火之神　軻愚突智尊　夏南方	
6	命面	水速女尊／水之神	稀極／稀	20.0×24.0	水之神　水速女尊　冬北方	
7	命面	句々廼馳尊／木ノ神	稀極	21.0×23.0	稀極印／春木ノ神　句々廼馳尊	
8	命面	武名方(武御名方)	大面	22.0×21.0	武名方	
9	命面	武甕槌尊／三熊山ノ前／三宝大荒神	稀極／鶴	25.0×28.0	三熊山ノ前　三宝大荒神　武甕槌尊	
10	命面	経津主尊／三熊山ノ前／三宝大荒神	稀極	24.0×30.0	三熊山ノ前　三宝大荒神　経津主尊	
11	姫面	埴山姫	鶴	22.0×19.0	埴山姫	
12	翁面	思兼神	稀極	19.0×17.0	稀極印／思兼神	
13	命面	鰐替瀬尊	稀	20.0×17.0	稀印／鰐替瀬尊	
14	命面	飴若彦／和田	稀	20.0×17.0	稀印／飴若彦　和田	
15	鬼面	(山の神)	稀飛	21.0×20.0		
16	姫面	稲田姫／此花咲屋姫	稀極	20.0×15.0	稀極印／稲田姫　此花咲屋姫	
17	翁面	(切目)	大面	21.0×17.0		
18	命面	素盞鳴	稀飛	20.0×17.0	素盞鳴	
19	翁面	足名槌	稀極	20.0×16.0	稀極印／八頭　足名槌	
20	媼面	足名槌	稀	20.0×17.0	稀印／足名槌	
21	茶利面	(里人)	稀	19.0×16.0		
22	命面	田邑丸是則将軍	稀	20.0×17.0	田邑丸是則将軍	
23	命面	(恵比酒)	稀飛	19.0×16.0	稀飛印	
24	命面	八幡／大歳	稀	20.0×17.0	稀印／八幡　大歳	
25	鬼面	(百済王)	稀	24.0×20.0		
26	鬼面	高麗王／滅鬼	稀極	22.0×19.0	稀極印／三カ　高麗王　滅鬼	
27	鬼面	新羅王	稀極	33.0×35.0	棟板に稀極印／干時明治廿六秋ヨリ廿七年拵之　勝部豊市	
28	鬼面	彦晴	稀極	38.0×35.0	棟板に稀極印／干時明治六秋ヨリ廿七年拵之　勝部豊市	
29	鬼面	三ツ熊大人	い印	25.0×28.0	三ツ熊大人	
30	鬼面	鬼神	大面	25.0×23.0	鬼神	
31	蛇頭	蛇頭		40.0(長)×25.0(幅)×20.0(高)		

神西神楽保持者会蔵・個人蔵

番号	分類	名　　称	印	法 量(縦×横)	墨　　書	備　　考
1	茶利面	末社　里人／須佐	稀極	17.0×16.0	稀極／末社　里人　須佐	
2	媼面	(媼面)	亀	20.0×15.5		
3	鬼面	山の神	い印	22.0×22.0	い印／山の神	個人蔵

六、出雲市大津町　林木屋神楽衣装リスト

番号	文様	種別	裄	身丈	袖丈	袖幅	前幅	後幅	裾幅	股下	前紐	後紐	縦	横	備考
1	牡丹	差袴											79.5	76	No.31　林木屋衣裳元
2	鶴・鳳凰・雲・牡丹／(裏)雲立涌に丸龍・雲	上千早	23.25	71.2											No.61　枡様の記号、林木屋衣裳元
3	卍崩し文地に牡丹	上千早	22	69.5											
4	牡丹	上千早	22.8	73.5											
5	菊・七宝	上千早	21.9	71.3											○に・記号
6	菊・桐唐草／牡丹	千早	67.5	98.5	79.5	51.5									
7	菊／菊・牡丹・桐	千早	67.8	94.5	78.1	49.4									No.38　○に◇記号、林木屋衣裳元
8	卍崩し文地に丸龍	千早	68	101.8	78.6	50.9									
9	鶴・雲・牡丹	千早	65.8	98	81	50									No.42　◇記号、林木屋衣裳元
10	卍崩し文地に菊立涌/龍・牡丹	千早	69	100.1	81	51.8									背に枡記号
11	丸鳳凰・桐・牡丹・桔梗？/菊・蔦	千早	67.7	99	77.5	50.3									No.70　田記号、林木屋衣裳元
12	菊・七宝／【花】	千早	61	97	80.6	49.5									
13	毘沙門亀甲文地に桐・菊／丸鳳凰・桐・牡丹	千早	68	103	79.5	51									No.73　田記号、林木屋衣裳元
14	花菱蜀江文地に菊・丸龍　(裏:龍)	千早	72	95	79.5	53									No.23　○に◇記号
15	卍崩し文地に丸龍　(裏)丸鳳凰・雲・桐・牡丹	千早	67	99	80	53									No.75　田(黒)、田(朱)、林木屋衣裳元　袖部分8に同じ
16	菊・鳳凰・桐・七宝／鳳凰・牡丹	千早	69.5	89	79.5	54									
17	鶴・雲・牡丹／菊	千早	67	99	82	50									No.45　◁▷(黒)、○に◇(朱)、林木屋衣裳元　袖模様9に同じ　◁▷
18	菊・丸鳳凰・桐唐草・七宝／蜀江花菱文地に菊・龍	千早	72	84	79	53									
19	蜀江文地に丸龍	千早	72	97	83.5	56.5									No.52　◁▷記号、林木屋衣裳元(田記号もあり)
20	波に雲龍	千早	72	101	83	56.2									
21	雲龍	千早	73	105	83	56.5									No.55　枡記号　林木屋衣裳元　22に類似
22	雲龍	千早	74	100	84	55.5									No.53　◁▷記号、林木屋衣裳元
23	波に雲龍	大口袴					39.5	69			120	118	87.5		No.38　○に◇記号、林木屋衣裳元　20と同じ文様
24	卍崩し文字に菊／雲菱文地に法相華	千早	63	99	78.5	49.5									
25	丸鳳凰・菊／蜀江文地に菊　(内)鳳凰・龍	上千早	23	74											No.47　◁▷記号、林木屋衣裳元
26	鳳凰・丸龍・牡丹	上千早	24.5	69											
27	雲に丸龍	千早	69.5	96	81.5	53.5									
28	牡丹	千早	67.5	106	81	51									○に・記号
29	卍崩し文地に丸龍・牡丹	千早	66	95	79	50									31と模様同じ
30	(中)菊／蜀江文地に丸龍・丸鳳凰	上千早	24	76											
31	卍崩し文地に丸龍・牡丹	上千早	23	72											No.75　田印　8と模様同じ
32	菊／(一部)牡丹・雲・龍	千早	66	101	79	51									No.55　枡記号、林木屋衣裳元　17の一部と文様同じ
33	鶴・雲・牡丹	上千早	24	78											△○印
34	牡丹	大口袴					29	53.5	32	26	84	54	67		No.52◁▷記号記号、林木屋衣裳元
35	卍崩し文地に丸鳳凰・桐・牡丹(桔梗)	大口袴					38.5	65.5	34	44	120	71	79		
36	菊唐草・桐	上千早	25	80											No.85　田記号(朱)、林木屋衣裳元　37と模様同じ
37	菊唐草・桐	大口袴					39	67	36.5	41	106	65	88.5		No.81　田記号(朱)、林木屋衣裳元　旧NO31
38	菊(唐草)	千早	71	101	78	53									
39	(新)鶴・菊・鼓(旧)鶴・雲・牡丹	大口袴					30.5	53	28.5	24	84	52	65.5		No.64　枡記号、林木屋衣裳元　小さい
40	卍崩し文地に丸鳳凰・桐・牡丹・(桔梗)	上千早	24	76											○に◇記号　NO35と模様同じ
41	蜀江文地に菊・丸龍　(裏　牡丹・鳳凰・杜若)	上千早	24.5	75											
42	毘沙門亀甲文地に桐・菊	上千早	23	74											No.72　田記号、林木屋衣裳元　No13と模様同じ
43	(花菱)蜀江文地に丸龍	上千早	26	76											
44	(花菱)蜀江文地に菊・丸龍(裏:龍・鳳凰・雲)	上千早	24.5	71.5											一部NO14。18, 41の内と模様同じ
45	(花菱)蜀江文地に丸龍／(中)牡丹・丸鳳凰・杜若	上千早	23	74											
46	丸龍・丸鳳凰・雲・牡丹	差袴					31	31	34	37	101	50	80		枡記号
47	蜀江文地に法相華　蜀江文地に龍	上千早	24	83											○に・記号
48	蜀江文地に丸龍／(裏)丸龍・雲・牡丹	上千早	26	78											◁▷記号
49	花菱蜀江文地に菊/雲・丸龍	上千早	24	74											
50	菊唐草・桐	上千早	25	78											No.53　◇記号(黒)、田記号(朱)　36.37と同じ模様
51	(内)鶴・雲・牡丹／蜀江文地に菊	上千早	24	72											
52	丸龍・雲/鳳凰・雲・牡丹	上千早	24	74											◁▷記号
53	鳳凰・桐・牡丹／(裏)獅子・牡丹・蝶・雲	上千早	24	75											65　72　77と模様同じ
54	菱蜀江文地に丸龍/丸龍・牡丹	上千早	23	74											14、45と模様同じ
55	丸鳳凰・菊・七宝・桐／(裏)菱文地に雲・龍・鳳凰	上千早	24	74											No.39　○に◇記号、林木屋衣裳元
56	丸鳳凰	上千早	23.5	73											
57	丸鳳凰・菊／丸龍・牡丹・雲/裏　浮線藤・雲	上千早	23.5	73											No.45◁▷記号、林木屋衣裳元　25・59・67と模様同じ
58	菊・桐	大口袴					29	53	30.5	34.5	58	51	66		No.77　田記号、林木屋衣裳元　小さい　11と一部模様同じ
59	丸鳳凰・菊／菊	千早	67.5	97	79	50.5									No.58　枡記号、林木屋衣裳元
60	鶴・雲	差袴					29	29	42.5	40.5	76	76	80		No.18◁▷記号、林木屋衣裳元
61	丸龍・雲	差袴					29	29	43	38	124	122	78.5		

番号	文様	種別	裄	身丈	袖丈	袖幅	前幅	後幅	裾幅	股下	前紐	後紐	縦	横	備考
62	菊・桐唐草/菊・雲・鳳凰	上千早	23.5	77											
63	丸鳳凰・桐・雲・牡丹	大口袴					35	68	33	39	97	78	83.5		No.56 枡記号、林木屋衣裳元
64	菊・桐	差袴					30.5	30.5	37.5	39.5	104	100	81.5		
65	鳳凰・桐・牡丹／丸鳳凰・桐・牡丹	千早	67.5	102	79.5	50.5									No.68 田記号、林木屋衣裳元
66	菊・桐／丸鳳凰・雲・桐・菊	千早	65.5	101	79	49									No.? 枡記号(手書きで田記号)、林木屋衣裳元
67	丸鳳凰・菊／鶴・雲	千早	67	103.5	78.5	50									No.37 ○に◇記号(手書きで◁▷記号)、林木屋衣裳元
68	丸鳳凰・桐・菊・七宝／菱文地に雲・龍・鳳凰	上千早	24	75											16と模様同じ 裏55と同じ
69	鳳凰・牡丹／(裏)花菱文地に丸龍・雲	上千早	24.5	75.5											
70	菊／(裏)丸龍・牡丹	上千早	23	74											
71	毘沙門亀甲に菊・桐	上千早	23	74											No.73 田記号、林木屋衣裳元
72	鳳凰・桐・牡丹	上千早	22.5	75											No.50 ◁▷記号、林木屋衣裳元
73	卍崩し文地に菊(一部獅子)／(裏)鳳凰・菊・雲	上千早	22.5	73											
74	丸鳳凰・牡丹・桔梗／(裏)菊菱蜀江文地に菊	上千早	23	74											
75	牡丹	上千早	24	76											No.31 ○に◇記号、林木屋衣裳元
76	檜垣文地に牡丹・菊	上千早	23	75											No.63 枡記号(黒)、田印(朱)、林木屋衣裳元
77	鳳凰・桐・牡丹／丸鳳凰・桐・牡丹・桔梗	千早	66	101	81	50.5									No.69 田記号、林木屋衣裳元
78	菊・牡丹	差袴					29	29	43	36.5	96.5	59	79		No.24 枡記号(手書きで田記号)、林木屋衣裳元
79	雲立涌文地に丸龍・雲・三つ巴／菊	千早	68	101	82	52									No.60 枡記号、林木屋衣裳元
80	鳳凰・雲・牡丹／(裏)龍・鳳凰・牡丹・菊	上千早	23.5	76											
81	菊	大口袴					36	67.5	31	40	97	78.5	84.5		No.37 ○に◇記号、林木屋衣裳元
82	菊・七宝・雲・浮線藤 (裏)鶴・雲・牡丹	大口袴					30	53.5	25	29	83	84	67		No.82 林木屋衣裳元、不明な文字(別) 小さい
83	鶴・菊・鼓/鳳凰・菊/丸龍・雲	大口袴					28.5	53	24.5	25	84	47	63.5		No.65 枡記号、林木屋衣裳元 小さい
84	蜀江文地に法相華	上千早		23.5	81										
85	丸鳳凰	上千早		23.5	73										
86	丸鳳凰・桐・牡丹・桔梗／(裏)獅子・牡丹・蝶	上千早		23	72										
87	鶴・雲	差袴					29	29	42	41	76.5	74	80.5		No.21 枡記号(黒)、○に◇記号(朱、2箇所)、林木屋神楽衣裳元
88	蜀江文地に法相華	千早	72	97	85	56.5									裾に○記号(手書き)
89	孔雀羽・牡丹/丸龍・雲 (裏)牡丹	大口袴					29	53	31.5	27	82.5	49	65		No.41 ○に◇記号(手書き)、林木屋衣裳元 小さい
90	卍崩し文地に丸龍／(裏)菱蜀江文地に菊	上千早	24	74											
91	菊・桐／(裏)雲龍	上千早	23.5	72.5											裾に枡記号(手書き)
92	鳳凰・桐・牡丹／(裏)菱蜀江文地に菊	上千早	23.5	76											No.76 林木屋衣裳元
93	浮線(藤)・雲／(裏)鳳凰・雲・牡丹	上千早	22.5	72.5											裾に記号様のものあり
94	檜垣文地に菊・牡丹／丸鳳凰・雲・桐・菊(一部)	千早	67	95	77	50									No.62 枡記号、林木屋衣裳元
95	菊・桐	大口袴					31.5	53	32	32.5	56.5	51.5	67		No.76 田記号、林木屋衣裳元 小さい
96	菊・桐唐草	上千早	23.7	65.5											小さい
97	丸鳳凰・菊・雲・牡丹	大口袴					37	66	31.5	42	112	109.5			
98	丸鳳凰・菊・桐唐草	上千早	24.5	77											No.89、林木屋衣裳元(記号なし)
99	鶴・牡丹・花菱亀甲	上千早	22.5	74											
100	菱蜀江文地に丸龍・菊／(裏)蜀江文地に雲・龍・獅子・牡丹	上千早	24	74											
101	鶴・雲・牡丹・蝶／(裏)龍(獅子？)立涌	上千早	24	76											
102	丸龍・雲 (裏)丸龍・雲	上千早	23.5	77.5											
103	花菱亀甲・菊 (裏)蜀江文地に法相華	上千早	24.5	75											
104	卍崩し文地に丸龍／(裏)丸鳳凰・丸龍・雲	上千早	24.5	75											
105	牡丹	大口袴					26.5	53	28	27	87	52	68.5		No.51 ◁▷記号、林木屋衣裳元 106に模様同じ 小さい
106	牡丹	大口袴					28	53	29	27	87	53.5	60		No.53 ◁▷記号、林木屋衣裳元 小さい
107	菊	大口袴					31	53.5	29	33	58	51	67		No.75 田記号、林木屋衣裳元 別に手書き田〒 小さい
108		たすき											208(長さ)		たくり？
109	菊	大口袴					32.5	72	34	41	124.5	58	87		新
110	丸龍・雲	大口袴					34	70.5	35.5	39	105.5	54	84		新
111	丸龍・雲	千早	66	96	80.5	48.5									
112	花菱亀甲文地に雲・丸龍	千早	67.5	106.5	84	51.5									新
113	雲龍	大口袴					36	71	35.5	41.5	71.5	64.5	83.5		新
114	丸龍・雲	上千早	23	73											117とセット
115	丸龍・雲	上千早	24.5	75											117とセット
116	丸龍・雲	千早	66	100.5	79	49									新
117	丸龍・雲	千早	70	103	80.5	52.5									
118	蜀江文	上千早	24	75.5											
119	菊唐草	千早	67	102	79.5	51.5									
120	菊唐草	大口袴					36	71	35	43	61.5	84	83		新
121	菊唐草	上千早	24	76											新 121とセット
122	檜垣文地に菊・(牡丹)・桐	千早	68	103	79	50.5									
123	檜垣文地に菊・(牡丹)・桐	千早	69	101	80	51									122と同じ
124		襦袢	69	80	52	35									

番号	文様	種別	裄	身丈	袖丈	袖幅	前幅	後幅	裾幅	股下	前紐	後紐	縦	横	備考
125		襦袢	69	81.5	51	34.5									
126		襦袢	68	81	50	34									
127		半纏	64	87	27/23.8	32									
128		半纏	63	87	28/24	32									
129		半纏	63	87	27.5/22	31									
130		半纏	63.5	86.5	28/23.5	32.5									
131	鶴・牡丹・花菱亀甲／丸鳳凰・雲・桐・菊	千早	66.5	99.5	79	51.5									
132	卍崩し文地に菊立涌	千早	70	105	81	53									枡記号（手書き）
133	蜀江文地に丸龍	千早	72	108	87	56									No.64 枡記号（手書きで○に◇）、林木屋衣裳元
134	蜀江文地に丸龍	千早	70	102.5	85	53									田記号（朱）
135	蜀江文地に丸龍	千早	73	99	85	56.5									No.76 田記号（手書きで◇）、林木屋衣裳元
136	桐唐草・菊	千早	70	102	83	53									No.78 田記号（朱）、林木屋衣裳元
137	菊	大口袴					33	71	34	41	109	64	85		新しい
138	菊	上千早	25	75											109と同じ 新しい
139	丸龍・雲	上千早	25	78											110と同じ
140	雲龍	千早	63.5	101.5	81	47									新しい 113と同じ
141	丸龍・雲	大口袴					34.5	70	35.5	39.5	98	57.5	83		114と同じ
142	丸龍・雲	大口袴					35.5	70.5	35	39	108	54	84		
143	蜀江文	大口袴					33.5	68.5	33	40	109	66	87.5		118と同じ 新しい
144	花菱文地に丸龍	上千早	24	76											新しい
145	花菱文地に丸龍	千早	67.5	99.5	80	52.5									新しい 144とセット
146	（四つ花菱文に波の丸）		69	68.5	78	49									
147	卍崩し		70	68	76.5	51									
148	鳳凰・雲・牡丹	大口袴					35	66.5	34	44	114.5	90.5	82.5		
149	唐草文地に丸獅子	大口袴					27	53.5	26.5	27.5	88	48	66.5		新しい
150	菊	差袴					34	34	40.5	38	119	119	83.5		
151	菊・桐唐草	差袴					34.5	34.5	42.5	42	102	102	82.7		
152	卍崩し文地に菊・桐	差袴					29	29	43	36	96	96	82.5		
153	菊立涌	上千早	23	70.5											
154	菊	千早	72	102	77.5	51.3									
155	花	差袴					32	32	41.5	37.5	116	116	82.5		
156	蜀江文	上千早	23.5	74.5											
157	卍崩し文地に蜀江文（菊？）	差袴					30.5	30.5	43	35.5	99	99	82.5		
158		蛇衣裳	73.5	323	18/36	48.5									田印
159		蛇衣裳	72.5	207	17/37	46									
160		蛇衣裳	73	340	16.5/37.5	46.5									枡印
161		蛇衣裳					41	41	18	67					田印
162		蛇衣裳					42	42	18	65					○に◇印
163	鶴亀松竹梅（手書き）	白千早	55	63	67	35.5									い印（その上にも印） ΛΛ印 古？
164	向鶴	白千早	65	65	66	46.5									田印 171と同じ 古？
165	鶴亀松竹梅（手書き）	白千早	57	63.5	64.7	37									枡印 古？
166	鶴（手書き）	白千早	55.5	96	60.6	37									
167	鶴亀松竹梅（手書き）	白千早	59	69.5	69	40.5									
168	鶴亀松竹梅（手書き）	白千早	62	69.5	69	42.5									
169	鶴亀松竹梅（手書き）	白千早	57.5	66	65	37.5									◇印（右斜め45度傾いて、枡印のよう） 古？
170		白千早	53	96	61.5	35.8									枡印 古？
171	向鶴	白千早	65	66.5	66	46									田印 古？
172	鶴亀松竹梅（手書き）	白千早	62	69	69	43									
173		白千早	56	98	61	36									枡印 古？
174		白千早	54	99	62.5	36									◇印 古？
175		白千早	53	99	63	35.5									枡印 古？
176		白千早	53.5	97.5	69	35									
177		白千早	67	119	79	45.5									
178		白千早	52	61.5	61.5	34.5									
179		白千早	77	79	78.5	48.5									
180		白千早	71	73.5	79	48.5									
181		白千早	67	114.5	78	45.5									
182		白千早	71	115	78.5	47									
183		たすき											114	24	
184	卍崩し文地に鳳凰・桐	大口袴					36.5	68	32.5	43	105	58	88		185に同じ
185	卍崩し文地に鳳凰・桐	大口袴					37	67.5	34	44.5	108	66	86		
186	卍崩し文地に鳳凰・桐	上千早	23	76.5											187に同じ
187	卍崩し文地に鳳凰・桐	千早	66	97	79.5	49									

番号	文様	種別	裄	身丈	袖丈	袖幅	前幅	後幅	裾幅	股下	前紐	後紐	縦	横	備考
188	雲菱文地に丸龍・桐 (裏)獅子・唐草	大口袴					33	54	30	24	87	40	69		新しい 小さい
189	花菱文地に丸龍	上千早	23	79											190に同じ
190	花菱文地に丸龍	千早	67	102.5	84	50									
191	丸龍・雲	上千早	24	77											192に同じ
192	丸龍・雲	千早	66	98	80	48									
193	蜀江文地に丸鳳凰・菊	大口袴					34	69	33	39.5	108	55	84		
194	花菱亀甲文地に丸鳳凰	差袴					29	29	36	39.5	123	123	84.5		小さい
195	丸龍・雲	差袴					29.5	29.5	35.5	41	119	119	91		小さい
196	花菱文地に丸龍	大口袴					43	67.5	33	41	129	69.5	87		197 189に同じ
197	花菱文地に丸龍	大口袴					44	67.5	34	41	132.5	70	86.8		188に同じ
198	花菱亀甲文地に丸龍	差袴					29.5	29.5	26	44	99.5	99.5	85.5		
199	雲菱文地に丸龍・桐	千早	67	99.5	81.5	49.5									
200	卍崩し文地に丸龍	大口袴					32	68	36	42.5	103.5	77	88		
201	蜀江文地に丸鳳凰・菊	上千早	23.5	75											
202	菊立涌・(波)	大口袴					34	69	32	39.5	119	64	84		207に同じ
203	檜垣文地に菊・桐	上千早	23	74											
204	蜀江文地に丸鳳凰・菊	上千早	23.5	74.5											201に同じ
205	雲菱文地に丸龍・桐	千早	67.5	97	81.5	48									199／206に同じ
206	雲菱文地に丸龍・桐	上千早	22.5	74.5											
207	菊立涌 (波)	大口袴					38	68	36	44	88	65	87		
208	菊立涌 (波)	大口袴					33.5	66.5	30	41	90	67.5	84		207に同じ
209	(法相華)唐草	上千早	25	735											217に同じ
210	檜垣文地に菊・桐	上千早	24.5	74.5											
211	蜀江文地に丸龍	上千早	24	78											
212	蜀江文地に丸龍	千早	66	98	78.5	48									新しい
213	檜垣文地に菊・桐	大口袴					34	65.5	32.5	41	101.5	61	82.5		
214	卍崩し文地に丸龍	差袴					30.5	30.5	34.5	39.5	122	122	85		
215	花	差袴					33	33	35.5	37	112	112	80		
216	雲菱文地に花(法相華)	千早	69	99	79	51.5									
217	(法相華)唐草	千早	68	98.5	80	51.5									
218	丸鳳凰	千早	68	100.5	76.5	50.5									
219	花	差袴					33	33	38	37.5	115	115			
220	蜀江文(法相華？)	上千早	25.5	75.5											
221	雲菱文地に花(法相華？)	上千早	25	75											
222	菊・桐	大口袴					35	69	33	42	71	57	85		
223	花菱文地に丸龍	大口袴					42	67.5	32.5	42.5	139	69	86.5		197に同じ
224	菊・桐	千早	65.5	100	79.5	47									新しい
225	菊・桐	上千早	24	77											新しい 224と同じ
226	菊	上千早	25	74.5											新しい 227／228に同じ
227	菊	千早	71	100	78.5	51.5									新しい
228	菊	大口袴					33	71.5	35.5	43	98.5	63	87.5		
229	花	差袴					30	30	39.5	39	122	122	84		
230	蜀江文(法相華？)	上千早	24.5	74.5											
231	菊・桐	大口袴					35	69	35.5	42.5	98	53	85.5		222に同じ
232	花菱亀甲文地に丸龍	大口袴					27.5	53.5	27	28.5	88	47	68		小さい
233	花菱文地に丸龍	大口袴					43	68	33.5	42	129	70	86.5		青字で2 189に同じ 新しい
234	蜀江文地に丸鳳凰・菊	千早	69	101	83	50									
235	花菱亀甲文地に丸龍	差袴					32	32	42	39.5	120.5	120.5	85		
236	蜀江文	千早	65	101	79.5	47.5									新しい 237に同じ
237	蜀江文	差袴					31	31	32	43	121	121	83		新しい
238	蜀江文	上千早	24.5	73											
239	卍崩し文地に鳳凰・桐	上千早	24.5	74.5											184／242に同じ
240	花菱文地に丸龍	上千早	24.5	75.5											新しい 241とセット
241	花菱文地に丸龍	千早	69	99	79.5	50									新しい 223に同じ
242	卍崩し文地に鳳凰・桐	千早	67	99	80.5	49									
243	蜀江文	差袴					30	30	28.5	41	122	122	90		新しい
244	丸龍・雲	差袴					31	31	28.5	43.5	122	122	84.5		新しい
245	雲菱文地に丸龍	千早	65	100.5	81	49.5									
246	花	差袴					31	31	43	36	117	117	81		唐花？ 法相華？
247	蜀江文地に丸鳳凰・菊	上千早	24	75.5											
248	蜀江文地に丸鳳凰・菊	上千早	24	75											247に同じ
249	蜀江文地に丸鳳凰・菊	千早	68	98.5	82.5	51									250 259に同じ
250	蜀江文地に丸鳳凰・菊	大口袴					33	69	34	39	108	57.5	84.5		青字で4

番号	文様	種別	裄	身丈	袖丈	袖幅	前幅	後幅	裾幅	股下	前紐	後紐	縦	横	備考
251	花菱亀甲文地に丸龍	差袴					30	30	31	39	121.5	121.5	84.5		235に同じ
252	卍崩し文地に蜀江文	大口袴					36	68.5	35	43.5	104	71	86.5		
253	雲菱文地に丸龍・桐	千早	68	105	80	52.5									254.255に同じだが、253は微妙に色合いが違う
254	雲菱文地に丸龍・桐	大口袴					39	65	33.5	40	124.5	70	86.5		
255	雲菱文地に丸龍・桐	上千早	24	75.5											
256	蜀江文地に丸龍	上千早	24.5	78											
257	蜀江文地に丸龍	千早	68	101	79.5	47.5									256 258に同じ
258	蜀江文地に丸龍	大口袴					36.5	69.5	35	39	105	61.5	87.5		
259	蜀江文地に丸鳳凰・菊	大口袴					32	69	34	39	109	56.5	82.5		青字で3 234に同じ
260	蜀江文地に丸龍	上千早	24.5	75											
261	卍崩し文地に蜀江文	差袴					31	31	31	37	123	123	79		262に同じ
262	卍崩し文地に蜀江文	千早	68	97.5	77	47									
263	卍崩し文地に蜀江文	上千早	24.5	75											262に同じだが微妙に色合いが違う
264	蜀江文地に丸龍	大口袴					33	70.5	34	42.5	124	50	87.5		243に同じ
265	蜀江文	千早	61	98	80.5	46.5									
266	蜀江文	差袴					30	30	30	42.5	109	109	88		143に同じ 新しい
267	雲龍・花菱亀甲	大口袴					37	71	36.5	41.5	72.5	51	85		新しい
268	菊	千早	64	101.5	79.5	48									新しい 109に同じ
269	丸獅子・唐草	大口袴					27	54	27	28	88	48	67.5		269に同じ 小さい
270	花菱文地に丸龍	大口袴					34.5	70	34	42	67	55	84.5		
271	蜀江文地に丸鳳凰・菊	大口袴					32.5	69	34	42	108.5	56.5	85		青字で1 272 249に同じ
272	蜀江文地に丸鳳凰・菊	大口袴					31.5	69	34.5	40.5	108.5	55	84.5		
273	菊	差袴					29	29	32	42.5	106.5	106.5	91.5		新しい
274	蜀江文地に丸鳳凰・菊	上千早	24	76.5											275 276に同じ
275	蜀江文地に丸鳳凰・菊	千早	66	100.5	80	48									
276	蜀江文地に丸鳳凰・菊	差袴					30	30	35.5	38.5	109	109	84		
277	丸龍・雲	上千早	24	74.5											279に同じ 新しい
278	花菱亀甲に丸龍・雲	上千早	23.5	79.5											
279	丸龍・雲	大口袴					36	71	35.5	40	98.5	55	87.5		
280	卍崩し文地に鳳凰・桐	差袴					30	30	35.5	41.5	123	123	86.5		
281	菊(法相華?)	上千早	24.5	75											282に同じ 新しい
282	菊(法相華?)	差袴					30	30	28	41	108	108	85		新しい
283	菊	千早	65.5	98	79.5	49									新しい
284	丸龍・雲	差袴					29.5	29.5	33	41.5	118.5	118.5	89.5		287に同じ 新しい
285	花菱文地に丸龍	上千早	24.5	75.5											286 289 288に同じ 新しい
286	花菱文地に丸龍	千早	67	96.5	79.5	52									新しい
287	丸龍・雲	差袴					30	30	34	41.5	122	122	89.5		
288	花菱文地に丸龍	千早	69	99	79.5	51.5									289と同じ 新しい
289	花菱文地に丸龍	上千早	25	75.5											新しい
290		白千早	69.5	116	77.5	46.5									
291	(袖 菱文)		67	69	75	54									
292	(袖 卍崩し)		74	68.5	74.5	49									
293		襦袢	67.5	79.5	52	33									
294		襦袢	67.5	80.5	51	32									
295	(袖 亀甲文)		67	81	75	35.5									
296			62	82.5	78	29.5									
297		蛇衣裳					40	–	18.5	63.5	56	–	97		
298	雲立涌文地に丸龍・雲・三つ巴	大口袴					38.5	66	31	42	120	81	84		
299	丸龍・雲	大口袴					34	64.5	32	42	121	82.5	82.5		
300	鶴亀松竹梅	白千早	63.5	69	68.5	43									
301		白千早	82	109	76.5	52									
302		白千早	54.5	93.5	60.5	35.5									307以後に比して新しい
303		白千早	55	96	61	37									307以後に比して新しい
304		白千早	55	96.7	61	37.5									307以後に比して新しい
305		白千早	56	77.5	61	36.5									307以後に比して新しい
306		襦袢	66	80.5	51.5	33.5									
307		白千早	53	93	59.5	36									⧏⧐記号
308		白千早	53	96.5	61.5	35									田印
309		白千早	55	96.5	62	36									田印

七、その他の神楽小道具

神楽幕	3 点
シャグマ	30 点
鼓胴	18 点
鼓革	18 点
神楽鈴	20 点
烏帽子	53 点
冠	20 点
帆掛け烏帽子	9 点
天冠	24 点
笏	44 点
唐団扇	7 点
纓挟	4 点
纓	2 点
襷など	27 点
チャンガラ	2 セット
面型？	50 点

出雲市の神楽面・衣装について

―林木屋資料を中心に―

藤原宏夫

一　はじめに

出雲市には、神楽に用いる道具の一切（神楽面や衣装、採物など）を貸し元から借りて神楽を行う風習がある。もっとも、道具の貸し出しが盛んに行われていたのは昭和期までのことで、今日では多くの団体が補助金等を使って自前の道具を揃えていたり、あるいは時代の趨勢から神楽そのものが休止にいたったりしているので、貸し元から道具を借りて神楽を行う例は今日では数えるほどになった。

島根県立古代出雲歴史博物館では、平成二十七年から神楽資料の貸し出しを行っていた出雲市大津町の勝部家（屋号・林木屋）の資料調査を行い、筆者がその任にあたった。資料調査に合わせて、神楽の貸し出しの実態について明らかにするため、林木屋の現当主である勝部一郎氏のほか、道具の貸し出しに関わっていた方や貸し出しが盛んに行われていた頃の記憶をお持ちの方に聞き取りを行った。

本稿は、林木屋に関する資料調査の内容と聞き取り調査の成果を報告する。

二　神楽面の貸し出しを行っていた家について

（一）先行研究から

当地の神楽道具の貸し出しについては、すでに石塚尊俊が『出雲市の文化財』第一集「神楽面」の項において、報告書が刊行された昭和三十五年当時の出雲市内の状況について記している。少々長くなるが、まずはこの記述を確認してみよう。

はじめに、この地域で最も早く神楽道具の貸し出しをしていたと思われる松寄下町の尾添氏所蔵の神楽面である。

・松寄下町面屋（尾添家）所蔵の神楽面

松寄下町面屋の面は、当家の先祖尾添丹次翁（安永元年～安政七年）と、その孫萬三郎氏（嘉永五年～明治十九年）とによってつくられたもので、現在約二百点はあるが、近来貸

面屋の面
（『出雲市の文化財』第一集より）

出しをせぬために修理が悪く、いま使用に堪えるものはその中の極く僅にすぎない。言い伝えによると、先祖丹次翁は生来彫刻がすきで、神楽面に限らずよくいろいろのものを彫り、その作品は方々に伝わっているというが、別に専門の彫刻師について修行したというような話は伝わらない。面は大小さまざまであるが、次に述べる林木屋の面ほど大きなものはない。材は多く桐で、彫りは荒く、表裏ともに手の込んだ部分は少ない。小面の裏は殊に浅い。それ故、彫刻品としてはむしろ下級の部に属するかも知れないが、それだけに却って非現実的な趣が多く、たとえば、信州新野の雪祭りの面に似た向きさえ感じられる。

（『出雲市の文化財』第一集、五四頁）

他に資料がなく石塚の記述に頼らざるを得ないのだが、尾添丹次の生没年から、幕末には面の制作が行われていたことになる。しかし、江戸時代は基本的に神職によって神楽が行われていたので、仮に丹次が面の制作をしていたとしても、それを神職に貸し出していた可能性はそれほど高くないのではないか。なぜなら、神楽面等の貸し出しは、明治初期に民間の神楽団体が各地に誕生し、神楽道具の需要が高まったことが契機だと考えられるからである。もちろんこの点は、神楽面以外の資料が見つかっていない現時点では推測に過ぎない。

また、報告書が刊行されたのは昭和三十五年で、このときすでに貸し出しが行われていなかったと記されている。このことは、大社町で神楽道具の貸し出しを行っている川上氏（屋号・結田屋）への聞き取りからも確認されたところである。

次に、貸し出しという形態とは異なるが、前述した尾添氏の神楽面と関係することから、中野町神楽組（現中野神楽保存会）の面についても見ておきたい。

・中野町神楽組所蔵の神楽面

中野町神楽組の面は、現在約四十点、これを二櫃に納め、年々組員の間を持廻りで保管している。現在のものは明治年中三島和三郎氏が制作したもので、その型は前記松寄下の面屋からとったという。事実、面屋の面に非常によく似ている。彫刻技術の程度も、前者にほぼ等しく、殊更な技巧や工夫は加えられていない。保存の程度は前者（筆者注：松寄下町尾添氏）よりは遥かによい。

（『出雲市の文化財』第一集、五四～五五頁）

この記述からも、中野町神楽組に先行して尾添家が面を制作していたことが確認できる。

次に、林木屋の面である。

・大津町林木屋（勝部家）所蔵の神楽面

大津町林木屋の面は、当主賢蔵氏（筆者注：報告書刊行当時）より四代前の豊市翁（寛政十二～明治三十）の作に拘り、多くは文政、天保頃のものであろうといわれている。

翁は生来神楽を好み、みずからもよく舞った。彫刻はどうして習得したものか明らかでないが、伝える処によると終日鏡に向いみずからの顔を写し見ることによって構図を考えたという。このことはその作品の上にもまさしく反映している。つまり当家の面は一に翁の独創に発したもので、神楽面としての一定の系列の上に立ったものではないのである。松寄下辺で伝える処によると、林木屋の面は、面屋の面を手本にしてつくったものだという。成程年代からいうならば、面屋初代の丹次翁は、当豊市翁より大分古い。したがって豊市翁がつくり出した頃には、面屋の面が既に広く利用されていたろうことは当然考えられる。また事実、如何に豊市翁が独創の人であろうとも、何等の見本もなくしてつくるということは不可能であったろう。だが実際に両者を比較して見ると、前記面屋の面には、前述の如く比較的非写実的な要素が多いが、ここ林木屋の面は、これに反して甚しく写実的である。これは技術の巧拙というより、その系譜が伝承的であるか、独創になるものかの違いではあるまいかとも思われる。数は元来百以上二百近くもあったらしいが、やはり貸出しの間に破損した結果、いま完全なものは四十箇に留る。その多くは小面であるが、彦張や新羅王などは一尺以上もの大面である。材は殆ど桐であるが若干は桧も用いられている。塗料には胡粉が用いられ、目や歯の部分には真鍮がはめられている。鬼面の多くは切顎になっているが、その縫目には独特な工夫が凝らしてある。髪や髭には主として馬の毛が用いられている。とにかく、専門の彫刻家の作ではないが、この種のものとしては上級の作に属し、前記四十点のものだけは、保存もよく行届いており、彫刻面から見るならば、近辺いずれの作にも勝るといって差支えない。

（『出雲市の文化財』第一集、五四～五五頁）

さて、『出雲市の文化財』第二集には、昭和三十五年当時の出雲市内で活動していた神楽団体が紹介されており、それぞれ面や衣装をどのようにまかなっていたかが記されている。まとめると次のようになる。

中野町中野神楽　：面・衣装とも組として所有している。
大津町山廻神楽　：面・衣装などはそのつど林木屋から借りている。
上島町上之郷神楽：面・衣装などは現在すべて大津町の林木屋から借りている。
宇那手町宇那手神楽：面・衣装はすべて大津町の林木屋から借りている。
稗原町山寄神楽　：面・衣装はすべて大津町の林木屋から借りている。
稗原町上組神楽　：面・衣装はその都度大津町林木屋より借りている。
稗原町石畑神楽　：面・衣装は林木屋より借りる。
稗原町仏谷神楽　：面・衣装はすべて大津町林木屋から借りている。
所原町須原神楽　：面・衣装はすべて大津町林木屋より借りている。
乙立町乙立神楽　：面・衣装は大津町林木屋より借りている。
神西沖町神西神楽：面・衣装は大津町の林木屋より借りている。
西園町高見神楽　：面・衣装は大社赤塚の吉岡方から借りている。

（『出雲市の文化財』第二集、六五～六八頁より筆者まとめ）

一覧から明らかなように、当時市内で活動していたほとんどの神楽団体が林木屋から道具を借り受けていた。松寄下町の面屋と大津町の林木屋以外には、大社町赤塚の吉岡家の名前が見える。西園町は大社町に隣接する地域であるため、より近い吉岡家から借り受けたのだろう。吉岡家が神楽道具を貸し出していたということから、昭和三十五年当時、簸川郡でも神楽面の貸し出しが行われていたことを確認することができる。

報告者が確認した範囲では、大社町赤塚の吉岡家のほか、大社町荒茅の川上家（結田屋）や、現時点では詳細が不明だが佐田町内などで貸し出しが行われていたらしい。

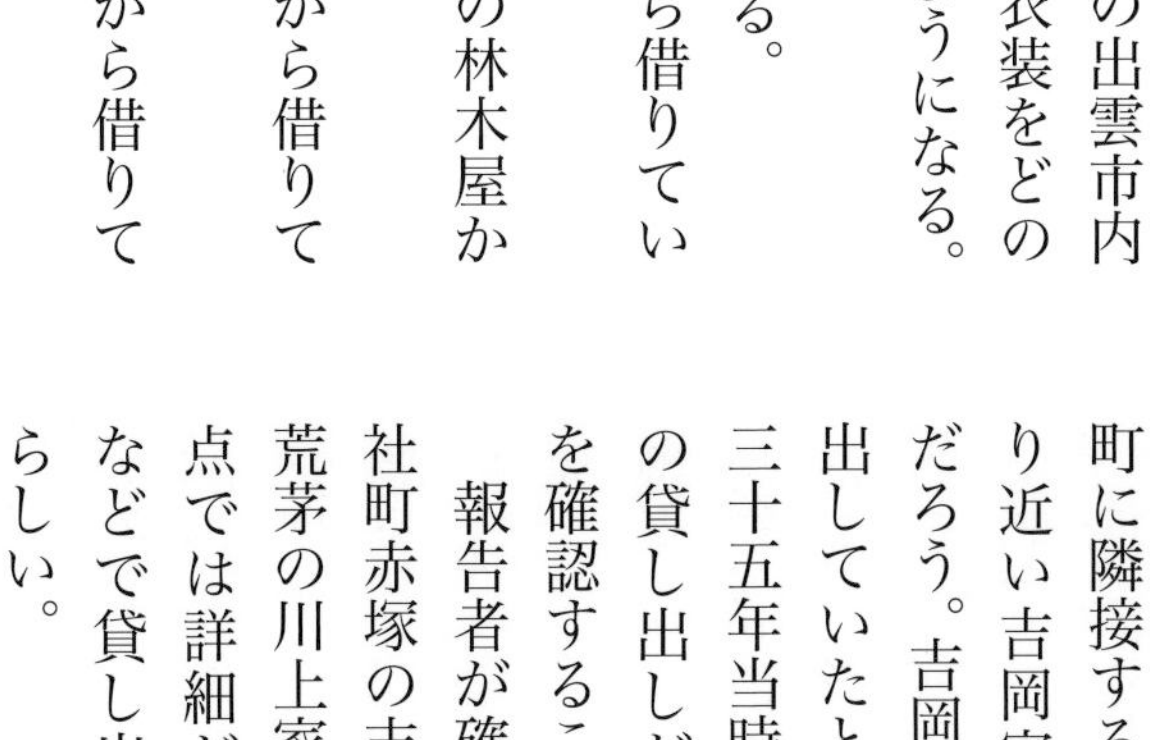

勝部豊市筆「能本」所収祝詞の図（幕末ごろ）
（『出雲市の文化財』第二集より）

（二）聞き取り調査から

次に、神楽道具の貸し出しについて、筆者が行った聞き取りから得られたことを報告する。

林木屋で神楽面の制作・貸出が行われ始めたのは、すでに見たとおり豊市氏の時代のことである。林木屋の屋号は、勝部家が林木（現・東／西林木町）から移り住んだことに由来しているという。林木屋の神楽面は、ほとんどが勝部豊市氏の手によるものである。先に見た『出雲市の文化財』によれば、豊市氏は寛政十二年（一八〇〇）ごろの生まれとあるが、現当主によれば、天保二年（一八三一）の生まれであるという。現当主の発言と、後述する面の制作年代とをあわせて考えれば、面の多くが文政、天保の頃制作という報告書の記述は誤りであると考えられる。詳細は次節で述べるが、実際にはほとんどの面が明治期以降に制作されたと考えられる。

さて、豊市氏は非常に多くの面を制作したが、面の制作をはじめた背景は明らかではない。例えば大社町の結田屋（川上家）は、明治期に面の制作を始めた頃には桶屋であったといい、木材やその加工道具が揃っていたことが面の制作を始めた理由の一つだったと考えられるが、林木屋の場合、豊市氏の時代には油屋を生業としており、結田屋のように生業との関連から神楽面の制作に向かう環境が整っていたわけではない。しかし、豊市氏は自らも舞を舞うほど神楽が好きであったと言うから、そうした熱意が氏を神楽面の制作に向かわせたのだろう。また、実物は確認できていないが、『出雲市の文化財』第二集には豊市氏が幕末頃に描いたとされる神楽の絵が掲載されている。「祝詞」の場面を描いたその絵は非常に写実的で、もともと豊市氏は観察力がすぐれ手先が器用であっただろうことがうかがえる。

衣装の制作をいつからはじめたかについて、はっきりしたことは分かっていないが、林木屋は大正時代ごろから洋服店を営むようになっていたことから、生業との関連によって衣装も手がけるようになったのではないかと考えられる。なお、現当主によれば、洋服店は祖父・善次郎氏の代から始めたもので、県内の洋服店としてはもっとも早く開業した店舗のひとつだという。余談になるが、当時の林木屋の営業範囲は石見地方にも及んでいたらしい。「大森銀山に役所があって、そこに注文を取りに行った」ということであるが、大森銀山の役所といえば、明治時代後半から置かれていた邇摩郡役所（現石見銀山資料館）を指すものと思われる。そうした仕事の付き合いもあり、かつては大森から弟子を取ったこともあるという。神楽面はそのほとんどが豊市氏の手によるものだが、洋服店を営んでいたこともあって衣装はその後も作り続けられ、生地は西陣から取り寄せて近所の裁縫経験者を雇うなどして昭和の半ばころまで作られていたという。

洋服店を始めた善次郎氏も、面の制作や修理等は手がけていたという。大津町在住の万代嘉助氏（昭和三年生まれ）は、善次郎氏が作業部屋としていた座敷で面を作ったり直したりしている光景を記憶しているという。万代氏からは昭和初期の大津町について聞き取りをさせていただいたが、そのなかで神楽に関する記憶についていくつか記しておきたい。

林木屋では正月、床の間に神楽面を飾っていた。それは林木屋に限らず、正月には職人は毎日手がけているものを床の間に飾る慣わしがあったことによるものだそうで、例えば万代家は大工をしていたため、床の間には聖徳太子の掛け軸を飾って差し金や墨壺などをお神酒とともに供えていたという。このことからも、昭和初期の林木屋においては、神楽道具は生業の中心ではなかったせよ、とても大切に考えられていたことがうかがえる。

昭和初期には大津町でも神楽が盛んで、山廻、武志町、来原の各地区で神楽が行われていた。林木屋の近くでは斐伊川の土手に秋葉神社が所在しており、そこの夏祭りで神楽が行われていた。

神楽シーズンである秋には、各地から林木屋へ衣装を借りに来る人たちが多くいたという。神楽道具の貸し出しは、神楽を行う地区の人たちが道具を積む荷車（後にテーラー〈耕耘機〉、自動車へと変わる）を引いて林木屋に取りに来る仕組みになっていた。万代氏の記憶では、祭り当日に荷車を引いて林木屋に到着したものの、前の日に他地区へ貸した道具類がなかなか帰ってこず、しかたなく林木屋で待つことになるが、そうした人が二人くらいは常にいたらしい。祭りの季節になると林木屋の前に道具を求めに来た人の荷車が二台くらい止まっていた風景をよく覚えているという。

やがて前日からの神楽が終わって神楽道具が帰ってくると、さっそく荷を解いて、林木屋の当主は待っていた当日神楽を行う予定の人から、その日使用する演目を聞き、道具の仕分けをして渡していた。複数の地区に貸し出しを行うため、林木屋では神楽道具は複数セットを揃えており、出来の良さや経年による道具の状態などの基準で等級を分けていた。おそらく等級によって貸し出しの料金は異なっていたはずだが、その資料は現存しない。いずれにしても道具類の受け渡しはただ役柄にあう面や衣装を渡すわけではなく、どの等級の道具を求めるかによっても選り分けて渡す必要があった。

神楽道具の貸し出しという本稿の趣旨からはそれるが、万代氏の記憶にある林木屋の出来事として、昭和十五年に紀元二六〇〇年を祝う記念行事として行われた稚児行列があった。行列に合わせて人形を作ってあり、白い面を着けて柴を持たせ、衣装を着させたということだが、その着付けを賢蔵氏が行っていたという。実はこの稚児行列は写真が残っているのだが、よく見ると何人かの子どもたちは神楽に使用する上千早を着用していた。

もう一つ貸し出しに関する仕組みとして、衣装の着付けということがある。神楽の衣装を、神楽団体の構成員以外の者が着付けを行うことは、県下では神楽道具を貸元から借り受けて神楽を行うこの地域にのみ見られることである。林木屋では、いつ頃からのことかは不明だが「衣装付けさん」を五人くらい雇って現地に派遣していた。衣装付けさんの依頼は、祭りを行う地区ではなく林木屋が担ってきたので、道具類の貸し出しと衣装付けさんの派遣をセットで行ってきたことになる。なお、衣装の着付けは誰でも出来るものではなく、神楽に精通した人に限られるので、自然と決まった人に依頼することになる。現当主によれば、衣装の着付けは大津、神西、稗原などに馴染みの依頼先があったといい、なかでも稗原が衣装の着付けに積極的で、自分たちの地区の神楽以外にも衣装の着付けに各地を歩いていたという。ここで、実際に林木屋の依頼によって衣装の着付けに出向いた方の聞き取りを記しておこう。

宇那手町で神楽を行っているH氏によると、過去には同町の複数の人が衣装の着付に歩いていて、自らも付き添って歩いたことがあるという。宇那手周辺の神楽はたいてい宇那手の者が着付けに歩いており、それだけに林木屋からの信頼も厚かったようで、宇那手から林木屋に道具を借りに行くと、奥さん（現当主の母）への挨拶もそこそこに、衣装のしまってあるところに行って、目的の衣装を自ら選んで運び出していたという。

さて、林木屋の道具類の貸し出しは、その後、昭和後期まで続けられていたが、現当主が昭和五十八年に県外へ転勤となったことを契機に基本的には行われなくなった。すでに見たように、昭和三十年代には旧出雲市内のほとんどで林木屋から貸し出された面や衣装を使用していたが、昭和後期になると市内の神楽は活動が停滞ぎみで、貸し出しを止めたことによる影響もそれほど大きなものではなかったという。しかし、なかには貸し出しを止めたことによって活動を中止した団体もあったという。

以降、林木屋が道具類を提供してきた団体のうち、活動を継続していたところは、大社町の結田屋がそれを引き取るかたちになった。

三　林木屋所蔵の神楽資料について

本節では林木屋の神楽資料を報告する。神楽資料一括が古代出雲歴史博物館に寄託されるにあたり、林木屋に所蔵される資料を調査したところ、神楽面一三六点、衣装三〇九点、幕三点、シャグマ三十点のほか、楽器（鼓、胴拍子）、採り物（鈴、笏、軍配）、その他の道具（天

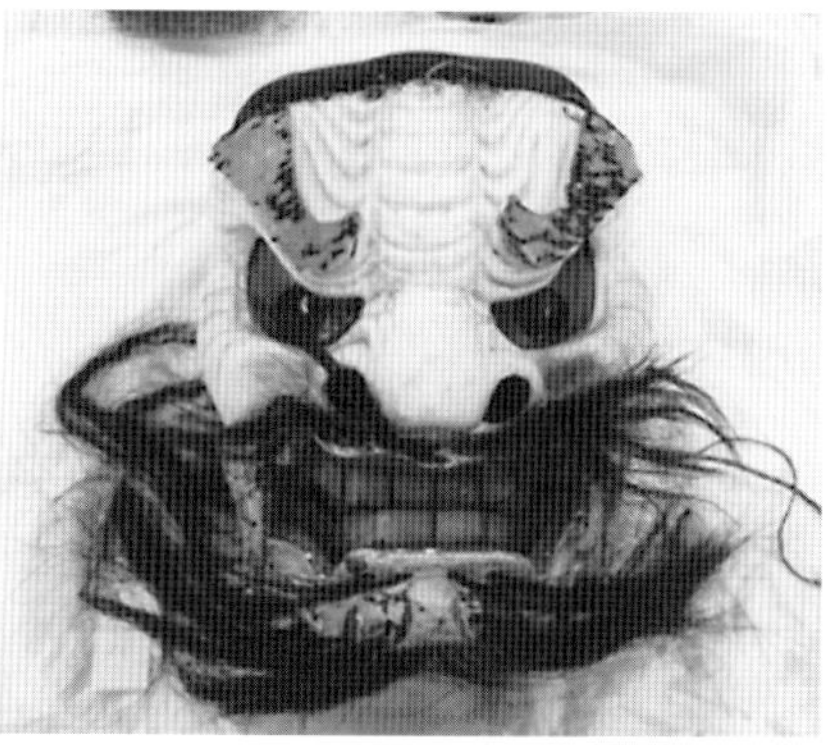

No.191　彦張

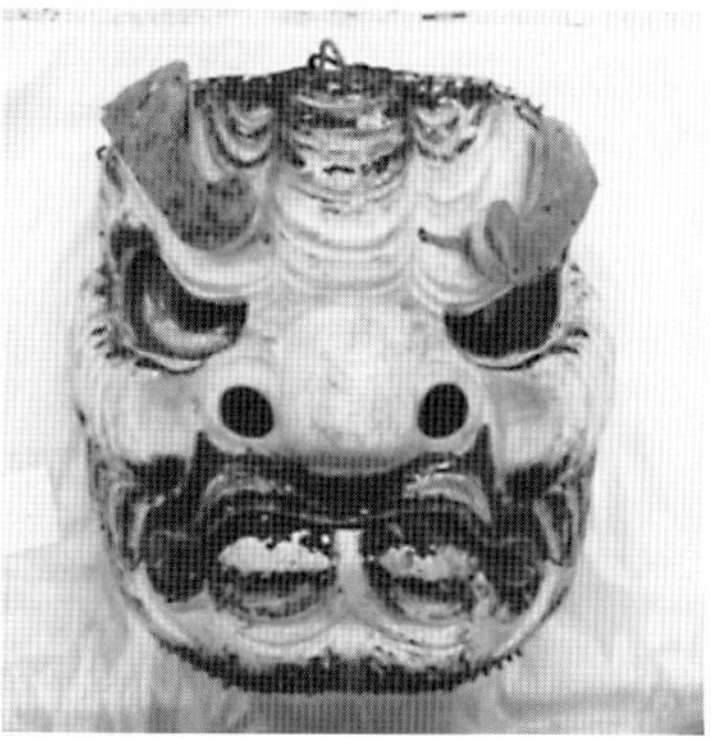

No.199　新羅王

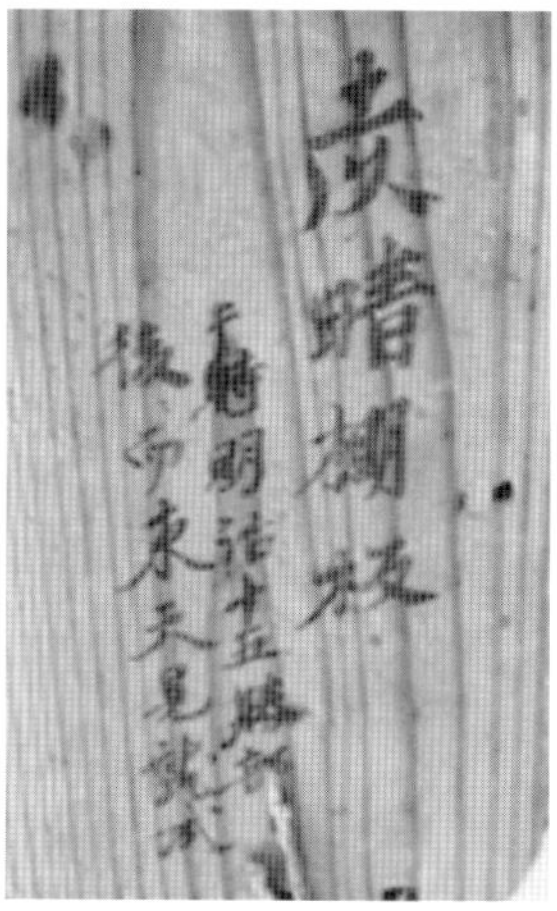

棚板の墨書

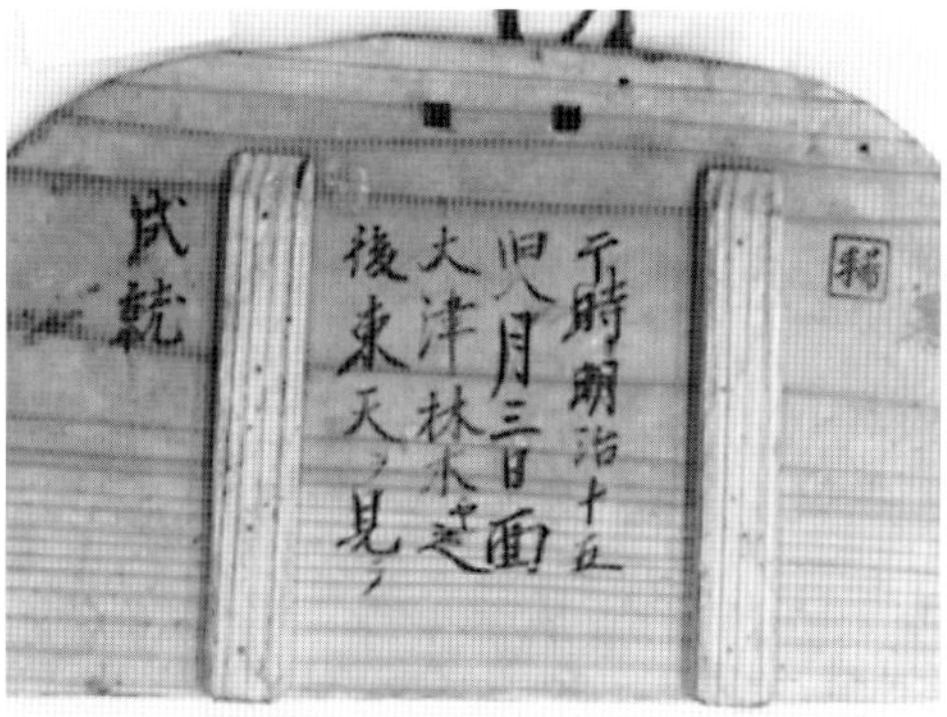

棚板の墨書

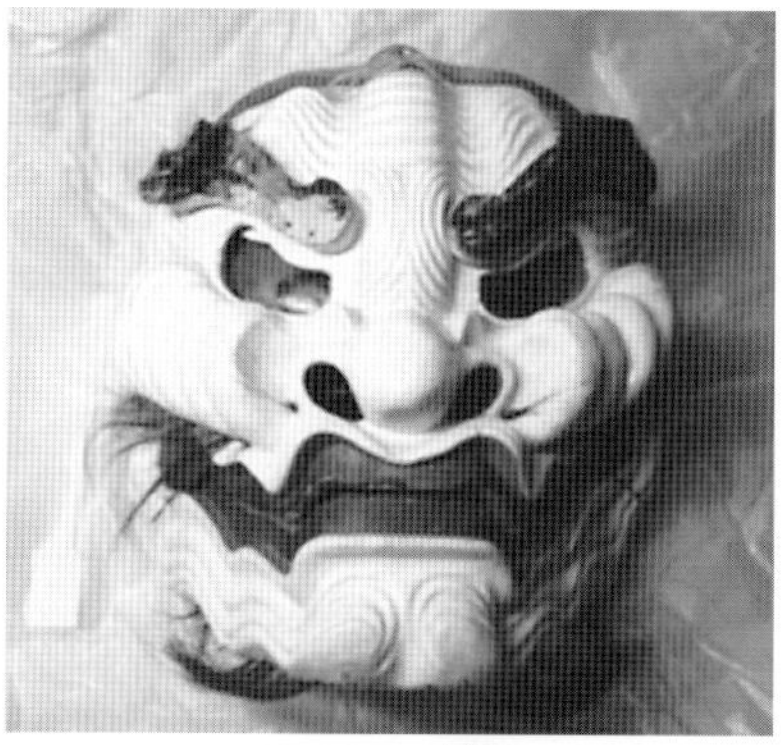

No.187　彦張

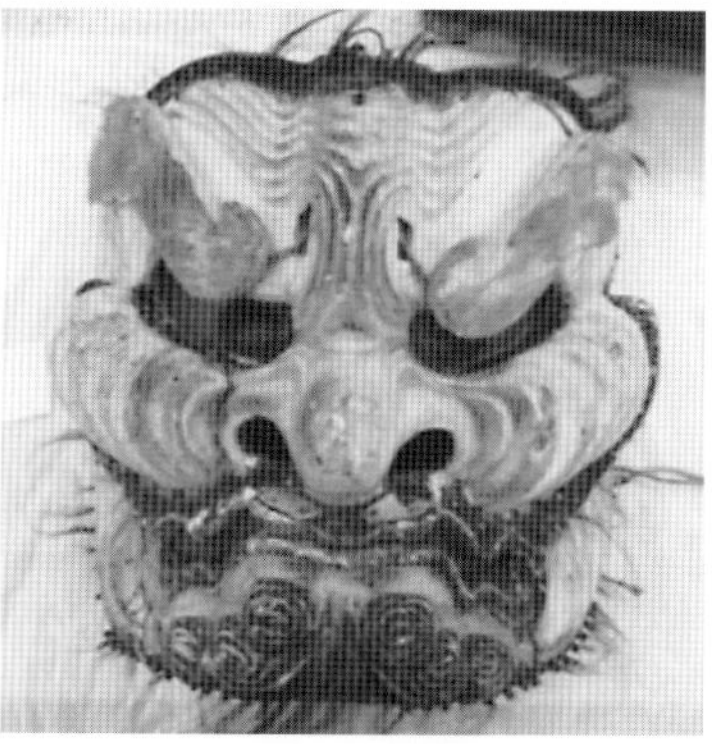

No.201　新羅王

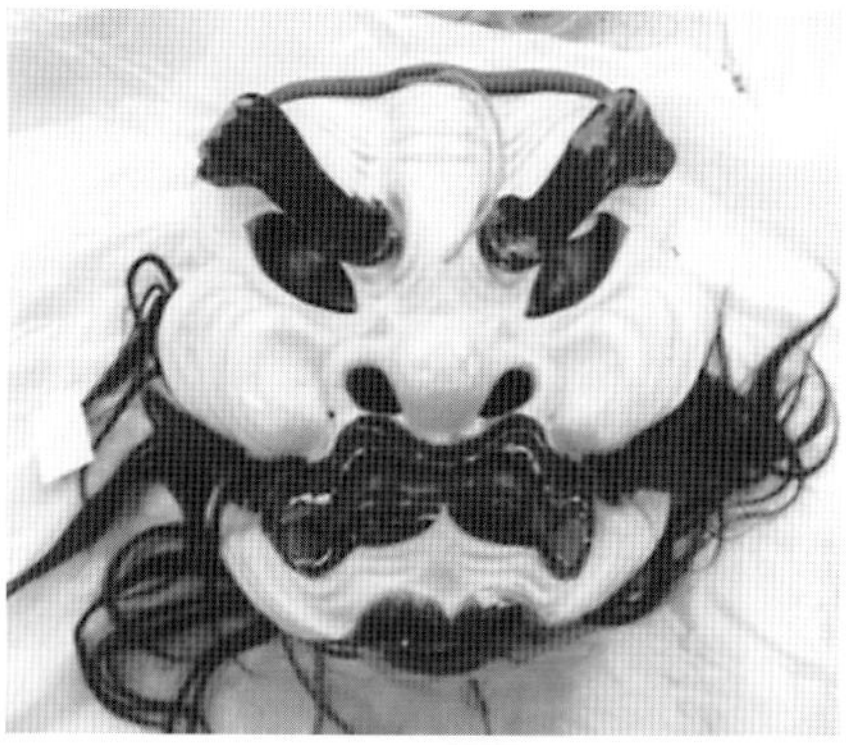

No.202　新羅王

棚板の墨書

棚板墨書

棚板墨書

冠、烏帽子、たすき）が確認された。また、これら資料を収納していた箱が十数点あり、このうち木製の十点は貸出を行っていたときに使用されていたと思われ、古いものは豊市氏の手によるものであるという。

　はじめに神楽面について、表1（本紙五〈七一頁以後〉参照）にまとめた。整理に当たっては、面を命面、姫面、翁面、媼面、茶利面、鬼面、蛇頭、その他に分類した。墨書欄の神名は面に書かれた表記を記したが、墨書がない面については、墨書のある他の作品との比較から役を定め、分類した。また、表中の法量で（　）内に示したものは髭の長さを含めた数字である。

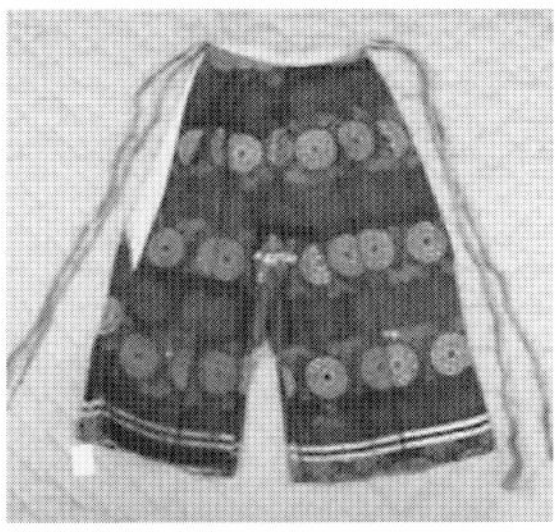
差袴

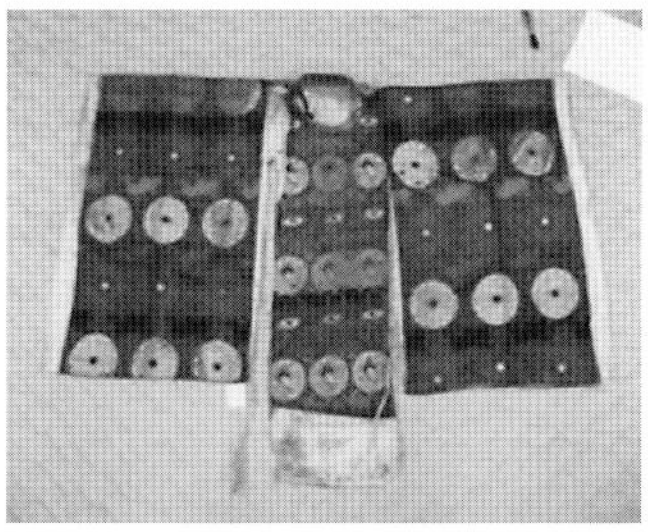
千早

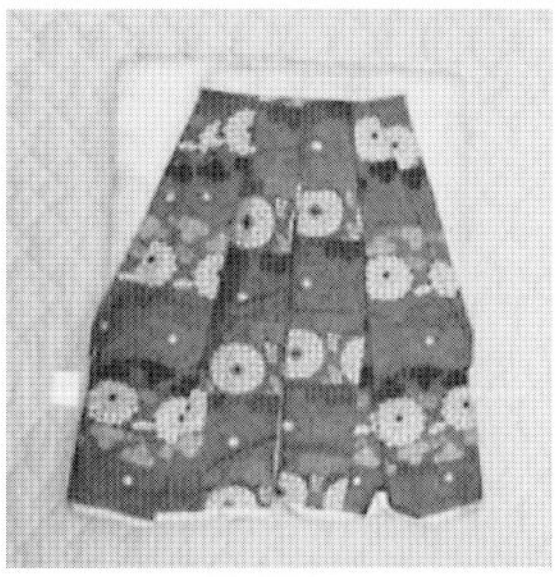
大口袴

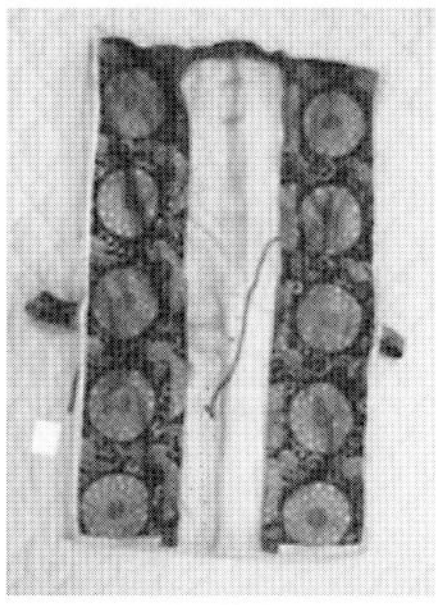
上千早

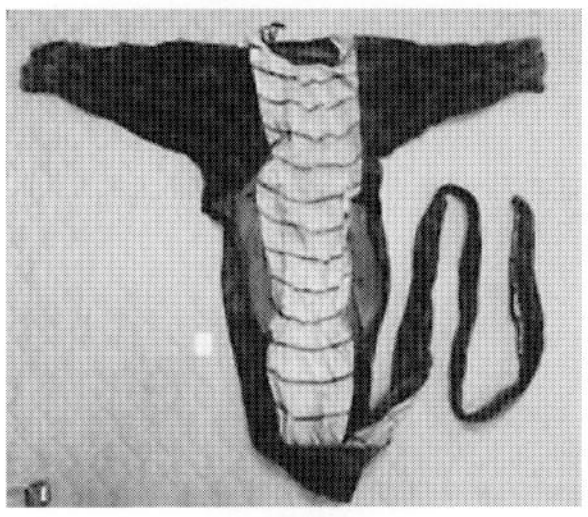
蛇衣装

白千早

　表から分かるように、一つの面が複数の役を持つものも多い。墨書にある役名は、延べ五十ほどにも及ぶ。記された役名から、これらの面が使用された演目を考えてみると、「山の神」「五行」「三韓」「三ツ熊」「佐陀」「三熊山」「切目」「岩戸」「大蛇」「日御碕」「恵比須」「荒神」「天神記」「田村」「和田済」「大歳舞」などとなる。

　印欄は、裏面に記された墨書で面の等級をあらわしている。稀極、稀飛、稀、い印、大面、鶴、亀の七種類が確認できるが、残念ながら過去の貸し出し帳簿が残っていないため、等級の序列は不明である。

　その他、注目すべきは役名や等級以外に豊市氏が記した墨書である。

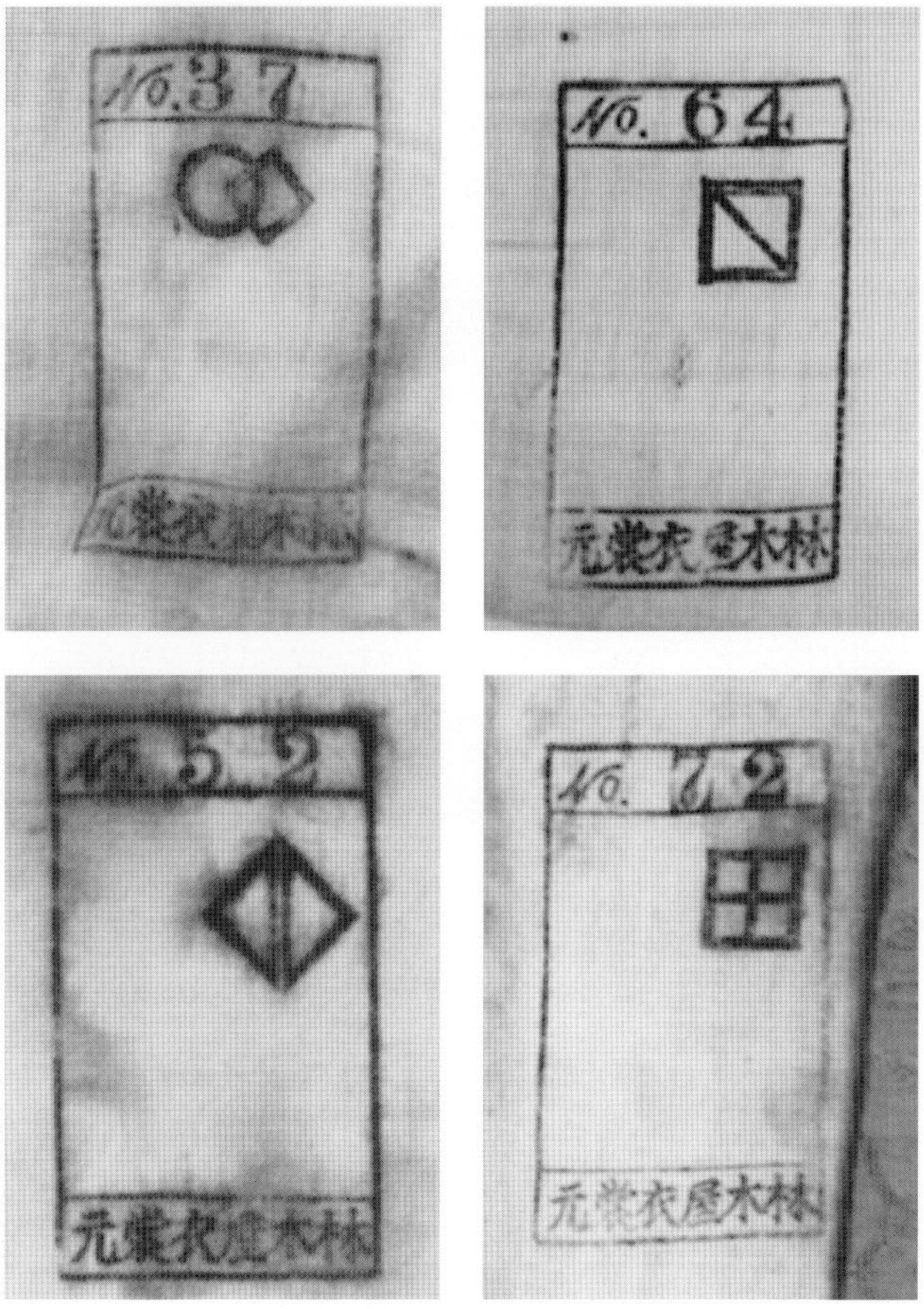

衣装の等級をあらわす記号

No.191の彦張面には「彦張棚板　干時明治十五勝部後而東天見成就」とある。棚板とは大型の面の強度を上げるため、面の頭部に据えられる板である。面本体とは別に制作するため、このようにどの面の棚板かを記しておくのだろう。ここに豊市氏は制作した年に加え「後而東天見成就」、東の空を見て、つまり朝日を見て制作が終わったと記している。夜通し面の制作に打ち込んだ豊市氏の充実ぶりをうかがうことができる。同様にNo.199の新羅王の棚板にも「干時明治十五旧八月面　大津林木ヤ之後東天ヲ見テ成就」と記している。このほか、制作年を記した面にはNo.187「鶴印彦晴棟板　干時明治十二年卯ノ旧七月　勝部豊市作」、No.201「干時明治八乙年拵之　大印　新羅王上板　勝部豊市作」、No.202「亀印新羅王棚板明治十丁丑年」がある。

制作年は明治八年から十五年にかけてで、共通するのはいずれも大型の鬼面だということである。これらは小型の面に比べて彫りが深いだけでなく、顎の動きと連動して眉とまぶたが動く仕掛けがあり、制作には高い技術が必要なはずである。豊市氏の生年を天保年間とすれば、この当時、豊市氏の年齢は四十代であり、高い技術を身につけて制作に打ち込んでいたことが想像される。また、明治十年代には複数の神楽面のセットを制作していたことから、この時期に出雲市域では複数の民間の神楽団体が勃興し、盛んな活動を展開していたことも推察される。

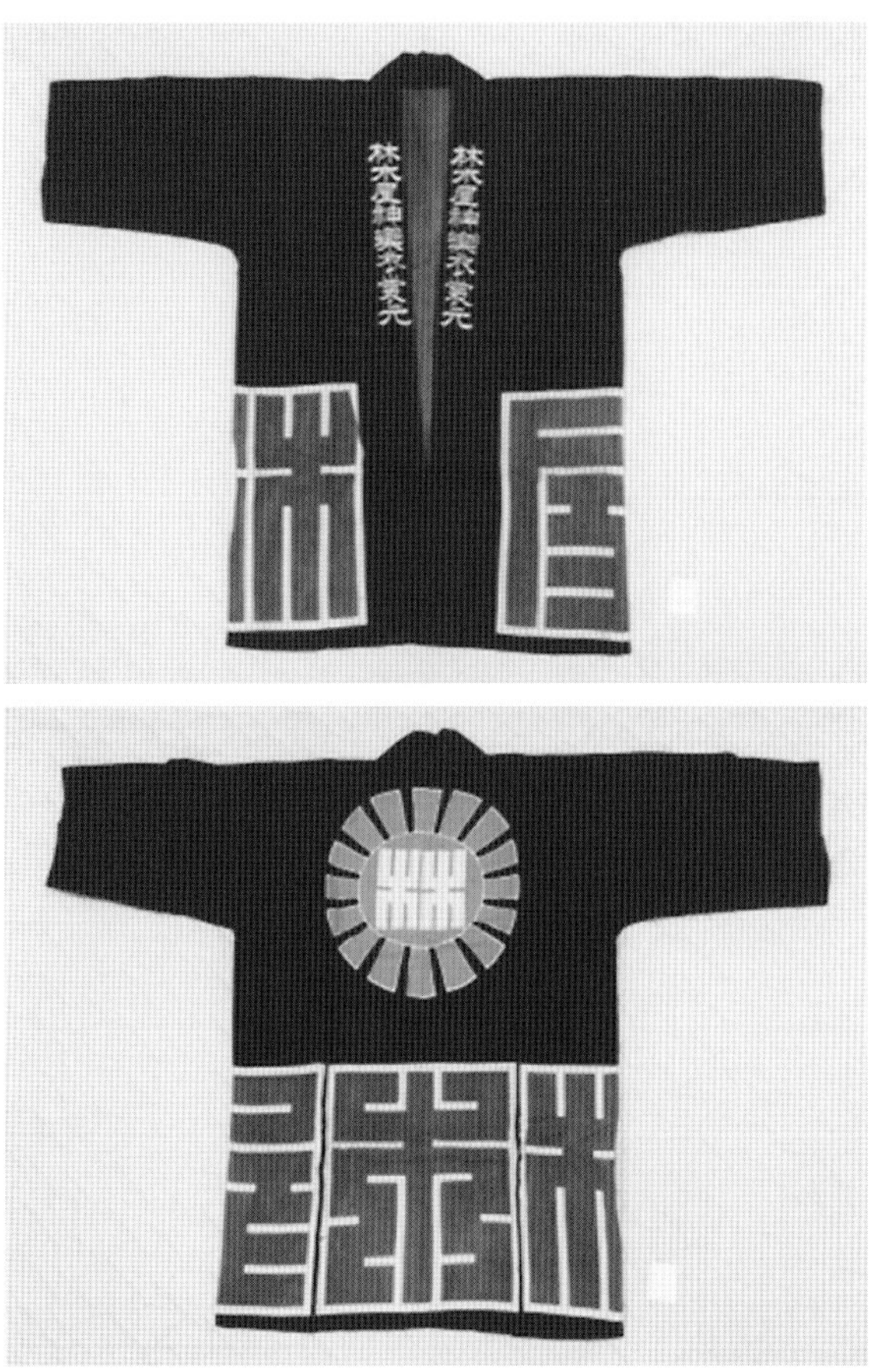
半纏

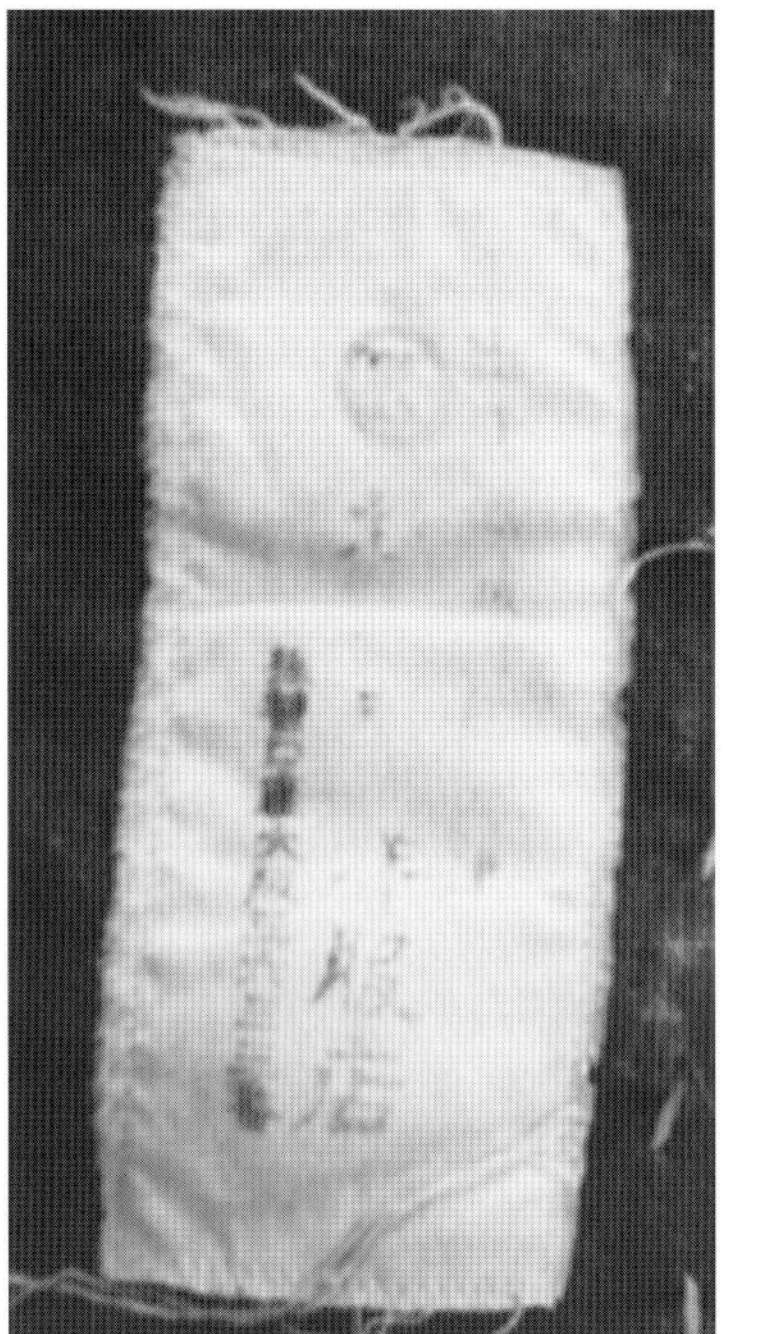
シャグマ裏面
擦れているが、「出雲國簸川郡大津林木屋洋服店」の文字が確認できる。

次に衣装について。整理に当たっては、衣装を千早、上千早（袖無し）、白千早、差袴、大口袴、襦袢、蛇衣装、半纏に分けた。衣装は総点数三〇七点で、うち千早七三点、上千早九二点、白千早三〇点、差袴三三点、大口袴五七点、

面箱

襦袢一二点、蛇衣装六点、半纏四点である（本紙六（七五頁以後）参照）。

衣装については率直なところ充分な検討が行えていないが、いくつかの所見を記しておく。

面と同様に等級を表すと思われる記号が記された衣装がある。記号は四種類確認できるが、面の等級とは異なる記号を用いているので、面と衣装の等級の対応関係は不明である。この記号は、「林木屋衣裳元」とスタンプされた枠の中に通し番号とともにスタンプされている。通し番号は制作順かとも思われるが、欠番が多いため番号の意味は不明である。生地の状態から相対的に古いと思われる衣装に記号がついていることが多く、新しい衣装にはついていない。古い衣装を使用していた頃は、複数の神楽団体に貸し出す必要性から記号を付していたのだろうが、時代が降るにつれて貸し出す団体も少なくなり記号等を付さなくなったとも考えられる。いずれにしても、現時点では明確な制作年代が明らかではないので、衣装に付せられた記号やその年代については推測の域を出ない部分が多い。今後の課題である。

興味深いのは半纏である。これは神楽衣装の着付けをする人が着用するためのもので、襟元には「林木屋衣裳元」、背面には「林木屋」と染められている。こうした半纏が制作されたことが、林木屋の衣装がその界隈では名の通った存在であったことを如実に示していよう。林木屋の半纏を身にまとった人たちが行き交う楽屋、そこで行われた神楽の場はどれほどの賑わいを見せていただろうか。

次にシャグマについて。三〇点ほど伝わるシャグマの中には、衣装と同じように「林木屋衣裳元」のスタンプとともに、面に見られた「い印」の印が押されたものがあった。また、用品店で使用していたと思われる銀行口座の記された「出雲國簸川郡大津　林木屋洋服店」のスタンプが押されたものもあった（簸川郡大津という地名表記は、郡制施行によって明治二十九年に簸川郡が誕生し、昭和十六年に大津村が出雲町に編入されるまでである）。なお、現当主によれば、馬の毛で作られた林木屋のシャグマは品質が良く、誇れるものであったという。

最後に、これらの道具類を納めていた木箱について触れておきたい。神楽道具や衣装を納めていた木箱は、もとは面と同じく豊市氏が制作していたという。毎年多くの地区へ持ち運ばれてきたため、当初の木箱は長年使用されるうちに壊れてしまったものも多く、後の時代に作り替えられたり、金属製の箱に変えられたりしている。それでも面と衣装を納めた当初の箱は七点残っている。

このうち面を納めていた木箱は、外側に「林木屋」「御能面箱」といった墨書や等級などが記され、蓋の裏側にはその等級に対応する面の役名が記されている。衣装を納めていた木箱にも「林木屋」と等級の記号が記されている。多くの情報が記されており、林木屋の実態を解明する上で重要な資料であることは間違いないが、その時代の使われ方によって書き改められているので詳細な検討が必要である。

四　おわりに

以上、林木屋所蔵の神楽道具について簡単に紹介してきた。すでに見たように、林木屋の神楽道具は旧出雲市域の大部分の神楽団体に貸し出されていたことが明らかになっており、その意味で林木屋の神楽道具は出雲神楽の標準型と言えるかも知れない。その神楽道具がこれだけまとまって、かつ良好な保存状態で残されていたのは非常に幸運なことであった。

このたびの資料調査で、林木屋の神楽道具の全容が明らかになったと考えられるが、この資料に基づいて、今後さらなる調査研究が期待される。資料調査の成果について、本稿では面と衣装、シャグマについてのみ考察を行ったが、ほかにも採り物や幕、鼓など、現時点で筆者が整理し切れていない資料も多く残っている。こうした資料を整理し、木箱に記された情報も含めて分析を進めていく必要がある。(1) ただ、林木屋にはこれだけ充実した資料が伝わっていながら、一方で貸し出し帳簿の存在が確認できていない。面や衣装の等級の序列や、それぞれの等級がいくらで貸し出されていたか、あるいはどの時代にどの範囲まで貸し出されていたかという、神楽道具をめぐる経済的、社会的な問題は依然として不明である。こうした問題については、神楽団体の資料調査などである程度補完することができるかもしれない。また、林木屋以外の神楽道具の貸し出しを行っていた貸し元についての調査も必要である。林木屋のほかに、松寄下町の尾添家、大社町荒茅の結田屋や大社町赤塚の吉岡家など、複数の貸し元が存在していた。出雲市域にどれだけの貸し元があって、いつ頃、どの範囲に貸し出していたかは、いまだ不明な点が多い。これまで注目されることのなかった神楽道具と神楽に関する研究はまだ、緒についたばかりである。

（参考資料）

『出雲市の文化財』第一集、出雲市教育委員会、昭和三十一年。
『出雲市の文化財』第二集、出雲市教育委員会、昭和三十五年。
石塚尊俊『出雲神楽』出雲市教育委員会、平成十三年。

【註】

（1）報告者が整理しきれなかった資料については、平成二十九年度の古代出雲歴史博物館常設展期間限定展示「出雲の神楽を支える―林木屋神楽資料―」の展示に際して整理がなされている。また、同展覧会の展示解説には林木屋資料に基づいた演目の解説がなされている。

（島根県立古代出雲歴史博物館専門学芸員）

出雲の神楽をささえる

―林木屋神楽資料―

品川知彦

一 林木屋の神楽面

（一）林木屋とは

出雲市には多くの神楽が伝承されているが、その多くは、かつて面や衣裳、神楽道具などを専門の貸出屋から借りて神楽を舞っていた。その一つが出雲市大津町の屋号「林木屋」である。林木屋には神楽面二三六点、衣裳三〇七点、シャグマ三〇点、鼓一八点、神楽鈴二〇点、天冠二四点、冠二〇点、笏四四点などの神楽資料が伝わっている。

林木屋に伝わる面は勝部豊市氏（天保二年〈一八三一〉〜明治三〇年〈一八九七〉）の制作によるものと考えられる。豊市氏は家業の油屋のかたわら、その後半生を神楽面作りにかけたとされている。その制作時期は紀年のあるものから判断すれば、明治八年（一八七五）から明治二七年（一八九四）である。また、明治一二年（一八七九）には天冠も準備されていることから、林木屋は少なくとも明治初年には貸出業を行っていたと推測できる。

現当主の祖父の代、大正時代頃に林木屋は洋服店を営む。県下でも早い時期の開業であったとされる。この関係もあってか、この頃に京都西陣から織物や金糸などを仕入れ、神楽衣裳を多く制作したと考えられる。

しかしながら、高度成長期頃から[1]神楽の担い手不足などにより神楽が休止され、貸出の需要が少なくなった。また現当主が県外に転勤したことなどもあり、昭和五八年（一九八三）頃に、基本的には神楽道具の貸出を休止した。ただし、衣裳の貸出は平成五年〈一九九三〉頃まで継続したようである。

（1）一方でこの頃、林木屋は神社の祭礼や諸団体の催物での神楽公演を各神楽団体に紹介することも行っていたようである。

（二）林木屋の神楽面

林木屋に残された神楽面二三六面の内訳は、命面八九、姫面二九、翁面二八、媼《おうな》面五、鬼面五五、蛇頭六、茶利面二一、その他三で、材質はほとんどが桐である。これらの神楽面は、「鶴」「稀」「稀極」「稀飛」などに分類されている。分類ごとの数を見ると「稀飛」三八（四三）面、「鶴」三五（三七）面、「稀」三四（四二）面、「稀極」一九（四一）面、「亀」二九（三二）面、「大面」二八（三二）面、「い印」二〇（二二）面、「極ア」一面、「極稀」二面、「大印」一面となる（括弧内は見々久神楽保持者会蔵・神西神代神楽保存会蔵などの面を加えた数）。一夜の神楽を舞うためにおよそ四〇面程度必要とされること、面の残存数などから判断すれば、神楽面はおよそ四〇面ごと分類され、保管・貸出されていたと考えられる。これらの分類は、面の制作・保管状況によってなされた等級のようで、等級の高い面の方が貸出料は高かったとされる。また、同様に神楽衣裳や道具類も等級化されており、面の等級に合わせて貸し出されていたようだ。

面は勝部豊市氏によって制作され、そのうち何面かに紀年銘が施され、面の制作時期が推測できる。また、見々久神楽保持者会に伝わる「稀極」に分類されている新羅王面と彦晴（張）面が明治二六年（一八九三）から明治二七年（一八九四）にかけて制作されている。この点から、同じ分類に属する面はほぼ同じ時期に制作されたと想定することができる。したがって、本展では各分類の面の制作時期を以下のように推定する。

「大印」…明治八年（一八七五）頃〈新羅王面棟板墨書〉
「亀」……明治一〇年（一八七七）頃〈新羅王面棟板墨書〉
「鶴」……明治一二年（一八七九）頃〈彦晴面棟板墨書〉
「い印」…明治一五年（一八八二）頃〈彦晴面棟板墨書〉
「稀」……明治一五年（一八八二）頃〈新羅王面棟板墨書〉
「大面」…明治二三年（一八九〇）以前〈彦晴面棟木修理墨書〉
「稀極」…明治二七年（一八九四）〈新羅王面棟板・彦晴面棟板墨書〉

制作年は明治八年から明治一五年頃に集中しており、この時期、神楽面貸出の需要が高かったことがわかる。これは神楽が神職の手を離れて一般の人々に広まっていったことを示していよう。同じ頃、石見地方では、木彫面に比して大量生産が可能な張り子面が開発され神楽団体の需要に応えていったが、出雲市域では面等の貸出屋が神楽団体の需要に応えていたのである。

神楽面の分類の中には、「極ア」、「極稀」など残存数が少ない面もあり、また例えば「極稀」から「亀」、「稀」から「鶴」、「鶴」から「亀」へと分類が変わった面もある。このことから、明治八年以前に制作された面の存在の可能性や、制作後も面が絶えず修理されていったことなどが指摘できる。実際に、面の塗り替えは現当主の祖父　勝部善次郎の代までは行われ、とりわけ昭和一五年（一九四〇）には皇紀二六〇〇年にあわせて行われたようだ。

なお、神楽面のうち、二面（彦晴面・山の神面）が、専門の彫刻家の作ではないにしろ、彫刻的に優れており、保存状態も良いことなどから昭和三四年（一九五九）に出雲市有形民俗文化財に指定されている。

（三）林木屋の神楽衣裳

林木屋には三〇九点の神楽衣裳が伝わっている。内訳は千早六七点、上千早九二点、差袴三三点、大口袴五七点、白千早三〇点、蛇袋三点、蛇用袴三点などである。これらは面と同様に、等級を示すと考えられる「◇」、「◇○」、「田」などの分類記号が墨書あるいは押印されているもの、「林木屋衣裳元」の押印とともに衣裳No.が記されているもの、分類記号と「林木屋衣裳元」の両者が記されているもの、押印等がないものに大別できる。

現状では一点を除いて製作にミシンが用いられていることから、残されている衣裳は面に比べて新しく、基本的には、洋服店を開いた大正時代以後のものと考えられよう。しかしながら、神楽面等が保管・貸出されていた面箱に「千早」の記載があることからすれば、明治時代にも衣裳を貸し出していたことが推定できる。

「◇」、「田」などの分類記号は、鼓や天冠、三番叟《さんばそう》烏帽子など他の神楽道具にも用いられている。とりわけ「田」印の三番叟烏帽子は、外袋の墨書から明治二一年（一八八八）に調えられたことがわかる。また、見々久神楽のように、衣裳を平成時代になっても借りていたという現状からか、衣裳には新しいもの（昭和時代後半頃）も見られ、その多くには押印等がなされていない。これらの点から推測が許されるならば、現状残される衣裳は、分類記号がなされているもの、分類記号と「林木屋衣裳元」との混在、「林木屋衣裳元」の押印と衣裳No、押印等がないものの順で製作されたものであろう。

二　林木屋神楽資料の広がり

（一）林木屋神楽資料の貸出

林木屋の神楽道具は、石塚尊俊などによれば昭和三〇年代頃には山《やま》廻《まわり》神楽（大津町・中絶）、上之郷《かみのごう》神楽（上島町・中絶）、宇那手《うなて》神楽（宇那手町）、山寄《やまよせ》神楽（稗原町）[1]、仏谷《ほとけだに》神楽（稗原町）、石畑《いしばたけ》神楽（稗原町）、上組神楽（稗原町・中絶）、見々久神楽（見々久町・島根県指定無形民俗文化財）、須原《すばら》神楽（所原町・中絶）、乙立《おったち》神楽（乙立町・出雲市指定無形民俗文化財）、神西神代《じんざいかみよ》神楽（神西沖町・出雲市指定無形民俗文化財）に貸し出されていたとされる[2]。これに加えて、聞き取りなどからは、来原（大津町）、小伊津《こいづ》・塩津・三津《みつ》・久多見《くたみ》（旧平田市）、併川《あいかわ》（旧斐川町）、仙山《せんやま》（大田市朝山町）などの諸神楽に貸し出されていたという。なお、かつて神西神代神楽は小伊津・塩津・三津の祭礼の際に出向いて神楽公演を行っていたとのことから、旧平田市への貸出は、神西神楽によるものだった可能性が高い。また、出雲市大社町の吉兆神事（島根県指定無形民俗文化財）の番内面としても貸し出されていたようだ。

　このように、林木屋の神楽道具は出雲市を中心に広い範囲に貸し出されていたことがわかる（以下、本稿では林木屋神楽資料が利用されたと想定される神楽を「出雲市域の神楽」と記す）。これらの神楽団体の多くは、林木屋の神楽道具がなければ神楽を舞うことができず、その意味において林木屋は出雲の神楽を側面から支えていたといえよう。

　また、共通の神楽道具が利用できるということは、これらの地域の神楽は演目などが共通していたことになる。ちなみに上古志（古志《こし》町）の明治二四年（一八九一）の「御神楽帳」（石塚尊俊収集資料[3]）には、「神門郡古志村大字上古志　三谷武助用　石見国邇摩郡大森村　原田春蔵方にて　吉田伊作　控」とあり、上古志神楽と大森町（大田市）の神楽が同系統のものであったことがわかる。よく指摘されるように、石見部の神楽といっても大田市東部の神楽は、いわゆる出雲神楽であったのである。

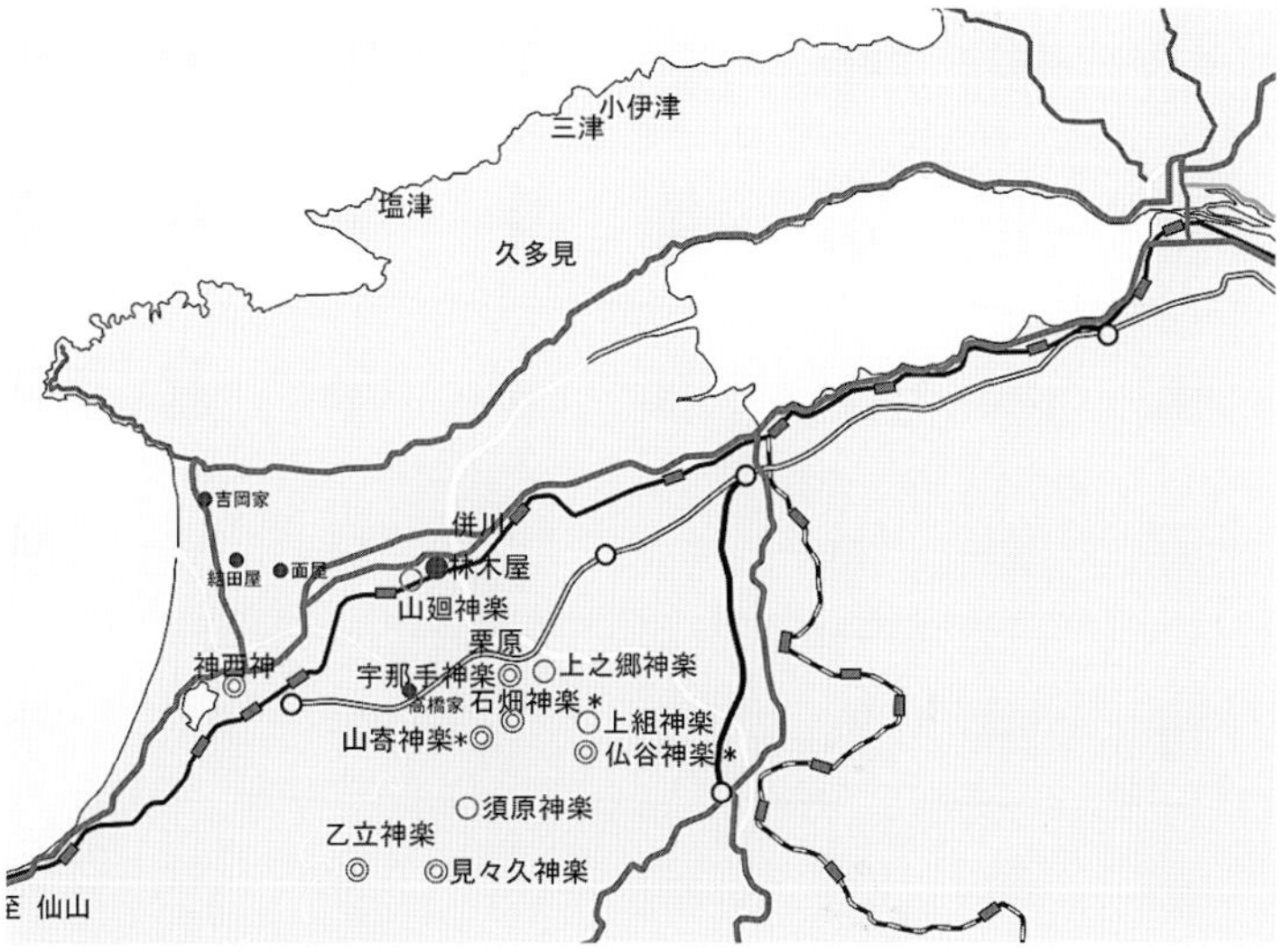

●神楽道具貸出屋
◎林木屋神楽資料を使用した神楽
○林木屋神楽資料を借用した神楽（中絶）

（1）山寄・仏谷・石畑の神楽は統合して市森神社神楽となり、平成一六年（二〇〇四）に出雲市指定無形民俗文化財に指定されている。

（２）『出雲市の文化財―出雲市文化財調査報告第二集―』、出雲市教育委員会、昭和三五年。以下、「『出雲市の文化財』」と記す。

（３）以下、「明治二四年上古志「御神楽帳」」と記す。石塚尊俊収集資料は、氏が収集された書籍・資料からなる。

（二）出雲市内の神楽道具貸出屋

石塚尊俊『出雲市の文化財―出雲市文化財調査報告第一集―』(1)および『出雲市の文化財』によれば、神楽道具貸出屋は出雲市域には林木屋の他に、面屋（松寄下町）、結田《ゆいた》屋（荒茅町）、吉岡家（大社町赤塚）があったとされる。

面屋の面は、尾添丹次（安永元年〈一七七二〉～安政七年〈一八六〇〉）、その孫の萬三郎（嘉永五年〈一八五二〉～明治一九年〈一八八六〉）によって制作されたもので、約二〇〇面伝わっている。戦前には面の貸出をやめたようである。

結田屋の面は明治初年頃、川上唯助が制作したものが中心で、平成二九年（二〇一七）に稗原町の諸神楽に面と衣裳が一部譲られている。(2)

吉岡家の面は、高見神楽（西園町・出雲市指定無形民俗文化財・休会中）や外園《そとぞの》神楽（外園町・出雲市指定無形民俗文化財）などに貸し出されていた。

この他、出雲市佐田町原田のI家（原田神楽〈出雲市指定無形民俗文化財〉などに貸出）や出雲市馬木《まき》町の高橋家（少なくとも昭和三〇年代後半から昭和四〇年代にかけて見々久神楽に衣裳を貸出）(3)などがあった。

（１）昭和三一年、出雲市教育委員会。

（２）藤原宏夫「出雲市内の神楽面・衣裳について」、山陰民俗学会平成二九年度大会発表。

（３）品川知彦「見々久神楽の伝承」、島根県古代文化センター『見々久神楽』、平成一三年。なおこの報告書については、以下『見々久神楽』と記す。

（三）出雲市域の神楽団体

一般に神楽は、江戸時代には神職を中心に舞われ、明治初年、いわゆる神職演舞禁止令の後に、神職から氏子が神楽を学び、民俗芸能として広まったとされている。しかしながら、大社町手銭家に伝わる「祷家順番帳」(1)の弘化四年（一八四七）条から、神職ではない者による神楽＝「素人神楽」が大土地・中村（出雲市大社町）の他に、上之郷、東園、武志《たけし》、大塚（以上出雲市）でも行われていたことがわかる。林木屋から神楽道具を借りていた上之郷神楽は、少なくとも江戸時代末には一般の人々によって舞われていたのである。また伝承では、石畑神楽は慶応年間に市森神社神職の古瀬氏より伝授とされている。したがって、江戸時代末には神職以外の人に担われる神楽が少なからず行われていたこととなり、これは面屋の面の制作年代とも付合している。この点からも林木屋の面の中に、江戸時代末に遡るものがある可能性は指摘できるだろう。

とはいえ、乙立神楽（明治四年〈一八七一〉に伝授とされる）、須原神楽（明治一〇年〈一八七七〉頃高浜より伝授とされる）、仏谷神楽（明治一九年〈一八八六〉石畑神楽より伝授とされる）、山寄神楽（明治半ば頃伝授とされる）、上組神楽（明治三〇年〈一八九七〉頃市森神社神職より伝授とされる）など、やはり多くの神楽団体は明治になってからの成立であり、これら新しく成立した神楽団体の需要によって、林木屋の神楽面は制作され、それが林木屋の面の制作年代に反映していると考えられよう。

（１）島根県古代文化センター『大土地神楽』、平成一五年。以下『大土地神楽』と記す。

（四）見々久神楽の神楽面

見々久神楽保持者会には三一面の神楽面がある。そのすべてが豊市氏制作の林木屋の面で、昭和四〇年（一九六五）前後に林木屋から購入したものである。その分類は「稀極」一一面、「稀」七面、「稀飛」五面、「大面」三面、「鶴」二面、「い印」・「亀」各一面、不明一面である。購入にあたっては、見々久神楽の出雲市指定（昭和三四年〈一九五九〉）および島根県指定（昭和三六年〈一九六一〉）にあたって調査を実施した石塚尊俊の助言・仲介があったという。さらに保持者会によれば、当時の林木屋当主が保持者会の会員と同様の活動をしていたことが、スムースな購入につながったという。[1] 見々久神楽の神楽面の詳細については『見々久神楽』を参照していただきたい。

なお、神西神代神楽保存会にも下記の三面（うち一面は個人蔵）の林木屋の面が伝わっている。神西のＯ氏は林木屋の「衣裳付け」（林木屋から派遣されて衣裳の着付けを行う、林木屋には五人程度の衣裳付けがいたとされる。）でもあったが、彼は林木屋から部品等を持ち帰り、面の修理も行っていた。その関係から、神西には林木屋由来の面が残されており、下記以外にも個人所有の林木屋由来の面が残されているという。

末社　里人／須佐　一七・〇×一六・〇センチ　稀極
媼面　二〇・〇×一五・五センチ　亀
山の神　二二・〇×二二・〇センチ　い印　（個人蔵）

（1）衣裳については昭和四二年（一九六七）から、見々久神楽保持者会として購入・整備を行っている。不足する衣裳・道具については、平成五年（一九九三）頃まで林木屋もしくは高橋家（昭和三〇年代後半から昭和四〇年代が中心）から借用していた。

三　演じられる演目

出雲市内の神楽は、基本的には七座・式三番・能舞の三段構成からなっており、その意味において佐陀神能（松江市・重要無形民俗文化財）の影響を受けている。しかしながら、七座に佐陀神能にはない内容を持ち、また能舞では「五行」、「山の神」、「三つ熊」など佐陀神能にはない演目を伝えている。ここでは神楽面・神楽道具を紹介しながら、出雲市域の神楽の代表的な演目を紹介していきたい。

（一）七座

七座とは場を祓い、神坐を設けて神を勧請するといういわば神事の手順を舞としたものとされる。佐陀神能では、「剣舞」・「散供《さんく》」・「御座」・「清目」・「勧請」・「八乙女」・「手草《たくさ》」の七段からなっている。出雲市域の神楽、例えば現在の見々久神楽では「四方剣」・「剣舞」・「茣蓙舞」・「幣舞」・「祝詞」・「八乙女」・「手草」から構成されている。「祝詞」は、上組神楽・石畑神楽・仏谷神楽では「注連」と呼ばれ、「手草（田草・宅草・多久佐）」が初段と後段（乙立神楽など）、または「鈴舞」・「扇舞」（宇那手神楽など）などに分かれていた神楽もある。この場合、七座としながら七段を超えることになる。見々久神楽も、明治一六年（一八八三）の台本では九段あり、石塚尊俊によれば、「近年」、佐陀神能に合わせて七段に整理されたものとされている。[1]

また「祝詞」は、佐陀神能では奉幣行事を舞化したものだが、出雲市域の神楽は例えば見々久神楽のように、神を勧請する祝詞を奏上する際に、チューレン（天蓋）を上下させて神おろしを表現する所作がなされるなどの特徴がある。

（1）『出雲神楽』、出雲市教育委員会、平成一三年。以下『出雲神楽』と記す。なお、演目の概要説明においては、当本を参照した。

（二）式三番《しきさんば》

七座の後に演じられる演目で「千歳《せんざい》」・「翁」・「三番叟」からなる。一般的には佐陀神能の影響を受けたものと考えられる。基本的にまず千歳が舞い（「千歳」）、千歳から翁面（白式尉《はくしきじょう》）を受け取り、それを着けて翁が舞う（「翁」）。佐陀神能では、その後、一人の舞役が黒《こく》式尉《しきじょう》の面を着けて舞う「三番叟」となるが、他の出雲部の神楽では、現在では歌舞伎の二人三番叟の形式を取り、少年が舞うことになっている。実際、林木屋の神楽面の中には黒式尉面は残されていない。

また現在、出雲部の神楽で「翁」が舞われるのは、佐陀神能、大原神職神楽（雲南市・島根県指定無形民俗文化財）、見々久神楽に限られる。しかしながら林木屋の面箱に「千才箱」、「翁面」と墨書されていること、「翁」と墨書される面が林木屋に三面、見々久神楽に一面伝わること、大正三年（一九一四）写（明治九年〈一八七六〉以後成立）の『神能集』（林木屋所蔵、裏表紙には「雲根神社　大津神楽方」と記載、以下「大正三年「神能集」」と記す）に「翁」が記載されていることからすれば、「翁」は明治時代前半には出雲市域の他の神楽でも多く舞われていたことがわかる。なお、昭和二二年（一九四七）当時の須佐神楽（旧佐田町宮内）、昭和五五年（一九八〇）当時の槻《つき》の屋《や》神楽（雲南市木次町・島根県指定無形民俗文化財）にも「翁」は存在している。(1)

なお、林木屋に伝わる大口袴の中には、他の袴より小さく作られているものがある。これは、昭和時代初頭には「三番叟」などを少年が舞うことになっていたことを示していよう。

（1）『須佐神楽』、佐田村教育委員会、昭和三七年再謄写本を利用。石塚尊俊『出雲槻之屋神楽』、槻之屋神楽保存会、昭和五五年。

（三）山ノ神（山の神）

直面の柴叟《しばそう》が天香具山に分け入り榊を持ち帰ろうとしたことから、山の神（大山祇命）と争いになる。柴叟が春日大明神であることを知った山の神は平伏し、春日大明神はこれで四方の悪魔を祓えと述べ、剣を山の神に授け、山の神は「悪切り」を行う。

佐陀神能にはない演目だが、出雲部の多くの神楽に伝承されており、能舞の最初に舞われることが多い。見々久神楽では歴史的に見ても式三番の前に舞われ、ストーリー性があることから能舞とされるが、実際には七座の一つと意識されて舞われる。奏楽に能舞では用いられない鼕が用いられるのもこの意識を反映している。林木屋には山ノ神面が七面伝わっている。

中上明などによれば「山の神」は、広島県を中心に中国地方一円で舞われる「荒平《あらひら》」が記紀神話に基づき変貌したものとされている。(1)中上は、奥飯石神職神楽の古台本の「悪切」（山の神）に、鬼神が「荒平」として登場していることを指摘しているが、これと同様に明治二三年（一八九〇）の大田市仙山に伝わる『神秘神楽列傳記』(2)、大正三年「神能集」の「山の神」では、大山祇命役が「荒平大神」と記されている。また林木屋には、「荒平大神」と墨書された面が一面伝わっている。これらのことから、出雲市域でもかつて大山祇命が荒平大神と意識されていたことが推測できる。

（1）中上明「奥飯石神職神楽古台本『出雲神代神楽之巻』翻刻と考察」『中国地方各地の神楽比較研究』、島根県古代文化センター、平成二一年。なおこの論文に翻刻されている嘉永二年写の『出雲神代神楽之巻』は、以下「奥飯石嘉永二年本」と記す。

（2）石塚尊俊収集資料。以下、「明治二三年仙山「列傳記」と記す。

（四）切目《きりめ》

切目とは熊野の九十九王子の一つ、切目王子のこととされる。現在の出雲市域の神楽では切目が姫面を着し一通り舞った後に、現れた老神にその正体を明かす。そして切目は老神に小鼓（鞨鼓大鼓《かっこだいこ》）を渡し、老神はこれを打つ。内容は神楽によって異なるが、出雲市域ではほぼすべての神楽で舞われ、佐陀神能では「真切雯《まきりめ》」、隠岐では「切部《きりべ》」、石見でも「鞨鼓切目」・「貴利女」などとして舞われる（た）。

林木屋の神楽面では、切目は翁面として五面伝わり、切目ノ前として姫面が二面伝わっており、少なくとも明治時代前半までは切目が、佐陀神能のように男神と意識されて舞われていた可能性がある。

寛政三年（一七九一）・文政三年（一八二〇）の御崎神社（出雲市見々久町）の正遷宮時の神楽では巫女が切目（神）を舞っている。[1]この「切目」は、ほぼ同時代の宇那手町火守神社に伝わった寛政五年（一七九三）書写の神楽台本[2]に従うと、現在の出雲市域の「切目」と同様であることから、御崎神社遷宮時の「切目」は、基本的に現在の出雲市域の「切目」と同じ構成であったことが考えられる。

一方、大原神職神楽の台本、例えば万延元年（一八六〇）本などでは、「切目」と「神子切目」の二段が記されている。[3]「切目」は佐陀神能の「真切雯」と同様であり、「神子切目」は現在の出雲市域の「切目」と同様である。また、大土地《おおどち》神楽（出雲市大社町・重要無形民俗文化財）でも大正一〇年（一九二一）以前成立の台本[4]には「巫切目」とあり、内容は現在の出雲市域の「切目」と同様である。

このように見るならば、現在の出雲市域の「切目」は、大原神職神楽でいう「巫子切目」を継承したものと想定することができる。そしてこれが、大正三年「神能集」などのように「切目」として記されるようになると、かつての（「真切雯」と同様の）「切目」との混交が生じ、切目を男神とみなすようなことも生じたのではないだろうか。この混乱を裏付ける資料として、『槻之屋神楽記』（昭和四〇年頃カ）[5]がある。この「鞨鼓切目」では、切目は姫面を着し、また内容も出雲市域の「切目」と同様だが、神楽の内容の説明では、切目を「男神」としているのである。[6]このように、大原神職神楽でいう「切目」と「神子切目」と混交により、出雲市域の「切目」を男神とみなす混乱も生じたのではないのだろうか。後考を待ちたい。

（1）錦織稔之「出雲市域における近世神職神楽の実例」『中国地方各地の神楽比較研究』に翻刻。
（2）錦織前掲論文に翻刻。以下、「寛政五年火守神社神楽台本」と記す。
（3）『大原神職神楽』、島根県古代文化センター、平成一二年。以下、「大原万延元年本」と記す。
（4）『大土地神楽』。以下、「大土地神楽台本」と記す。
（5）『槻之屋神楽記』、大原郡木次町槻屋神楽（石塚尊俊収集資料）。
（6）槻の屋神楽では、ワキ役として神主季幸が登場するが、これは佐陀神能にワキ役として登場する神主秀幸と同じと考えられる。

（五）恵比須

曽我《そが》の里御歳《みとせ》の宮の神主が西宮（神社）に詣で、そこで里人（もしくは宮人）に神社の由緒を聞く。やがて大神が現れ、その神主は大神からその御神徳を聞く。

里人役は寛政五年火守神社神楽台本や大正三年「神能集」など多くの台本では宮人となっており、一方、天保九年（一八三八、大正九年〈一九二〇〉写）の西林木に伝わった台本[1]では里人となっており、どちらの伝承も近世末には成立していたと思われる。

内容は、里人は登場しないものの基本的には佐陀神能の「恵比須」に倣っており、出雲市域では、「恵比須」もしくは「蛭子」として多くの神楽に伝承されていた。

（１）石塚尊俊収集資料。以下「天保九年西林木本」と記す。

（六）五行

陰陽五行説を基に、土用の由来を語る演目。東（木）、南（火）、西（金）、北（水）の神が名乗りを上げ、舞った後に、中央（土）の神が現れ自分の司る時がないという。そこで五神の争いとなるが、思《おもい》兼《かね》神が現れ、四季からそれぞれ土用一八日を差し引き、五神が七二日ずつを司るよう仲裁をする。神楽によって内容は異なるが、出雲市域ではほぼすべての神楽で舞われ、石見でも「五神」・「五郎の王子」などとして多くの神楽で舞われている。（１）

（１）直面《ひためん》で舞われることから（見々久神楽、したがってこれを能舞とは捉えない意識があったと考えられる）、該当する神楽面がなく展示では触れなかったが、「五行」同様に陰陽五行説を基に舞われる（た）演目として「弓鎮守」がある。この舞は見々久神楽・須原神楽・乙立神楽などで舞われ、また「弓行」として石畑神楽、「弓引」として仏谷神楽、「弓鎮治」として上之郷神楽などで舞われていた。また大正三年「神能集」にも「弓行東」・「弓行南」・「弓行西」・「弓行北」・「弓行中央」・「弓行黄龍」として記載されている。内容は、東西南北および中央、黄龍の六神が出て、そこに弓引き（中ノ神・太玉神）が出て六方の神それぞれと問答した後に未申（あるいは丑寅）の方角に向かって弓を打つ、というものである。この演目は確認できる範囲では出雲市域およびその周辺の神楽のみに伝承されている。
　この舞の成立、出雲市南部一帯のみに伝承されている理由などについて錦織稔之が以下のように論じている（錦織前掲論文）。

1　舞の成立事情は不明とされてきたが、「神代之四弓」・「五行配当」といった点に吉田家の影響が推測できる。

2　他地方に類例が少ないとされてきたが、同様な意図の舞が広島県の「神弓祭《しんきゅう》」（広島県指定無形民俗文化財）および阿刀《あと》神楽（広島県指定無形民俗文化財）の「将軍舞」、山口県の岩国行波《ゆかば》の神舞《かんまい》（重要無形民俗文化財）の「弓箭将軍」などいわゆる将軍舞系の舞に見られる。

3　峯寺（雲南市三刀屋町）などの真言宗寺院おいて「柴燈護摩供養」がなされるが、そこでは、六方に矢を放つ「宝弓の大儀」がなされている。この儀式は「弓鎮守」と同じ趣旨でなされると想定されるが、出雲市南部から雲南市西部はこの「柴燈《さいとう》護摩供養」が盛んな地域であり、この地域の人々が弓祈祷的な儀式を求めていたことが推定できる。

（七）岩戸

記紀神話の天岩戸開きを神楽化した演目である。例えば見々久神楽では高皇産霊神、神皇産霊神、太玉神、石凝姥《いしこりどめ》神、玉祖神、櫛石窓神、豊石窓神、思兼ノ神、天鈿女命、天児屋根命、手力男命、天照大神の一二神が登場するなど、担い手不足の中、多くの舞手が必要になることから、舞われる機会が減少してきている。

天岩戸に籠もった天照大神を外に出そうと、思兼ノ神が様々な神にそれぞれ役目を与え、天鈿女命などが舞う。最後に手力男命が天岩戸を開き天照大神を連れ出す。出雲市域をはじめ多くの神楽に伝えられている。

見々久神楽の明治四二年（一九〇九）の台本（１）では、玉祖神が玉作乃尊、石凝姥神が鏡作ノ尊など神格の名が現在と若干異なるものの、思兼ノ神の登場の前に高皇産霊尊・神皇産霊尊が登場し、現在と同様に計一二神の登場と想定できる。また明治一八年（一八八五）頃の中野町に伝わる「能本」（２）にも高皇産霊神、神皇産霊神はじめ一二神登場する。一方、宇那手に伝わる台本を書写した寛政一〇年（一七九八）の台本（３）では、高皇産霊神、神皇産霊神は登場せず、思兼命、天児屋根命、天太玉命、天糠戸命、天明玉命、手力雄命、天鈿女命、天照大神の八神と想定できる。また大正三年「神能記」（思兼神、熊人神、手力男神、事勝神、石凝姥神、日鷲神、明玉神、鈿女神、児屋根神、太玉神、天照大神の一一神登場）などでも高皇産霊尊・神皇産霊尊は登場しない。ちなみに大原神職神楽の天保一五年（一八四四）の台本(4)でも、思兼神、児屋根命、太玉命、手力雄神、天鈿女命、天照大神の六神であり、現在でも随神を入れて八神しか登場しない。

林木屋には、神皇産霊尊、豊石窓神、櫛石窓神、石凝姥命、玉祖命、太玉命などと墨書された面は伝わっておらず、また手力雄命も一面しか伝わっていない。もちろん見々久神楽のように多くは他の面で代用が可能と考えられることから断定はできないが、神楽面の状況や他神楽の状況などから見れば、かつての「岩戸」では、一二神など多くの神格が登場することは少なかったものと考えられ、とりわけ高皇産霊神、神皇産霊神が登場するようになるのは明治時代以後のことではなかったろうか。

（1）『見々久神楽』所載。以下「見々久明治四二年本」と記す。
（2）個人蔵。本稿では錦織稔之撮影写真を利用した。以下「明治一八年中野台本」と記す。
（3）錦織前掲論文に翻刻。
（4）『大原神職神楽』、島根県古代文化センター、平成一二年。以下、「大原天保一五年本」と記す。

（八）八頭《やと》（八戸）

素盞嗚尊の大蛇退治を神楽化した演目で、出雲市域をはじめ多くの神楽で舞われている。出雲市域では、大蛇の出現前を「八頭」・「八戸」・「八改」、出現後を「蛇切舞」・「蛇ノ舞」などに分けている神楽もある（あった）。寛政五年火守神社神楽台本にも記されるなど、古くから舞われている舞である。林木屋には、蛇頭六面（加えて見々久神楽に一面）、蛇衣（蛇袋・袴）三セットが伝わっている。明治時代前半頃にも人気のあった演目であることとともに、大蛇がいわゆるトカゲ蛇で舞われていた（る）ことがわかる。

ところで、足名槌と墨書がある面は五面伝わるが、そのうち一面は嫗面である。また手名槌と墨書がある面は六面伝わるが、そのうち四面は翁面である。つまり、記紀神話とは逆の名で墨書されている面が含まれているのである。実際、槻の屋神楽では翁役を手名椎、嫗役を足名椎として舞われており、大土地神楽台本にも記紀とは逆に名が記されている。これらのことは神名の記載が単純な誤解ではなく、記紀とは逆の名で舞う伝承が実際にあったことを物語っていよう。

中世末の出雲地方の大蛇退治伝承を伝える大永《だいえい》三年（一五二三）の『天淵八叉大蛇記』(1)や大蛇退治をモチーフとしている近松門左衛門の「日本振袖始」でも稲田姫の父を手名槌、母を足名槌としている。(2)このような出雲の中世神話や浄瑠璃などの影響も、手名槌、足名槌が記紀とは逆に伝承された一因となっているのかもしれない。

また、寛政五年火守神社神楽台本をはじめとして、これと内容をほぼ同じにしている明治二三年仙山「列傳記」、大正三年「神能集」では、「毒酒を姫ノ形に作り籠め」、大蛇がこの「姫形ヲ取」と記されている。毒酒・人形については、例えば『天淵八叉大蛇記』では、内部に硫黄を入れた艾《もぐさ》で作った人形を大蛇が飲み込むことになっており、「日本振袖始」では毒酒を作り、大蛇は稲田姫の影を映した酒を飲むことになっている。(3)寛政五年火守神社神楽台本などをもとにした神楽が具体的にどのように舞われたのかは不明だが、この点においても記紀から変容した大蛇退治神話にもとづき「八頭」が舞われていた可能性があろう。

（1）内神社に元亀三年（一五七二）の写本が伝っている。
（2）すでに『平家物語』「剣巻」においても両神の名は逆になっている。

(3) 稲田姫の人形を作ることは、すでに『平家物語』巻二にみえる。

(九) 三ツ熊

素盞嗚尊の疫神退治を神楽化した演目。鯆(天)若彦と鰐賀瀬命《わにがせ》がまず三ツ熊大人《うし》(王)の眷属二鬼を打ち負かす。続いて素盞嗚尊が、天竺の疫神としての三ツ熊大人を退け、三つ熊大人は「命を助けてくれるならば日本に従う」と述べる。

林木屋には三ツ熊大人面が四面、鯆若彦面が七面、鰐賀瀬命面が六面伝わっているなど、神楽により内容に異同はあるものの出雲市域などで多く舞われている。一方、佐陀神能には伝承されていない。眷属の名は大正三年「神能集」に、地獄の鬼名とされる滅鬼・積鬼《しゃっき》と記されるが、他の台本には見えない。しかし面の墨書に三ツ熊メツキ鬼と記されるものが二面あり、また滅鬼が二面、積鬼が一面あるなど、眷属にこの名が用いられていた可能性が高い。なお鯆若彦は、須佐神楽では「福もがせの神」となっている。

山寄神楽の明治二八年(一八九五)『神楽詞帳』(1)や明治二四年上古志「御神楽帳」では、三ツ熊大人は、命を助けてくれるならば宝剣のありかを教えることになっており、大蛇退治への関連を見せているが、鬼神の命を助ける代わりに、福がもたらされるという筋自体は共通している。

(1) 石塚尊俊収集資料。以下、「明治二八年山寄「神楽詞帳」」と記す。

(一〇) 荒神

現在では国譲り神話に背景を持つ演目となっている。武甕槌尊と経津主尊が天の下を平定するために登場する。やがて鬼面の建御名方神が現れ戦いとなるが、建御名方神は降参し、宝剣(天叢雲剱)を二神に奉る。大国主神は登場しない。林木屋には墨書に明記してあるに限っても武甕槌尊面が六面、経津主尊面が九面伝わるなど、出雲市域のほぼすべての神楽で舞われている(た)。国譲り神話を背景に持つ神楽は、「武甕槌」(佐陀神能)や「国譲」、もしくは「鹿島」などとして県内の多くの神楽で舞われているが、これらでは大国主神が登場している。その意味でこの「荒神」は出雲市域に特徴的な演目である。

一方、「荒神」という演目に注目した場合、出雲市域に伝わる「荒神」の筋立ての他に、天照大神が鬼神(魔王)を平定し、その後、鬼神が荒神となって国土を守護する、という筋立てのもの(かつての佐陀神能の演目「荒神」〈佐陀神能「和田本」(1)など〉、日御碕の傍らに住む者が大和国笠山に詣で、ここで邪神を平らげた国家の守護神としての土祖神に出会うという筋立てのもの(大原神職神楽の天保一二年〈一八四一〉台本(2)、佐陀神能和田本後など)がある。この点においても出雲市域の「荒神」が特徴的であることが示されよう。

中上明は奥飯石神職神楽の古台本の検討の中で、「荒神」は大六天魔王と天照大神との間の国譲りという、いわゆる中世日本紀にその原型を置いている。そして先に触れた佐陀神能の「荒神」もその影響の中で成立したとしている(3)。

原型論はさておき、出雲市域において「荒神」が舞われた意味という視点に立った上で、登場する神格や国譲り神話という背景を除いて推定するならば、「荒神」は国土・大地を守護する荒神の由来を語る演目と言うことができないだろうか。さらに言えば、とりわけ出雲地方を中心に戸外で神木に藁蛇を巻くなどとして祀られる荒神(神格は素盞嗚尊とされることが多い)の由来を語るものではなかっただろうか。

この推定の根拠として、荒神の末社（増社）の神の詞がある。後述するが、出雲市域を中心に、様々な演目を舞う前に末社の神が登場し、演目の内容や由来を語ることが行われていた。例えば寛政五年火守神社神楽台本の「荒神」の末社の神の詞（奏神）では、以下のことが語られている。

1　素盞嗚尊が根の国に追放された後に、尊の気により根の国が荒れたため、日神が経津主尊と武甕槌尊を中ツ国に派遣し平定しようとした。そこで素盞嗚尊が日神の勅に応じて、和順の印として天叢雲剣を献じて地神としての荒神と祀られるようになった。

2　武甕槌尊と経津主尊、そして鬼神であった素盞嗚尊三神でもって三所大荒神とされた。

3　屋敷の戌亥に祀る神格が荒神であること（実際、出雲平野部の築地松地帯などでは屋敷荒神はこのように祀られている）。

その上で舞の部分において、鬼神が武甕槌尊と経津主尊を見送る場面では「素尊両神見送」と記され、鬼神（現在では建御名方神）が素盞嗚尊であることが明示されているのである。見々久神楽の明治一六年（一八八三）の台本[4]でも、末社の神の詞に同様な記述があり、さらに鬼神役は最初から素盞嗚尊として登場している。このように「荒神」は、素盞嗚尊が荒神として祀られる由来が語られているものと判断できるのである。

鬼神が素盞嗚尊と意識されているのであれば、出雲市域のほぼすべての神楽台本で二神に奉られる宝剣が大蛇の尾から出現した天叢雲劔とされていることも理解できよう。

しかしながら、明治二八年山寄神楽「神楽詞集」では天叢雲劔は出てくるものの、鬼神のままで素盞嗚尊としては登場せず、大正三年「神能集」でも、末社の神の詞に三所大荒神としての素盞嗚尊が記され、また天叢雲劔も記されるものの、鬼神のままで素盞嗚尊としては登場しない。一方、明治二三年仙山「列傳記」、明治二九年（一八九六）の出雲市日下《くさか》に伝わる『神楽略記』[5]、昭和五五年（一九八〇）の外園神楽『神楽能本』[6]では、天叢雲劔は登場するものの、鬼神役は建御名方神となっている。

このように見れば、出雲市域の「荒神」の変化の全体的な傾向として以下のことが想定できるだろう。少くとも一八世紀末頃には、鬼神であった素盞嗚尊が荒神となった由来を語る舞があったが、その後、武甕槌尊と経津主尊が素盞嗚尊を平定するという神話的な矛盾を解決するために、鬼神を素盞嗚尊とは見なさなくなった。一方で、同じ頃から神話的な矛盾を国譲り神話に合致させる形で解決しようとし、神話では武甕槌尊と争いをなした建御名方神を鬼神とみなすようになり、これが現在に受け継がれ、結果としてなぜこの演目が「荒神」なのかその意味がよくわからなくなってしまった。林木屋に伝わる面の中で確実に「荒神」に用いられた素戔嗚面が一面、また墨書から建御名方神と類推できるものが一面しか伝わっていないのも、この変化を物語っていよう。

この推測の傍証として「経津主」がある。この演目は佐陀神能にもかつて存在し（佐陀神能和田本後）、大原天保一五年本（さらにはこの台本より古い可能性があるとされる年代不詳の『神能記』[7]）などに見える。この演目の内容は次の通りである。

経津主尊（神）と武甕槌尊（神）が天降って中津国の魔王を平定しようとし、魔王にこの国を天津国に奉るならば国津神（地神）として崇めとらさんと述べる。魔王は承諾し、証拠として勝手十文字に印を居へ、一方、二神から魔王に幣が渡される。

大国主神は登場しないが、国譲り神話を前提としており、また印と幣のやり取りがあり、結果として魔王が地神となって国土を守ることになっている。詳細では異なるものの、基本的な枠組みは、出雲市域の「荒神」と同じである。

しかしながら大原万延元年本の「布津主」では、魔王ではなく大穴持（大国主）神の子として御名方神が登場し、大穴持神が治める国に二神が降り来たために力比べを行おうとする筋立てに変わる。つまり国譲り神話を前提に筋が組み替えられているのである。

「経津主」について中上明は、国譲りの主体が天照大神から経津主尊に入れ替わったものと捉えているが(8)、この点において、天保九年西林木本の「高神之舞」が興味深い。ここでは女神としての「ふつ乃志のみ事」と男神が魔王を平定するために天降ることになっている。ここに天照大神を主体とする「荒神」から経津主を主体とする「荒神」への習合、もしくは変化の過程を推測することもできるのである。

このように「荒神」は、その原型は別として、出雲地方に特徴的な荒神信仰の由来を説明するために様々な伝承から成立し、そしてまた様々に変化しながら現在に受け継がれてきたのである。

（1）『日本庶民文化史料集成』第一巻、三一書房、昭和四九年。なお、「解題」によれば、この台本の半ばに天保一五年（一八四四）の記載があり、それ以後は紙が新しくなり筆跡も異なるという。そこで以下、便宜上、年紀前に記されている場合は「佐陀神能和田本前」、年紀後に記されている場合は「佐陀神能和田本後」と記す。本文記載の「荒神」は年紀前に記されている。
石塚尊俊は、佐陀神能の「荒神」の鬼神の詞として「六海六天のその内、足は九つ面は八つ、背の高さは一万五千丈」とあり、この詞は出雲市域の「荒神」に含まれていることから両者の関係を示唆している。その上で、この詞章が佐陀神能以前の「天照大神之山ドリゴエ」に含まれていることを指摘している（『出雲神楽』）。実はこの詞章は本文でも簡単に触れた大原神職神楽『神能記』所載の「経津主」にも見える。

（2）前掲『大原神職神楽』。以下、「大原天保一二年本」と記す。

（3）中上前掲論文。この論文の中で中上明は、現在、奥飯石神職神楽に見られる「荒神」が、『出雲神代神楽之巻』の中の「素盞嗚尊」が置き換わったものとし、その上で、拙稿とは別の観点から、「経津主」などの分析を通して、「荒神」が記紀の国譲り神話をモチーフとしたものに変化していく過程を論じている。なおこの論文では、『出雲神代神楽之巻』所載の各演目の内容とその変化について触れている。併せて参照いただきたい。

（4）前掲『見々久神楽』。以下、「見々久明治一六年本」と記す。

（5）石塚尊俊収集資料。

（6）石塚尊俊収集資料。以下「外園「神楽能本」」と記す。

（7）前掲『大原神職神楽』。以下「大原神能記」と記す。下房俊一によれは、「大原神能記」は「書写年代等を記す記事はないか、三本中（大原天保一二年本・大原万延元年本・大原神能記を指す）書体はもっとも古風で、かつ、現代では演じられない「乱波鬼」を収めるなど、前記二本よりも古い可能性もある」とされる。（『重要文化財佐太神社』、鹿島町立歴史民俗資料館、平成九年）。

（8）中上前掲論文。

（一一）日本武《やまとだけ》

日本武尊の蝦夷（もしくは熊襲）征伐を神楽化した演目。日本（倭）姫がまず現れ、続いて日本武尊が舞った後に日本姫から宝剣を授かり、蝦夷征伐に向かうと述べる。続いて鬼神が現れ、日本武尊と争いの後、退治される。

佐陀神能はじめ、出雲地方・石見地方の多くの神楽で舞われているが、出雲市域では神西神代神楽、見々久神楽（熊襲征伐）など他の演目に比べ伝承は少ない。このためか、林木屋には日本武面が一面、日本姫面が二面しか伝えられていない。

（一二）三熊《みくま》山

住吉神がまず姫面で登場する。その後、武甕槌尊と経津主尊が現れ、住吉神に三熊山の鬼退治を願うと、住吉神は二神に剣を授ける。やがて鬼神が二体現れ、二神はこれを退治する。出雲市域では、石畑神楽、仏谷神楽、上組神楽などに伝承されている（た）が、他に類例は少なく、特徴的な演目である。

所原町の殿森に伝わる大正六年の「神楽本」(1)に「三熊荒神」と記されるなど「荒神」にも似ているが、鬼神が退治されるなどの相違もある。なお、林木屋には、墨書があるものに限れば、姫面としての住吉面など「三熊山」に直接関係する面はないが、面箱蓋裏の墨書に「三熊山　経津主／同　武甕槌」と記され、林木屋の面を用いて神楽が舞われていたことがわかる。

（1）本稿では錦織稔之撮影写真を利用した。

（一三）三韓

記紀に記される神功皇后のいわゆる新羅遠征をもとにした演目。見々久神楽では、武内宿禰と神功皇后がまず登場し、やがて高麗王、百済王が現れ、最後に大型の面を着けた新羅王が現れ戦いとなる。神功皇后が矢を射る所作をしながら何度が戦うが最終的に三王は降伏する。

中野神楽、石畑神楽など神楽によっては、渡海の前に住吉神社に立ち寄り、住吉神主による海上安全祈願がなされる。

近年舞われることが少なくなっているが、出雲市域を含め出雲・石見の多くの神楽に伝承されている。事実、林木屋には、神功皇后面として七面、新羅王面として六面などが伝わっている。

さて佐陀神能和田本前、大原天保一五年本では、海を渡る前に祈願のために住吉神社に参詣し、ここで巫女舞（真神楽）がなされ、神職が祝詞を奏上することになっている。また御崎神社寛政元年遷宮時の神楽役指帳では、「三韓」に巫女が加わっている。(1)このようなことから、少なくとも神職神楽において古くは海上祈願において巫女舞（真神楽カ）がなされていたことがわかる。住吉神社に立ち寄ることは、寛政五年火守神社神楽台本をはじめ、出雲市域の神楽の諸台本にも見える。しかしながら見々久明治一六年本では住吉神社には立ち寄らなくなっている。このためか、他の面で代用していた可能性もあるにしろ、林木屋には、住吉神主と墨書された面は伝わっていない。全体的に簡略化の方向に向かいつつある演目と言えよう。

（1）錦織前掲論文。

（一四）田村

出雲神楽では歴史上の人物に関わる演目は少ないとされるが、「田村」は歴史上の人物、坂上田村麻呂を題材としている。とはいえ、蝦夷に赴くのではなく鈴鹿山の鬼を退治する。茶利面の里人が登場し、田村将軍と狂言風のやり取りがある。出雲市域のほぼすべての神楽に伝わる舞であり、このためか林木屋には田村将軍面が七面伝わっている。

田村将軍が登場し道行をした後に、里人を呼び出す。里人は鬼神のいわれを語る。やがて鬼神が現れ、争いとなる。里人は田村将軍を適度に助ける。最後に鬼神は討ち取られ、嬉しきの舞をなす。

「田村」は槻の屋神楽にあり、佐陀神能和田本後、大原天保一一年本、奥飯石嘉永二年本などにも記載されており、出雲の多くの神楽で舞われていたと考えられるが、後三者では現在舞われていない。狂言風のやり取りが神職神楽としては相応しくないとされたのだろうか。なお石見の神楽には同じモチーフのものとして「鈴鹿山」がある。

（一五）彦張《ひこはり》（日御碕）

出雲の多くの神楽では、一夜の神楽の最後（明け方）に舞われ、このことから「夜明けの彦張」とも呼ばれる。

日御碕大明神がひとしきり舞った後に、異国からやってきた魔王、彦張が登場し、戦いとなる。やがて大明神が矢を放ち彦張の背に当たる。それでも戦いは続き、最後に彦張が降参、もしくは征伐される。佐陀神能には伝わっていないが、同じモチーフの神楽は、「十羅《じゅうら》」などとして石見・隠岐でも舞われている。林木屋には彦晴(張)面が七面、日御碕面が八面伝わっている。

応永二七年（一四二〇）の「日御崎社修造勧進帳」に、かつて月支国の悪神が旧地を回復しようと攻めてきたが、日御碕神社の祭神が霊剣を用いてこれを退治したという説話が記されている。[1] この説話は元寇を背景に持つと考えられるが、この説話をもとに作られた神楽とされている。「十羅」とも呼ばれるのは、中世の日御碕神社の祭神が十羅刹女《せつにょ》とされたからであろう。ちなみに十羅刹女は法華経の守護者ともされ（この点に六十六部による大社町奉納山への納経が関連してくる）、三寶荒神とも同一視されることがある。その影響から、先に見た「荒神」の別バージョンでは、日御碕の傍らに住む者が荒神の本地とされる大和国笠山に詣でる、という筋立てになっているのであろう。[2]

林木屋の彦晴面の棟板のなかに「于明治十五旧八月三日面大津林木ャ之後東天ヲ見テ成就」と墨書されているものがあるが、これはこの面が用いられる「彦張」が夜明けに舞われていたからだろう。

(1)『大社町史』史料篇（古代・中世）上巻、大社町、平成九年。
(2) 品川知彦「荒神信仰研究序」『古代文化研究』一二、島根県古代文化センター、平成一六年。

（一六）節分詣り

見々久神楽に伝わる狂言で出雲弁を交えてユーモラスに演じられる。狂言としていわば独立している演目は、県内では希少である。長者と三平は、豆を煎り、出雲大社へ節分詣り（豆撒き）に赴く。稲佐浜に立ち寄った三平は初めて見る海の広さ、海水の塩辛さに驚く。大社について豆を撒く時に、三平は「鬼は内」と間違えて唱え、鬼が襲いかかるが、長者が白幣で追い払う。

豆撒きをモチーフとし、ユーモラスな言い立てを含む演目には、県内では他に槻の屋神楽の「大歳」がある。これは大歳大明神の社人が、節分の夜に大明神に詣で宮の釜を借りて豆を煎り（魔の目を射る）、「福は内」と唱えると神が現れ、魔を退治する、というものである。この演目は、槻の屋神楽の原型ともなった雲南市木次町湯村の温泉神社に伝わる享和四年（一八〇四）写の『神能集巻』[1]に記されており、古くから舞われていたことがわかる。そしてこの台本には、そもそもこの台本が出雲郡下直江村（現出雲市斐川町直江）から伝来していたことが記されている。また天保九年西林木本にも「大年舞」の記載がある。これらのことは、かつて出雲平野部でも「大歳」が舞われていたことを示していよう。

実際、林木屋には大歳大明神と墨書のある面が四面（加えて見々久神楽に一面）伝わっている。また面箱にも「大歳」と墨書されたものが複数ある。出雲市域に伝わる諸台本に「大歳」は見いだせなかったが、林木屋資料からみて、少なくとも明治時代前半には出雲市域でも「大歳」が舞われていたとみなすことができよう。

なお、大原神職神楽には、「乱波鬼」という演目があったが（大原神能記）、内容は「大歳」とほぼ同じである。「乱波鬼」は雲南市大東町の小河内神楽にも伝わっており、[2] これらのことは、ユーモラスな所作を含む演目が一定程度出雲の神楽で舞われていたことを示している。

石塚尊俊は、大正三年（一九一四）の清水真三郎「神能の由来」を引きながら、大正初年頃までは、出雲の神楽にも「豆撒」と称する狂言が　広く行われていたと推測しているが（『出雲市の文化財』および『出雲神楽』）、林木屋資料によってこの推測は裏付けられたと言えよう。

ちなみに、狂言としての演目には「節分詣り」があり「大蔵」・「乱波鬼」も同様なものと推測できるが、ユーモラスな所作・言い立てが行われるという点では「田村」の里人、「三韓」の医者などに見られる。つまり神楽の随所に狂言的な部分があるのであり、このことは林木屋資料に道化役をする茶利面が約二〇面伝わっていること、面箱には一箱（約二〇面）に三面の茶利面が含まれていることにも示されているだろう。とりわけ出雲の神楽は神事的な要素が強調されるが、それを舞い、また見る一般の人々にとっては、神楽はやはり娯楽としての側面も強かったのだろう。

（1）当館蔵（温泉神社蔵）。以下、「享和四年「神能集巻」」と記す。
（2）片山寛志「古台本解題」、前掲『大原神職神楽』所載。

（一七）御魂《みたま》（三玉）の舞・稲刈の舞

現在のところ、高見神楽と外園神楽でしか確認されていない珍しい演目。林木屋が両者の神楽団体にその資料を貸し出していないことから展示では触れなかったがここでごく簡単に紹介しておきたい。

伊勢神宮の外宮、稲魂大明神に仕える末社の神が三玉の里を訪れる。そこに天鈿女命が稲束と鎌と採物にして現れ、末社の神と問答をし、末社の神が退いた後に、天鈿女命が稲刈りの所作をしながら舞う。

現状では古台本に記載がなく、残念ながらその由来、変化等は不明である。なお、収穫を祝うことを主眼とする演目ならば、槻の屋神楽の「亥日祭」を挙げることができるが、内容は全く別である。

（一八）末社神

末社神は各演目の最初もしくは途中に登場し、その演目の由来や内容を紹介する。能のアイと同じ役割と考えられる。現在の出雲市域の神楽では確認できないが、大土地神楽では（現在ではほとんど行われていないが）、「切目」と「蛇切（八戸）」に残されている。また佐陀神能では「磐戸」における奉仁が同じ役割を果たしている。林木屋には末社神面は五面伝わっている。そのうち三面はユーモラスな役を果たすことの多い里人面と共有されており、里人と同様に、時にユーモラスな所作や言い立てを行う場合もあったのだろうか。

末社（もしくは増社）神（もしくは臣）の言い立て、奏（もしくは相）あるいは奏（尊）神が行われていた演目としては、明確にそれと記したものに限れば下記の演目を挙げることができる。

・「切目」
寛政五年火守神社神楽台本、見々久明治一六年本／大原天保一二年本、佐陀神能「神能式　和田氏[1]」
・「荒神」
寛政五年火守神社神楽台本、大正三年「神能集」、見々久明治一六年本、明治二三年仙山「列傳記」／佐陀神能和田本後、佐陀神能「神能式」
・「住吉」
寛政五年火守神社神楽台本、明治二三年仙山「列傳記」／大原天保一二年本、佐陀神能「神能式」
・「田村」
寛政五年火守神社神楽台本
・「恵比須」
大正三年「神能集」／佐陀神能「神能式」
・「佐田（陀）」

大正三年「神能集」／佐陀神能「神能式」
・「八頭」
大正三年「神能集」、明治二三年仙山「列傳記」／大原天保一二年本、佐陀神能「神能式」、明治二四年上古志「御神楽帳」
・「日御碕」
／佐陀神能「神能式」
（出雲市域とそれ以外の地域を／で区切った。）

このように見れば、かつて出雲市域を含め、多くの演目で末社神の言い立てがあったことがわかる。

演劇評論家・劇作家で、出雲市大津町に幼少の頃住んでいた伊原青々園《せいせいえん》（敏郎《としお》）は「出雲神楽について」の「劇的でない諸曲」の項で次のように記している。[2]

「末社」といふ曲がある。これも神さまが一人で登場をして國讓りの顛末を語るだけである。（中略）此の曲では長い白《ぜりふ》を記憶する事と、且つ辯舌が爽やかな事が役者の條件となつて居る、随って難役となつて居る。

伊原は「荒神」の末社神の言い立てを、話の筋のない一つの演目としてみなしている。そう感じるほど長いものであったのだろう。舞い手にとって長い科白を覚えなければならず困難な役であったこと、そして見る側でも筋がない単調なものと受け止められたためか、現在では末社神の言い立ては行われなくなっている。

（1）『日本庶民文化史料集成』第一巻、三一書房、昭和四九年所載。以下、「佐陀神能「神能式」と記す。
（2）「出雲神楽について」『島根評論』一一巻七号、昭和九年。

四　勝部豊市の面

伊原青々園は「出雲神楽について」の中で、勝部豊市氏制作の面について次のように記している。[1]

素人細工の彫刻を上手にしたので、假面の製作にも新しい工夫を加へた。鬼の假面で眼をつぶると口を明け、口をつむぐと眼をあけるように出來て居る。

豊市氏が実際にこのような仕掛けを考案したのかどうかは確認できないが、少なくとも昭和初年にはこのような伝承があったことがわかる。事実、出雲市域の神楽の鬼面には、基本的にこのような仕掛けがなされており、伝承が事実であるならば、豊市氏の面は出雲市域の神楽に影響を与えたと言えるだろう。

林木屋には、胡粉《ごふん》が塗られていない鬼面が四面残されている。[2]また本展では展示はしないが、塗りに用いた胡粉、岩絵具なども残されている。また、彩色など修理を待つ面も五面ある。林木屋の面が絶えず制作・修理を経てきたものであることがわかる。

さて、林木屋には瓦質の面型と想定されるものが四二点残されている。入手経路・用途は不明であるが、出雲市大津町は一八世紀初頭以来、瓦製作が行われており幕末の頃には窯元が八軒存在し、明治・大正・昭和にかけて大津瓦は大津町の一大産業になっていた。このような背景から瓦質の面型が林木屋に残されているものと推定できる。

実はこのような面型は、浜田市にも長浜人形の面型として近世末以後のものが数多く残されている。[3]長浜人形は陶器面の製作を中心に行い、明治時代になりこの技術が張り子面の製作に生かされている。大津町でも一九世紀初頭から陶器面の製作が行われ、幕末からは大黒面などの陶器面も多く製作されるようになっていた。林木屋は歴史的に陶器製作を行っていないこと、石見でも陶器面の製作技術が張り子面製作に生かされていたことを考えるならば、面型は面打ちの参考として入手されたものではなかっただろうか。

　その傍証として「五行」面および猿面がある。「五行」に用いられる面は、顔の左右に飾りのある独特の形状のものが用いられているが、同様な形状をした面型が存在しているのである。また猿面は林木屋に一面しか残されていないが、これとほぼ同じ形状をした面型も存在している。さらに鬼面の中には、表面の彫りが面型によく似ているものもある。ここでは瓦質の面型は面打ちの参考に用いられたと推測し、後考を待ちたい。

（1）伊原前掲論文。
（2）本展を観覧した面打師によれば、この四面は桐材ではなく、柔かい材質のものとしている。また、面打をする際には、このような面を脇に置き、面打の参考にしているという。これらのことから、この四面は製作見本であったとしておきたい。
（3）『石見神楽』、島根県立古代出雲歴史博物館、平成二五年。

五　幻の演目

　林木屋に伝わる神楽面の多くには、それが用いられる演目や役名が墨書されている。これから現在では舞われていない演目や、現状では幕末明治の神楽台本などには記されない演目を確認・想定することができる。これらいわば幻の演目を紹介しながら、かつての神楽の演目を可能な限り復元しよう。

（一）大歳／大社《おおやしろ》

　大歳大明神面は、林木屋に四面伝わるが、これらは節分の豆撒きをモチーフとする「大歳」に用いられたと考えられる。上述のように、少なくとも明治時代前半には出雲市域でも「大歳」が舞われていたことが想定できるのである。

　大国主面は出雲大社への神集いの由来を語った後に大国主神が示現する演目、「大社」に用いられたと考えられるが、出雲市域に伝わる諸台本に「大社」は見いだせない。しかし、林木屋には大国主面が五面伝わり、面箱にも「大社」もしくは「大国主」の記載がある。また、明治二四年上古志「御神楽帳」や斐川町の併川神楽（万九千社立虫神社神代神楽・出雲市指定無形民俗文化財）など近接の神楽には、この「大社」が伝わっている。これらのことから、少なくとも明治時代前半には、出雲市域でも「大社」が舞われていたことが想定できる。

（二）佐陀

「佐陀」は佐太神社に臣下の者が参詣し、老神（宮人）からその神集いなどの由緒を聞いた後に佐陀大神が示現する演目。林木屋には佐田老神面として一面、見々久神楽にも一面伝わり、また面箱にも佐田老人の記載がある。

　この演目は、出雲大社への神集いの由来を語る謡曲「大社」を佐太神社に合わせて改変した佐陀神能の「大社」に由来するものである。寛政五年火守神社神楽台本、大正三年「神能集」などに記載されている。

　神集いの由来を語る演目としては、（一）の「大社」とこの「佐陀」がある。台本上では「大社」は出雲市域には見られず、「佐陀」はいくつかの神楽に見られる。一方、面の残り具合からは、明治時代前半、相対的には「大社」は舞われることが多く、「佐陀」は舞われることが少なかったことが推測される。また、「佐陀」は大原天保一五年本に見え、大原神職神楽では昭和初期頃の「神能記」[1]にも記載があるが、現在では「大社」が伝承されている。奥飯石神職神楽（奥飯石嘉永二年本）、槻の屋神楽（享和四年「神能集巻」）、大土地神楽（大土地神楽台本）などでもかつては舞われていたが、現在ではこれらの神楽では伝承されていない。これらのことから、あくまで推測に過ぎないが、佐陀神能の影響のもと、出雲大社のお膝元である大土地神楽をはじめ「佐陀」は多くの出雲神楽で舞われていたが、明治時代以後、出雲大社の神集い伝承がより浸透するにつれ、とりわけ「大社」を舞うように変化していったのではなかっただろうか。

（1）前掲『大原神職神楽』。

（三）住吉

「住吉」は住吉大明神に仕える末社の臣が住吉大明神の由緒を語った後に、住吉大明神が示現するという内容の演目。現在では舞われていないが、寛政五年火守神社神楽台本、明治二三年仙山「列傳記」、大正三年「神能集」などに記載がある。林木屋には「住吉」に用いられる面は一面しか伝わっておらず、明治時代前半には余り舞われなくなっていたものと考えられる。

「住吉」は佐陀神能の影響のもと中野神楽、また大原神職神楽、槻の屋神楽などでもかつては舞われていたが、現在では伝えられておらず、佐陀神能においても、現在では伝承されていない。

（四）八幡／天神記

「八幡（弓八幡）」は石見国一宮の神主が出雲国須佐大宮の遷宮に参詣し、里人から大宮の由緒を聞く。里人は当社の祭神が、いわゆる新羅遠征時に神功皇后の胎内にあった八幡大神（八幡太郎＝応神天皇）であり、弓矢守護の神となった由来などを語る。そして八幡神が白木の弓と鏑矢を執物として登場し、悪魔鎮めの舞を舞う、という演目である（大正三年「神能集」による）。

出雲市域ではかつて上之郷神楽、宇那手神楽や仙山で舞われており、また中野神楽や田儀でも舞われていた。林木屋には八幡面は六面伝わっており、明治時代前半には盛んに舞われていたことが推測できる。

この演目は、佐陀神能では「八幡（須佐）」、大原神職神楽は「須佐」として舞われているが、里人の言い立てはない。奥飯石神楽ではかつて「八幡」が舞われていたが、その内容は宇佐八幡宮の神が魔王を退治するという内容で、出雲市域の神楽の内容とは異なり、現在の石見神楽の「八幡」に近い。

なお、錦織稔之は「八幡」が能の「弓八幡」をベースに、須佐神社ではなく隣接する須佐八幡宮もしくは石清水八幡宮須佐別宮を舞台に神門郡周辺で創られたものと推測している。[1]

「天神記」は歴史上の人物、菅丞相《かんしょうじょう》（菅原道真）が番（供）大納言（藤原時平）を討ち果たす演目である。番大納言の讒言《ざんげん》により筑紫に流されたが、菅丞相（もしくは北野天神）はもう一度都に上り番大納言を討ち果たすことを希望する。一度躊躇するが、やがて番大納言に出会う。番大納言は、人違いだと述べるが、歌のやり取りなどによって最終的に番大納言であることが露見し、討ち果たされる。

出雲市域では、かつて上之郷神楽、山寄神楽、上組神楽、仏谷神楽、石畑神楽、乙立神楽など多くの神楽で舞われおり、林木屋にも天神面が三面伝わっている。またかつて大土地神楽や佐陀神能、大原神職神楽、奥飯石神職神楽などでも舞われるなど、出雲部全域で舞われていたようだが、現在は槻の屋神楽や旧佐田町の諸神楽に見られるなど比較的舞われることが少なくなってきている。見々久神楽では「神が祟りをなすということはあり得ない」(2)として、文化財指定以後、舞わなくなっている。いわゆる出雲神楽では神事性が強調されることもあり、このような意識から「天神記」は舞われなくなったのかもしれない。なお、石見神楽では現在も一般に舞われている。

（1）錦織前掲論文。
（2）品川知彦「見々久神楽の伝承」前掲『見々久神楽』。

（五）天ノ御中主

少なくとも島根県内では他にない演目。『出雲の文化財』に演目の記載があり、その存在は知られていたが、本展のための調査でその内容が明らかとなった。残念ながら現在では伝承されていない。

『古事記』に最初に登場する神、天御中主命、高皇産霊神、神皇産霊神（いわゆる造化三神）が天地を開き、天地海を創成した由来を示す演目である。確認できる限りでは、大正三年「神能集」、大正年間の須原神楽『能本』(1)に記されるのみである。しかしながら、天御中主面が林木屋に二面、見々久神楽に一面伝わっていることから、明治時代前半には一定程度舞われていたことがわかる。

「天ノ御中主」
我ハ是天の御中主の命也
あめ地をひらかんが為に此
所えあらわれたり
ゑいあめち、を〱ひら
かんが其為ニいまたひ
らかの其に
　是にて中ニ立
神むしびたかんむしび
　両方へ立いふ立
我ハ是天の御中の生れなり
たかんむしびの神なり
我ハ是天の御中主の生れなり
神むしびの神なり
我ハ是天の御中主の神なり
是二神してたな心の舞
となしたまへ
しんたる所を天とし
に（めカ）ぐる所を地とし
たらさる所を海とし
世の中ハ何事も三ツニ
　きはまり
入る時のうたへ
始めなき高天の原が
おほまして世をひら
かし
　御中主
はやし方
　ゑい神ハ社ニ入ニけり
（大正三年「神能記」）

「天之御中主之舞」
我ハ是高皇ムシビノ神トハ自ナリ

我ハ是神皇ムシビノ神トハ自ナリ
我ハ是天之御中主ノ神トハ自ナリ
三尊共
是レ三尊シテ天メ地ヲ開カンガ為メ
身躰是處ニ現ハレタリ

（須原神楽「能本」）

（1）個人蔵。以下「須原神楽「能本」」と記す。

（六）和田隅《わたずみ》

少なくとも島根県内には他にない演目。「天ノ御中主」と同様に、今回その内容が明らかになったものである。残念ながら現在では伝承されていない。

伊盞（弉）諾尊、伊盞（弉）冊尊が登場し、伊盞（弉）諾尊に仕える大和田隅が大禍津日神・八十禍津日神を退治する演目である。確認できる限りでは、この演目が明確に記載されている台本は、須原神楽「能本」のみである。

しかしながら林木屋には、和田済として三面、ワダスミ伊弉諾尊面、大真賀火神面がそれぞれ一面伝わっており、面箱にもワダヅミの記載がある。また見々久神楽にも「和田」と墨書のある面が一面伝わっている。また外園「神楽能本」に「和田　指導者死去により完全な形で受継がれていない」と記されているが、この「和田」も「和田隅」と推定される。さらに現在では行われていない仮の宮神楽（出雲市大社町）に「わだずみの神」面が一面が残されている。[1] これらのことから、少なくとも明治時代前半頃には「和田隅」が一定程度舞われていたことがわかる。

蛇足となるが、須原「神楽能本」で注目すべきは、巻末に「宮本左門之助山賊退治」、「瀧夜叉姫《たきやしや》」（大正四年秋改訂増補）、「大江山酒呑《しゆてん》童子《どうじ》退治ノ巻」（大正九年修訂）を収めていることである。これらは神楽ではなく地芝居の台本と思われるが、まず神楽を舞う団体（おそらくそれを中心的に担っていた青年団）が地芝居も行っていたことが推測できるのである。これは地域の娯楽として神楽とともに地芝居も人気があったことを示していよう。また「大江山」など現在の石見神楽で人気のある演目が、出雲でもおそらく地芝居として行なわれていたこともわかるのである。[2]

「天ノ御中主」、「和田隅」は古い台本には見ることができない。とりわけ天御中主命、高皇産霊神、神皇産霊神、いわゆる造化三神は復古神道において重視されており、おそらく石塚が指摘するように[3]、国学の普及によって創作されたものであろう。しかしながら、一定程度舞われていたこれらの新しい演目は、やがて舞われなくなっている。これは、どちらの演目も記紀などに由来しておらずその典拠が乏しいこと、見る側の立場から言えば、内容が単純でストーリー性・娯楽性に乏しいことが挙げられるのではないだろうか。逆に「岩戸」では、高皇産霊神、神皇産霊神がおそらく明治時代になって追加されるが、とりわけ神皇産霊神は記紀に典拠がないにもかかわらず、演目全体としてはストーリー性があり、見る側に受け入れられていったのではないだろうか。

「和田隅」
抑我是レ伊盞冊之命ナリ四方ノ國ノホトリニ於テ伊
盞諾ヲ尋ンバヤト思フナリ
大广ガツ ヤリ广ガツ 曰ク是レ向ニ立神如何ナル神ニテマシマサンヤ
抑我ハ是レ伊盞冊ノ尊トハ自カナリ汝退治セン為メ
此所ニ現レ出タリ汝如何ナル者ナルヤ

抑我ハ是レ　大禍津日ノ神（大广カツ日ノ神）／八十禍津日神（ヤソ广カツ日神）ナリ
和田隅ノ曰ク向ニ立チ神如何ナル神ナルヤ
（大广ガツ　ヤソ广ガツ　同音ニテ）抑我ハ是　大广ガツ／ヤソ广ガツ日ノ神ト答ヒ
曰汝如何ナル者ナルヤト問フ
我是レ伊弉諾ニ奉仕ル大和田隅ナリ汝退治セン
為メ身体此ノ所ニ現出ダリ

（須原「神楽能本」）

（1）『大社町史』史料篇（民俗・考古資料）、大社町、平成一四年。
（2）「瀧夜叉姫」は石見神楽で現在行われている内容とは異なる。「宮本左門之助山賊退治」は坂田峠での大山太郎との戦いの部分である。宮本左門之助は明治時代初頃の歌舞伎の演目に登場し、須原「神楽能本」が記された大正年間には日活の映画になるなど、当時、人気があったものと思われる。WEBを見る限り、現在、宮本左門之助に関わる演目は備後神楽などで舞われている。
（3）『出雲神楽』。後掲の引用文参照。

（七）不明な演目

林木屋に伝わる面の中には、どの演目に用いられたのか不明なものがある。また面箱に演目の記載があっても、台本上にその記載のないものがある。一方で、台本に記載があっても、それに関係する面が全く存在しないものもある。以下、これらについて紹介しておくが、あくまで推測であり、ここで紹介し後考を待ちたい。

●面は伝わるが、どの演目に用いられたのか不明なもの

(1)　此花咲屋姫・岩長姫

見々久神楽に伝わる林木屋面のうち、「稲田姫　此花咲屋姫」と墨書された面が一面ある。また林木屋には岩長姫面が二面伝わる。此花咲屋姫・岩長姫が登場する演目は、現状では神楽の諸台本等では確認できない。大山祇神もしくは瓊瓊杵尊に関わる演目など両面が使われる演目がかつて存在したのだろうか。はたまた、大蛇を岩長姫とみなす「日本振袖始」に基づく「八頭」もあったのだろうか。

此花咲屋姫が登場する演目としては海潮山王寺《うしおさんおうじ》神楽（雲南市大東町・島根県指定無形民俗文化財）の「天の足玉《けりたま》」がある。現在ではこの演目には、此花咲屋姫と天足玉尊が登場している。しかし明治期と思われる台本には、「天足玉木之花開座彦主之尊」と記されており、昭和三六年（一九六一）頃の『出雲　海潮神代神楽』(1)でも、天の足玉木花開耶姫命のみ登場している。したがって、本来、この演目は天足玉尊の単体の出現であり、此花咲屋姫の登場は近年の改変であろう。

（1）『出雲　海潮神代神楽』、島根県大東町

(2)　狐面

林木屋には狐面が二面伝わっている。狐が登場する神楽の演目としては、石見神楽で舞われている「黒塚」を挙げることができる。この演目は、享和四年「神能集巻」に「足立原」、奥飯石嘉永二年本に「阿達原黒塚」、佐陀神能「神能式」に「足立原」とあるなど、出雲でもかつて舞われていたことがわかる。とりわけ槻の屋神楽の原型ともなった享和四年「神能集巻」は出雲郡下直江村から伝えられたものであった。とすれば、かつて出雲市域でも「黒塚」が舞われていた可能性は残る。

(3)　猿面

すでに面型を紹介する際に挙げた面である。神楽の演目として猿面

を着けるのは、石見神楽などで舞われる「頼政《よりまさ》」がある。しかしながらこの演目は比較的新しいとされ、また出雲市域の神楽はもとより、出雲諸神楽の台本には見えず、「頼政」に使用された面とは考え難い。可能性として考えられるのは「五天竺《ごてんじく》」の孫悟空であろうか。というのも、第一に杵築人形芝居（出雲操り人形）には、二体の孫悟空の操り人形があり、少なくとも人形芝居では「五天竺」は人気のあった演目だったこと、また須原神楽「能本」のように、神楽ではなく芝居の演目を神楽団体が行っていたことが推測されるからである。

なお、上述の狐面と猿面についても、狂言面とも伝えられているようである（平成二八年四月二四日付毎日新聞（https://mainichi.jp/articles/20160424/ddl/k32/040/298000c）、同年五月一一日付産経新聞（http://www.sankei.com/west/news/160511/wst1605110035-n2.html）。

●面箱に記載があるが、台本上に確認できない演目

面箱内側の貼り紙に解読可能な範囲では以下の記載がある。

山之神　三番双　切目天　五行　田村　白楽天　荒神　日御碕
八頭　恵比酒　五行

これらは演目を記したものと想定され、少なくとも明治時代前半には「白楽天」という演目があった可能性がある。「白楽天」は諸台本には確認できないが、「住吉」の末社の詞の中に白楽天が登場する。すなわち、白楽天が智恵比べをすることによって日本を唐に随わせようとする。日本に渡る途中に住吉明神が釣り人の姿になって現れ、その釣り人の歌を聞いて、日本では生きとし生ける者が歌を詠むことに驚嘆して唐に戻った、という内容である。もしかするとこのような住吉明神の御神徳を語る演目として存在したのかもしれない。(2)

●台本にはあるが、林木屋資料では確認できない演目

石畑神楽、仏谷神楽に「長髄彦《ながすねひこ》」という演目があった。この演目はいわゆる神武東征をモチーフにした演目で、石畑神楽では生駒山に住む長髄彦を退治することになっている。石畑神楽の昭和四三年（一九六八）の『神楽歌言集録』(1)に記載があり、近年まで伝承されていたことがわかるものの、林木屋には関連する面が確認できない。明治時代前半にはすでに舞われることが少ない演目であったのだろう。

なお詳細では異なるが、かつて佐陀神能では「畝火山《うねび》」として伝えられ、大原神職神楽などでは「畝傍山」として現在でも舞われている。

(1) 石塚尊俊収集資料。

(2) 展示の後、藤原宏夫氏より、後藤蔵四郎『出雲神楽能』（出雲市立図書館蔵）の中に「白楽天」という演目があることの教示を受けた。その内容は、白楽天が日本の智恵の程をはかるために日本に渡ってくることに備えて、住吉大明神が漁翁の姿で表れる。白楽天と翁が歌較べを行うことで、日本の智恵が計り知れないことを悟り、白楽天は国に戻ったというものである。本文で推測した内容と基本的には同じである。したがってこの演目は、「住吉」の末社の部分を独立させて、明治時代頃に作られたものと想定できよう。

おわりに

石塚尊俊は『出雲神楽』において出雲市に伝わる諸神楽の能の演目について以下のように記している。

古い神楽帳には「天神七代」「地神五代」「日本一宮」「十種神宝(1)」「長髄彦」「佐田（陀）」「住吉」「八幡」「天神」などという曲目が見えますが、このうち「天神七代」から「長髄彦」までのところは、おそ

らく幕末から明治早々のころにかけての国学の普及による創作でしょうし、「佐田」「住吉」は佐陀神能からの移入と思われますからしばらく措いて、「天神」は前章でも触れたように、おそらく佐陀神能成立以前のものと考えられますから、これがなくなったのは惜しいといわねばなりません。

誤解を恐れずに略言すれば、神楽の古態を求めようとする石塚にとって、佐陀神能の演目に含まれていない（佐陀神能以前のものと捉える）演目が重要であり、かつ幕末以後の新しい演目は考慮の対象外であったことがわかる。もちろん、神楽の古態及びそこからの進展を探求することは芸能史として重要な作業であろう。しかしながら、芸能は時代時代の風潮の影響を受けながら、見る人と演じる人との間の相互関係によって変化していくものであり、時代時代の特徴的な変化を見ていくことも芸能史研究には重要であろう。もちろんこのような視点から、新舞などの創作や神楽と観光振興といった新しい研究も盛んになってきている。この視点から林木屋資料を見た場合、まさに石塚が「しばらく措」こうとした明治時代前半の出雲市域の神楽の状況の一端を窺うことができるのである。

以下、明治時代前半の出雲市域の神楽の状況について林木屋資料によって明らかとなった点をまとめておきたい。

1　いわゆる明治初年の神職演舞禁止令以後、多くの神楽団が成立するようになり、神楽道具の需要が高まっていった。石見神楽では、地元の技術を生かしながら大量生産が可能な和紙による張り子面の考案によってその需要に応えていったが、出雲西部地方では、面など神楽道具の貸出屋の出現によってその需要に応えていった。そして少なくとも林木屋においては、面の制作には地元に伝わる技術が生かされていたことが想定される。

2　明治時代前半に人気のある（よく舞われた）能舞として、「山の神」、「切目」、「恵比須」、「五行」、「三ツ熊」、「荒神」、「三韓」、「田村」、「八戸」、「彦張」、「（弓）八幡」があった。これらの演目は「恵比須」を除いて基本的に現在も多く伝承されている。

3　国学の普及のもとに創作されたと考えられる「天ノ御中主」、「和田隅」も一定程度舞われていた。

4　現在では見々久神楽でしか伝承されていない「翁」が明治時代前半には一定程度舞われていた。

5　台本では確認できないが、狂言的な要素がある「大蔵」が出雲市域でも一定程度舞われていた。また、出雲への神集いの由来を舞う「大社」も台本には見えないが、台本に記される「佐陀」と比べ相対的に多く舞われていた。

6　山の神が荒平大神と認識され、また切目が男神として舞われていた可能性がある。

7　「八戸」の足名槌・手名槌が逆に伝承され、それが単純な誤解ではない可能性がある。

8　現在では伝承されていないが、多くの演目で末社神の言い立てがなされていた。

9　「荒神」における鬼神としての素戔嗚尊が、国譲り神話に合致させる形で建御名方神に変化する過程が読み取れる。

10　おそらく国学の普及により「岩戸」に高皇産霊神、神皇産霊神が登場するようになる。

11　「三韓」で住吉大明神に立ち寄る部分が省略されるなど、当時においても簡略化の方向を見て取ることができる。

（1）「十種神宝」までの演目は、明治一八年中野台本から引き出したものと考えられるが、実際に台本で確認すると、例えば「天神七代」は天神七代とされる神格を抜き出したものに過ぎず、演目ではない。

（島根県立古代出雲歴史博物館学芸企画スタッフ調整監）

凡例

・本稿は島根県立古代出雲歴史博物館期間限定展示「出雲の神楽をささえる－林木屋神楽資料－」（会期：平成二九年一二月二二日～平成三〇年一月二八日）の展示解説として作成したものである。再掲にあたり、一部修正および追記を行った。

・執筆においては藤原宏夫（現島根県立古代出雲歴史博物館専門学芸員）、錦織稔之（元島根県立古代出雲歴史博物館専門学芸員、現出雲市立佐田中学校教諭）、矢野健太郎（元島根県立古代出雲歴史博物館専門学芸員、現島根県教育庁文化財課企画員）の助言・協力を得た。

・執筆の基礎となる林木屋神楽資料の分類・整理については、神楽面・衣装・シャグマについては藤原宏夫、その他の資料については品川知彦が澤田正明（島根県立古代出雲歴史博物館専門学芸員）の協力を得て行った。

・展示および本稿執筆にあたっては、所蔵者はじめ多くの機関・個人に御協力を賜った。ここに御芳名を記し、謝意を表したい。

朝山コミュニティーセンター、出雲市文化財課、市森神社神楽保持者会、神西神代神楽保存会、見々久神楽保持者会

飯塚栄子、飯塚勝、飯塚美佐子、勝部一郎、須谷堅治、高野公史、野坂稔之、福代明義、三次眞樹、山根光則、渡部洋二、渡部亘

主な参考文献

石塚尊俊『佐陀神能』、佐陀神能保存会、昭和五四年
　『出雲市大津町史』、平成七年
　『出雲神楽』、出雲市教育委員会、平成一三年
出雲市教育委員会『出雲市の文化財ー出雲市文化財調査報告書第二集』、昭和三五年
島根県古代文化センター『大原神職神楽』、平成一二年
　『見々久神楽』、平成一三年
　『大土地神楽』、平成一五年
　『中国地方各地の神楽比較研究』、平成二一年

「郷愁」笛や太鼓の響く里神楽の祭り

―林木屋との縁で―

井上幸雄

里神楽の復活

私の在所は出雲市平野町であるが、古くは堀江と粟津に分かれ、上平と下平に分かれていた。大土神社の堀江、稲生神社の粟津が今でも並列している。

毎年四月十日が春祭りで、五穀豊穣を祈願して里神楽が舞われていた。しかし、太平洋戦争勃発頃から昭和四十年頃までは、この里神楽は絶えていた。

私は、男の厄年、四十二歳を前にして、この神楽を復活させ、出雲大社の「番内」姿で町内を練り歩きたいとの想いから、神楽復活を町内の若手に呼び掛けた。私の父が、「天狗」役を舞っていたと聞いていたし、神楽用の白鞘の大刀と小刀も家の座の下にあった。町内には、「獅子頭」と横笛がある程度で、獅子舞の諸道具は散逸していた。そこで、少しずつ予算を捻出し、松江市の内藤神具店で買い揃えた。

昭和四十年にかつて神楽を舞っておられた先輩を稲生神社にお招きし、天狗、獅子、笛、太鼓、胴などの舞い方、拍子を思い出してもらいながら、教えてもらった。そして、それをビデオに撮り練習を繰り返した。

昭和四十三年の復活祭を迎えるにあたり、私は銀行の先輩である勝部一郎氏宅に神楽の面、衣装があることを聞いていたので、番内面と衣装、しゃ赤ぐま熊一式、ひっとこ等の面を借りて、初陣を飾った。

当日は、七十二軒の各家を「悪魔祓い」と叫び回った。平日のこの日は、高浜小学校は授業中であったが、一階から三階まで各教室を回った。意外にも子供達は「番内」を恐れず、逆に袖を引っ張ったり、赤熊を握ったりして大騒ぎになった。

粟津七十軒、堀江十軒を回ったが、その都度、お神酒をコップ酒でふるまわれ、おそらく三升五合くらいを飲み、ご祝儀を懐に入れて歩いたが、大半を道にまき散らし、後続の後輩が拾い集めていたと言う。結局、番屋に帰る途中意識を失い倒れて運び込まれ、四時間後に目覚めた経験がある。かくして、今日まで四月十日の春祭りを十一月三日の祝日に変更し、粟津神楽保存会は隆盛を極めている。

今の若者は酒に弱いので三人が交代で回っているが、子供達が沢山参加して全戸を回る風情は秋祭りの花形である。

勝部一郎氏宅「林木屋」の数々の神楽面と衣装、赤熊を開示して、島根県立古代歴史博物館に保管して頂くことになったのは、さらに、二十五年後のことである。

この写真集が上梓されるにあたり、神遊あるいは里神楽が、明治以降、各地域に深く根付いていたことに感動を覚えるものである。

（株式会社春夏秋冬舎　代表取締役）

祝例大祭

出雲の神楽をささえる 林 木 屋

2021年2月2日　初版発行

編　集　勝部一郎
発　行　ハーベスト出版
690-0133 島根県松江市東長江町902-59
TEL 0852-36-9059　FAX 0852-36-5889
URL https://www.tprint.co.jp/harvest/
印刷・製本　株式会社谷口印刷

落丁本・乱丁はお取替えいたします。

ISBN978-4-86456-375-8
C0039 ¥2000E

9784864563758
1920039020000
ISBN978-4-86456-375-8
C0039 ¥2000E

定価 2,200円（本体 2,000円 + 税10%）
ハーベスト出版

出雲の神楽をささえる

林木屋